改革与劳动关系转型

一个学者笔下的劳动关系22年

Reform and Transformation of Labor Relations

乔 健 · 著

北 京

图书在版编目(CIP)数据

改革与劳动关系转型：一个学者笔下的劳动关系22年 / 乔健著. —北京：中国市场出版社，2019. 12

ISBN 978-7-5092-1834-1

Ⅰ. ①改… Ⅱ. ①乔… Ⅲ. ①劳动关系-研究-中国 Ⅳ. ①F249. 26

中国版本图书馆CIP数据核字（2019）第083365号

改革与劳动关系转型：一个学者笔下的劳动关系22年

GAIGE YU LAODONG GUANXI ZHUANXING：YI GE XUEZHE BI XIA DE LAODONG GUANXI 22 NIAN

作　　者： 乔　健
责任编辑： 宋　涛（zhixuanjingpin@163. com）
出版发行： 中国市场出版社
社　　址： 北京市西城区月坛北小街2号院3号楼（100837）
电　　话：（010）68034118/68021338/68022950/68020336
经　　销： 新华书店
印　　刷： 河北鑫兆源印刷有限公司
开　　本： 170mm×240mm　1/16
印　　张： 23　**字　　数：** 360千字
版　　次： 2019年12月第1版　**印　　次：** 2019年12月第1次印刷
书　　号： ISBN 978-7-5092-1834-1
定　　价： 78. 00元

序

工人阶级的再形成和劳动关系的转型

一

我是1996年接手冯同庆教授的工作，参与《中国社会形势分析与预测》（社会蓝皮书）职工状况专题的写作，这一写就是22年。老冯当时是我的系主任，把这个工作让给我，有提携后学的意涵。对他的栽培，到今天我都心怀感激。

那个年代不似今天，互联网刚刚勃兴，反映社会各个领域发展现状的即时信息，乃至供党和政府科学决策和社会受众及时了解经济社会发展的可靠信息来源很少。有鉴于此，中国社会科学院从1990年开始编写年度经济蓝皮书。两年以后，由时任社科院社会学所的正副所长、我国社会学界的泰斗陆学艺和李培林领衔编写社会蓝皮书。一时间洛阳纸贵，各个学科的著名学者云集，纷纷为社会蓝皮书撰稿，使之成为本领域内最具权威性的智库报告荟萃。社会蓝皮书内容最广泛的时候，既包括经济、政治等专题，甚至还容纳民族、宗教等学门，在客观陈述各个领域年度发展进程之余，还有若干篇报告以社会调查统计分析的形式呈现，专叙社会公众是如何看待社会发展进程及各类热点话题的，故而，它是了解中国社会各个领域即时发展信息的必读书目。

社会蓝皮书社会影响的迅速扩大，与两位主编的高瞻远瞩和悉心指导密不可分。我至今还记忆犹新，每次开秋季编写工作会，陆老操着一口浓重的无锡方言，与我们讲经济和社会形势，特别是他更为关注的“三农”问题，音容笑貌，犹在耳旁。他力排众议，将课题组扩大到包括各个部委、高校及调查机构的研究人员，而非仅限于社会学所或从事社会学研究的学者，使社会蓝皮书在广度和深度上都更贴近社会实际。这期间，适逢他主持的“中国社会十大阶层”理论面世，在很长一段时期，我们都把它作为研究职工状况的主要指导理论。培林院长在那个年代还是意气风发、张扬外露，他担纲了很多年的主报告主笔，每次的工作会议照例都由他给我们布置任务，讲解研究方法，他也会很不客气地指出各个专题报告在学术规范方面存在的不足。2006年，培林院长参与起草的《中共中央关于构建社会主义和谐社会若干重大问题的决定》颁行。这个文件堪称新中国历史上最重要的保障人权和公民社会权利的政策文件，它第一次提出“发展和谐劳动关系”的论断，使我深受鼓舞。从那以后，我便将职工状况专题的写作重点转向了劳动关系。

时光荏苒，当今的全球化和网络化社会，人们获取信息的渠道越来越多元化，而正规出版物受到的限制也越来越多，社会蓝皮书的重要性已大不如前了。这表现在我们的选题越来越窄化，不仅拿掉了政治、经济、民族、宗教等专题，连社会治安和反腐败也封笔不写了。近年来蓝皮书新的领导团队也在酝酿改革和转型，如与有影响力的传媒结合，扩大社会知名度；重整写作团队，邀请著名学者和网络大咖加盟，等等。但无论如何变化，关注民生，仍然是社会蓝皮书的核心议题。

不知不觉地，我已经成为社会蓝皮书资格最老的作者，至今已参加22本的写作。从某种程度上说，社会蓝皮书培养了我研究职工状况和劳动关系的视野、议题和方法。以数据为例，社会蓝皮书撰写的是一个领域的年度发展报告，不是中长期发展报告，所需要的，主要是本年度内相关指标体系的季度统计数据、某些专题调研的统计数据以及一些典型案例的数据。这需要我从新年伊始，就要建立数据收集意识，不但要收集政劳资三方每个季度的记者会数据、人社部门和统计局发布的往年人力资源和社会保障事业发展公报和全国农民工监测报告，也要注意一些部门为某些重大活动进行的专题调研数据，比如，为准备工会十七大报告，全国总工会启动了第八次全国职工状况的调查，披露了一批新的数据。再如，关于劳动争议案件，各地法院和仲裁院均已将全部审结案件判决书上网，这也大大方便了对相关议题特点的概括和研究。在这个基础上，不知不觉地，就形成了我对劳动关系现状的整体把握和趋势分析。

二

我在社会蓝皮书承担的是“阶层篇·中职工阶层状况”的专题，最初几年依据的理论假设是工业化过程中的“阶级形成”（class formation）的理论。E. P. 汤普森在其经典著作《英国工人阶级的形成》一书中这样阐释这一理论：阶级是由亲身经历过自己的历史的人定义的。而且，他强调历史、文化和制度在形成工人在生产过程中内外的“亲身体验”（lived experiences）的作用，正是这些因素促进了工人阶级的形成。这种历史主义的研究视角既适应职工状况年度报告的写作，也比较符合我个人的研究志趣。

以“阶级形成”理论作为基本研究框架，这主要是考虑到，新中国成立以来，中国工人阶级的形成经历了曲折的历史发展过程，可以说至今仍未完成。在计划与市场等不同的历史发展阶段，主导性的价值观、文化和制度等因素对阶级形成起到了至关重要的，有时甚至是完全相反的作用。而且，伴随着近年市场化改革的进程，工人们的自主意识与集体行动相互交织，使“阶级形成”迈入新的阶段。在研究方法上，它综合了劳动关系学、历史学和社会学的研究方法，注重对中国工人阶级形成的制度、文化、历史等环境因素的研究，特别是对市场化改革以来工人阶级自身意识和行动的研究。在文献调查资料的使用上，主要以挖掘和重新解析现有文献和调查资料数据为主，此外也围绕着具有劳工意识和行动的个案进行深入剖析。

具体而论，我国工人阶级的形成经历了以下不同阶段：

1. **“主人翁”工人阶级的形成**（class making）。这一部分业已完成，它从1949年新中国成立到“文革”结束。由于执政党的全心全意依靠工人阶级理念，工业化的现实要求，形成了统包统配的用工制度，塑造了主人翁工人阶级的特质。在这一过程中，执政党和政府起了决定性的作用，这是一个理想决定现实的阶级形成过程，它与欧美工业化带动的工人阶级的自发形成发展截然不同。

2. **“主人翁”工人阶级的利益受损**（class de-making）。这恰恰是我接手蓝皮书写作的阶段。在新时期改革开放的过程中，为了体现效率原则，对工人阶级的雇佣、工资和保障进行市场化改革的措施，以及对职工状况所产生的消极影响。在这一进程中，政府的政策亦发挥了决定性的作用，但劳工阶层的反抗，以及工会和其他社会力量的参与，在相当程度上起了修补作用。但从总体上看，随着国有企业改制的完成，主人翁工人阶级已不复计划经济时期的存在状态。

3. **劳工阶层的重构**（class remaking）。这一阶段主要反映21世纪以来，伴随着工业化和城市化加速，特别是中国加入世界贸易组织（WTO）所代表的经济全球化进程，农民工已成为工人阶级的主体，其生活境况和劳动关系状况。这一进程也是政府的市场化、全球化政策主导的，新兴雇主阶层参与了作用。总体上可概括为职工队伍雇佣劳动者化。但在2003年提出科学发展观以后，政府的劳工政策更加强调社会公正。特别是2006年党的十六届六中全会通过《中共中央关于构建社会主义和谐社会若干重大问题的决定》，针对劳动者权益受损的现状，建立农民工工作机构，推动颁行《劳动合同法》等一系列劳动立法，这种自上而下劳动关系法制化的进程，与劳工自发行动相汇合，共同构成了劳工阶层重构的历史进程。

在年度报告的写作中，除了按历史进程的上述划分外，还做了研究范畴的安排，包括社会分层与劳工内部结构的进展；职工的经济状况；职工的政治地位；劳工意识；劳工组织化和工会角色；劳工的集体行动；等等。

从当今的角度看，关于中国职工队伍的形成、利益受损和重构的历史变迁观点，既可以作为本书一个重要的理论观点，也可以作为作者活用“阶级形成”理论的方法论原则。但历史变迁的路径呈现更为多样化、非线性化甚至反向运动的特点。比如从 2008 年以来，经济所有制出现“国进民退”现象，国有经济雇佣职工人数仍呈上升态势。不过，垄断性国企的市场化雇佣主要是通过增量用工的劳务派遣化、外包工化等灵活用工完成的。另一方面，伴随着产业结构的调整和互联网平台经济的渗透，第三产业用工已超过第二产业，且雇佣方式与传统从属性劳动关系正在发生相当大的改变，对这部分新型劳动者的地位、特点和权益保障方式都亟待需要进一步研究。

三

从 21 世纪开始，我把社会蓝皮书职工状况报告的写作重点转向了劳动关系。这是因为，无论从国企改制过程中职工利益的受损，还是新的产业工人队伍——农民工群体在更大范围的权利无保障，都需要对其劳动关系状况进行深入分析研究。在高校，劳动关系从一个研究领域开始形成专业和学科。2005 年，我奉命在学院组建一个新的学系——劳动关系系，并于当年经教育部新设专业专家委员会批准，举办了全国第一个劳动关系本科专业。

劳动关系是中国社会转型的核心问题。当时，我对中国劳动关系转型的理论假设是，从计划经济体制向市场经济体制的转变是多重转变：其一，伴随着工业化和城市化，中国从传统的农业国转向工业国，劳动关系在数量上大幅增长，将成为最重要的社会关系；其二，多种所有制经济并存，私营企业、外资企业的快速发展使劳动关系形态及其协调机制出现多样化发展趋势；其三，推动自上而下立法规制与自下而上劳资自治相结合的劳动关系治理模式形成，在企业层面将主体独立、劳资平等、协商竞争规则作为处理劳动关系的关键因素。

在以劳动关系为中心的年度报告中，第一部分通常是结合职工状况的劳动关系主要指标的现状，包括职工的就业状况、职工的收入分配状况、职工的社会保障现状、职工的职业安全与卫生现状、职工的劳动争议现状。第二部分主要叙述工会和集体劳动关系协调的进展。第三部分介绍当年度有影响力的劳动关系政策或事件，或某类劳动争议与群体性事件案例。

然而，过去二十多年的经验证明，中国劳动关系并不完全是循着笔者的理论预设演进的。第一个判断基本得到了验证，经过快速工业化和城市化，中国的城镇人口实际已然超过农村人口，二、三产业从业人员超过第一产业从业人员，劳动关系已成为最重要的社会关系。第二个判断不尽符合实际情况。从2008年金融危机爆发以来，在所有制经济中，出现了较为明显的“国进民退”现象，国企雇佣人数亦有明显增加；私营经济一直是解决职工就业和上缴国家税收的主力军，是社会主义市场经济的重要组成部分，但近年来对其发展定位却存在着若明若暗的争论，且相当多的私营企业没有建立健全劳动关系协调机制，不少企业“法外运行”；由于近年中国人工成本不断增高，加之原有的招商优惠政策相应减少，外资及港台投资企业频频呈现“撤资潮”，外资经济不仅用工人数下降，且劳动关系协调的示范效应也在减弱。第三个判断也在很大程度上打了折扣。一方面，自2006年《中共中央关于构建和谐社会若干重大问题的决定》出台以来，开启了大规模进行劳动立法的进程，其中特别是《劳动合同法》的颁行，奠定了劳动关系法制化的基础；但另一方面，由于2010年以后的劳动者群体性事件大量增多，出于维护社会稳定与构建和谐劳动关系的需要，自下而上的企业劳资关系协调机制，特别是工会的集体劳动关系机制未能建立完善并有效发挥作用，而是更多地诉诸地方政府的应急管控机制和争议调解机制，协调劳动关系的中国模式仍在探索之中。

此外，当前的经济结构调整正在由传统制造业和服务业转向以高技术产业为先导、以互联网和大数据技术为支撑、以技术创新和业态创新为核心的新经济活动，创造的新就业形式主要有电商平台就业、分享经济就业、创业式就业等模式。互联网技术对传统劳动关系的冲击，莫过于电商平台与劳动者的关系一时间难以界定，从而把越来越多的劳动者抛离传统劳动法律所保护的范围。

我们经常讲，理论是灰色的，生命之树常青。对中国职工队伍的历史变迁和劳动关系的转型发展，我们仍能得出几个规律性的判断：第一，职工队伍的历史变迁及劳动关系的转型发展与我国经济增长方式和经济结构调整密切相关；第二，在中国，劳动关系的协调机制更容易受到政治体制和维护社会稳定要求的影响和约束，这部分地解释了中国与工业化市场经济国家劳动关系模式存在差异的原因；第三，由于全球化、数字经济和发展的不确定性，当前中国与其他国家共同面临着劳动力市场灵活化与劳动者社会保护不足的矛盾。

本书的总体安排是，第一部分为总报告，对22年来中国劳动关系的转型演进做出总体概述；第二部分为年度报告，基本保持了报告的原始面貌，按照出版要求，作者做了部分文字的压缩调整。中国市场出版社的宋涛编辑对本书出版助益良多，她的提醒和悉心修改，使本书更加符合学术规范，在此谨致谢忱。

乔健

中国劳动关系学院国际交流合作处处长

目录

总报告：从市场化、法制化到去管制化

——中国劳动关系的转型演进（1996—2017）

所谓转型（transformation），意指一个国家在其发展的一定阶段，通过推行经济、政治或社会体制的转换，以促进发展的举措[1]。而且，体制转型不会一蹴而就，它会根据经济和社会发展的需要，经历一个连续递进的过程。中国劳动关系最近二十年的转型发展，具体指我国的劳动关系形态和调整模式是如何向市场经济体制转变的过程，这对研究我国劳动关系的治理体系和政策模式、预测劳动关系的未来走向有着重要价值和影响。

本报告基于作者所撰写的1996—2017年劳动关系年度报告，主要概括和探讨20世纪90年代中期以来中国劳动关系的转型发展特点和趋势。本报告力图表明，在20世纪90年代后期到21世纪初叶国企改制和中国谋求入世的背景下，中国劳动关系的市场化和全球化取得了长足发展。而以2006年中央推动构建和谐社会和解决农民工问题为起点，中国加快了劳动关系法制化的进程，即便经历了2008—2009年短暂的经济危机处理阶段，这一进程仍在延续。从21世纪开始，特别是经2010年夏的罢工潮，以新生代农民工为主体的劳工抗争行动此起彼伏，带动劳动关系从个别走向集体模式。而伴随着经济新常态的持续演进，劳动关系的去管制化和增强劳动力市场灵活性又可能成为应对经济下行的制度和政策选择。

---

[1]厉以宁．转型发展理论［M］．北京：同心出版社，1996：2.

一、20世纪90年代中期以来中国劳动关系的转型发展

（一）第一次转型：国企改制推动劳动关系市场化

我国劳动关系的转型与经济体制改革和经济结构调整密切相关。20世纪90年代中期，国企冗员压力增大，经营日趋困难。1997年，全国职工再就业工作会议把“减员增效、下岗分流、规范破产、鼓励兼并和实施再就业工程”确定为国企摆脱困境的一条战略性途径，国企富余人员分流明显加快。到1997年6月末，城镇下岗职工达1000万人，其中下岗无业人员为578万人。同时，全国国有和城镇集体企业中停减发工资的困难职工为1190.3万人，下岗职工和困难职工人数都达到历年来最高点，成为制约经济和社会发展的突出问题。

在当时，下岗和困难职工群体具有以下特征：一是下岗职工多为女性、中年、文化技术素质低；二是下岗无业周期延长，在半年以上的占59.8%；三是下岗职工的择业观念仍有待转变；四是困难职工的地区和行业分布较为集中，老工业基地、煤炭、军工、森工、纺织、机械等行业的困难职工问题矛盾突出，其基本生活难以保障的问题仍在加剧。此外，下岗职工思想波动较大，突发性事件仍屡有发生。仅1997年一季度就发生职工集体上访和罢工事件934起，以集体上访为多，有的规模人数还较大。

1998年5月，中央召开国有企业下岗职工基本生活保障和再就业工作会议，其重点是建立一套适合中国国情、保障下岗职工基本生活的制度规范。针对我国目前劳动力市场不健全、失业保险不完善的现状，会议确认将再就业服务中心设在企业，对于实行劳动合同制以后参加工作并且合同期满的人员，可按照《中华人民共和国劳动法》（以下简称《劳动法》）终止劳动关系。合同期未满而下岗的，也要安排进入再就业服务中心。下岗职工在再就业服务中心的期限一般不超过三年，三年期满仍未再就业的，应与企业解除劳动关系，按规定享受失业救济和社会救济。下岗职工在再就业服务中心期间的基本生活费，原则上可按略高于失业救济的标准安排并按适当比例逐年递减，但最低不得低于失业救济水平，具体标准由

各地根据实际情况来确定。会议要求把发展第三产业，特别是商业、饮食业、旅游业、家庭和社区居民服务业等，作为下岗职工再就业的主要方向，并通过简化手续和减免税费的优惠政策加以扶持。

1999 年，政府实施了以确保国有企业下岗职工的基本生活费和离退休职工养老金按时足额发放为主要内容的“两个确保”工作。为此，各级财政共投入资金 215 亿元。国企大多数下岗职工进入再就业服务中心，基本生活得到保障。据统计，截止到 2001 年 6 月末，全国累计组织了 2300 多万下岗职工进入再就业服务中心，签订了不超过 3 年的基本生活保障和再就业协议；陆续有 1700 多万下岗职工走出再就业服务中心，其中，有 1500 多万人实现了再就业，占走出中心人数的 87%；有 360 多万人与原企业解除了劳动关系，占 21%。

为理顺国有企业下岗职工的劳动关系，促进下岗职工走出中心的工作，2000 年 12 月，《国务院关于印发完善城镇社会保障体系试点方案的通知》出台，要求各地区用三年左右时间，有步骤地完成向失业保险的并轨，并确定在辽宁省进行试点。2001 年 7 月，国务院批准辽宁试点方案[1]，试点工作正式启动，主要政策有：对距法定退休年龄不足 5 年的下岗职工，可以办理“内部退养”，同时，协议保留社会保险缴费关系。下岗职工在中心期间实现再就业和在中心协议期满后与原企业解除劳动合同的，企业都要支付经济补偿金；劳动合同期满终止劳动合同的，企业要支付生活补助费。关于拖欠下岗职工债务，各地普遍规定，债务清偿是企业的责任，政府通过制定政策，对困难企业给予帮助。最后，下岗职工与原企业解除劳动关系后，社会保险关系可以接续或保留。

到 2002 年 6 月末，辽宁省并轨人员总数已达 66.4 万人，完成了三年试点并轨计划的 51%。辽宁试点的主要经验有：一是坚持试点与促进就业同步推进，在 2001 年解除劳动关系的 51 万下岗职工中，有将近 50% 的人员实现了不同形式的再就业。二是正确处理经济因素和非经济因素、在岗职工和并轨人员的关系。凡是国家政策明确规定的，都严格按照政策操作，不打折扣。三是做好并轨人员的各项社会保险关系的接续工作。

---

[1]辽宁省完善城镇社会保障体系试点实施方案［J］. 劳动保障通讯，2001（8）：7.

2002年9月，中央再度召开全国再就业工作会议，将促进就业作为与经济增长同等重要的一项长期的战略任务和重大的政治任务，鼓励国有大企业在进行结构调整、重组改制和主辅分离中，利用非主业资产和闲置资产，通过多种方式分流和安置企业富余人员。政府并投资开发公益性岗位，优先安排40~50岁大龄就业困难对象。

到2003年末，大部分竞争性国企改制基本完成，近三千万国企员工被下岗分流。政府通过建立企业再就业中心这一具有中国特色的就业保障服务机构，推动竞争性国企实现了劳动关系的市场化。

（二）第二次转型：中国加入WTO促进劳动关系全球化

利用外资是中国对外开放政策的重要组成部分，主要采取吸引外商直接投资的形式。外商直接投资始于20世纪70年代末期的经济特区，经过80年代的初步发展，“八五”期间呈现强劲的发展势头，1993年起，中国成为世界第二大外商投资国。90年代后期有所回落。

如果以一种历史的眼光加以审视，2001年11月中国加入世界贸易组织（WTO）是其对外开放进程的重大提升。中国希望借助入世这一重大举措，为带动经济迅速发展的对外贸易铺陈一个良好的国际经济环境，并为参与新一轮多边贸易谈判、改革不合理的国际经贸规则打下基础。进一步而论，则是更深地融入经济全球化大潮，为推动新世纪的改革开放提供动力。当时，国内的主流媒体也多是从这一角度来评价中国入世的重要意义和深远影响的。

但是，笔者当时就认为，评价入世对中国的重要意义，不应仅仅局限于上述经济方面，入世对于中国的社会发展和社会政策也将产生深远影响，而劳动关系、劳工权益和劳工政策又是这一评价系统中的重要组成部分。中国加入WTO，其劳资关系状况及发展趋势更具国际性，而产业结构和人力资源构成的剧烈调整，以及为保持今后一个时期劳动力价格低廉的比较优势，以吸引外商大规模对华投资的努力，都将加剧中国的劳动问题和劳资矛盾，使劳动者权益保障面临前所未有的挑战[1]。就此，笔者当时得出了三点判断：首先，由于入世将带动中国产业结构调整和农村剩余

---

[1]常凯，乔健. WTO：劳工权益保障［M］. 北京：中国工人出版社，2001.

劳动力流动的加快，因而会加剧工人下岗失业的紧张状况。其次，入世对中国企业特别是外资企业的人力资源政策、劳动关系及工会地位将会产生重大影响。最后，如何应对新一轮多边贸易谈判拟议中的将“社会条款”与贸易挂钩的问题，也是摆在我国政府面前的一个现实而又紧迫的课题。然而，从以后的发展来看，中国更主要是全球化的受益者，入世为中国注入了强劲的增长动力，并持久推动了扩大就业。

中国加入 WTO 以后，外商特别是大型跨国公司对华投资又掀新的高潮，连续两年实际投资额超过 500 亿美元。截至 2005 年 5 月底，全国累计批准设立外商投资企业 525378 个，合同外资金额 11615 亿美元，实际使用外资金额 5844 亿美元。外商投资遍及制造业、服务业、农业、基础设施等诸多领域。到 2004 年，外商投资企业固定资产投资占中国全社会固定资产投资总额的近 12%，工业增加值占全国工业增加值的比重达 28%，出口额占全国出口总额的 57%。外商投资企业中，直接就业人员为 2400 万人，约占全国非农业劳动人口的 10%[1]。改革 30 多年来，中国平均每年吸引外资在 500 亿美元左右，到 2012 年末，累计设立外资企业 74.8 万家，创造了约 4500 万个就业机会[2]。2008 年国际金融危机以来，国际资本对中国投资趋缓，但 2014—2015 年连续两年引资又创历史新高，到 2015 年末，中国累计吸收外资超 1.6 万亿美元[3]。由于近年中国投资成本不断推高，外企面临全球产业链重新布局、企业撤资或内迁等产业结构调整格局。

入世带动的外资经济发展使我国劳动关系的全球化逐步深化。它意味着中国劳动关系在主体结构、劳动标准、调整方式等方面开始出现国际化的趋向，即劳动关系的存在和调整，已经不仅仅是一个国家的内部事务，而且直接受到国际经贸规则和国际劳工标准的影响和制约。

首先，它表现为外商对华投资企业中所结成的新型劳资关系（见表 1）。其特点在于，它是跨国性生产组织与国别性劳工及其组织所结成的一

[1]中国批准外资企业 52 万家［OL］.［2005-07-12］. 中经网（www.cei.gov.cn）.

[2]商务部副部长．鼓励跨国公司在华设地区总部［N］．深圳商报，2012-06-29；张德江．中国 4500 万人的就业机会来自外资企业［OL］．［2010-11-06］．网易财经.

[3]商务部部长高虎城回应“外资逃离中国”：不再给超国民待遇［OL］．［2016-02-20］．观察者网.

种特殊劳资关系。这使得劳资双方在主体的力量对比、劳动关系的运行和协调、争议的处理等方面都带有自身的特点。

表1　外商投资企业雇佣人数（万人）

年份	1998	2001	2002	2003	2008	2010	2011	2012	2013
港澳台企业就业人员	294	326	367	409	679	770	932	969	1397
外资企业就业人员	293	345	391	451	943	1053	1217	1246	1566

资料来源：中国人力资源和社会保障年鉴（2014）［M］．北京：中国劳动社会保障出版社，2014：706.

其次，国际劳工标准开始对中国的劳动立法和企业劳动标准的设置发挥直接影响。截止到2014年，中国共批准25个国际劳工公约，其中有3项核心劳工公约，即第100号、第138号、第182号公约。此外，中国政府已经签署了《经济、社会和文化权利国际公约》《公民权利和政治权利国际公约》。这表明，上述国际劳工公约和人权公约都将具有国内法的效力，并成为中国劳动立法的法律渊源之一。另一方面，近年来流行于中国东南沿海出口加工企业的“企业守则”的认证和监察活动，无论是SA8000，还是FLA、BSR、ETI，其守则的内容主要是依据国际劳工标准而制定的，这些企业守则已开始对跨国公司在华投资企业劳动关系的规范发挥直接影响。

最后，中国协调劳动关系的手段也在更多地借鉴通行的国际惯例，这体现为劳工权益保障在一定程度上的全球化趋势。在借鉴国际惯例方面，不仅有传统的劳动者组建工会、劳资集体谈判制度、劳动争议处理制度和劳动关系三方协调机制等制度，也包括伴随着经济全球化产生的一些新的制度和形式。比如，主要来自民间推动的公司社会责任运动（CSR）或企业守则运动，已在中国东南沿海的跨国公司的出口加工企业中广泛开展；以及在WTO、跨太平洋伙伴关系协定（TPP）等国际经贸组织协定及双边贸易协定中对贸易与劳工权益保障的挂钩做出某些制度性的安排对我国的可能影响。

（三）第三次转型：民营企业“无法无天”促使劳动关系法制化

自1997年党的十五大明确了“非公有制经济是我国社会主义市场经

济的重要组成部分”“公有制为主体、多种所有制经济共同发展，是社会主义初级阶段的一项基本经济制度”以来，私营企业无论在数量上还是规模上都取得了飞速发展。到 2005 年，私营企业和个体经济分别吸纳了 3458 万人和 2778 万人就业。截至 2013 年末，全国私营企业达到 560.4 万户，占企业总量的 68.3%[1]，到 2013 年末，私营企业就业人数为 8242 万人[2]。广义而论，如果将个体经济包括进来，城镇私营企业创造了 2 亿人以上的就业岗位。近年来，伴随着工商注册制度改革和简化，私营企业呈现出发展速度加快、资本有机构成提高、企业规模扩大的特征。

但是，进入 21 世纪初期，为大力发展经济，政府往往对私营资本采取相对宽松的政策，致使私营企业劳动标准执行不规范，普遍存在严重侵犯劳动者权益的现象。2006 年 10 月，中共十六届六中全会通过的《关于构建社会主义和谐社会若干重大问题的决定》，就概括了当时劳动关系存在的许多不和谐因素，如劳动合同签订率低、期限短、内容不规范；许多企业缺乏社会责任感，劳动条件和职业卫生状况十分恶劣，强迫超时加班；企业工资分配机制不完善，拖欠和克扣职工工资时有发生；劳动关系协调机制不能充分发挥作用，群体性事件经常发生等问题。根据 2006 年 1 月全国人大检查《劳动法》实施情况的报告、2007 年末国务院关于维护职工合法权益情况的报告及 2008 年末全国人大检查《中华人民共和国劳动合同法》（以下简称《劳动合同法》）实施情况的报告，存在的问题有：劳动合同签订率低、期限短、内容不规范，劳务派遣扩大；最低工资保障制度没有得到全面执行，拖欠工资现象仍时有发生，工资正常增长机制尚未形成；超时加班现象比较普遍，劳动条件差；社会保险覆盖面窄、统筹层次低，欠缴保险费现象严重。2011 年，全国人大再次检查《劳动合同法》实施情况，仍然发现部分劳动密集型中小企业及非公企业劳动合同签订率偏低，部分已签的劳动合同内容不规范、履行不到位。集体合同签订率和履约质量有待进一步提升。上述问题，多数发生在中小民营企业。

---

[1]国家统计局，国务院第三次经济普查办公室．第三次全国经济普查主要数据公报［R/OL］．［2014-12-16］．国家统计局网站．

[2]中国人力资源和社会保障年鉴（2014）［M］．北京：中国劳动社会保障出版社，2014：705-706.

另一方面，以2003年10月温家宝总理为农民工讨薪为契机，进城务工的农民工权益保障问题也引发了政府和全社会的关注。仅在劳动保障部2002年底开展的农民工工资支付情况专项检查中，在23个外来务工人员较多的省区市，就查处拖欠农民工工资违法案件13000余件，涉及62.6万人，追讨拖欠工资额达3.5亿元[1]。

针对上述问题，胡温时期政府以科学发展观、以人为本和构建和谐社会为指针，在长达10年的经济荣景支持下，积极推动劳动立法，尤以2007年至今，频繁出台劳动保障法规政策，初步构建起市场经济条件下劳动关系协调的法律和政策体系。

——在个别劳动关系方面，2007年颁布的《劳动合同法》与国务院2008年出台的《劳动合同法实施条例》，共同确立了劳动者与用人单位通过劳动合同建立劳动关系，以实现双方权利义务的法律规制。2013年《劳动合同法》修正案及2014年《劳务派遣暂行规定》先后实施，强化对劳务派遣的规制。2014年，国务院颁行实施《事业单位人事管理条例》，标志着事业单位向市场化雇佣迈出新的一步。

——在集体劳动关系领域，主要是加强基层企业民主和法治建设。在原有《中华人民共和国工会法》（以下简称《工会法》）、《劳动法》和《劳动合同法》的基础上，2012年党和国家六部门又颁行《企业民主管理规定》，通过建立完善集体协商和集体合同制度、职工民主管理制度及劳资协商会等制度，在企事业单位建立多层次、多形式的工会和职工参与协调劳动关系的制度。此外，在这一领域，地方省市出台了一批工资集体协商及职工权益保障的条例。

——在宏观劳动关系协调层面，主要以健全组织和完善职能为重点加强三方机制建设。从2001年国家三方建制到2012年末，全国共建立各级劳动关系三方协调机制（包括地方和产业）2.4万个。

——在劳动标准体系建设方面，以2007年《中华人民共和国就业促进法》（以下简称《就业促进法》）和《劳动合同法》、2010年《中华人民共和国社会保险法》（以下简称《社会保险法》）及《工伤保险条例》修

---

[1]劳动工资动态［J］. 2003（8）：29.

正案、2011 年《中华人民共和国刑法》（以下简称《刑法》）修正案（八）和《中华人民共和国职业病防治法》（以下简称《职业病防治法》）修正案、2012 年《女职工劳动保护特别规定》以及 2013 年《关于深化收入分配制度改革的若干意见》等法规政策的连续出台，初步形成围绕着雇佣、工资、工时、休息休假、禁止童工、女职工和未成年工保护、劳动定额、劳动安全卫生等劳动标准体系。各地政府定期上调最低工资标准。

——在劳动保障执法监察方面，继 2004 年颁布《劳动保障监察条例》后，2011 年发布的“十二五”规划纲要提出要加大劳动保障监察执法力度，切实维护劳动者权益。2012 年党的十八大报告又首次载入“加强劳动保障监察”的提法，要求加大执法力度和工作机制建设。2013 年十八届三中全会通过的全面深化改革决定，进一步要求加强安全生产、劳动保障等重点领域基层执法力量。

——针对劳动争议频繁激增的现状和这项制度过往的缺陷，2007 年颁行《中华人民共和国劳动争议调解仲裁法》（以下简称《劳动争议调解仲裁法》），该法创新和完善了劳动争议处理机制。《国家基本公共服务体系“十二五”规划》将加强劳动人事争议调解仲裁服务体系建设列为重点任务之一。2011 年人社部颁行《企业劳动争议协商调解规定》，将制度建设的重心转向劳动争议调解，并加强调解仲裁的效能建设。此外，最高法院分别在 2001、2006、2010 和 2013 年出台了 4 个审理劳动争议案件的司法解释，2014 年还就审理工伤保险行政案件做出规定，厘清和细化了法律规定。

——在维护农民工权益问题上，2003 年初，国办发出《做好农民进城务工就业管理和服务工作》的通知，要求取消对农民进城务工就业的不合理限制，切实解决拖欠和克扣农民工工资问题。其后，全总要求把进城务工人员组织到工会中来，切实维护其合法权益。国务院六部委联合颁布了 2003—2010 年全国农民工培训规划。2006 年 1 月，在广泛调研的基础上，国务院颁布《关于解决农民工问题的若干意见》，确立了公平对待、一视同仁地做好农民工工作的基本原则，要求抓紧解决农民工工资偏低和拖欠问题，依法规范农民工劳动管理，搞好农民工就业服务和培训，积极稳妥地解决农民工社会保障问题，切实为农民工提供相关公共服务，健全维护农民工权益的保障机制，促进农村劳动力就地就近转移就业等。2006年3月，国务院农民工工作联席会议组成，推动建立农民工工作的协调机制。

在推进劳动立法的过程中，立法机构采取科学立法、民主立法的方法，广泛向社会、专家征集意见，公众参与度明显提高。如劳动合同法草案收到群众意见近20万条，全国人大常委会将意见进行整理吸纳后，通过媒体向社会做出反馈。全国人大常委会还分别于2008年和2011年两度对《劳动合同法》的实施情况进行检查，发挥了执法监督作用。

总体上看，伴随着市场经济的发展，中国劳动关系在构成、运行和处理等方面的法制化进程已基本完成，目前正处在因应经济形势的变化而调整、深化和完善阶段。

（四）间奏：应对金融危机，劳动力市场灵活化的预演

2008年秋国际金融危机爆发，它在中国表现为产能过剩的危机，其对企业劳动关系主要有以下影响：

一是金融危机使我国各类企业均遭遇到前所未有的经营困难。从国有企业来看，自2008年第四季度，中央企业的营业收入增长17.9%，利润下降了34.1%。金融危机对外资企业的影响尤其显著，主要表现在外商投资能力下降、出口型企业订单大幅减少、资金紧张、企业经营成本上升、市场需求萎缩等。二是出口加工企业生产开工不足或停产关闭，导致裁员或变相裁员。根据广东省的调查，珠三角地区停工、放长假甚至倒闭的企业约占被调查企业总数的20%。三是企业用工谨慎，劳务派遣等灵活用工形式比重大幅上升。根据全总的估计，全国约有劳务派遣工2700万，人社部估计也在1500万左右，在部分行业已成为主流用工模式。四是部分企业减薪或变相减薪，拖欠工资趋势加重，欠薪逃逸事件时有发生。有的企业采用直接下调工资标准的方式，有的企业则通过提高劳动定额标准或采取基本工资不变、减少相关福利等方式变相降低员工收入，还有的企业则通过延长休息时间、放假、在岗培训等变通方式间接降低人工成本支出。五是实行综合计算工时工作制。综合计算工时工作制打破了每日8小时、每周40小时的固化工时，便于企业灵活安排员工的工作和休息时间。六是社会保险关系中断人员增多，涉及缴纳社保费纠纷增多。七是劳动争议案件大幅增加，群体性争议案件比重上升较快，劳资冲突程度加剧，且群体性事件中的暴力性和非理性成分增加。2008年下半年以来，在新“劳动三法”实施和经济危机加剧的叠加下，企业裁员破产、劳资争议等矛盾纠纷显著增加。如浙江省劳动争议仲裁机构2008年受理的劳动争议案件总量比上年大幅增长76%，其中劳动报酬争议案件占46.3%。八是劳动保障部门出台的“五缓四减三补两协商”等危机期间为企业减负的短期政策可能会给经济复苏后劳动关系的协调留下隐患。“五缓”是指对暂时无力缴纳社会保险费的困难企业，在一定条件下允许缓缴养老、医疗、失业、工伤和生育五项社会保险费；“四减”是指阶段性降低除养老保险外的四项社会保险费费率；“三补”是指使用失业保险基金为困难企业稳定岗位支付社会保险补贴和岗位补贴，以及使用就业专项资金对困难企业开展职工在岗培训给予补贴；“两协商”是指困难企业不得不进行经济性裁员时，对确实无力一次性支付经济补偿金的，在企业与工会或职工双方依法平等协商一致的基础上，可签订分期支付或以其他方式支付经济补偿的协议。这些政策在危机时期可能会起到维持企业生存发展的作用，但也可能引发通胀、社保支付能力下降等问题，为劳动纠纷日后的集中爆发埋下隐患。

总的来看，经济危机使劳动关系的协调处理难度明显加大了。但另一方面，面对金融危机，各地都积累了劳资双方互谅互让共渡难关的经验，如工会在企业和职工中广泛开展“共同约定行动”，力保岗位不减、工资收入不降，职工对企业临时性采取的弹性工时、弹性工资、灵活用工措施予以理解和支持。

2008年末以来，为应对金融危机，国务院及各部委出台了一系列政策文件，除了财政、货币等政策加大投入扩大内需外，稳定就业岗位和劳动关系的措施主要是增强社会保险制度的灵活性和劳动标准调整的灵活性，帮助企业稳定就业、减少裁员。这些政策包括《国务院关于做好当前经济形势下就业工作的通知》《国办关于加强高校毕业生就业工作通知》《人社部关于做好春节后农民工就业工作有关问题的通知》《人社部 财政部 国家税务总局关于采取积极措施减轻企业负担稳定就业局势的通知》《人社部 全总 中企联关于应对当前经济形势稳定劳动关系的指导意见》《全国总工会关于深入推进“共同约定行动”的意见》等。政策的主要内容包括：

（1）在2009年之内，可以阶段性降低城镇职工基本医疗保险、失业保险、工伤保险、生育保险的费率，减轻困难企业缴费负担和参保人员费用负担。

（2）对暂时无力缴纳社会保险费的困难企业，可以在2009年之内、最长不超过6个月的期限内缓缴社会保险费。

（3）调控和预警失业，鼓励国有企业减少裁员。

（4）使用失业保险基金和就业专项资金，支持鼓励困难企业开展职工在岗培训、轮班工作、协商薪酬等办法稳定员工队伍，并保证不裁员或少裁员。失业保险基金可用于支付社会保险补贴和岗位补贴。

（5）暂缓调整企业最低工资标准。指导符合条件的企业及技术先进型服务外包企业实施综合计算工时和不定时工时制。

（6）大规模增加政府投资，实施总额40000亿元的两年投资计划，其中中央政府拟新增11800万亿元，实行结构性减税，扩大国内需求；大范围实施调整振兴产业规划，提高国民经济整体竞争力；大力推进自主创新，加强科技支撑，增强发展后劲；大幅度提高社会保障水平，扩大城乡就业，促进社会事业发展。

（7）积极支持和鼓励劳动关系双方共同稳定就业局势。各级企业联合会要会同有关企业组织，积极引导和鼓励企业切实承担社会责任，尽最大努力不裁员或少裁员。各级工会组织要大力开展工会、职工与企业的“共同约定行动”，引导职工理解并支持企业采取弹性工时、在岗培训、协商薪酬等措施，动员广大职工为企业发展献计出力，努力提高劳动生产率，降低生产经营成本，与企业同舟共济，共克时艰，共谋发展。各级三方要推动落实特别职业培训计划，搞好职工特别是农民工培训，提升职工的技能素质。

（8）推动企业加快建立集体协商机制。生产经营困难的企业可通过与包括农民工在内的广大职工进行集体协商，采取弹性用工、弹性工时、弹性工资、组织培训等措施，共同应对当前经济困难，稳定就业岗位和劳动关系。

（9）加强对困难企业经济性裁员的指导和管理，规范企业裁员行为，切实维护职工合法权益。困难企业实行经济性裁员，可签订分期支付或以其他方式支付经济补偿的协议。

（10）积极预防和妥善处理企业工资拖欠问题。进一步建立工资保证金制度，将工资保证金制度的实施范围由建设领域逐步扩大到其他领域。

（11）建立健全解决劳动关系重大问题的沟通协调制度。要建立健全劳动关系调处应急机制，认真总结近年来处理因劳动关系问题引发群体性事件工作的经验，妥善处理因企业无力支付工资或欠薪逃匿等引发的重大群体性事件。

此外，政府还制订了促进大学生就业和针对返乡农民工的一系列政策措施，如切实保障返乡农民工的土地承包权益，加强农民工技能培训和职业教育。

人社部强调，在金融危机的形势下，要围绕中央“保增长、保民生、保稳定”的目标，转变经济快速增长时期习惯性的劳动保障监察维权工作思路，使监察工作思路由“一突出”向“两并重”转变，即由突出维护劳动者权益，向维护劳动者权益和促进企业发展并重、维护劳动者基本权益和长远利益并重转变，并提出了“柔性执法”的口号。

（五）第四次转型：多重因素推动个别劳动关系走向集体化

进入21世纪以来，我国劳动争议的重点开始从个别争议转向集体争议。从表2可以看出，从1997年起，集体争议人数占劳动争议总人数的比例开始超过50%，集体争议成为劳动争议的主要形式，这种状况维持了10年。从2007年起，集体争议人数占劳动争议总人数的比例降至50%以下，以后逐年递减，2013年只有24.6%。另一方面，我国集体争议的波动与经济体制改革和经济结构调整密切相关，集体争议激增大多出现在体制改革或经济波动的年份。如1998年国企改制与亚太金融危机叠加，当年集体争议激增64.69%，集体争议人数在劳动争议总人数中的占比创纪录地达到70.08%。2004年国企主辅分离、辅业改制基本完成，集体争议上扬77.8%。2008年《劳动合同法》实施与国际金融危机叠加，集体争议上升71.15%，案件量达到创纪录的21880件。笔者认为，从这一指标向度看，我国劳动关系的集体化转型并非从2008年《劳动合同法》施行开始[1]，

[1]有学者认为，2008年《劳动合同法》的实施，标志着劳动关系集体调整的新起点。参见常凯．劳动关系的集体化转型与政府劳工政策的完善［J］．中国社会科学，2013（6）．

而要提早到21世纪初叶。

表2 1996—2013年中国集体劳动争议数量及人数情况

年份	集体争议数量（件）	年增长率（%）	集体争议人数（人）	劳动争议总人数（人）	集体争议人数占劳动争议总人数的比例（%）
1996	3150	21.72	92203	189120	48.75
1997	4109	30.44	132647	221115	59.99
1998	6767	64.69	251268	358531	70.08
1999	9043	33.63	319241	473957	67.36
2000	8247	-8.80	259445	422617	61.39
2001	9847	19.4	287000	467000	61.46
2002	11024	12	374956	608396	61.60
2003	10823	-1.8	514573	801042	61.60
2004	19241	77.8	477992	764981	62.50
2005	16217	-15.72	409819	744195	55.07
2006	13977	-13.81	348714	679312	51.33
2007	12784	-7.12	271777	653472	41.59
2008	21880	71.15	502713	1214328	41.40
2009	13779	-37.02	299601	1016922	29.46
2010	9314	-32.40	211755	815121	25.98
2011	6592	-29.23	174785	779490	22.42
2012	7252	10.01	231894	882487	26.28
2013	6783	-6.47	218521	888430	24.60

资料来源：1997—2014年《中国劳动统计年鉴》，中国统计出版社。

但是，如何解释2010年以来进入一裁两审程序的集体争议绝对数量的下降？笔者认为，其技术原因在于，有相当一部分争议在仲裁前通过调解程序处理，这部分案件没有统计进来，而2012年以后，调解处理的案件量甚至超过了仲裁的案件量。其实质原因是，有相当多的员工不再通过法律规定的申诉渠道，而是诉诸罢工、静坐、游行示威、请愿、上访等不同形式的群体性事件，以此来维护自身利益，致使进入处理程序的集体争议案件数量有所下降。

到目前为止，我国尚未建立一套公开的劳动者群体性事件的统计指标体系，并且，出于维护社会稳定的需要，这方面的有关统计数字不公开。2008 年奥运会举行以前，新闻媒体也不报道。研究者只能从某一时期、某一地区前后统计数据的比较分析和个案研究，对劳动者群体性事件的性质、规模和数量做出推测。例如，2002 年上半年，全国共发生百人以上企业职工及退休人员群体性事件 280 起，同比增长 53%；涉及 16.2 万人，是上年同期的 2.6 倍。其中，1000 人以上群体性事件 39 起，是上年同期的 3.9 倍；涉及 10.2 万人，是上年同期的 4.4 倍。2003 年，全国在岗职工、下岗职工及离退休人员参与群体性事件为 144 万人次，占全国各类群体性事件参与人次总数的 46.9%，位居第一。2010 年夏，以南海本田的工人罢工为代表，开启了劳工集体抗争的新模式，也推动了各地以提高工资为目标的罢工行动的密集展开。当年 4—6 月间，经海内外媒体报道的就有 30 多起。这些案件主要集中在纺织、电子、建筑等劳动密集型企业，发生群体以农民工为主；在发生的区域，广东占案件总数的 49.1%，占参与人数的 60%。而且，群体性事件的组织性在增强，持续时间更长，从发生的地点和路线设计来看，是有组织和有目的的[1]。伴随着经济新常态和结构调整力度加大，2014 年劳动者群体性事件数量又有迅猛增长，上半年仅工会系统参与处置或掌握的就有 2000 多件。

集体争议激增和劳动者群体性事件的不断上升，表明了从自下而上的角度劳动关系的集体化转型。为什么会出现这种变化？首先，人口中长期发展趋势和劳动力市场供求关系出现了有利于劳动者的态势。从 2012 年起，我国劳动年龄人口连续四年下降，分别降低 345 万人、244 万人、371 万人和 487 万人。劳动力市场求过于供的态势使劳动者更易选择激进抗争的博弈策略。其次，与新生代农民工的特质有关。新生代农民工是指出生于 20 世纪 80 年代以后，年龄在 16 岁以上，在异地以非农就业为主的农业户籍人口。据推算，2009 年外出新生代农民工数量在 8900 万左右，他们

[1]引自人社部调解仲裁管理司司长宋娟在“中国集体劳动争议状况及对企业劳动关系的影响”研讨会上的主题报告，2010 年 9 月 18 日。

占外出农民工的六成以上[1]，在经济社会发展中日益发挥着主力军的作用。他们的职业期望更高，想获得体面的工资水平，并且更具有融入城市和转化身份的意愿。由于新生代农民工比上一代有更强的平等意识和维权意识，其维权态度更为积极。据统计，新生代工人当权益受到侵害，采取投诉行为时，以集体投诉方式进行的农民工占45.5%[2]。在诉求内容上，劳动者已产生了分享经济发展成果的要求，从基本权利诉求转向利益诉求。劳动争议的集体性及诉求内容的变化，反映出新生代农民工的团结意识乃至工人阶级意识的初步形成。

另一方面，劳动者上述行为模式的变化也从正面促进了工会的组建及作用的发挥。2010年7月召开的全国总工会十五届四次执委会议上，王兆国主席提出"两个普遍"的要求，即推动企业普遍建立工会组织，普遍开展工资集体协商，以实现劳动关系和谐稳定。且这一轮工资集体协商的开展将区域性和行业性集体协商作为当前这项制度建设的主要载体。伴随着2011年全国和谐劳动关系总结表彰会的召开和2015年中央颁行构建和谐劳动关系意见，以及2015年贯彻中央群团工作会议精神，工会改革提上议事日程，表明调整劳动关系的方式也从个别转向集体，政府和工会将发挥更大作用。

二、20年来劳工阶层雇佣状况的变化

劳动关系的转型伴随着我国新生代工人阶级的成长。过往，我们对工人阶级的定义是，与社会化大生产相联系，以公有制形式为主体占有生产资料，以工资收入作为主要生活来源的劳动者所构成的社会集团[3]。现在，这个概念要结合市场化进程中的经济结构变化和劳动关系转型来调整，它主要指作为劳动法律关系中与用人单位及其代表相对应的劳动者阶层，其最主要的特征是自由独立性和受雇佣性，这一特征也从根本上决定

[1]国家统计局.2009年农民工监测调查报告［OL］.［2010-03-19］.国家统计局网站.

[2]全国总工会课题组.关于对新生代农民工现状的调查与对策建议［J］.劳动关系与工会运动研究与动态，2010（6）.

[3]中共中央宣传部理论局.马克思主义哲学学习纲要［M］.北京：中共中央党校出版社，1989：95-96.

了其法律和社会地位。所以，现阶段的工人阶级实质上是雇佣劳动者，这一阶层主要由两个群体组成：城镇蓝领、白领工人群体（下层管理人员和专业技术人员），农民转化的农民工群体（其中绝大部分是蓝领工人）。

改革开放近40年，伴随着经济社会的转型，从农业社会走向工业及信息社会、从计划经济走向市场经济，从根本上说是社会利益关系的重新配置，是社会阶层结构的重新组合。有学者将中国城市“工人阶级转型”分为三种模式：一是流动农民工的形成；二是社会主义工人的再造；三是下岗工人的消解（unmaking）。每一种模式都意味着变化中的政治经济（并非计划或市场的简单划分）、工厂政体（变化的、弹性的）和工人主体性（非革命性、改革主义或激进的）的结合[1]。也有学者指出，与毛泽东时代社会主义工人阶级的性质完全不同，今天的新工人阶级，是以农民工为主体[2]。对工人阶级来说，就是从计划经济下的依附国家的“主人翁”转变为市场经济下的独立自主的雇佣劳动者。其中，城镇职工队伍原有的“主人翁”的身份随着公有制企业改制而变化，经济和社会地位的下降及心态失衡是这个阶层中相当一部分人的主要特点；而农民工则饱受“血汗工厂”之苦，他们是“低人权优势”下中国经济快速发展中最主要的社会成本承担者，但这一阶层年轻、独立、积极向上并初具权利和团结意识，越来越多地通过社会行动来表达其诉求，他们是新工人阶级的主体和未来。

（一）职工就业规模持续扩大，就业结构不断优化

首先，20世纪90年代中期以来，我国的职工就业规模持续扩大。表3显示，城镇就业人数从1998年的2.16亿人扩大到2013年的3.82亿人，2015年为4.04亿人。在这18年间，城镇新增就业人数年均保持在1000万人以上。即便在经济增长趋向新常态的“十二五”时期，城镇新增就业人数仍连续保持在1000万以上，分别为1221万、1266万、1310万、1322万和1312万，合计为6431万人。与此同时，城镇登记失业率一直保持在较低的水平，从1998年的3.1%，到2015年的4.05%，即便是受到国际金

---

[1]李静君．中国工人阶级的转型政治［M］//李友梅，孙立平，沈原．当代中国社会分层：理论与实证．北京：社科文献出版社，2006：59.

[2]Pun Ngai. Migrant Labor in China：Post-socialist Transformation［M］. Polity Press，2016.

融危机影响最大的2009年，也只有4.3%。“十二五”时期，31个大城市城镇调查失业率也保持在5%左右的较低水平上。2009—2014年，全国农民工总量从2.30亿人增加到2.74亿人，增加4400万人，其中外出农民工总量从1.45亿人增加到1.68亿人。用国际的眼光看，失业率长期保持在5%之下，这几乎就是理想的充分就业。

表3 1998—2013年GDP增长率与城镇就业人数的扩张

年份	1998	2000	2001	2004	2008	2009	2010	2012	2013
GDP增长率（%）	7.8	8.4	8.3	10.1	9.6	9.2	10.4	7.7	7.7
城镇就业人数（万人）	21616	23151	24132	27293	32103	33322	34687	37102	38240
城镇登记失业率（%）	3.1	3.1	3.6	4.2	4.2	4.3	4.1	4.1	4.05

资料来源：《中国人力资源和社会保障年鉴（2014）》，中国劳动社会保障出版社，2014年版。

从就业结构看，二十年来也在不断优化。从产业结构看，我国一、二、三次产业就业比重从1998年的49.8∶23.5∶26.7转变为2014年的29.5∶29.9∶40.6。其中，二、三次产业超越第一产业都发生在“十二五”时期，它标志着劳动者素质和劳动生产率同步提高的发展趋势。从城乡之间的就业结构看，城镇就业比重从1998年的30.6%提高到2014年的50.9%，首次超过乡村就业，表明城镇化进程在加快。

职工就业规模的持续扩大，其原因首先是我国政府始终注重从总体上解决就业问题，即将促进经济发展和社会生产力水平的提高作为促进就业的前提条件。正如李克强总理所指出，关注国内生产总值（GDP）的增长，实际就是关注就业。在制造业时代，GDP每增长1个百分点就创造出100万个就业岗位；重心转向服务业以后，则可增加到130万~150万人就业，稳增长实际是保就业[1]。1998—2013年，我国GDP增长一直稳定在7.7%以上，从而在根本上保障了职工就业的物质基础。

其次，我国政府采取积极就业政策，对促进劳动者就业发挥了重要作用。除了以提高经济增长对就业的拉动能力为取向的宏观经济政策外，还

[1]引自2013年10月21日李克强总理在中国工会第十六届代表大会上做的经济形势报告。

包括1997—2003年以重点促进国企改制中的下岗失业人员再就业为取向的扶持保障政策，再有以实现劳动力与就业需求合理匹配为取向的劳动力市场政策，以及以减少失业为取向的宏观调控政策等[1]。当前，在经济新常态背景下，政府又制定实施了新的就业创业政策，形成了包括创业扶持、创业服务、创业培训等一整套积极就业政策，对促进以高校毕业生为主的青年就业发挥了作用。

最后，劳动力市场从供过于求转向求过于供，在相当程度上缓解了就业压力。事实上，某些沿海开放地区从2003年开始就出现劳动力求过于供的现象。劳动力市场出现全局性的反转是在2009年以后，其表现是“用工荒”。2012—2015年，我国劳动年龄人口连续4年下降，分别比上年下降345万人、244万人、371万人和487万人，合计为1447万人。而且，这些年的求人倍率都在1以上，市场需求略大于供给，这有助于在经济下行期缓解就业压力。

（二）职工工资持续增长且涨幅明显，工资收入差距过大的局面开始缓解

1998—2013年，我国各经济类型在岗职工平均工资均保持了两位数以上的增长幅度，1998年在岗职工平均工资为7479元，2013年为52388元，是1998年的7倍，年均名义增长13.99%（见表4）。从各类城镇单位就业人员工资总额看，其增幅更大。1998年合计为9540.2元，而2013年增加到93064.3元，是1998年的9.8倍。特别是2010年以来，呈加速增长态势[2]。从2007年开始，工资增长高于劳动生产率增长，且在相当多的年份里略高于GDP的增长。在此背景下，城镇居民人均可支配收入也有大幅度提高，1998年为5425元，2015年增加到31195元，是1998年的5.75倍，扣除物价因素，年均实际增长6.6%。根据国家统计局监测数据，全国外出农民工打工月均工资收入，2008年为1340元，2015年提高到3072元，是2008年的2.29倍，年均增长16.16%，明显快于同期城镇在岗职工工资增幅，也高过同期GDP增幅。

[1]莫荣，等．中国积极就业政策［M］．北京：社会科学文献出版社，2015：2.
[2]中国劳动统计年鉴2014［M］．北京：中国统计出版社，2015：25.

表4 1998—2013年职工工资的增长（元/年）

年份	1998	2000	2001	2004	2008	2009	2010	2012	2013
在岗职工平均工资	7479	9371	10870	16024	29229	32736	37147	47593	52388
城镇单位职工工资总额	9540	10955	12205	17615	35290	40288	47270	70914	93064
城镇居民人均可支配收入	5425	6280	6860	9422	15781	17175	19109	24565	26955
外出农民工月均收入	—	—	—	—	1340	1417	1690	2290	2609
基尼系数	0.378	0.409	0.403	0.473	0.491	0.490	0.481	0.474	0.473

资料来源：《中国人力资源和社会保障年鉴（2014）》，中国劳动社会保障出版社，2014年版；《中国劳动统计年鉴2014》，中国统计出版社，2015年版；国家统计局网站。

另一方面，地区、行业工资收入差距过大的局面开始得到缓解。据统计局测算，1998年全国居民收入基尼系数为0.378，2008年攀升至高点0.491，而后缓慢下调，2015年降至0.462[1]。从地区差距看，中西部地区平均工资增速高于全国平均水平，但资源集中省份工资增速近年明显减弱，2008年地区间城镇单位在岗职工平均工资高低差达到近期高值的2.69倍，而后降至2012年的2.27倍，但2013年反弹至2.42倍。从行业水平看，工资最高的金融、信息、软件业工资增速慢于工资最低的农林牧渔业，故工资差距继续呈缩小趋势。行业差距最高为2005年的4.73倍，最低为2014年的3.82倍[2]。但总的来看，行业差距依然过大，垄断行业工资过高，部分产能过剩行业如煤炭、钢铁、水泥等经营困难，工资增长乏力。

职工工资水平的快速上升导致企业劳动力成本大幅增加，甚至迫使部分外资企业结业撤离，转向工资成本更低的东南亚国家。这一格局是制度规制与市场供求共同作用的结果。从制度规制来说，政府近年来加大了最低工资的调整力度，“十二五”规划纲要提出，在此期间，最低工资年均增长要在13%以上，多数地区达到社平工资的40%以上。2011—2015年全国分别有25、25、27、19、28个地区调整了标准，平均增幅分别为22%、20.2%、

[1]2015年国民经济和社会发展统计公报［OL］.［2016-02-29］. 国家统计局网站.

[2]刘学民，王学力. 我国工资分配发展现状与前景展望［M］//刘燕斌. 中国劳动保障发展报告（2015）. 北京：社科文献出版社，2015：407-413.

17%、14.1%和14%。当前，人社部因应“增强劳动力市场灵活性”，已于2016年初颁行新的最低工资标准调整机制的政府文件，要求以保障最低收入劳动者及其赡养人口基本生活为底线，兼顾企业承受能力，稳慎调整最低工资标准。此外，政府发布的工资指导线、劳动力市场工资指导价位、对企业恶意欠薪的法律政策规制、对企业高管薪酬的规范以及工会推进的工资集体协商，都对这一时期职工工资水平的提高发挥了重要作用。但是，最重要的仍然是市场机制的作用。如前所述，劳动力市场在“十二五”期间已在总体上形成求过于供的格局，加之GDP仍保持中高速增长，劳动者有组织要价能力的提高，这是职工工资水平持续增长的根本原因。

（三）社会保险参保人数不断增加，待遇水平有所提高

20世纪90年代后期，为配合国企改制，我国推进了养老、医疗和失业保险制度的改革，确立了“社会统筹与个人账户相结合”的养老保险模式。从那时起，各项保险参保人数不断增加。1998年企业在岗职工和离退休人员有1.12亿人参加城镇职工基本养老保险，2015年达到3.54亿人；1998年参加基本医疗保险的只有509.3万人，2015年扩大到6.66亿人；1998年失业保险参保人数为7927.9万人，2015年增加到1.73亿人；1998年工伤和生育保险的参保人数分别为3781.3万人和2776.7万人，到2015年扩大至2.14亿人和1.78亿人。如表5所示。

表5　1998—2013年职工参加社会保险人数和待遇水平（万人、元）

年份	1998	2000	2001	2004	2008	2009	2010	2012	2013
基本养老保险参保人数	11203.1	13617.4	14182.5	16352.9	21891.1	23549.9	25707.3	30426.8	32218.4
养老保险人均待遇（月）	413	559	576	705	1168	1294	1426	1750	1917
基本医疗保险参保人数	509.3	4332	7285.9	12403.6	31821.7	40147	43262.9	53641.3	57072.6
失业保险参保人数	7927.9	10408	10355	10584	12400	12715	13376	15225	16417
领取失业保险金人数	306.7	330	312	419	261	235	209	204	197

续 表

年份	1998	2000	2001	2004	2008	2009	2010	2012	2013
工伤保险参保人数	3781. 3	4350	4345	6845	13787	14896	16161	19010	19917
生育保险参保人数	2776. 7	3002	3455	4384	9254	10876	12336	15429	16392

资料来源：《中国人力资源和社会保障年鉴（2014）》，中国劳动社会保障出版社，2014 年版；国家统计局网站。

农民工参加社会保险的人数也有增加，但不明显。2009 年，用人单位为农民工缴纳养老、工伤、医疗、失业和生育保险的比例分别为 7. 6%、21. 8%、12. 2%、3. 9%和 2. 3%。到 2014 年，农民工“五险一金”的参保率分别为：工伤保险 26. 2%、医疗保险 17. 6%、养老保险 16. 7%、失业保险 10. 5%、生育保险 7. 8%、住房公积金 5. 5%，比上年分别提高1. 2、0. 5、0. 5、0. 7、0. 6 和 0. 5 个百分点[1]。外出农民工和本地农民工“五险一金”的参保率均有提高。

20 年来，职工社会保险的待遇水平也在稳步提高。1998 年，养老金月人均水平只有 413 元，到 2015 年，国务院第 11 年连续调整企业退休人员基本养老金，全国有 7974 万名企业退休人员受益，调整后的月人均养老金水平超过 2200 元。全国 1. 46 亿城乡居民基础养老金最低标准从每人每月 55 元提高至 70 元，有 27 个省级政府及新疆生产建设兵团在全国标准之上增加了基础养老金，提高后的月人均养老金水平超过 110 元。全国失业保险金月人均发放水平由 2014 年的 852 元提高到 960 元。

同时，社会保险基金收支结余规模持续扩大。1998 年，全国基本养老保险基金滚存结余 611. 6 亿元，医疗保险基金滚存结余 9. 8 亿元，失业保险基金滚存结余 16. 5 亿元，工伤保险基金滚存结余 39. 8 亿元，生育保险基金滚存结余 10. 3 亿元，五项保险基金合计结余为 688 亿元。到 2015 年，五项社会保险基金总收入 46000 亿元、总支出 39000 亿元，年末累计结余为 59500 亿元，其对收入再分配和经济发展的影响也日趋增大。

当前，社会保险存在的主要问题有：社会保险基金支出增长率超过收

[1]国家统计局. 2014 年全国农民工监测调查报告［OL］.［2015-04-29］. 国家统计局网站.

入增长率，养老和医疗保险基金收支缺口越来越大；由于诸多原因，职工中断缴费现象相当严重；社会保险基金难以保值增值；社会保障供给与需求的压力不断增大，社会保险成为工人维权诉求的一个重要领域。

为此，国家在已经开展的机关事业单位养老保险制度改革，调低失业、工伤、生育保险费率，以及养老保险基金投资运营几项举措外，还拟采取以下改革措施：一是城镇职工基本养老金实行全国统筹，合理划分中央与地方对基本养老金的筹资和支付责任；二是引入弹性退休机制，渐进式提高法定退休年龄；三是加快完善个人账户制度；四是建立基本养老保险待遇的正常调整机制；五是大力发展企业年金和职业年金。

（四）职业安全卫生状况持续改善，但企业安全生产形势依然严峻

我国企业的职业安全卫生状况与经济发展和结构调整密切相关，大凡经济增速或重大结构调整时，职业安全卫生状况便会成为突出问题。1996年，发生生产安全事故尚为34.34万起，死亡9.34万人，而2001年增至事故100万起，死亡13.05万人。到2004年，不但死亡人数达到13.68万的历史高位，一次死亡30人以上的特别重大事故也达16起，死亡936人。如表6所示。

表6　1998—2013年全国生产安全事故及职业病情况

年份	2001	2003	2004	2005	2008	2009	2010	2012	2013
生产安全事故起数（万起）	100	96.4	80.36	72.79	41.38	37.92	36.34	33.7	30.93
生产安全事故死亡人数（万人）	13.05	13.63	13.68	12.68	9.12	8.32	7.96	7.2	6.94
特别重大事故起数（起）	16	14	16	17	10	–	–	2	4
特别重大事故死亡人数（人）	707	830	936	1197	662	–	–	84	252
报告职业病（例）	13215	14821	4423	12212	13744	18128	27240	27420	26393

资料来源：历年《中国安全生产年鉴》，煤炭工业出版社；国家安全生产监督管理总局网站。
注：2004年报告职业病为15省统计数值。

2008年是一个重要转折点。2008—2012年5年间，事故死亡人数从2008年第一次低于10万降至2013年的6.94万，2014—2015年延续了下降趋势。重特大事故也持续下降，年均发生76起，2013年下降到49起。特别是煤矿安全生产成效明显，煤矿事故和死亡人数持续下降，曾连续29个月没有发生特别重大事故。大部分行业领域事故也呈下降态势。如金属非金属矿山、化工品和危险化学品、建筑施工、冶金机械等行业以及道路交通、水上交通、铁路交通、农业机械等领域，都实现了事故总量和事故死亡人数的双下降。

从反映安全发展水平的主要指标看，总体趋好。与2008年相比，2013年亿元GDP事故死亡率由0.312下降到0.124，降幅60%；道路交通万车死亡率由4.3下降到2.3，降幅47%；煤矿百万吨死亡率由1.182降至0.288，降幅76%。

但是，近年来恶性重大事故仍频繁不断，如2013年6月3日吉林宝源丰禽业公司火灾共造成121人死亡，其中九成是女工；2014年8月2日江苏昆山中荣金属制品公司的粉尘爆炸，造成75人死亡和185人重伤；2015年6月1日重庆东方轮船公司的东方之星客轮在长江翻沉，遇难442人；8月12日天津港瑞海公司危险品仓库爆炸，173人遇难。这些事故充分暴露了我国生产、建设、交通等行业仍然存在安全责任落实不到位、防范措施不到位、安全监管不到位、治理整顿不到位等突出问题，安全生产环境非常脆弱。

与生产安全事故好转的趋势相反，我国职业病则呈现相对加剧恶化的趋势。2008年以前，每年报告职业病数维持在1.3万例左右，但2008年以后激增到每年2.8万例左右，2014年共报告职业病29972例。其中职业性尘肺病26873例，占89.66%；急性职业中毒486例，慢性职业中毒795例，其他职业病合计1818例[1]。从行业分布看，煤炭开采和洗选业、有色金属矿采选业和开采辅助活动行业的职业病病例数较多。其主要原因是20世纪90年代到21世纪初叶我国经济高速发展时期，由于单纯的GDP增长路线，各地企业及政府不重视职工特别是农民工的职业安全卫生防护

[1]我国2014年报告职业病29972例[N]. 山西晚报，2015-12-04.

所致。

农民工的工作时间依然超长。2009 年，以受雇形式从业的外出农民工平均每个月工作 26 天，每周工作 58.4 小时。其中，每周工作时间多于《劳动法》规定的 44 小时的占 89.8%。从农民工集中的几个主要行业看，制造业农民工平均每周工作时间 58.2 小时，建筑业 59.4 小时，服务业 58.5 小时，住宿餐饮业 61.3 小时，批发零售业 59.6 小时。平均劳动时间最长的是住宿餐饮业的农民工，他们每周的工作时间超过 60 小时。到 2014 年，外出农民工年从业时间平均为 10 个月，月从业时间平均为 25.3 天，日从业时间平均为 8.8 个小时。日从业时间超过 8 小时的农民工占 40.8%，较上年略有下降，但周从业时间超过 44 小时的农民工占 85.4%，比 2009 年降低 4.4 个百分点，但比上年提高 0.7 个百分点。

总体上看，导致安全生产形势依旧严峻的原因包括：一是中国仍处在快速工业化阶段，社会生产活动偏多，就业规模较大，且经济结构落后，采掘业、建筑业、化工等高危行业比重过大，道路交通发展过快，加大了安全生产的压力。二是企业、政府的安全发展理念、法规制度、问责体系不完善，这表现在多数生产安全事故是责任事故。

（五）劳动争议持续激增，争议标的集中在工资保险，劳动者的胜诉率明显高于用人单位[1]

其一，改革开放以来，劳动争议呈持续激增的态势。与安全生产相似，我国劳动争议与经济体制改革和结构调整的波动呈现正相关态势，凡是体制改革和结构调整的年份，劳动争议必然上升。如表 7 所示，1998 年地方劳动争议仲裁委员会受理案件为 9.36 万件，涉及劳动者为 35.85 万人；经过 2008 年的峰值，到 2013 年，受案回复到 66.58 万件，涉及劳动者为 88.84 万人，年均涨幅分别为 44.4% 和 15.5%。如果将全部案外调解案件统计在内，2015 年处理全部劳动争议调解仲裁案件为 172.1 万件，年均涨幅高达 102.1%。

[1]本部分内容主要根据《中国人力资源和社会保障年鉴（2014）》所公布的劳动争议统计数据撰写。这部分数据包括历年各地劳动争议仲裁委员会的受理案件及部分案外调解案件，不包括案外调解的全部案件，也不包括未进入争议处理程序的劳动者群体性事件。

表7 1998—2013年劳动争议数量的变化（件、万人）

年份	1998	2000	2001	2004	2008	2009	2010	2012	2013
当期受理案件	93649	135206	154621	260471	693465	684379	600865	641202	665760
集体争议案件	6767	8247	9847	19241	21880	13779	9314	7252	6783
劳动者当事人	35.85	42.26	46.72	76.5	121.43	101.69	81.51	88.25	88.84
劳动者申诉案件	84829	120043	146781	249335	650077	627530	558853	620849	641932

资料来源：《中国人力资源和社会保障年鉴（2014）》，中国劳动社会保障出版社，2014年版；国家人力资源和社会保障部网站。

其二，集体劳动争议是劳动争议构成中的主体部分。如前所述，从1997年开始，集体争议人数在劳动争议涉及劳动者总人数中的占比突破50%，这一势头一直持续到2006年，标志着集体争议是劳动争议的主要组成部分。从2007年起，由于劳动争议总量暴涨，集体争议涉及人数在总人数中的比重持续下降，2013年只占24.6%。导致变化的原因，一是争议总量在2008年后的井喷式上涨，使集体争议比重相对下降。二是为彰显政绩和维护社会稳定，各地仲裁委一般希望将具有共同申诉标的的集体争议案件拆分成个别争议案件审理，亦导致集体争议数量下降。三是2010年以来，劳动者抗争意识提高，更多通过发动群体性事件争取权益，而这部分案件不在统计范围之内。所以，广义意义上，集体争议仍在劳动争议中占据主要地位。

其三，劳动者申诉案件占受理案件的绝大多数。1998年劳动者申诉案件为8.48万件，占当期受理案件的90.6%；到2013年，劳动者申诉案件竟然上升至当期受案的96.4%。这些数据，对预示案件性质和劳动者维权意识做了很好的说明。

其四，劳动报酬和保险福利是引发争议的主要原因。表8显示，在国企改革告一段落的2004年和国际金融危机爆发的2008年，有关劳动报酬、社会保险和解除合同的争议均成倍增加。2001年有关劳动报酬的争议为4.5万件，2013年为22.3万件，年均涨幅38.12%；2001年社会保险的争议为3.1万件，2013年为16.6万件，年均涨幅41.19%。此外，在那些经济波动较大的年份，解除劳动合同也是主要争议标的。

表8 1998—2013年劳动争议的原因（件）

年份	1998	2000	2001	2004	2008	2009	2010	2012	2013
劳动报酬	—	—	45172	85132	225061	247330	209968	225981	223351
社会保险	—	—	31158	88119	—	—	—	159649	165665
变更劳动合同	2840	3829	4254	4465	—	—	—	—	—
解除劳动合同	13069	21149	29038	42881	139702	43876	31915	129108	147977
终止劳动合同	4752	10816	10298	14140	—	—	—	—	—
其他	9515	12549	—	—	—	—	—	—	—

资料来源：《中国人力资源和社会保障年鉴（2014）》，中国劳动社会保障出版社，2014年版。
注：自2011年起，将解除和终止劳动合同两项合并统计。

其五，争议案件以仲裁裁决为主的处理方式正在改变。表9显示，21世纪的前10年，劳动争议的处理方式以仲裁裁决为主。从2009年人社部系统推行劳动争议“大调解”机制建设以来，仲裁调解所处理的案件比重正在超过仲裁裁决的案件，成为地方仲裁委员会受理案件的主要处理方式。此外，还有部分案件是以其他方式，如劳动争议当事人和解及仲裁外的调解处理的，这部分统计数据并不完整，但它的比重也在逐步增多。

表9 1998—2013年劳动争议处理方式的变化（件）

年份	1998	2000	2001	2004	2008	2009	2010	2012	2013
仲裁调解	31483	41877	42933	83400	221284	251463	250131	302552	311806
仲裁裁决	25389	54142	77250	110708	274543	290971	266506	268530	283341
其他方式	35155	34669	35096	64550	126892	147280	117404	72210	73915

资料来源：《中国人力资源和社会保障年鉴（2014）》，中国劳动社会保障出版社，2014年版。

其六，劳动者胜诉案件远高于用人单位，但胜诉比例逐年下降，案件的复杂程度加深。表10显示，在1998年仲裁实际处理的87952件争议案件中，劳动者胜诉48650件，占55.3%，用人单位胜诉11937件，占13.6%，双方部分胜诉及其他为27365件，占31.1%。到金融危机爆发的2008年，共处理案件622719件，其中劳动者胜诉占44.5%，用人单位胜诉占12.9%，双方部分胜诉占42.6%。到2013年，在实际处理的669062件案件中，劳动者胜诉占32.5%，用人单位胜诉占12.3%，双方部分胜诉占65.2%。上述数据的演变说明，在20世纪90年代后期，劳动争议基本面的性质是用人单位侵害劳动者的法定权利。但到21世纪以来，劳动者胜诉率逐年下降，已不足50%，而双方部分胜诉率在迅速提高，联系到劳动者超高的申诉率，说明劳动者维权意识觉醒，胜诉率虽明显高于用人单位，但案件复杂性亦有明显增加。

表10 1998—2013年劳动争议的处理结果（件）

年份	1998	2000	2001	2004	2008	2009	2010	2012	2013
用人单位胜诉	11937	13699	31544	35679	80462	95470	85028	79187	82519
劳动者胜诉	48650	70544	71739	123268	276793	255119	229448	213453	217551
双方部分胜诉及其他	27365	37247	46996	94041	265464	339125	319565	350652	368992
案外调解	—	—	63939	70840	237283	185598	163997	212937	215595

资料来源：《中国人力资源和社会保障年鉴（2014）》，中国劳动社会保障出版社，2014年版。

三、前瞻：经济新常态需要增强劳动力市场灵活性和劳动关系放松管制

“新常态”一词最初用于形容金融危机之后经济恢复的缓慢而痛苦的过程。2014年5月，习近平主席在调研视察时，第一次使用“新常态”概念。他指出，中国发展仍处于重要战略机遇期，要从当前中国经济发展的阶段性特征出发，适应新常态。在经济领域，新常态主要表现为：增速换挡、结构调整、政策转型。而展望未来，“十三五”时期中国劳动保障领域的主要趋向是人口和劳动力红利趋于消失。

（一）“十三五”时期劳动力红利趋向消失

所谓人口和劳动力红利，是指由于高出生率，一国的人口较多，特别是劳动年龄人口在总人口中的占比较高，抚养比较低，形成对经济生活的高参与、高收入、高储蓄、高投资的格局，从而对经济发展创造较好的人

口和劳动力条件。中国经济发展的长期荣景得益于人口和劳动力红利，但这一情形在“十二五”时期已发生根本性的变化，从劳动年龄人口净值的持续降低来看，劳动力市场的供求关系已转向求过于供，从而带动了人工成本的节节攀升和工人转向抗争维权的策略选择。迈向“十三五”时期之际，劳工阶层将会呈现以下几方面特点。

1. 劳动力老化

到2014年末，我国大陆总人口为136782万人。从年龄构成看，16周岁以上到59周岁以下的劳动年龄人口为91583万人，在总人口的占比为67.0%；60周岁及以上人口21242万人，占比为15.5%；65周岁及以上人口13755万人，占比为10.1%[1]。其中，60周岁及以上人口在总人口中的占比每年递增0.8个百分点左右。

根据预测，2020年，我国60岁以上的老龄人口将为2.54亿人，占总人口的19.3%。到21世纪30年代，我国将迎来人口老龄化的高峰期，老龄化程度会超过世界各国的平均水平。到2050年，我国老年人口将占38.6%左右。预计到2052年，60岁及以上的老年人将为4.87亿人。人社部部长尹蔚民就此表示，中国是一个未富先老的国家，又是一个急剧快速老龄化的国家，人口老龄化面临的形势非常严峻[2]。

随着人口老龄化，退休人员迅速增加，承担养老缴费负担的在职人员占比显著减少，抚养比不断提高。在职人员与退休人员的比例预计从当前的3∶1演变为人口老龄化峰值时期的1.3∶1，对养老保险、医疗保险基金支出需求不断增加，收支缺口迅速扩大，未来制度运行将面临极大风险。另一方面，由于在职劳动力的老化，对劳动生产率的提高也是一个很大的考验。

2. 新增劳动力面临少子化冲击

“少子化”源于日语，其含义即是孩子太少且越来越少。根据人口统计学标准，一个国家0~14岁人口占比在15%~18%为“严重少子化”，15%以内为“超少子化”。目前日本的少儿人口占比约为13%，处于“超

[1]中国大陆人口超13.6亿 男性比女性多3376万［OL］.［2015-01-20］. 中国新闻网.
[2]人社部部长. 中国未富先老 养老金吃紧［N］. 第一财经日报，2015-11-05.

少子化”阶段。而根据第六次人口普查，我国2010年0~14岁人口总量为2.2亿，占总人口的16.6%，已处于严重少子化水平。

从历史变迁的角度看，这种变化更加触目惊心。根据统计数据，中国0~14岁人口占比从改革开放以来便一路下滑：1982年为33.6%，1990年为27.7%，2000年为22.9%，到2010年降为16.6%。人口出生率1978年为18.25‰，2013年降至12.08‰。人口自然增长率1978年为12‰，2013年降为4.92‰[1]。

根据六普数据推算，在未来10年，中国23~28岁的生育旺盛期女性的数量将萎缩44.3%，如果生育率没有明显提升，0~14岁人口的比例将降至10%以下。而根据联合国《世界人口前景2010修订本》按高、中、低三种生育率方案对中国人口增长率所做的预测，以低方案为例，我国人口将在2017年达到13.6亿的峰值后迅速下降。学者普遍认为，人口萎缩的具体时间取决于人口政策和生育率的变化，但可以肯定，在联合国的中方案和低方案之间[2]。

少子化对未来劳动力市场的直接冲击即是劳动年龄人口的下降。我国第一次出现劳动年龄人口的净减少是在2012年，2012—2014年共减少960万人，这一波减少持续到2018年以后将会短暂地重拾升途。2021年之后，随着1982年后的0~14岁人口大幅减少及20世纪60年代第三次人口高峰出生劳动力的陆续退休，劳动力供给将再度急剧下降，我国将面临严重的劳动力短缺问题。2021年后，20~34岁的青年劳动力将呈断崖式下降。2022—2025年4年间，每年将净减1000万人左右，到2030年将比2010年减少1.04亿人，降幅达32%，总量只有2.21亿人。20~59岁劳动年龄人口，到2030年只有7.64亿人，将比2010年时减少6900万人，降幅达8.3%[3]。由于后备劳动力急剧大幅减少，我国将面临严重的劳动力危机，也将促使劳动者采取更加激进的策略维护自身权益，劳动力市场又将进入劳资矛盾的多发期[4]。

---

[1]中国人口就业统计年鉴2014［M］．北京：中国统计出版社，2015.
[2]严重少子化：中国人口或将自2017年迅速下降［N］．第一财经日报，2015-09-28.
[3]人口学者：5年后将爆发招工难娶妻难和养老难［N］．第一财经日报，2015-10-19.
[4]蔡昉．中国人口与劳动问题报告2014［M］．北京：社会科学文献出版社，2015：36.

也正是迫于上述前景及在强大的社会压力下，中共十八届五中全会决定全面放开二胎生育，废止了独生子女政策。

3. 中高龄劳动者早退与青年职工入职年龄推迟现象并存

我国劳动力红利的损失还表现在，在人口寿命延长的情况下，劳动者的工作意愿不足或出于企事业单位对老龄职工的歧见，提前退休盛行。人社部部长尹蔚民称，我国是目前世界上退休年龄最早的国家，平均退休年龄不到 55 岁[1]。

以劳动参与率为例，2008—2013 年，我国 15 岁以上劳动年龄人口与经济活动人口均逐年上升，但劳动参与率却持续下行，2008 年为 73.96%，2013 年下降到 69.72%，共下降 4.24 个百分点[2]。在我国女性仍保持较高劳参率的情况下，劳动参与率下降的原因之一是中高龄劳动者的早退所致，包括 20 世纪 90 年代到 21 世纪以来国有企业改革的下岗内退人员，以及享受机关事业单位提前退休优惠待遇的人员。再者，便是民营企业普遍恐老，纷纷设下员工录用年龄门槛，并与前些年提前退休的概念被大肆炒作，成为主流观念有关。可以想见，伴随着延迟退休政策的公布实施，中高龄劳动者早退的趋势将被遏制。

影响劳参率下降的另一原因，是新成长劳动力受教育年限延长，致使其进入职场年龄推迟。在恢复高考的 1977 年，大学只录取了 27 万学生入学。而到了 2012 年，全国普通高校共招录学生 685 万名。近三年来，每年毕业的大学生都在 700 万人以上，这造成青年职工进入职场的年龄不断延后。以 2013 年为例，25～29 岁组就业人员的受教育程度是大专和大学的分别为 15.8% 和 12%，而 30～34 岁组分别为 13% 和 10.7%，35～39 岁组分别只有 10.2% 和 6.8%[3]，不同年龄组接受高等教育占比的扩大意味着他们参加工作时间的推迟。

（二）劳动关系面临新的转型：放松管制与增强劳动力市场灵活性

2015 年我国 GDP 同比增长 6.9%，首次跌破 7%。其中，固定资产投

---

[1]人社部．我国平均退休年龄不足 55 岁 全球最早［N］．京华时报，2015-10-15.

[2]课题组．市场决定劳动力资源配置研究［M］//刘燕斌．中国劳动保障发展报告（2015）．北京：社会科学文献出版社，2015：139-140.

[3]中国人口就业统计年鉴 2014［M］．北京：中国统计出版社，2015.

资增速回落，进出口同比下降，工业生产趋缓。总体上，经济陷入一种过度负债、产能过剩及缺乏新的增长来源的恶性循环之中。

在这种背景下，2015年10月，中共十八届五中全会审议通过了《中共中央关于制定国民经济和社会发展第十三个五年规划的建议》。其中，第七部分以“坚持共享发展，着力增进人民福祉”为题，重点阐述了“十三五”时期的劳工政策要点。

其一，在指导思想上，与2010年“十二五”规划建议重在着力保障和改善民生，提高政府保障能力、建立健全基本公共服务体系的立意不同，“十三五”规划建议的民生建设立足新常态，特别是经济增速下滑的大背景，着重底线思维和保障“基本民生”，强调效率原则，要求人人参与、人人尽力、突出重点，注重机会公平。可以说，它将民生建设中的劳动者权利本位替换为劳动者义务本位。

其二，在就业与劳动关系协调方面，与“十二五”规划建议重视构建和谐劳动关系、要求加强劳动执法、完善劳动争议处理机制、改善劳动条件、保障劳动者权益、努力形成企业和职工利益共享机制不同，“十三五”规划建议更强调促进就业创业，坚持就业优先战略，提高劳动力素质、劳动参与率、劳动生产率，增强劳动力市场灵活性，体现了鲜明的放松管制意图。在劳动关系协调部分，仅强调“维护职工和企业合法权益”。

其三，在收入分配方面，与“十二五”规划建议要求努力提高居民收入在国民收入分配中的比重、提高劳动报酬在初次分配中的比重、逐步提高最低工资标准不同，“十三五”规划建议提出坚持居民收入增长和经济增长同步、劳动报酬提高和劳动生产率提高同步，完善最低工资增长机制，体现了效率优先的原则。“十三五”规划建议更强调缩小收入差距，明显增加低收入劳动者收入，扩大中等收入者比重。不过，在工资决定机制部分，它主张健全科学的工资水平决定机制、正常增长机制、支付保障机制，推行“企业工资集体协商制度”。

其四，在社会保障方面，与“十二五”规划建议要求坚持广覆盖、保基本、多层次、可持续方针，加快推进覆盖城乡居民的社会保障体系建设相似的是，“十三五”规划建议亦倡导建立更加公平、更可持续的社会保障制度，基本实现法定人员全覆盖。然而，它更强调效率和个人责任。要求坚持精算平衡，完善筹资机制，分清政府、企业、个人等的责任。同时，完善职工养老保险个人账户制度，健全多缴多得的激励机制。

在人社部公布的《人力资源和社会保障事业发展“十三五”规划纲要》中，我们也能发现有关劳动关系和劳动力市场规制提法的一些微妙变化。如“推行企业工资集体协商制度”，“完善最低工资增长机制，建立最低工资评估机制”。“完善劳动合同法”，“探索建立劳资协商会、劳资恳谈会等多种形式的民主协商制度”等。比较而言，“十二五”规划纲要的内容与表述语境基本一致，“完善”“加强”就是提高标准。而十三五规划纲要的表述更为晦涩，“完善”“加强”有可能是降低标准、改变方向，它在用更为低调、含混的表述阐述着增强劳动力市场灵活性的目标。

“十三五”时期我国开启劳动关系放松管制和增强劳动力市场灵活性的新纪元，主要反映在关于《劳动合同法》修改的讨论上。最近几次讨论修法，目标提法各有不同。2015 年十八届五中全会强调灵活性，冲破结构性障碍。2016 年 7 月政治局会议讨论，侧重供给侧改革和降成本。2017 年 4 月中央财经领导小组提出，修法要增加劳动力市场的竞争性和灵活性，让工资成本能真正反映供求关系的变化。这分为外部和内部竞争，外部竞争主要体现在成本优势、灵活机动和法制健全。

目前，对《劳动合同法》的认识高度不统一。政府的主要观点为：一是企业解雇和用人要更加容易。二是企业内部工作安排要有灵活性，不是岗位的连续性，而是体现就业的连续性，这应当由企业自主确定。三是劳动者的就业能力加强，不仅仅是专业能力，而且是多种就业能力，以此来适应就业方式的灵活性。四是工资和社会保险更加灵活化。要平衡灵活性和安全性，失业保险的期限要缩短，失业保险金要达到最低工资的 90%，工时要灵活，要给企业以自主权。五是集体合同要更加灵活，允许企业就劳动标准进行协商。

对《劳动合同法》条文的修改，讨论较多的有：第四条职工代表大会的民主程序，小微企业通常没有职代会，可否征集意见的方式更加灵活一些；第十四条无固定期限劳动合同，根据企业生命周期，70% 以上的企业，存活一般为 3 ~ 5 年，7 年以上的更少，签订无固定期限合同是否必要；《劳动合同法》是否应当分层管理，对高管予以排除；等等。改革目标是促进劳动力市场规制灵活化。由于劳资之间对修法分歧过大，全国人大决定，不将《劳动合同法》的修法列入2018年立法计划，暂时搁置了这个议题。

（三）数字经济下的灵活用工新发展与政策规制

数字经济，也称共享经济或零工经济（gig economy），是指以使用数字化的知识和信息作为关键生产要素、以现代信息网络作为重要载体、以信息通信技术的有效使用作为效率提升和经济结构优化的重要推动力等一系列经济活动。数字经济作为全球新一轮科技革命和产业变革的新经济形态，其核心是以人工智能、数字化和互联网为代表的技术进步。与此相关的概念是电子商务，世界贸易组织将电子商务定义为“通过电子方式生产、分销、营销、销售或交付商品和服务”，但实际上要复杂得多。

随着智能手机的普及，数字信息技术已经广泛应用到社会的各个领域，深刻改变着整个社会的生活形态和经济结构。在我国，勃然而生的互联网创业企业不断发掘新的需求和市场，为经济发展提供新的动能，并成为扩大就业的重要形式。据国家信息中心统计，2017年依托互联网平台数字经济保持高速增长，实现交易额4.9万亿元，较上年增长47.2%。相应的，2017年我国提供数字经济服务的服务者人数约为7000万人，比上年增加1000万人；数字经济平台企业员工数约716万人，比上年增加131万人，占当年城镇新增就业人数的9.7%，意味着城镇每100个新增就业人员中，就有约10人是数字经济企业雇用员工[1]。“互联网+”正使得更多的企业被互联网渗透，可能未来互联网作为一个行业将逐渐消失，所有的行业都会互联网化。

在带来生活便利的同时，技术进步对工作的影响却一直存在争论，其焦点在于技术进步对工作究竟具有创造效应还是毁灭效应？在互联网创业大潮中，资本和技术的结合，正在使劳动过程和劳动组织产生重要变革。数字经济对劳动关系领域的影响，迫切需要劳动监管制度的应对与革新。

数字经济中资本和技术结合发展了更加多样化的就业形态。以平台经济为代表的新经济形式就是其中的典型。互联网平台有三种主要的运营模

[1]国家信息中心. 中国共享经济年度发展报告（2018）[R]. 2018.

式：一是电商平台就业模式，其中最具代表性的是阿里巴巴集团的淘宝平台，它不仅直接创造就业机会，同时借助淘宝平台，众多个人或企业通过开网店实现就业，更围绕着网店衍生出新的就业机会。

二是分享经济就业模式，依据分享对象的类别，可将分享经济划分为产品分享、空间分享、信息技能分享、劳务分享、资金分享、生产能力分享等；依据满足用户需求类别，可将分享计划划分为出行、住宿、吃饭、贷款、学习、旅行、就医等。传统就业模式下，员工受雇于特定企业，通过企业与市场进行价值交换，而分享经济就业者只需要通过虚拟平台就可以与市场相连接，实现个人的市场价值，它使闲置劳动力以及与劳动力相关的技能、经验、专业知识等在碎片化的时间中发挥最大价值，使用工模式更加灵活。针对这种劳动力交易的平台包括滴滴、Uber、猪八戒网等。

三是创业式就业模式和企业平台化创业模式出现。2015 年社会各界响应“大众创业，万众创新”，依托云计算、大数据、移动互联网等技术和平台，涌现了大批量的创客。同时，政府出台政策支持推广创客空间、创业咖啡、创新工厂等新型孵化模式。其典型代表包括北京创客空间、上海新车间、深圳柴火创客空间等。企业平台化创业模式出现的背景是，互联网技术使企业边界日益模糊，企业架构逐渐扁平化，为了保障企业的发展活力，迫切需要将员工个人发展愿景纳入企业的长期目标中，创立合作共赢的模式。企业内部平台化创业模式是企业践行新兴管理理念、探索新型雇主-雇员关系的产物，其典型代表是海尔独创按单聚散的组织模式，把企业做成一个孵化平台，提出了人单合一模式。在这一模式中，员工决定生产什么产品，根据市场需求提出竞标方案，自己组建团队进行生产、研发、销售、海尔集团投资和分享利润，人单模式使员工创客化，实现了组织内部的“自创业、自组织、自驱动”，颠覆了科层管理体制。

另外，与数字经济相关的新技术性、服务性和娱乐性职业在不断涌现，比如专门进行一些数据库和系统维护的机器人饲养员、网络主播、电竞游戏指导、虚拟时尚设计师、基因咨询师、旅游体验师、微视频编导等新兴职业。这些新兴职业群体规模快速壮大，也出现了一些问题，揭示了新的劳动关系中保护与监管的难题。

数字经济带来了去劳动关系化的雇佣发展新趋势。传统劳动关系认定标准不能适应平台经济下新型用工的需要，是世界各国劳动法共同面临的挑战，这导致越来越多的劳动者被从劳动法律的保护网中抛离出来。在平台经济起步最早也是发展程度最高的美国，尽管相关案件时有发生，应对措施主要交由司法部门个案处理。2014 年美国洛杉矶 Uber 案确认司机为 Uber 公司雇员、2018 年旧金山 Grubhub 案认定共享平台公司的外卖司机不属于劳动者，属于独立承包人。

国际劳工组织认为，实现体面劳动需要一系列的政策干预，包括制定法律和加强劳动力市场机制。政策干预需要建立在两个互补思路的基础上：第一，使非标准工作体面化；第二，政策应支持和保护所有劳动者，不论他们以何种方式在工作。在这两个互补思路的基础上，国际劳工组织提出了四项具体的政策措施：第一，填补政府规制的漏洞，如对半日制和呼叫中心的工作规定最低工作时间，对有多方参与的工作要分派责任和义务，保证所有劳动者自由结社的权利和集体谈判的权利。第二，加强集体谈判机制，培养工会在组织非标准工作者方面的能力，提倡包容性的集体谈判，用集体谈判规制非标准工作，使工会和其他社会组织可以联合起来对非标准工作做出集体性回应。第三，加强社会保护措施，消除或者降低获得社会保障资格的门槛（例如工作小时数、收入额、最低就业时间等方面的限制），提高不同社会保障项目的可随身转移性，确保社会保障对自雇者的足够覆盖，利用无须供款的补充社会保险项目为所有就业者提供最基本的保障。第四，制定就业和社会政策来应对社会风险和顺应劳动力市场转型，制定支持创造就业机会和减少失业的宏观经济政策，重新设计可以促进技术与职业发展的失业保险政策[1]。

对此，2017 年以来，我国政府已形成以下规制原则：第一，鼓励发展；第二，包容审慎监管；第三，兜住底线[2]。

政府的具体规制思路为：平台、电商类企业用工，与劳动者建立劳动关系，应订立合同，非全日制用工的，可订立口头合同。平台公司提供信

[1]周畅，李琪．非标准工作与体面劳动：数据化带来的劳动问题与政府对策［J］．中国人力资源开发，2017（8）．

[2]聂生奎．当前劳动关系的几个问题——在全总权益部研讨班的报告［R］．2017.

息，帮助劳动者与消费者对接的，视其工作时间、频次、监管程度及考核方法，与劳动者订立合同或民事协议。平台帮助其他经营者与劳动者对接的，也须指导订立相应协议。平台企业、电商和其他经营者与劳动者订立民事协议的，可参照劳动法律规定，与劳动者合理约定工作时间、劳动报酬等事项。平台企业、电商和其他经营者与没有稳定劳动关系或订立民事协议的劳动者，可探索按照项目方式为其优先加入工伤保险。劳动者个人可按灵活就业人员身份参加城镇职工基本养老保险或城乡居民基本养老保险。

1996：国企改革前夜的中国职工状况

一、职工的生活状况

（一）职工的生活压力继续加大

1. 基本生存问题仍为职工关注的焦点

根据中国职工生活进步调查活动组委会1996年9月对全国7个城市千余名职工的调查，职工对医疗制度改革、住房制度改革、物价问题、养老保障、工资改革和职工就业的关注居于前6位，关注率分别为46.9%、42.7%、37.9%、28.9%、22.8%和19.9%。各地职工普遍反映，当前医药费用上涨、医疗支出很难预计，企事业单位难以承受，这成为职工关心的切身问题；许多职工预期，随着房改的深入，近几年在房子上的支出将成为所有支出中的最大项，故关系到切身利益；物价问题的关注率退居第三位，表明政府将抑制通货膨胀作为加强宏观调控的首要任务取得显著成效，1996年1—8月，商品零售指数涨幅6%～8%，居民消费指数涨幅9%，比上年同期分别回落10.4和10.8个百分点。即便如此，本次调查仍有相当多的职工对物价上涨意见很大。

2. 职工收入增幅回落，减收面扩大

据国家统计局抽样调查，1996年上半年城镇居民人均每月可支配收入为409元，生活费收入为365元，分别比上年同期增长14.1%和13.7%；扣除物价因素，实际增长分别为4%和3.7%，其中生活费收入增幅比上年同期实际增幅回落3.2个百分点。

1996年1—6月，职工工资总额为3889亿元，比上年同期增加516亿元，增长15.3%。由于企业效益不佳和国家调控力度加大，职工工资性收入增幅明显回落。上半年城镇居民人均每月从国有和集体职工工资中得到的收入为 277 元，比上年同期增长 11.9%，增幅回落 19 个百分点。

据 35 个大中城市的调查资料表明，1996 年 1—5 月，大中城市职工有 40% 家庭的生活费收入比上年同期有所下降，减收面比上年同期扩大了 4 个百分点。在减收户当中，因物价上涨而减收的家庭为 25.2%，比上年同期减少 35%，企业效益差、拖欠职工工资已取代物价上涨成为 1996 年职工家庭减收的主要原因，因此而减收的家庭占 74.8%。

3. 职工内部收入分配差距进一步扩大

从地区情况看，1996 年上半年职工工资水平较高的地区有：上海（4621 元）、北京（4173 元）、广东（4041 元）；工资水平较低的有：黑龙江（1864 元）、内蒙古（1891 元）、江西（1966 元）。工资水平最高的上海是全国职工平均工资的 1.76 倍，是最低的黑龙江职工平均工资的 2.48 倍，地区工资水平差距比上年（1∶2.4）又有所扩大。从国有单位分行业情况看，电力、煤气及水的生产和供应业职工工资增长最快，增速高达 26.5%，其次是房地产业、社会服务业，分别增长 20.6%、20.4%，制造业、农林牧渔业工资增长仍然最低，增速均为 11.1%；职工工资水平最高的行业是金融、保险业（3895 元），是最低的农林牧渔业（1573 元）的 2.48 倍，行业工资水平差距较上年（1∶2.38）继续拉大。

（二）困难企业职工基本生活难以保障成为突出的社会问题

1. 国有工业企业成为困难职工的主要载体，困难职工数量和困难程度有增无减

据全国总工会统计，截止到 1995 年底，全国拖欠职工工资单位 58223 个，拖欠减发工资涉及职工 1042.6 万人。进入 1996 年，随着国有工业企业效益持续下滑，步入总体亏损状态，困难职工数量大幅度上升。据不完全统计，一季度全国破产、双停企业 4.6 万户，涉及职工 754 万人，停、减发工资的职工 469 万人。据劳动部东北三省调查，到 6 月末，共有停、减发工资和退休金职工 426 万人，占职工总数的 15%。据河南省总工会调查，6 月全省双停企业涉及职工 114.5 万人，其中发部分工资或生活费的 56 万人，占双停企业职工数的 48.9%，不发工资或生活费的 32.3 万人，占 28.2%，合计比上年底增加 3.5 个百分点。据四川省总工会 1996 年一

季度统计，在全省双停企业职工中，无分文收入的职工近18.5万人，占双停职工总数的30%。重庆市21个困难企业中，困难职工家庭人均收入111.5元，只有全市平均水平的1/3。从总体上看，1996年困难较大地区被拖欠工资的职工和离退休人员占职工总数的比重逐步上升，目前达10%~15%。劳动部权威人士承认，1996年困难职工面之大、特困职工人数之多是近年来没有的。

2. 困难职工的思想情绪极不稳定，突发性事件呈上升势头

从总体上看，困难职工虽然对企业困难表示理解，但对长期领不到工资、影响家庭生活十分不满。部分职工对行业分配不公感到极不平衡。有的职工对改革措施不到位有怨气，如大病保险覆盖面窄，职工有病治不起，甚至有的职工死亡3年了，医药费、丧葬费都没有报销；相当多的职工对某些困难企业领导的自私和腐败行为极为痛恨，议论说，“垮了工厂，富了厂长；坑了国家，苦了工人”；更有部分职工出现信仰危机，认为改革侵犯了广大职工的利益，对国家前途丧失信心。

1996年以来，由于各种不稳定因素导致的职工集体上访和罢工事件迅速增多。据劳动部对全国28个省、市、自治区的不完全统计，上半年发生集体上访和罢工事件分别比上年上升了5.8%和8.8%。其中，第二季度发生的集体上访、罢工事件和涉及职工人数分别比一季度上升52.6%和50.5%，比上年同期上升18.9%和23.1%。据劳动部权威人士分析，企业离退休人员的生活待遇和亏损、双停企业拖欠职工工资或不能保证最低工资、基本生活费的发放，是当前引发突发事件的主要原因。此外，职工为解决生活问题而围堵政府、盗窃工厂财物和人为生产事故也时有发生。

二、职工的劳动关系状况

1996年，随着劳动力市场的培育和发展，劳动关系的市场化程度有所提高。总体情况是，市场化的劳动关系进一步多样化、复杂化，协调劳动关系的制度性规范已经推出，但运行尚处在起步阶段。

1. 就业结构重组推动劳动关系的多样化

经过“八五”期间中国经济结构的调整，1996年职工就业结构呈现出

以下三个特点：

（1）第一、二产业就业比重下降，第三产业就业比重明显上升。1996年初，第一产业从业人员为35971万人，占全部从业人员比重的52.2%，比1990年下降7.8个百分点；第二产业从业人员15849.3万人，占全部从业人员的23%，上升1.6个百分点；第三产业从业人员17089.7万人，占全部从业人员的24.8%，上升6.2个百分点，并已超过第二产业的就业比重。在各行业中，从业人数增长较快的是批发和零售贸易、餐饮业、房地产等行业。

（2）公有制单位就业人数仍占主体，但非公有制单位就业比重迅速上升。1996年初，国有单位及城乡集体单位从业人员为62463.5万人，占全部从业人员的90.6%；中外合资企业、外商独资企业、联营企业和个体私营经济单位的从业人数达6463.5万人，占全部从业人员的9.4%，比1990年上升6.4个百分点。城镇从业人员中，在非公有制经济单位的就业比重达16.9%。

（3）劳动力流动性增强，流动规模逐渐扩大，并出现城乡双向流动的新模式。据测算，每年外出务工的农村劳动力超过5000万人，其中跨省流动的有3000多万人，有的城市外来劳动力已占半数以上。城镇职工流动亦呈增长趋势，1995年跨单位流动人次达1192.6万，流动率为8%。

就业结构的上述变化，推动了劳动关系向多样化方向发展。

2. 契约化劳动关系基本确立，续签劳动合同渐生波澜

截止到1996年9月底，我国已有91%的城镇职工与用人单位签订了劳动合同，总人数超过1亿人，到年底，全国城镇企业全部完成这项工作。此外，乡镇企业中也有520.5万人签订了合同。这意味着，适应市场经济的契约劳动关系已基本确立。

然而，目前劳动合同的运行和管理中仍存在着一些亟待解决的问题，表现为：由于劳动力市场供过于求，仍有一批合同只体现企业单方利益；不少合同流于形式，没有反映企业和行业特点；企业在与职工订立合同时，收取风险抵押金现象屡禁不止；企业随时解除合同和职工畸形流动都时有发生；特别值得注意的是，1996年以来，随着部分合同到期，一些企业不按法律规定与符合条件的职工续签合同，借机削减城镇职工，招用外

来民工以降低劳动力成本；一些用人单位以合同到期为名进行裁员，致使部分年纪大、素质差的职工失业而引发争议。

3. 失业机制初步启动，职工就业形势更趋严峻

由于1996年经济结构调整力度加大，上半年国有企业效益不佳，企业失业机制初步启动，导致隐性失业显性化，失业职工数量增加较快。其特点为：第一，新增失业人员比上年同期增加。上半年新增181.19万人，同比增加9.82万人。其中就业转失业人员56万人，同比增加10.42万人，就业转失业人员占新增失业人员比例也由上年同期的27%上升到31%。第二，上半年安排就业的失业人员比上年同期略降。失业转就业人数164万人，而上年同期安排了166万人。第三，失业人员再就业的去向发生变化。国有、集体企业吸纳能力降低，上半年吸纳85万人，占上半年安置失业人员的51.5%，而上年是89万人，占53.8%。到9月底，全国城镇尚有登记失业人员550万人，同比增长14.6%，失业率为2.98%，同比增长近0.2个百分点。

据劳动部就业司估计，1996年城镇需安排1350万人就业，其中包括新增劳动力350万人，农转非300万人，就业转失业180万人以及上年结转失业者520万人。这个数字高于预测“九五”每年城镇劳动力平均增幅（1100万）。由于下半年仍将坚持适度从紧的货币财政政策，不扩大固定资产投资规模，因而以经济增长来带动就业岗位增加的能力明显不足，同时，考虑到农村剩余劳动力转移的冲击，都使职工面临的就业形势更趋严峻。

4. 企业富余职工安置分流成为社会关注的焦点

据1996年10月召开的200个城市实施再就业工程济南现场会透露，目前国有和集体企业富余职工约为2200万人，分流安置的难度较大。从富余职工自身来看，相当一部分富余职工观念陈旧，缺乏市场就业意识，尚未破除“只有进国有单位才算就业”的观念，普遍存在“等、靠、要”的思想，参与市场竞争、实现生产自救的意识不强。另外，大部分富余职工年龄偏大、技能单一、适应能力差，又不愿意参加劳动部门举办的各类转岗培训，相应增加了再就业的难度。从社会方面来看，分流安置的渠道较窄，由于第三产业尚不发达，吸纳富余职工的能力有限，特别是不发达地

区富余人员安置更加困难。1996年以来，招工单位对下岗职工的歧视性用工是再就业中一个值得注意的新倾向。据全总女职工部反映，企业对女职工实行“优先”下岗，而再就业时则回避招收；招收时年龄线卡得过低，某些地区的企业甚至规定对35岁以上的下岗女职工一律不录用；女职工再岗后待遇也比男职工低。

富余职工安置分流问题已引起政府和社会的普遍关注。再就业工程1996年进入全面实施阶段。截止到第三季度，已组织500万名企业富余职工和失业职工参与再就业工程活动，通过政策引导和各项就业服务，使243万人实现了再就业。其中，150万名国有、集体企业下岗职工从事个体和私营经济，一些大城市下岗职工在个体私营经济从业人员中所占比例高达1/3，拓宽了城镇就业渠道，并初步形成了企业安置、个人自谋职业和社会帮助安置互为补充的格局。在实施再就业工程的过程中，各地还创造了一批可资借鉴的分流安置模式。例如，在优化资本结构的同时优化劳动力配置，以行业内部消化为主分流安置富余职工的青岛“双优工程”；托管安置企业下岗职工的上海“再就业服务中心”；以职工消费合作社为依托，天津开展了“万名职工自救活动”。这些做法部分缓解了企业富余职工的安置分流压力。

5. 社会保险进展缓慢，职工忧虑颇多

社会保险制度改革在1996年继续开展。全国普遍制定并出台了以“社会统筹与个人账户相结合”为原则的养老保险改革方案，并开始实际运作，统一养老保险的第三方案正在制定。医疗保险改革进一步扩大试点范围，在总结“两江”经验的基础上，全国确定了57个城市为试点城市。工伤保险方面，《企业职工工伤保险试行办法》也于10月1日正式实施。

职工社会保险中较为突出的问题是养老保险。截止到9月底，全国参加养老保险社会统筹的职工为8740万人，仅比1995年末增加2万人，而离退休人员达2274万人，比1995年末增加33万人。由于参保离退休人员增长速度明显快于职工增长速度，因而养老保险负担越来越重，造成了很大的基金压力。目前在统筹范围内，职工与离退休人员之比是3.84∶1，比上年年末的3.9∶1又有下降，而未参加统筹的职工与离退休人员之比是21∶1。因此，必须尽快扩大覆盖面，将尚未参保的近2700万城镇职工以及1000多万城镇私营个体经济劳动者纳入统筹范围。

此外，部分地区社会保险基金提取比率偏高，基金管理不够完善。目前，已有15个省、市、自治区养老保险基金提取比率超过25%，企业负担已近极限，加上相当数量企业不景气，导致基金收缴率呈下降趋势，1996年上半年收缴率为84.3%，同比下降了9个百分点，有些地区基金征集到位率尚不足50%，企业少缴、漏缴、不缴保险基金现象时有发生。

职工对于社会保险制度改革的态度较为复杂。根据全总1996年调查，有63.04%的职工赞成养老保险由个人和单位共同负担，认为这对个人和集体都有好处；有32.34%的职工表示同意，但担心影响自己生活；还有4.62%的职工持无所谓的态度。在回答个人负担多少为宜时，有73.70%的职工认为个人负担自己工资总额的3%为宜；有21.77%的职工可以负担5%；仅有4.53%的职工能够承受8%。调查中职工普遍反映，由于目前企业效益较差，今后的积累会相应减少，担心改革后拿到的养老金会更少。也有部分职工担心养老保险改革后，自己被推向社会，怕有了问题没人管。由此可见，职工对社会保险改革的承受力无论在经济上还是心理上都还很脆弱。

6. 劳动争议持续激增，三方协调机制初步建立

到1996年3月底，各地劳动争议仲裁委员会共立案受理劳动争议5270件，已结案4667件，与上年同期比，案件数上升11.5%。据24个省、市、自治区的统计，上半年全国各级仲裁委员会共受理案件14852件，涉及职工40413人，同比分别上升14.9%和38.1%。其中第二季度受理9582件，涉及职工26863人，第二季度的案件受理量比一季度增长了81.8%。有关人士分析，1996年劳动争议案件之所以持续增多，主要原因是目前企业效益不佳，一些企业为缩减开支，不严格执行劳动合同，通过各种方式裁员和侵犯职工合法权益。年初进行的《劳动法》执法检查中，30万户受检企业有5.4万户存在违法侵权现象而受到查处，其中处以罚款的4978户，罚金达635.7万元，并为职工追回克扣、拖欠工资3.4亿元，退回职工风险抵押金2350万元。此外，集体上访和罢工事件也不断增加，罢工范围从个别企业发展到几个企业联合进行，规模从几百人扩展到上万人。西安市纺织系统企

业 1996 年以来百人以上的集体上访几乎每周一次。这些迹象表明，劳动关系的运行进入了一个较不稳定的时期。

随着劳动关系市场化程度的提高，建立劳动关系三方协调机制在 1996 年取得了一定进展。1996 年，劳动部、全总和国家经贸委发布了《关于进一步完善劳动争议仲裁三方机制的通知》，要求遵循三方原则，体现仲裁的公正性，依法维护劳动关系双方的合法权益。各级工会有数千名代表参加了仲裁委员会的工作，工会兼职仲裁员队伍有所发展。同时，工会也与劳动部门联合进行劳动工作检查，开展劳动法律监督工作。特别值得一提的是，1996 年 5 月，三方就逐步实行集体协商和集体合同制度联合发出通知，使这项工会作为其“总体思路”中的“牛鼻子”工作取得了较大进展。截止到 6 月底，全国签订集体合同的企业已达 45808 户，经劳动部门审查备案的 15024 户，部分地区、行业还形成了区域集体合同和行业集体协商的新机制。为配合对工资增长过快行业工资水平的宏观调控，指导企业进行工资协商，劳动部还在北京、上海、深圳等城市进行了工资指导线的试点。此外，三方还就困难企业职工的生活保障工作进行协调，推动解困工作向制度化方向发展。

三、职工内部阶层关系状况

职工内部阶层分化与不同经济所有制类型的消长和企业产权关系的变动具有内在联系。“八五”期间，国有单位职工仅增长 5.9%，城镇集体单位职工减少了 13.3%，而私营、个体单位和其他混合经济单位已成为解决城镇劳动者就业和安置下岗职工的重要渠道。这种趋势在以国有企业产权重组、抓大放小、分流富余人员力度加大和外资、私营、个体经济持续发展为背景的 1996 年继续得到加强（见表 1）。总体情况是，职工内部出现了新的阶级分化和阶层分化。

表1 1995—1996年不同经济所有制类型单位职工变动情况（万人）

时间	1995年末	1996年6月末	比1995年同期		预测1996年末	比1995年同期	
			增加	增长（%）		增加	增长（%）
总 计	14908	14690	32	0.22	15020	112	0.75
国有单位	10955	10871	81	0.75	11040	85	0.78
城镇集体	3076	2996	-149	-4.73	2930	-146	-4.74
其他单位	877	853	99	10.40	1050	173	19.72

1. 一般意义上的劳资雇佣关系呈加速扩张趋势

对于一般意义上的劳资雇佣关系下的雇工规模有几种估计。

低位的估计根据国家统计局公报（见表2），截止到1995年末，在特征为纯粹劳资雇佣关系的城镇和乡村私营企业和个体户中，雇工人数已达2907万。

表2 1995年末工资劳动者人数（万人）

年份	合计	城镇职工	乡镇企业工资劳动者	城乡私营个体工资劳动者
1995	30677	14908	12862	2907

中位的估计是根据对表3的分析得出的。其中，私营企业从业人员为1014.2万人，按1/9剔除雇主，雇工约为902.6万人；个体户中也多有雇工，按从业人员的2/3计，约为3031万人；外商投资企业中的私人性雇员，按从业人员的1/3统计，约为561万人。按上述估算，在目前形成的劳资关系中，雇工约为4450万人。

表3 1996年6月末非公有制企业户数和从业人数（万户、万人）

	私营	个体	外资
企业户数	70.9	2474.0	27.3
从业人数	1014.2	4544.2	1700.0

资料来源：综合国家工商局、个协和外经贸部统计数字。

高位的估计是在上述数字的基础上，考虑到国家工商总局的两个抽样调查结论，即乡镇企业有83%是私营企业，戴着集体企业帽子的私营企业比实际注册的私营企业多2倍以上。如果这样估算，雇工人数可能不少于1亿人。

2. 公有制职工内部出现事实上的劳资关系

继“于志安事件”曝光后，1996年，公有制企业中的“内部人控制”问题成为社会瞩目的焦点。伴随着国有企业制度创新，由于在新的企业法人治理结构中尚缺乏有效的监督制衡机制，导致部分经营者私欲膨胀，利用企业的经营自主权，将公产攫为己有，其与职工的关系已演化为事实上的劳资关系。表现为：

（1）在人事上，经营者大权独揽，作风专制，培植私党，使企业变成自己的“家天下”，企业党组织、工会和职代会形同虚设。对待工人动辄以罚款、“炒鱿鱼”相威胁。

（2）在经营上，部分国有企业经营者通过联营、合营、股份制等形式，将企业国有资产转移到新厂中进而化为私产，而将债务转嫁给母厂。1995年以来，重庆立案的574件公有企业各类经济罪案中，厂长经理犯罪的有251人，占企业经济案犯人数的34.7%。据重庆市总工会估计，国有企业亏损中属于经营者腐败的问题占50%。最高人民检察院要求1996年重点查办的6类大案中，有4类涉及国有企业经营管理人员的经济犯罪。

3. 职工内部阶层差别逐渐演化为享有不同资本权利的差别

契约用工制度在1996年的全面确立，标志着公有企业经营者与职工权利关系的进一步等级化。年初，国家经贸委负责人有关现代企业制度条件下所有者、经营者和劳动者追求利益差异的谈话也表明，公有制阶层内部的利益分化继续加强。虽然有关国企经营者年薪制的政策方案年内未能出台，但各地的试点在逐步扩大。年薪制的实施使国有企业经营享有了合法的剩余分享权，即资本权利，并以此与职工工资相区别，体现了市场经济意义上的阶层等级分化。根据1996年中国企业家调查系统的报告，企业经营者人均月收入为1024元，是国家统计局公布的1995年全国城镇职工人均月收入的2.2倍。其中，有5%的经营者低于职工平均工资，85%是职工平均工资的2~4倍，还有10%超过4倍，个别经营者年工资已超过职工平均工资的10倍以上。这还不包括他们普遍享有的各种合法的在职消费。

公有阶层分化还反映在企业经营者阶层意识的增长上。根据企业家调查系统1996年调查，企业家职业化倾向明显增强，认为“有必要”走职业化道路的占81.3%，比1994年增加了21.3个百分点。实行企业家职业化，多数经营者认为需要改革人才流动管理制度，促进“经理人才市场的建立”。其与职工的关系也表现为明显的疏离：只有19.7%的企业家关注职工评价，而62.1%则关注企业主管部门的评价。

与上述情况相对应，1996年职工的权利和地位在部分改组公司制的国有大中型试点企业中继续受到削弱。据全国总工会对26家现代企业制度试点单位改制方案的调查，占65.39%的17家企业的职代会职权被削弱，16家企业在公司章程中规定，公司董事会或总经理有职工工资水平和分配方案的决定权。北京市总工会反映，国企改制以来，各方对职代会的认识很不一致，有人讲，“国家的资产国家派人来管了；股东的财产股东做主了；职工与产权剥离，只能归位于劳动者了”。在北京市调查的12家设立董事会的企业中，职工代表进入董事会的只有4家，占33%，原因在于职工在董事会中的身份不明，有关部门坚持产权要清晰，所有董事必须与资产相联系。

职工资本权利的失落反映了这个阶层社会地位的继续下降。根据1996年一项在京、沪、穗、深4市进行的“职业社会地位”调查，13个主要职业的地位排序分别为科学家、政府官员、教师、医生、律师、厂长、军人、私营企业主、演员、外资企业雇员、工人、服务业从业人员和农民。工人位列第11位。湖南株洲进行的一项职业选择调查中，选择当工人的仅有3%。

根据国家体改委最近对40个城市2000名职工的调查，职工虽仍肯定改革的方向，但对改革成效的满意度却逐年下滑。从职工基本生活压力的加大到“反腐倡廉”反映出的政治敏感度的增强，都表明了二元结构的深层矛盾在1996年有所加剧，要求在新的经济增长方式中兼顾公平，并处理好改革、发展和稳定三者的关系。否则，改革将难以得到多数职工的继续支持。

1997：减人增效背景下的中国职工状况

一、职工解困与再就业状况

1997 年伊始，随着全国职工再就业工作会议把“减员增效、下岗分流、规范破产、鼓励兼并和实施再就业工程”确定为国有企业摆脱困境的一条战略性途径，国企富余人员分流明显加快，城镇职工总量继续减少（见表 1）。到 6 月末，国企职工人数为 7313. 8 万，同比减少 126. 9 万人。同时，城镇私营、个体从业人员增加较多，到 9 月末，据测算为 2570 万人，比 1996 年底增加 240 万人，成为吸纳新增劳动力和失业下岗人员就业的主要渠道。

表 1　1996—1997 年职工人数变动情况（万人）

时间	1996 年末	1997 年 9 月末	比 1996 年同期		预测 1997 年末	比 1996 年同期	
			增加	增长（%）		增加	增长（%）
总 计	14845	14688	-64	-0. 43	14770	-75	-0. 51
国有单位	10949	10870	-14	-0. 13	10920	-29	-0. 26
城镇集体	2954	2869	-128	-4. 27	2830	-124	-4. 20
其他单位	942	949	78	8. 96	1020	78	8. 28

（一）企业下岗职工和困难职工两个群体的处境成为制约改革和发展的突出社会问题

国家统计局对下岗人员的定义是：因企业经营等原因离岗回家，但与企业仍保留名义上的劳动关系的职工。到 1997 年 6 月末，城镇下岗职工已达 1000 万人，其中下岗无业人员为 578 万人，比上年底增加 44 万人；同时，全国国有和城镇集体企业中停减发工资的困难职工为1190.3万人，占同口径职工总数的11.6%，其中基本生活水平低于当地政府规定的最低生活费标准的特困职工有295.5万人，占停减发工资人数的24.8%。停减发离退休金的离退休人员为191.1万人。下岗职工和困难职工人数都达到历年来最高点，成为制约我国经济和社会健康发展的突出问题。此外，到6月末，全国尚有城镇登记失业人员555.7万人，同比增长5.9%；城镇登记失业率为3.0%，同比增长0.1个百分点。

当前下岗和困难职工群体具有以下特征：

1. 下岗职工以女性多、中年多、文化技术素质低为特征

据国家统计局对1996年末534万下岗无业人员抽测，女性占59.2%，男性为40.8%，而女性职工仅占全部职工人数的39%。按年龄分类，25～44岁的下岗人员占70.4%，这部分中年人大多是上有老下有小，生活负担重，其下岗无疑会给家庭生活带来困难。按教育程度分类，初中程度居多，占56.8%，小学以下占13.8%，高中占27.1%，大专以上仅有2.3%，说明劳动者的素质已成为就业竞争的重要因素，而低素质职工在竞争中明显居于劣势。

2. 下岗无业周期延长

据国家统计局分析，长期下岗无业职工人数增多，下岗无业时间在半年以上的占59.8%。其中，半年到一年的占28.9%，一年到两年的占16.9%，两年以上的占14%。这说明，下岗职工再就业的难度日趋增大。

3. 下岗职工的择业观念仍有待转变

据年中劳动部门的调查，下岗职工选择职业的标准依次为：离家较近；工作条件好；工作稳定；有社会保障；工资较高；能发挥专长。在回答实现再就业的最佳途径时，“企业安置”居第一位，占63%；“自谋职业”居于末位。

4. 困难职工的地区和行业分布较为集中，其基本生活难以保障的问题仍在加剧

到1997年6月末，全国有15个省、自治区的困难职工比例高于全国平均水平。如黑龙江省现有困难职工152万人，占本省国有和城镇集体企业职工总数的23.5%；辽宁省现有困难职工171.7万人，占22.2%；吉林

省困难职工达132.7万人，占34.6%；贵州省困难职工28.9万人，占19.5%。从行业上看，煤炭、军工、森工、纺织、机械等行业的困难职工问题矛盾突出。在东北有的地区，由于企业效益差，取暖费收不上来，致使有些居民住宅整个冬季没有供暖。因为生活所迫，部分停产企业职工中已出现男性卖血、女性当“三陪”等现象。据重庆市调查，破产企业存在“两多一高”现象：患重绝症的职工多，患精神病的职工多，因患病无钱医治导致职工死亡率高。

5. 下岗职工思想波动较大，突发性事件仍屡有发生

在下岗职工中，对现实不平、对命运无奈的思想情绪较为普遍。有的职工对亏损企业长期扭亏不力感到不满，对把“减人增效”作为深化企业改革的重要措施不理解，有的职工对反腐倡廉工作不力、“穷庙富方丈，易地再为官”现象十分反感，还有的职工对政府、对社会分配不公调控不力不满。

据对28个省、自治区、直辖市的统计，1997年一季度共发生职工集体上访和罢工事件934起，以集体上访为多，有的规模人数也较大，严重影响有关地区的社会秩序。劳动部有关人士分析，拖欠职工工资和离退休人员退休费的问题仍是引发职工不稳的主要原因。但是，由于下岗失业人员的增多，造成突发性事件的主要原因将从保障基本生活转向再就业。由于利益矛盾趋同，事件的规模有联合和扩大的趋势。

（二）“解困与再就业”相结合的政策思路初显成效，再就业前景任重道远

1997年5月，劳动部等四部委联合召开了企业职工解困暨再就业工作经验交流会，将解困与再就业相结合确定为当前职工工作的指导思想，即将1993年提出的解决企业富余人员下岗分流的再就业工程与困难职工生活保障在政策制定上加以紧密联结。为此，国务院〔93〕10号文件专门就111个试点城市国有企业实行兼并破产和职工再就业提出10项政策，其核心内容是推广上海再就业服务中心经验。再就业服务中心是对企业破产、兼并、停产、调整等过程中产生的下岗职工进行分流安置的临时性托管机构，它由政府、社会和行业共同出资，保障托管下岗人员的基本生活，代缴养老、医疗保险费，提供转岗培训和职业介绍等服务，以促进职工再就

业。这是在目前劳动力市场尚不完善、社会保障不健全的条件下，不把下岗职工直接推向社会的有中国特色的临时保障措施。到9月末，已有109个优化资本结构试点城市建立了此类中心。

1. 新出台的政策和措施

在解困方面，重点是保证下岗职工最低生活费的发放。1996年10月，中办、国办发出《关于进一步解决部分企业职工生活困难问题的通知》，提出层层建立解困责任制，建立帮困资金，开设“工资预留户”和实行“三家抬”等措施。1997年元旦、春节期间，各地筹集了40亿元帮困资金用于救助困难职工生活。到6月末，已有24个省的156个市建立了居民最低生活保障制度，30个省建立了帮困资金。

当前保证最低生活费的措施包括：一是逐步把资金的临时筹集变为正常筹集，以提供稳定的资金来源。完善财政、银行和行业主管部门“三家抬”的解困措施。陕西等地还试行了征收高收入行业工资调节费，或对高消费行业按营业额提取一定比例用于解困的方法。二是确定了一批社会公益项目，用于组织困难职工以工代赈，解决其基本生活，并在购买粮油及房租、水电、就医、子女入学等方面予以照顾。三是切实保障困难企业离退休人员的基本生活。

在再就业方面，围绕着破产兼并安置、鼓励生产自救和自谋职业、促进择业观念转变出台了相应措施。以企业破产兼并来说，按国务院10号文件要求，安置破产企业职工费用应从其土地使用权转让所得中拨付，但实际上由于破产企业土地、房屋变现难度大，因而多采取人、资、债整体转移的办法，职工安置率较高，如株洲为93%、青岛为80%。但如果按企业破产的规范要求“关门走人”，职工安置就可能受到影响。

2. 再就业政策的初步成效及存在的问题

由于1997年适逢香港回归和党的十五大召开，出于政治稳定的考虑，各级党政和社会各界对下岗职工再就业的重视程度大为提高，加之措施得力，初步抑制住下岗失业人员规模进一步扩大的势头。到9月末，已使400万下岗失业职工重新就业。同期，城镇尚有登记失业人员530万人，同比减少3.6%。1—7月，111个改革试点城市共分流安置113万人。

目前，实施再就业工程存在的主要问题有：一是再就业基金难以落实。这项基金是1997年3月李鹏总理在人大政府工作报告中倡议设立的。按政策设计，由地方财政、企业和失业保险金以及社会捐助各拿一部分形成。但迄今为止，财政系统对建立这一基金动作迟缓。这样，就主要依赖从失业保险金中划拨一块作为基础，但失业保险金由于存在巨大的收支缺口，对再就业基金的支持作用不大。由于缺乏资金，各地再就业服务中心的托管工作难以运作，即便在上海，预计今年需要11.5亿元，而目前也只筹集到8亿元。二是就业岗位的开发有待加强。各地应在制定经济、社会发展规划和有关政策时加以统筹兼顾，把能够增加多少就业岗位作为产业、项目选择的重要标准之一，以保证就业增长同经济发展相协调。

二、职工的劳动关系状况

1997年，劳动关系的市场化程度进一步提高，继续呈多样化、复杂化发展趋向，并形成企业主导型和职工处于弱势的劳动关系格局。

（一）企业主导型劳动关系渐趋形成，用工行为亟待规范

1997年建立劳动合同制度的工作继续向纵深发展。到8月末，全国城镇职工已有10716万人签订劳动合同，占同口径企业职工总数的97.4%，中央直属行业和国有商业银行也在分步签订劳动合同。此外，乡镇企业、私营企业、个体工商户签订劳动合同的从业人员分别达到1816.1万人、418.9万人、266.8万人。

由于劳动力供过于求的长期性，农村剩余劳动力的冲击，特别是减人增效政策的实施，以及政府调控劳动关系能力的薄弱，一种企业主导型的劳动关系格局趋于形成。其表现在于，部分企业的劳动合同流于形式，非国有企业签约率低，部分合同的内容和订立程序显失公平，企业违法收取风险抵押金现象仍较普遍，不信守劳动合同的情况也较为严重。在上述问题的基础上，1997年有待规范的企业用工行为还突出反映在以下三个问题上。

1. 劳动合同期限引发矛盾突出

随着大批短期合同年内到期，越来越多的企业采取终止和不续签合同的方式将企业富余人员推向社会。

2. 部分企业厂纪厂规违法侵权现象严重

企业面对激烈的市场竞争强化管理完善规章本无可非议，但从有关案件看，一些企业制定的规章制度明显违法，变相成为惩罚职工的工具。

3. 部分企业廉价使用下岗职工，造成同工不同酬

此种做法已成蔓延之势。一些企业利用当地政府的优惠政策，在大量裁员的同时，招收下岗职工，以获取安置费，有的企业在拿到安置费后又让这部分职工再次下岗；有些外资和私营企业为降低成本而雇用下岗职工，只发部分工资，不签劳动合同，各种保险仍由原单位负担，人为造成同工不同酬。

（二）职工内部收入分配差距继续扩大，工资决定机制有待改革

1997年1—6月，全国职工工资总额为4280亿元，同比增长9.9%，增幅比1996年同期回落5.4个百分点，是1993年以来同期增幅最低的一年。上半年职工人均工资为2900元，同比增长10.2%，扣除物价因素，实际增长5.7%。

从宏观上看，职工内部收入分配差距扩大的势头未能有效抑制。较高地区职工平均工资水平（上海5287元）是较低地区职工（黑龙江2140元）的2.47倍，高低差较1996年同期拉大了14.1个百分点。从国有经济单位各行业看，金融、保险业仍高居榜首，而制造业仍居末位，高低差同比拉大了20.2个百分点。再以国有单位内部企业、事业和机关单位职工工资关系的变化来看，事业、机关单位职工人均工资（3076元、3174元）不仅在绝对水平上接近或超过企业（3103元），而且在工资增幅上也大大超过企业（事业、机关和企业分别为16.1%、16%、7%）。职工在不同地区、行业、单位间不合理收入差距的扩大，仍突出表现为少数垄断性行业分配秩序混乱，工资发放失控与部分困难企业职工基本生活难以保障的矛盾，严重影响职工的劳动积极性。

从企业工资分配来看，侵害职工利益现象仍有增无减，其表现在于：

1. 部分国有企业存在少提工资的行为

工资总额本是国家根据企业效益和职工人数，按一定的供销挂钩比例确定的，企业工资只能在成本中按规定提取。但有的企业由于实行厂长经理目标责任制，为得到目标责任奖，于是该提的工资不提或少提，以达到

降低成本、增大利润的目的。还有的企业不顾职工长远利益，瞒报、少报、漏报工资，有的甚至比实际工资总额少报近50%，以期少缴职工养老和失业保险金。

2. 相当数量的私营和外资企业无故拖欠、克扣工人工资的现象较为普遍

1997年上半年各地劳动监察机构所进行的劳动用工年检中，立案调查处理无故拖欠和克扣工资案件12406件，为劳动者追回工资28341.5万元。其中81%以上是非国有企业所为。有的私营企业为了控制人员流动，规定每月只发50%的工资。

3. 最低工资制度难以发挥效用

迄今为止，全国已有30个省、自治区、直辖市公布了最低工资标准。但由于经济不景气，停减发工资职工不断增多，加上一些地方行政领导和部分企业经营者存在抵触情绪，影响了该项制度的执行力度，有些城市采取了对困难企业暂缓执行的办法。值得注意的是，有些外资和私营企业借口实行最低工资制度，有意压低工人工资，变相剥夺工人应得报酬，引起工人的强烈不满。

（三）社会保险面临抉择，职工个人责任逐步加大

为配合国企减员增效，1997年7月，统一养老保险的国务院〔97〕26号文件终于出台，该规定要求各地区和行业系统向统一方案的过渡，原则上应在1998年完成。医疗保险制度改革在总结“两江”（镇江、九江）经验的基础上，1997年拟将试点范围扩大到58个城市，到6月末，全国有32个城市出台了医疗保险制度的改革方案并开始运作。

社会保险改革目前正面临重大抉择。以养老保险为例，由于1997年结构调整力度加大，困难企业增多，导致基金收缴难度加大。上半年基本养老金全国平均收缴率为82.76%，较1996年同期下降1.54个百分点。到6月末，全国参加基本养老统筹的职工为8700万人，同比减少0.4%，而参保离退休人员为2420万人，同比增长7.9%。目前，在统筹范围内，职工与离退休人员之比是3.6∶1，与1996年同期的3.84∶1又有所下降，致使养老保险金负担过重。

与养老保险相比，1997年医改面临的抉择更为现实。虽然“两江”经

验的试点已经推开，但进入试点的单位和人数都很少，且职工对医改的支持率正在下降。其原因在于，按“两江”模式的筹资要求测算，企业的医疗保险金增幅达20%～30%，职工个人负担增加10%，而职工就医时所得到的医疗保障水平并未同步提高，所需药品及检查项目又受到很大限制，且就医手续烦琐。另一方面，由于企业不景气，参保率和基金征缴率均难达到预定要求，部分试点市县尚不到80%，致使基金的抗风险能力随之下降，并出现大幅赤字。

在上述社会保险的制度设计中，强调个人责任、建立职工缴费机制是一个具有共性的做法。其中，养老保险1997年的个人费率是职工工资的4%，以后每两年提高1个百分点，直到8%；医改的个人缴费比例也要随经济发展和工资增长而逐步提高，最终达到个人和单位各负担50%；正在修改的《失业保险条例》也提出了变国家包揽为个人投保、企业资助，以改变目前完全由企业一方缴纳失业保险金的局面。这意味着职工需要承受更大的经济压力。

针对解困与再就业的客观要求和社会保险改革有可能对职工的影响，1997年7月，全国总工会提出建立对国家社会保障体系具有补充功能的、互助互济性质的职工互助保障体系，其中保险互助是重要内容，它包括：一是发展职工自愿参加的、资金以个人筹集为主的、以基层为重点的职工互助补充保险，作为对国家社会保险的重要补充；二是发展职工消费合作社、职工互助储金会及多种形式的互助互济活动。

（四）劳动争议再度攀升，三方性协调机制继续完善

1997年一季度，全国各级劳动争议仲裁委员会共受理案件10501件，同比上升99%，其中受理集体争议935件，同比增长3.22倍。到6月末为止，劳动争议案件共26600件，涉及职工97006人，同比分别上升59.2%和68.7%，其中，集体争议案件1821件，涉及职工56425人，同比分别上升73.4%和67.7%。此外，仲裁委员会还以案外其他方式调解争议12626起。据对1996年劳动争议处理情况的统计分析，当前劳动争议有以下特点：

1. 非国有企业争议数量所占比例上升，为案件总数的62.2%

在非国有企业中，又以外资企业争议的增速最高，比1995年增长

76%，且集体争议主要集中在外资企业，其案件数量和涉及人数分别占43%和58.5%。

2. 用人单位败诉率居高不下

在1996年仲裁的案件中，用人单位胜诉的只有20.3%，而劳动者胜诉则占51%，余者是双方部分胜诉。另一方面，国有企业目前经营状况不佳，在贯彻《劳动法》，尤其是最低工资、社会保险费缴纳的落实上确有困难。加上减人政策实施，就容易引发争议，特别是具有共性的集体争议。

3. 劳动争议进一步复杂化，处理难度增大

这不仅表现在进入诉讼程序的案件增多，1996年占20.4%，而且由于劳动关系不断发生新变化，多侧面争议相继出现，致使劳动立法进度赶不上争议处理的实际需要，对一些问题的处理缺乏具体依据，对劳动违法行为缺乏经济、法律和行政强制措施，因而难以切实保护劳动者权益。

1997年是我国劳动争议处理制度恢复10周年，劳动部、全国总工会和国家经贸委上半年发出通知，要求加强企业调解委员会和各级仲裁委员会建设，推动仲裁委员会完善三方机制。面对仲裁工作人员少与任务重的矛盾日益突出，石家庄、上海、焦作等地采取了扩大兼职仲裁员队伍，充分发挥工会兼职仲裁员作用的做法，缓解了矛盾。由于三方机制逐步完善，上半年在争议案件数大幅度升高的情况下，各级仲裁委员会审理结案24873件，本期结案率93.5%，累计结案率75.6%，同比分别提高3.6%和1.6%。为配合劳动用工年检工作，上海等地还制订办法，聘请工会代表担任劳动用工监督员，较好地发挥了社会监督作用。作为三方机制重要组成部分的集体协商和集体合同制度，也从往年的建章立制、重数量轻质量、流于形式向工资协调、保证履约兑现等实质性内容转变。据全国总工会统计，到6月末为止，全国签订集体合同的企业达16.7万户，覆盖职工4904万人，在各级劳动部门备案的集体合同数量累计达9.9万个。部分地区试点的区域性和行业性集体协商和集体合同制度正在成为劳动关系协调机制的重要形式。

三、职工内部阶层关系状况

（一）工人阶层与经营者阶层的矛盾没有缓和的迹象

1997年工人与经营者的阶层分化和矛盾主要表现在以下几方面：

1. 部分经营者“败家”，既是国有企业亏损的重要原因，也严重恶化了干群关系

据国家统计局1997年对8省256家亏损企业的调查，真正属于政策性亏损的不超过10%，而80%以上是因为经营管理不善和厂领导“败家”造成的。这说明，在国企制度创新的过程中，由于缺乏有效的监督制约机制，导致部分经营者权力膨胀、欲壑难填，不仅蚕食国有资产，也严重侵害职工权益，导致干群关系对立。据中国企业家调查系统1997年调查，企业家党政一肩挑的比例高达66.1%，兼任董事长的占44.1%。与此相对照的是，根据全总组织的近百家企业5400名职工调查，52%的职工认为未享受参与企业发展与经营决策的权利，63.2%和63.1%的职工认为未享受选择并监督企业领导人和参与决定企业内部分配的权利。59.4%的职工认为没有享受到主人翁待遇，72.2%的职工对企业领导干部的廉政建设不满意，64.7%的职工对干群关系现状不满意。

2. 年薪制的广泛实行进一步使经营者与广大职工经济利益的分离制度化

到1997年8月，全国实行年薪制试点的国有企业已扩大到近1万户，绝大多数省、自治区、直辖市和部分中央产业部门都制订了年薪制试点办法。据劳动部有关人员介绍，当前年薪制试点的主要问题是，部分企业盲目攀比，少数经营者年薪收入偏高，且经营者与企业全体职工的收入分配关系难以处理。有关人士提醒，现阶段经营者的年薪收入不宜定得过高，必须同经济发展水平同步，与企业职工工资水平和职工的心理承受能力相适应。

3. 因实行减人增效，导致部分企业经营者和工人矛盾加剧

福建漳州职工反映，一些企业减员大权掌握在个别领导人手中，方案不经职代会讨论；有的经营者任人唯亲，利用减人之机将平时得罪过他们

的职工裁掉；企业对被裁减人员不闻不问，对其困难漠不关心。在江苏，一些企业存在“减内不减外”现象，总是在减少城镇职工、雇用农民工上打主意。

4. 雇佣劳动观念在职工中滋生蔓延

由于工人阶级地位在当前存在着理论与实践的脱节，致使部分职工特别是青年工人雇佣观念加重，爱岗、敬业和奉献的主人翁精神被金钱、权力取代为人生追求的目标。

（二）民主评议企业领导班子是协调阶层关系的一项积极的制度化尝试

1996 年末召开的中央经济工作会议针对国有企业经营者缺乏有效的监督所存在的问题，提出把加强企业职工代表大会对领导班子的民主评议和监督作为企业领导班子建设、促进勤政廉政和发挥工人阶级主人翁作用的一项重要措施。1997 年以来，党中央《关于进一步加强和改进国有企业党的建设工作的通知》和四部委《关于做好国有企业领导班子考核建设工作的通知》先后出台，要求国有企业职代会对企业领导班子成员每年要进行一次民主评议，并采用无记名投票方式进行民主测评。主管部门要充分尊重职工代表评议的意见，并将其作为企业领导干部任免和奖励的重要依据。

民主评议企业领导干部是形成企业内部监督制约机制的有效措施，也是协调阶层关系的一项有益尝试。一年来，国有企业普遍建立了这项制度。各地还创造了一些好的经验和做法，比如，北京市国有企业领导班子考核建设协调小组在文件中明确规定了民主测评的量化指标，规定领导班子成员在民主测评中有 50% 不拥护的，要降职、免职，不能异地做官。石家庄市在其实施办法中也规定，凡在民主评议中信任票达不到 60% 的企业经营者不能继续留任。鞍山市在国有中小企业中试行了民主选择经营者等制度。

然而，这项制度在实践中也存在着一些亟待解决的问题。一是不少地方和单位对这项工作重视不够，甚至有的企业在转制中已取消了职代会制度；二是部分企业领导干部的述职、评议不经职代会，有的是在企业中层干部会上进行，有的是在分管部门的职工代表会上进行，明显违反了有关规定的精神；三是只评不测，评议结果不公开、不反馈；四是评议结果不与干部的奖惩和使用挂钩。

（三）职工收购公有小企业对阶层关系的影响

到1997年6月末，国有企业的亏损面为45.8%，其中80%以上是小企业，涉及职工1859万人。在小企业诸多改制形式中，由本企业职工全员持股收购的股份合作制已成为最重要的一种。

1. 在企业改制的初始阶段，职工主人翁地位有所增强

股份合作制企业的主要特征是，企业职工人人入股，既是劳动者，又是企业股东，是劳动合作和资本合作的有机结合；实行职工股东大会制，表决时采取一人一票制，坚持职工民主决策和民主管理的原则；按劳分配与按股分红相结合，有的企业还进行按劳分红，体现劳动和股份同等的重要性。

改制以来，由于把资产量化到个人，职工的主人翁地位由虚而实，提高了对企业资产的关切度，参与意识明显增强。1997年安徽工会对36387名改制职工的调查表明，最关心企业管理和提合理化建议的职工比例分别为43.77%和25.98%。职工反映："过去一直认为工厂是国家的，现在才认识到工厂就是自己的，一度电、一滴油都要抠。"通过民主选举董事会成员和经营者，切实行使决策和监督权力，有43.45%的职工认为主人翁地位有所提高。

2. 职工内部资本权利的分化有待协调

这种分化始于改制企业部分职工劳动权利的丧失。由于股份合作制的原则是全员入股，在相当一部分企业，购股是职工获得就业权利的凭证，这种做法称为"持股上岗，持股任职"。有的企业怕职工不认购，便规定了不认股的职工不能与企业签订长期合同，不能享受分房、培训、升级等权利，如果企业减员，首先核减这部分职工。有的企业规定，凡不认股的职工，其工资下浮15%，其养老和医疗保险由本人出钱缴纳。

股份合作企业中，职工资本权利的分化主要反映在以下几方面：

第一，部分企业职工之间、经营者与职工之间持股数额存在过分悬殊的倾向。如山东诸城的某些率先改制企业针对平均持股所产生的"大锅饭效应"，在增资扩股时向优秀员工倾斜集中，企业经营者与普通职工的持股差距在50倍以上，10%的员工持股比例已超过总股本的50%。在企业

决策管理上，不少企业在奉行“一人一票”的同时，又兼容了“一股一票”的做法，这就可能在股本趋向集中、大小股东持股差距拉大的情况下，危及民主决策制度。

第二，部分企业股本收益分配差距较大，且按资与按劳分配的关系难以处理。由于部分企业经营者持股超出职工十几倍甚至几十倍，造成按资分配的比重增大。这时，经营者压低劳动成本，增加利润和股本分红的倾向十分明显，而股本很少的一般职工由于提高分红所得的绝对值很少，因而希望增加工资，两者就会出现利益分化和矛盾。

职工与经营者之间在资本权利上的分化与股份合作制企业本身的过渡性和不确定性有关。从长期发展的观点看，职工收购不一定是这类企业结构的永久性特征，其寿命取决于企业外部股东的介入和经营者及其集团控股权的形成。在这种情况下，股份合作制企业的工会和职代会应发挥民主监督作用，切实保障普通职工的资本和劳动权益不致削弱和丧失。

结语

1997 年完成的“中国职工生活进步”调查显示，改革开放以来，城市职工的生活消费水平，不论是数量上还是质量上都有较大提高，初步呈现小康生活模式轮廓，认为生活水平比 10 年前有所改善的职工占调查总数的 80.6%。但是，不能不看到，由于国有经济的战略性改组，特别是减人增效、下岗分流政策的提出，短时期内国有企业职工的收入水平和再就业问题较为突出，构成当前改革与发展的“瓶颈”。如何妥善解决这一问题，合理调控利益分化和矛盾，规范市场行为和劳动关系，避免发生更大的社会动荡，使工人群体这个最重要的社会利益集团继续成为改革的主体和受益者，是政府在今后一个时期面临的重大课题。

1998：国企改革下的中国职工状况

据国家统计局统计，由于产业结构、经济结构调整及企业改制，1998年第三季度末全国城镇职工 14330.9 万人，比上年末减少 337.5 万人，较上年同期减少 357 万人。其中，国有单位职工为 10532.7 万人；城镇集体单位职工 2693 万人；其他经济单位职工 1105.2 万人。分产业看，第一、二产业职工 5033 万人，同比减少 357.95 万人；第三产业职工 5499.7 万人，同比增加 20.3 万人。1998 年，全国以工资收入为主要生活来源的职工队伍已达 3.5 亿人，占全部从业人员的半数以上。

一、下岗职工生活保险与再就业状况

（一）经济增长趋缓，结构调整加大，下岗职工基本生活保障与再就业面临新的压力

1998 年，职工所面对的失业下岗压力的增大是与以下几个新的因素相关联的：一是从 1997 年第四季度开始，东南亚金融危机对我国经济发展的直接影响逐渐显现。1998 年第二季度以来，我国的对外贸易形势明显恶化，出口大幅度下降，相关企业面临开工不足、生产萎缩的窘境。二是 1998 年国内消费市场严重萎缩，居民持币待购，消费需求严重不足。三是重申国有企业“减员增效”的战略性途径。

1998 年以后，国家统计局和劳动部对有关下岗职工的定义进行了规范，新定义的主要特征是“两无两有”，即由于企业经营原因，下岗职工在本单位没有岗位，但有名义上的劳动关系；有再就业的愿望和要求，但

在其他单位没有工作。[1] 按照这个定义和国家统计局公布的资料，第二季度末，全国下岗职工为1128万人，其中，国有企业下岗职工人数为709万人，比第一季度增加54万人。此外，截止到第三季度末，全国尚有城镇登记失业人员541万人，登记失业率为3.0%。

由于下岗职工人数增多，对其生活保障的难度越来越大。截止到1998年6月末，在国有企业下岗职工中，没有领到基本生活费的近330万人，占国有企业下岗职工总数的46%。根据有关方面对13个省的不完全调查，截止到第三季度末，停产半停产企业有33988家，占全部调查企业总数的29%，涉及职工625.7万人，累计拖欠、停减发职工工资总额170多亿元，其中7月份以来被拖欠的人数为50万人左右，金额为3.6亿元。家庭人均生活费收入低于当地最低生活保险标准（或职工生活困难补助标准）的职工有160多万人。由于缺乏生活来源，部分困难职工的生活已难以为继。

除下岗职工以外，离退休人员养老金的发放不能足额到位是1998年影响社会稳定的另一个主要原因。据调查，第一季度全国30个省以及煤炭、有色金属、中建公司、铁路等行业，共欠发离退休人员养老金47亿元，涉及人数283万人，其中6个月以上没有发放养老金的人员有70万人，金额为23亿元。从地区和行业来看，主要集中在东北三省和煤炭行业，涉及人员173万人，金额36亿元，分别占总数的61%、78%，这是目前引发集体上访的主要因素。[1]

（二）确立下岗职工基本生活保障和再就业工作的新思路

1998年，下岗职工解困和再就业工作得到中央前所未有的重视。中共中央和国务院于5月14—16日召开的国有企业下岗职工基本生活保障和再就业工作会议显示了政府对这项“一号工程”的重视，其重点是建立一套适合中国国情的保障下岗职工基本生活的制度规范。中央要求，当前和今后一个时期，主要解决国有企业下岗职工基本生活保障和再就业问题，把保障他们的基本生活作为首要任务，1998年要使已下岗职工和当年新增下岗职工的50%以上实现再就业。争取用五年左右的时间，初步建立起适应社会主义市场经济体制要求的社会保障体系和就业机制。

---

[1]引自劳动和社会保障部张左己部长的报告记录。

针对我国目前劳动力市场不健全、失业保险不完善的现状，五月会议再次确认建立再就业服务中心作为保障国有企业下岗职工基本生活和促进再就业的有效措施，这是当前一项具有中国特色的社会保障制度。再就业服务中心设在企业，其目的主要是为了保持社会稳定，避免政治风险。对于实行劳动合同制以后参加工作并且合同期满的人员，可按照《劳动法》终止劳动关系。合同期未满而下岗的，也要安排进入再就业服务中心。下岗职工在再就业服务中心的期限一般不超过三年，三年期满仍未再就业的，应与企业解除劳动关系，按规定享受失业救济和社会救济。下岗职工在再就业服务中心期间的基本生活费，原则上可按略高于失业救济的标准安排并按适当比例逐年递减，但最低不得低于失业救济水平，具体标准由各地根据实际情况来确定。1998 年，中央和地方财政共筹集资金 150 亿元，其中，地方拿出 100 多亿元，中央拿出 20 亿元，负责所属企业建立再就业服务中心的费用，中央还拨出 30 亿元的专款，用于对老工业基地企业下岗职工的生活保障。[1]

针对当前就业的严峻形势，五月会议要求保持经济持续健康发展，不断开拓新的就业领域。各地区和有关部门要抓住调整和优化经济结构的机遇，积极培育经济增长点，加强基础产业和基础设施建设，因地制宜地发展劳动密集型产业，以利于扩大就业。要把发展第三产业，特别是商业、饮食业、旅游业、家庭和社区居民服务业等，作为下岗职工再就业的主要方向，并通过简化手续和减免税费的优惠政策加以扶持。

（三）新政策的初步效果及存在问题

由于建立了一把手责任制，各级党政对下岗职工基本生活保障和再就业的重视程度大为提高，加上措施得力，初步抑制住下岗失业人员规模进一步扩大的势头。到 1998 年第三季度末，下岗职工为 1070 万人，比第二季度减少 58 万人，降低 5.1%。

在劳动部门的努力下，第三季度，国有企业共建立再就业服务中心 12.4 万个，比第二季度增加 10.4 万个。进入中心的下岗职工为 701.1 万人，比第二季度末增加了 545.3 万人，其占国有企业下岗职工的比例由第

---

[1]引自劳动和社会保障部张左己部长的报告记录。

二季度末的21.9%上升到98.1%。第三季度共发放下岗职工生活费31亿元（其中未包括为下岗职工缴纳的养老、医疗、失业等社会保险费用），国有企业发放25.1亿元。第三季度进入中心的职工人均每月实际发放基本生活费为140元，9月发放基本生活费的下岗职工为637.6万人，占进中心人数的90.9%。目前，没有进入中心的下岗职工有13.3万人，未领到基本生活费的有8.5万人，均比第二季度有所减少。

企业离退休人员养老金的发放取得了较大进展。1998年7、8、9三个月养老金发放比例均达到98%左右，除个别省份和行业以外，都做到了按时足额发放养老金，没有发生新的拖欠。与此同时，各地还陆续补发了一部分以前拖欠的养老金。7—9月，全国共补发养老金13亿元。

目前，在再就业中心的建立和运作方面，还存在着若干亟待解决的问题。

1. 下岗职工不愿意进入中心

其原因主要有：一是职工害怕解除劳动关系。进中心的职工大多数是原国有企业的固定工，从思想和感情上接受不了失业这个严酷的现实。二是解除劳动关系以后的生活如何解决没有着落。三是有些再就业中心规定的再就业标准不明确。下岗职工担心职业介绍机构应付了事，不能按双向选择的要求推荐新的岗位，特别害怕因拒绝上岗三次而被解除劳动合同，他们对“不挑不拣，五天提供一个岗位”、“只要有经济收入，就算就业”等提议心有余悸。四是担心对再就业中心规定的一些纪律要求难以做到。比如“下岗职工在中心期间，无正当理由多次不接受中心推荐就业，或多次不参加中心组织的培训，不发给基本生活费，同时解除托管协议和依法解除劳动关系”，职工认为这些规定对他们不利，也与实际情况相差悬殊。

2. 下岗职工进入中心的程度不够规范

不少地方为了赶进度，在宣传和实际操作中存在着一定差距。为了完成指标，一方面缩小统计口径，比如进中心和分流的算下岗职工，暂时未进中心而实际上是下岗职工的则不计算在内。

3. 资金1/3不到位，中心难以运作

据纺织工会调查，郑州、石家庄、邯郸等市，财政和企业各负担1/3资金已经到位，而社会筹集的1/3资金尚未到位。由于资金不到位，据第三季度末统计，全国进入中心的下岗职工中，尚有9.1%未领到下岗生活费，对其进行再就业培训更无从谈起。

4. 下岗职工社会分流难，再就业率低

由于经济形势不景气，下岗职工再就业的难度比往年明显加大。1998年第三季度，全国共分流职工422.1万人，比第二季度减少37.6万人。下岗职工有效分流率高的，大多数属于政策性分流。

二、职工的劳动关系状况

（一）集体劳动争议规模扩大，集体合同制度正在成为规范劳动关系的主要形式

据对29个省、自治区、直辖市的统计，1998年上半年全国各级劳动争议仲裁委员会共受理争议案件34879件；涉及劳动者134436人；受理案件中集体争议案件为2798件，涉及劳动者84208人；因劳动争议引起的怠工、罢工事件有198起。此外，据22个省、自治区、直辖市的统计，仲裁委员会采用其他方式调解案件11146件。从统计情况看，第二季度劳动争议及其处理呈现以下主要特点[1]：

1. 案件数量仍保持大幅度上升态势，劳动争议案发地比较集中

与1997年同期相比，受理案件数上升21.7%；与第一季度相比，受理案件数上升37.1%。排在前三位的地区是：广东省6106件、重庆市1624件、山东省1521件。此外，一些经济欠发达地区的劳动争议数量也有较大幅度的增长。

2. 集体劳动争议案件增幅趋缓，但涉及劳动者人数大幅度增加

与1997年同期相比，受理案件数上升50.7%；与一季度相比，受理案件数下降3.2%。涉及劳动者人数比1997年同期上升87.3%，是第一季度的2.5倍，平均每案43.8人。

3. 劳动争议处理方式向多样化发展，处理难度继续增大

在已结案的18738件案件中，仲裁调解为8127件，仲裁裁决为5173

[1]范占江．1998年第二季度劳动争议的主要特点［J］．劳动争议处理与研究，1998（9）：30.

件，其他方式为 5480 件，分别占结案数的 43.4%、27.6% 和 29%。不服裁决向法院起诉的案件有 584 件，占结案总数的 3%，占裁决案件总数的 11.3%。从引发劳动争议的案由来看，因追索劳动报酬、保险福利、解除劳动合同等经济利益争议居于主导地位。从仲裁受理和结果来看，劳动者的申诉数和胜诉率远远高于用人单位。1997 年各级仲裁委员会受理的劳动争议案件中，用人单位申诉数 2751 件，占总数的 3.8%；劳动者申诉数 68773 件，占总数的 96.2%，与上年相比分别下降 9.2 个百分点和上升 9.2 个百分点。各级仲裁委员会处理的案件中，用人单位胜诉 11488 件，占总数的 16.8%，劳动者胜诉 40063 件，占总数的 56.6%，双方部分胜诉的 19241 件，占总数的 27.2%。[1]

1998 年集体劳动争议规模扩大的主要原因在于：一是由于经济增长减缓，国有企业结构调整力度加大，大批企业破产、兼并、停产半停产，致使大量劳动者下岗失业，部分离退休人员养老金得不到保障，中小企业改制中强迫职工入股和大面积终止劳动合同现象十分突出。二是向市场机制过渡初期和一定发展时期内对劳动关系的稳定具有较大冲击。三是劳动执法监察机制弱化，企业内部劳动关系协调机制尚不健全。据统计，全年企业劳动争议调解委员会不论在受理劳动争议还是调解成功率各方面都是近几年的最低值，相当多的非国有企业尚未建立劳动争议调解委员会，造成大量争议不能就近就地解决，因而纷纷涌向仲裁委员会。另一方面，由于机构改革的影响，已出现劳动保障监察机构和人员数量比 1997 年底减少的情况。到 1998 年上半年为止，全国监察机构 3072 个，比去年年底的 3301 个减少 229 个，降低 6.9%；劳动监察员 30598 人，比去年年底减少 1712 人，降低 5.3%。[2]

党的十五大以来，集体协商和集体合同制度在规范企业劳动关系、协调利益矛盾方面所发挥的作用越来越突出。到 1998 年上半年，全国建立集体合同制度的企业已达 25.5 万家[3]。1998 年 10 月，在全国工会“十三

[1]范占江. 1997 年劳动争议的主要特点及政策建议［J］. 劳动争议处理与研究，1998（4）：10-11.

[2]劳动保障部举行第二季度新闻发布会［J］. 劳动内参，1998（10）：23.

[3]参见全总基层部有关集体合同制度的调研报告。

大”上，将突出维权作为未来五年工会工作的指导方针，其中，工作重点之一就是大力推行平等协商和集体合同制度，适应企业改制形势的发展，山东、吉林、江苏、辽宁、江西、上海等省市工会提出，要在企业改制时坚持“三同时”（即企业改革的同时要组建工会、要签订集体合同）。一些地方经过实践和探索，使集体合同从内容到形式取得了新的发展和完善，这主要表现在：一是集体协商议题的确定越来越适应职工的需要。二是集体协商的方法更重实效，合同条款内容得到充实和细化。三是推行区域性、行业性集体合同有了新的进展。上海市有22个区产生建立了集体协商和三方劳动关系协调机制，覆盖职工170万人，初步形成了以产生协商为龙头，以区域协调为基础，条块结合的新型劳动关系协调机制。四是在处理集体劳动争议和稳定劳动关系方面的作用越来越明显。一些地方将集体合同与企业改革紧密结合，将改制中涉及劳动关系的重大事项，如劳动合同的续订、转让形式、下岗分流、裁减员工、职工安置分流等大规模终止劳动合同等，均纳入集体协商范围，妥善处理了突发性群体争议和纠纷，取得了较好效果。

（二）职工工资增长减缓，按劳分配的主体地位正在受到侵蚀

到1998年第三季度，全国发放职工工资总额为6688.6亿元，同比增长3.4%，增幅回落，有些地区甚至出现工资总额负增长的现象。1998年1—9月，职工平均工资为4613元，同比增长5.3%，扣除物价因素，增长5.7%。与前两个季度相比，第三季度实际工资增长速度也呈下降趋势。山西（-2.1%）、吉林（-3.2%）出现负增长，但仍有北京（12.7%）、福建（11.0%）、浙江（10.7%）和上海（10.1%）4个省市增幅超过10%。职工工资增幅下降的主要原因在于：一是相当多的国有企业经济效益低下，使职工工资增长缺乏有力的经济增长支撑。二是工资拖欠现象仍较为普遍。三是仍然统计在工资总额中的不在岗职工生活费偏低和存在少数欠发基本生活费的现象。

1997年第四季度以来，企业改革力度加大，各种生产要素逐步进入分配领域，以按劳分配为主体，多种分配方式并存的分配制度渐趋形成。但是，在分配领域同时出现了一些新的问题，严重侵蚀着职工的切身利益。一是股息红利侵蚀工资问题在一些改制企业相当严重。由于本轮企业改制，特别是中小企业改革的主要形式是企业经营者持大股，企业经营者和一些入股职工急于收回股本投入，有意压低工资和削减人工成本中其他工资性支出，扩大分红比例。[1] 二是新的工资决定机制和监督制约机制尚未形成，职工的分配权益无法得到充分保证。企业改制后，普遍实行了工资自主分配。一些企业经营者认为，自主分配就是经营者个人说了算，为了追求利润的最大化，随意压低工资，损害职工的分配权益。许多企业采取董事会决定或董事会提出方案，股东大会、职代会审议批准的工资分配决定机制。三是一些企业把经营风险转移到职工身上。绝大多数企业在改制后加大了活工资的比例，降低固定工资的比例，把活工资与职工的贡献和企业利润、销售额的效益指标相挂钩，随着企业效益的变化而上下浮动。四是少数企业压低人工成本中其他费用支出，侵害职工的分配权益。

（三）社会保障改革进程加快，职工关注养老、医疗保险

1998 年养老保险的新政策主要有：一是对下岗职工不论以何种方式实现再就业或不再就业，过去的连续工龄和养老保险缴费年限与以后的缴费年限合并计算，达到法定退休年龄时，按规定享受相应的养老保险待遇。二是确保离退休人员的基本生活，保证按时足额发放养老金，不得发生新的拖欠。对过去拖欠的应逐步予以补发。三是 1998 年要在全国实现基本养老保险省级统筹，建立养老保险基金调剂机制。四是中央有关部门实行养老保险行业统筹的企业改为参加地方统筹。此外，1998 年 5 月再就业工作会议要求，尽快完善养老保险基金收支两条线的管理办法，将养老保险基金差额缴拨改为全额缴拨，推进社会化管理进程。要严格控制企业职工提前退休。

目前，养老保险的主要问题仍然是基金“缺口”日益扩大。由于宏观经济形势不景气，困难企业增多，导致基金收缴难进一步加剧。1998 年上半年，基本养老金全国平均收缴率为 82.7%，较上年同期仍在下降。到 6 月末，全国参加基本养老统筹的职工为 7137.1 万人，同比减少 18%，而参保离退休人员为 2177.1 万人，同比仅减少 10%。因此，在统筹范围内，职工与离退休人员之比是 3.28：1，比上年同期的 3.6：1 相比又有所下

[1]参见全总保障部的《当前企业多种分配形式与职工权益的维护》。

降，加上补发拖欠的养老金所带来的压力，致使养老保险基金负担过重。1998年1—8月，全国基本养老保险基金（不包括行业统筹数字）收入640.7亿元，支出664.9亿元（其中离退休费支出655.6亿元）。截止到8月底，全国基本养老保险基金滚存节余为504亿元，比六月末减少13亿元。

广大职工关注的医疗制度改革方案终于在1998年11月召开的全国城镇职工医疗保险制度改革工作会议上出台，这个方案在总结“两江”模式的基础上，按照“低水平、广覆盖”的方针，确定了一个较低的基本医疗保障水平和筹资标准，以期使新方案能够覆盖城镇所有劳动者。用人单位和职工将分别按照单位工资总额的6%和职工个人工资的2%的标准缴费，建立社会医疗保险基金，分别设立社会医疗统筹基金和个人医疗账户。社会统筹基金由社会医疗保险机构调剂使用，并使其保值增值。个人医疗账户的本金和利息为职工个人所有，不能提取现金或用于其他目的，可以结转使用和继承。当发生医疗费用时，首先由个人医疗账户支付；不足时，再由个人自负一定金额的费用，然后由社会统筹医疗基金分不同的费用阶段，按比例支付。但是，社会统筹医疗基金的最高支付限额定为当地上年社会平均工资的4倍左右，在这个封顶线以上的医疗支出，通过商业保险、企业补充保险和社会救济解决。这也是本次医改最引人注目之处。

为提高失业保险基金的支付能力，国务院决定从1998年开始，将失业保险基金的缴费比例由企业工资总额的1%提高到3%，由企业单方负担改为企业和职工个人共同负担，其中个人缴纳1%，企业缴纳2%。

根据全国总工会1997年末所进行的职工普查，在询问职工目前最关心的保险项目时，被调查职工首选的频数高低依次为：养老保险占70.9%，医疗保险占22.1%，失业保险占6.2%，工伤保险占0.6%，生育保险占0.2%。这表明，职工目前在社会保险项目中最为关心的是养老保险和医疗保险。职工对现行养老保险办法前景的估量较为复杂。认为实行目前这种办法能够保证自己退休后的基本生活的职工仅占3.9%，认为基本能够保障的职工占17.2%，认为不能够保障的职工占13.1%，表示说不清楚的职工占44.3%，另有21.6%的职工没有回答。综合均值是2.82分。[1]

三、职工内部阶层关系状况

（一）国有中小企业改制“卖”、“送”成风，股权向经营者等少数人集中

到1997年末，全国注册登记的中小企业超过1000万家，占全国企业总数的99%，中小型企业在全国工业总产值和实行利税中的比重分别为60%和40%，中小企业提供的就业岗位占全国城镇就业总数的75%。党的十五大以来，国有中小企业改制的速度明显加快，力度也不断加大。到1998年第一季度，辽宁省已有70%的企业完成了改制，50%的国有中小企业从国有经济中退出。改制较早的股份制和股份合作制企业，如山东诸城和浙江金华等地，运作比较规范，基本做到了全员持股，股权结构相对合理，企业经营者与职工持股差距不大，企业职工（股东）代表大会在参与企业民主决策和选聘经营者方面能够发挥作用。但是，从1997年下半年开始，一些地方在国有小企业改制过程中，刮起了一股“卖企业”之风，不加分析地把小企业一卖了之，企业股权向以经营者为主的少数人集中的倾向越来越突出。其表现形式为：一是一些地区以责、权、利集中有利于企业发展为由，要求建立企业经营者的“跳楼机制”，对新改制的企业实行“先售后股”的形式，即由原企业经营者首先出面购买，再向职工出售部分股本。二是困难地区、困难企业未持股职工比例过大。据辽宁省对23家转制企业职工持股情况的问卷调查，部分企业平均有一半以上的职工没有持股。三是改制较早的企业通过二次转制，有目的地使股权向少数经营者集中。

随着经营者持大股格局的形成，中小企业职工内部的阶层分化和利益矛盾似有进一步扩大的趋势。这主要表现在强迫职工入股愈演愈烈。据中国社会调查事务所于1998年4月在山东、青海、重庆、辽宁对640家股份合作制企业的调查，有六成企业存在不同程度的强迫职工入股问题。企业

[1]引自《1997年全国职工队伍状况调查报告》。

强迫职工入股的方式以“持股上岗”最为常见，即如果职工不愿入股，就硬性安排职工下岗，这种形式占44.4%。其他形式还包括：调整到报酬低、不合理的岗位，占22.2%；降低劳动报酬，取消其他合法权益，占18.5%；扣发、停发工资和奖金，占9.3%；解除企业与职工的劳动关系，占5.6%。在不愿入股的职工中，除了部分职工是由于单位效益不好而不愿入股，有相当多的职工是对企业改制心怀疑虑而不愿入股。因此，多数职工认为，强迫入股是不尊重职工主人翁地位的表现。由于一哄而起，仓促上马，一些企业改制极不规范，职工有股无权难当家。在一些经营者持大股的企业，股息红利侵蚀工资问题相当严重，特别是私人控股企业，劳资矛盾和冲突加剧。在产权改革过程中，部分企业原有劳动规范的法律效力遭到破坏，职工的劳动权益受到侵害。

针对上述情况，国家经贸委于1998年7月发出通知，要求刹住乱出售国有小企业之风，强调企业改制不能一卖了之，要防止国有资产流失和损害职工的合法权益。要本着有利于调动和发展职工积极性的精神，推进国有小企业的改革。全总有关人士就此指出，在经营者持大股的背景下，应加强企业职工持股会的建设，以保障持股职工的切身利益。

（二）国有大中型企业开创职工民主参与新途径

1. 职代会民主评议企业领导干部制度取得新进展

党的十五大确定将扩大基层民主作为民主政治建设的一项重要内容。1997年以来，各地在对国有企业领导班子考核建设中，发挥职代会民主评议企业领导干部的作用，收到了良好效果，并创造了一批新经验。全国有19个省、自治区、直辖市的党委组织部门、经贸委、总工会等联合下发了关于职代会民主评议企业领导干部的实施意见和办法。各地在开展这项工作前，注意分别对领导干部和职工代表进行培训，使他们对民主评议的目的、意义有深刻的认识，对民主评议的内容、方法、步骤和应掌握的原则有全面的了解：领导干部要按照规定要求，认真向职代会进行述职；组织职工代表对述职的干部进行民主评议和测评；评议和测评结果采取多种形式向职工代表和被评议者进行反馈；坚持把评议和测评的结果与被评议干部的任免和奖惩挂钩。到1998年8月底，已有1760名企业领导人连任或晋升，472名企业领导人被职代会罢免降级。据透露，1997 年全国共调整国有企业领导班子4.4 万个，调整企业领导班子成员 8.6 万人，其中被降职免职的有3.1 万人，选拔优秀人才充实到领导岗位的有 5.4 万人。其中，职代会民主评议工作都发挥了积极的推动作用。目前，民主评议工作中主要存在的问题是：部分企业民主评议程序不够规范，没有按照规定的要求进行评议。有些企业民主评议和民主测评是在中层干部会上进行的，有的甚至以部分职工代表评议代替职代会评议，个别企业存在着草率了事走过场的现象；一些地方和企业职代会民主评议与组织考核领导班子衔接得不够紧密，评议结果未能与干部任用和奖惩挂钩。

2. 推行“厂务公开、民主议事”，完善职工民主参与和监督制度

1998 年以来，各地国有大中型企业在完善职工民主参与和监督制度方面又进行了一些新的探索和实践，并逐步得到推广。石家庄拖拉机有限公司推出了厂务“十公开”制度，这一措施深受职工好评。该厂的厂务公开制度包括 10 项内容，涉及实施企业兼并、物资供应工作、工资奖金分配、民主评议干部、业务招待费使用、工程项目、电话费、住房标准、职称评定和户口农转非，等等。中央领导人迅即对“石拖”经验做出批示，认为是扩大职工知情权的重要措施，使基层民主政治建设上了新台阶，因而具有普遍意义。目前，辽宁、天津、湖南等省市先后在全省范围内推广了厂务公开的经验。辽宁抚顺特殊钢公司创造了“民主议事”的经验，被认为是职代会制度的一个重要补充形式，是拓宽职工参政议政渠道的一种新的尝试和探索。议事代表在职工代表中产生，任期为 3 个月，实行轮换制。议事代表有提案权、发言权、表决权、质询权和监督权。议事会议具有审议通过，审议决定及评议监督和提出奖惩、任免建议的权利，在职工代表大会闭会期间行使职代会的各项职权。这一经验已在抚顺 58 家企业推开，占国有大中型企业的 54.7%。中纪委监察部、国家经贸委和全国总工会联署发布的《关于国有企业实行业务招待费使用情况等重要事项向职代会报告制度的决定》已于 1998 年末出台，以期推进企业职工民主参与和廉政建设工作。全国总工会已做出决定，1999 年在国有企业中，重点推行“厂务公开”制度建设。

1999：新就业机制下的中国职工劳动关系

根据国家统计局统计，1999 年 6 月底，城镇单位职工为 12458.4 万人，比 1998 年末减少 237.3 万人。其中，国有单位 8913.3 万人，比 1998 年末减少 144.8 万人；集体单位 1893.5 万人，比 1998 年末减少 69.7 万人；其他单位 1651.6 万人，比 1998 年末减少 22.9 万人。城镇单位职工减少较多的主要原因：一是企业改制，使国有单位从业人员减少；二是中小型国有和集体单位通过租赁、承包、拍卖等形式转为私营和乡镇企业，使国有、集体单位就业人数不断减少，其他混合所有制和私营、个体单位的就业人数不断增加；三是自然减员和其他因素如内退、买断工龄等减员较多。

一、下岗职工生活保障与再就业状况

（一）财政源头措施有力，职工下岗和生活保障形势稍有缓解

1998 年以来，国家实行的积极的财政政策开始发挥作用，国民经济总体保持了平稳发展的态势：一方面，工业生产保持较快的增长，工业企业经济效益出现恢复性回升，财政收入增幅较高，金融运行保持稳定，市场物价持续走低。这对推动下岗职工基本生活保障和再就业工作创造了有利的经济环境。另一方面，各地政府为保证社会稳定，对国有企业职工下岗普遍采取了指标调控的措施，也在一定程度上抑制了职工下岗扩大的势头。

1999 年上半年，政府实施了以确保国有企业下岗职工的基本生活费和离退休职工养老金的按时足额发放为主要内容的“两个确保”工作任务，为此各级财政共投入资金 215 亿元，占财政支出近 5%，对促进国有企业

改革、维护职工的切身利益发挥了积极作用。这表现在：

（1）国有企业下岗职工总量进一步减少，绝大多数下岗职工进入再就业服务中心，基本生活得到保障，新增下岗职工数量小于减少的下岗职工数量，签订协议的比例有所提高，资金筹集有一定的进展。据统计，1999年1—6月，国有企业新增下岗职工为208.7万人，减少下岗职工258万人，其中有202万人实现了再就业。到6月底，国有企业下岗职工为540万人，进中心的比例为95%，签订协议的比例为91%，领取基本生活费的比例为94%。[1] 未能领到基本生活费的下岗职工有21.6万人。此外，全国尚有城镇登记失业人员580万人，登记失业率为3.1%。

（2）政府的责任意识增强，各级财政注入资金明显增加，养老金补欠力度加大，离退休职工的基本生活得到保障。1999年1—6月，全国共补发拖欠的养老金26.27亿元，累计新拖欠离退休人员的养老金2.97亿元，其中已经补发2亿元，尚有0.96亿元未补发，其中主要是煤矿、军工等困难行业拖欠数额较大。

（3）“三条保障线”（即国有企业下岗职工基本生活保障制度、失业保险制度、城镇居民最低生活保障制度）初步形成，保障标准显著提高。1999年国庆节前，上述三类保障标准在原有标准的基础上提高了30%。

（二）当前企业下岗职工的基本状况

根据劳动和社会保障部于1999年7月在5省10城市的抽样调查，当前企业下岗职工的基本状况有如下特点[1]：

1. 下岗职工性别差异不明显，文化技术素质普遍较低，一线生产业务人员居多

下岗职工中男性占52.04%，女性占47.96%；小学及以下文化程度的占5.1%，初中占44%，高中占41.03%，大专及以上占9.75%；初级技工及没有技术等级的人员占52.63%，中级技工占38.86%，高级技工占6.53%，技师以上占1.98%；一线生产业务人员占60.28%，专业技术人员占13.71%，服务人员占16.33%，企业管理人员占10.23%。

---

[1] 最新企业下岗职工情况抽样调查报告［J］. 劳动保障通讯，1999（9）：23-24.

2. 半数以上下岗职工与原企业存在债务关系，绝大多数下岗职工不愿与企业解除劳动关系

在调查的下岗职工中，有58.4%的人员与原企业存在债务关系，其中企业欠发工资的最多，占25.33%，人均拖欠工资2136元；其次是企业拖欠职工的集资款，占下岗职工的18.08%，人均拖欠集资款2351元；三是未能报销医药费的占11.1%，人均欠费1320元；另有其他债务关系的占0.36%。

3. 收入下降和再就业困难构成生活最大压力，稳定的社会保障成为下岗职工最大的心愿

当问及"下岗后，您的压力主要来自哪些方面"时，有85.88%的下岗职工选择"经济收入下降"，有71.88%选择"再就业困难"，有34.78%选择"社会地位下降"，有30.77%选择"家人不理解"，还有1.69%选择"其他"。

4. 下岗职工多数从事过有收入的工作，但收入水平普遍较低，第三产业尤其是社会服务业是下岗职工再就业的主渠道

有24.5%的下岗职工从未主动找过工作，有75.5%通过各种渠道找过工作。寻找工作的主渠道是依靠亲朋好友介绍，占50.5%；其次是靠职业介绍机构，占20.12%；此外，还有单位临时安排、从事个体经营以及通过报刊媒体介绍等方式。下岗职工从事工作的月收入在300元以内的占49.06%，在300~500元的占38.32%，在500~800元的占9.97%，在800元以上的占2.65%。下岗职工从事过有收入工作的主要行业是：社会服务业占39.32%，批发零售业占20.34%，餐饮业占17.92%，制造业占14.77%，交通运输业占12.33%，其他行业占17.44%。另外，下岗职工家庭人均收入普遍偏低，79%的下岗职工家庭主要经济来源是基本生活费。

5. 下岗职工对再就业服务中心的功能仍不甚了解

了解自己进入中心的比例为88.69%，知道3年后解除劳动合同政策的仅为66.51%，"不知道"的占10.48%，"听说过，但不太清楚"的占23.01%。在再就业服务中心，"未获得过任何帮助"的占8.75%，"帮助介绍过工作"的占27.86%，"参加过培训"的为38.31%，"代缴保险费"的占61.19%。

（三）存在的主要问题

1. 下岗职工进中心、签协议的工作仍有差距

据调查，少数有下岗职工的国有企业虽然组建了再就业中心，但没有开展工作。一些地方对下岗职工进入中心按照“可汤下面”的办法实行指标控制，致使部分下岗职工无法进入中心，也不做下岗职工统计。另一方面，有相当数量的下岗职工仍然不愿进入中心。他们拒不与中心签订协议，主要原因是不愿与企业解除劳动关系。这部分人据估计有 170 万，其中有 140 万人已经隐性就业。

2. 部分下岗职工基本生活没有得到切实保障

大部分进入中心、签订协议的下岗职工，都领到了基本生活保障金，但有些地方没能足额发放。主要原因是资金来源存在着较大缺口。从“三三制”资金的落实情况看，中央和地方财政所应承担的 1/3 资金到位情况较好，社会筹集部分大体也能按时拨付，最大的问题是企业自筹部分无法到位和地方财政不能对困难企业下岗职工基本生活保障实行兜底。就企业部分来看，1998 年落实了 40.2%，1999 年上半年仅落实了 20%。

3. 部分再就业中心难以履行政府“一三一工程”所规定的职能

按照劳动部门的有关规定，再就业中心应当为下岗职工提供一次就业指导，三条职业信息和一次职业培训。但实际上，大多数中心只是单纯发放生活费的机构，由于培训资金缺乏，或企业害怕矛盾集中，无法履行培训和就业指导等职能。有的企业把培训当成清理下岗职工隐性就业的手段，明确规定两次不参加培训就停发生活费或按违纪处理，解除劳动关系，以此来解决中心资金不足的问题。有的中心的托管协议责任和义务不明确、不公平，引起职工不满。

4. 下岗职工出中心和再就业难

按照中央有关文件要求，下岗职工再就业、出中心的人数要大于新增下岗职工数，但根据目前调查情况看，下岗职工呈现“进大于出”的情况，真正解除劳动关系并实现再就业的不足 5%，各地普遍反映再就业难度较大。与 1998 年的 609 万人、60% 的再就业率相比，上半年仅达到 202 万人、27.4%。

5. 下岗职工的劳动关系较为混乱

这表现在：一方面，下岗职工与原单位仍然存在着劳动关系，但已经没有了工作岗位；另一方面，部分下岗职工已经隐性就业，但与新的用人单位没有签订劳动合同，或者虽有合同却未能终止与原单位的劳动关系，导致双重劳动关系的出现，与此相联系的社会保险关系更是五花八门。

（四）发展趋势：建立市场导向的就业机制

从中长发展阶段来看，现行下岗职工基本生活保障与失业保险并存的双轨体制具有过渡性质。1999年，政府已经开始研究两制并轨的问题。按照劳动部门的规划，未来推进劳动力市场建设，不仅涉及劳动力资源的增量部分，而且包括劳动力的存量部分，其目标是建立市场导向的就业体制。

为了顺利实现向新的就业体制过渡，必须立足于现有制度的健全和完善，在以下几个方面切实保障下岗职工的合法权益：

（1）严格下岗程序，规范再就业服务中心的运作和企业用工行为，保障职工在下岗和再就业过程中的合法权益。国务院有关通知已明确规定，企业职工下岗及再就业方案，必须征求工会和职代会意见；企业拟定职工下岗方案的同时，应提出下岗职工基本生活保障和促进再就业的措施，并经职代会通过后方能组织实施。企业再就业中心要积极为下岗职工寻找新的就业岗位，落实“一三一工程”所规定的义务。政府有关部门要进一步制定和完善规范用工单位招用下岗职工的有关政策。录用下岗职工应当根据《劳动法》的规定，签订劳动合同，实行同工同酬，并为他们缴纳各种基本社会保险费，实行同等的保险福利待遇，解除下岗职工的后顾之忧。

（2）加大下岗职工基本生活保障资金的筹集力度，切实保障下岗职工的基本生活。政府应采取更有力的措施，开辟更多的渠道筹措资金。

（3）积极稳妥地解决好下岗职工的劳动关系变更问题。这涉及以下几个方面：一是企业在与下岗职工解除劳动关系之前，应依法解决与他们的债权债务问题。二是与企业签订无固定期限合同或托管期间劳动合同期未满的下岗职工与企业解除劳动关系时，企业应按照《劳动法》的规定支付经济补偿金。三是对于男50周岁、女45周岁以上的下岗职工，在中心满3年后进一步采取保障性措施，使他们平稳过渡到退休。四是在中心3年期满仍未再就业的特殊职工群体，例如因伤病长期离岗职工，对如何保障他们的基本生活做出安排。五是在目前对隐性就业不能明确界定的情况下，应当区别对待，切忌采取一刀切的办法，避免引发不良后果。

（4）用积极的就业政策引导下岗职工尽快实现再就业，大力发展劳动密集型产业，创造更多的就业岗位，使之成为下岗职工再就业的重要渠道。

（5）特别关注破产、关闭、撤销企业及特困地区、行业离退休人员的养老金发放工作。对破产、关闭、撤销企业的离退休人员，通过企业资产变现等办法落实资金，由社会保险机构负责发放养老金。

二、职工的劳动关系状况

（一）工资上涨协调了劳动与资本关系，但企业中低收入职工受益最小

国家统计局对全国3.9万户城镇居民抽样调查表明，1999年上半年城镇居民收支低速增长，人均可支配收入为2952亿元，比上年同期增长5.9%，人均消费性支出2226亿元，比上年同期增长5.1%。调查显示，国有、集体单位职工收入增幅较低，其他经济单位职工及个体就业者收入大幅增长。上半年，国有、集体单位职工收入人均比上年同期仅增长1.2%，其他经济单位职工人均收入比上年同期增长33.5%，个体从业者人均收入比上年同期增长17.3%。

针对有效需求不足这一突出问题，并为新中国成立50周年大庆创造喜庆气氛，国务院决定，下半年调整收入分配政策，通过提高国有企业下岗职工等低收入者的生活保障水平和增加机关事业单位职工工资等措施，逐步改变居民收入预期下降、支出预期上升，高收入者消费意愿不强、低收入者消费能力不足的状况，旨在刺激消费需求，并维护社会稳定。这次调整收入政策涉及面较广，直接受益人员达8400多万人。

从企业改革的角度来看，调高工资是协调企业资本利益和劳动者利益关系的一种手段，近年来推进的减员增效、减债增资等企业改革举措，从某种意义上讲，就是为了提高资本收益，即所有者的收入，而减员受损失的是劳动者，因此出现资本利益和劳动者利益的矛盾，职工工资上涨将缓

解这种矛盾。

然而，从这次调资方案来看，机关事业单位职工增加工资没有什么困难，企业（特别是困难企业）在职职工就存在很大障碍。由于企业职工和机关事业单位职工分别实行不同的工资制度，国家对企业不再统一安排升级调资，政府主要通过制定和调整宏观经济政策，为企业经营创造外部环境。企业职工工资收入的增加取决于企业经济效益的提高，并由企业在国家有关政策允许的范围内自主决定。其结果可能会引起企业在职职工内部以及与其他职工群体在工资收入方面产生新的不平衡。

1. 增加工资的资金来源决定了高收入行业职工的工资将有大幅度上升

房地产业、金融保险业、邮电通信业作为新兴垄断行业，正处于发展上升阶段，职工的工资水平大大高于平均水平，但在职职工人数所占比例不大，这些行业的职工增加工资资金来源不会存在问题，职工工资增长幅度也不会很低。可以预计，这些行业的职工工资水平将在现有基础上有较大提高。而这部分工资的边际收入储蓄倾向高于收入平均储蓄倾向，对于刺激消费需求的作用微乎其微，反而增加了储蓄和供给。

2. 多数竞争性制造业在职职工工资水平不会有明显增长，而且缩小了与“三条保障线”的差距，反而会影响工作积极性

以上海市为例，1996年，人均可支配收入低于平均水平的家庭占被调查总数的56.2%，1997年占55.6%，1998年占56.8%，1999年上半年上升为67.6%。[1] 如果大多数中低收入在职职工工资没有明显的提高，增加工资刺激消费就不会收到预期效果。

3. 如果采用行政手段强制企业上涨工资，有可能引发裁员扩大

社会平均工资水平与就业岗位之间存在着此长彼落的关系，因为劳动要素成本提高，必然会引起其他要素对劳动要素的替代，从而导致就业岗位的减少。

鉴于上述原因，对正在推行的增加工资启动消费市场的方案不能盲目乐观，还应结合其发展进程进一步完善。在中低收入在职职工的工资增长

[1]胡敏．关于提高中低收入职工工资对启动市场消费的研究报告［J］．上海工运研究，1999(5)：12.

有限的情况下，要鼓励他们积极消费，还必须要有完善的社会保障做后盾。

（二）终止、解除劳动合同已成为劳动关系中的主要矛盾，集体协商的工作重点正在向改制企业、亏困企业和新经济组织转移

根据对29个省的统计，1999年上半年全国各级劳动争议仲裁委员会共受理争议案件55244件，已结案48350件，结案率为90%，涉及劳动者230243人。此外，仲裁委员会采用其他方式调节争议17419件。从统计的情况看，上半年劳动争议及其处理主要有以下几个特点[1]：

1. 案件总量和涉及劳动者人数仍然呈大幅度上升态势

与1998年同期相比，案件总量上升了58.4%，涉及人数上升了71.3%；第二季度比第一季度案件总量上升了54.7%，涉及人数上升了64.5%。

2. 劳动争议案发地更加集中

1999年上半年受理案件在2000件以上的地区有8个省市：广东20554件、江苏6280件、上海3582件、山东3337件、浙江2707件、北京2649件、重庆2474件、河南2162件，以上共受理案件43735件，约占受理案件总数的79.1%。

3. 集体劳动争议案件和涉及人数陡增

上半年共受理集体劳动争议案件3955件，涉及144273人，与1998年同期相比，受理案件上升了151%，涉及人数上升了140%。其中，受理集体劳动争议在100件以上的地区有：广东1902件、江苏392件、山东237件、浙江214件、上海125件、北京121件、福建114件、河南113件，以上共受理集体劳动争议案件3218件，约占受理总数的81.4%。

4. 劳动争议案件处理中，依法裁决的比重进一步加大

各级仲裁委员会受理的劳动争议案件中，仲裁调解结案有19999件，占总数的41.3%；仲裁裁决12549件，占总数的26%；其他方式结案15802件，占总数的22.7%，与1998年同期基本持平。

---

[1] 范占江．上半年劳动争议及其处理的主要特点［J］．劳动争议处理，1999（9）：31.

5. 从争议内容来看，终止、解除劳动合同已成为劳动关系中的主要矛盾

与1998年同期相比，终止、解除劳动合同的争议案件呈现大幅度上升的态势。由于职工对终止合同失去工作难以承受，引发对企业的不满，认为没有犯错误就不应终止合同。此类争议反映出劳动合同制度正在冲击着人们旧有的用工和就业观念，同时对劳动关系的稳定产生了较大冲击。终止、解除劳动合同在今后一个时期内将成为劳动关系运行中的主要矛盾，并已由外资企业向国有企业和集体企业蔓延。

针对当前企业劳动关系矛盾尖锐化和复杂化的特点，以及公有制企业在改制后出现的新情况和新问题，各级工会继续将集体协商和集体合同制度作为规范企业劳动关系的主要形式，将工作重心向改制企业、亏困企业和新经济组织倾斜，使这项制度取得了新的发展。这主要表现在：

1. 积极参与企业改制的全过程，坚持做到企业改制、整顿建设工会组织、签订集体合同“三同时”

上海机电系统在企业改制的过程中，结合集体合同的签订，建立了“劳动关系预警机制”，突出预测、预审、预报和预防四大环节，通过职代会和工会对制定企业改革政策的介入，对可能引起矛盾激化的事件进行疏导和解决，保持了职工队伍的稳定。

2. 不拘形式，在亏困企业中开展集体合同工作

注意就职工关心的最低工资保障、基本生活保障、社会保险费缴纳和再就业等相关事项进行协商并达成一致。对确有困难的企业，针对某些具体事项签订单项集体协议或形成协商会议纪要，把下岗职工分流方案、基本生活保障、再就业培训和安置等内容纳入集体合同。

3. 重点推动新经济组织集体合同的签订

各地积极探索建立自下而上的工作机制和自上而下的保障机制，特别是通过区域性和行业性集体合同制度，努力扩大覆盖范围。

4. 不失时机地推进新经济组织组建工会的步伐

在建会思路上，全国总工会提出“争取用3年左右的时间，把绝大多数新经济组织职工组织到工会中来”的组建目标。按照“哪里有企业，哪里有职工，哪里就有工会组织”的原则，采取单个企业建立基层工会，多个小企业建立联合基层工会，按照区域、行业建立基层工会联合会等组织

形式，以“整体推进、不留空白、不留死角”的积极主动姿态加大工会组建力度。

（三）养老保险扩面受阻，职工对未来医改顾虑重重

为贯彻《社会保险费征缴暂行条例》和《失业保险条例》，落实国务院提出的 1999 年上半年实现社会保险全覆盖、全年基金收缴率保持在 90% 以上的工作目标，年初，劳动和社会保障部提出在 4、5、6 月打一场扩面征缴攻坚战，并下达了量化指标：到 6 月底，参加基本养老保险的职工达到 11000 万人，净增 2613 万人，基金收入比上年同期增加 100 亿元，全年增收 260 亿元；参加失业保险的职工达到 13700 万人，净增 5739 万人，基金收入上半年达到 80 亿元，全年达到 200 亿元。到 6 月底，养老保险参保人数达到 9169 万，比上年底净增 694 万人，完成计划的 26.5%；基金收入 760 亿元，比上年同期增收 113 亿元，超额完成增收 100 亿元的任务；基金收缴率为 87.6%，比上年同期提高近 5 个百分点，没有达到 90% 以上的目标。上半年失业保险参保人数 9176 万，比上年底净增 1248 万人，完成计划的 21.8%；基金收入 45.7 亿元，比上年同期翻了一番，完成计划的 58.6%[1]。从总的情况看，扩面征缴的各项指标，除养老保险基金超额完成增收任务外，养老保险的扩面、基金收缴率和失业保险的扩面、基金增收等指标均未完成。

扩面征缴情况不理想的原因在于，一方面，能够进入的国有企业和集体企业，已基本被纳入社会统筹范围，对于非公有制经济、效益差的集体企业，或是难以扩进来，或是社会保险部门认为会背上包袱，一直游离于社会保险大门之外。而养老保险基金征缴率因宏观经济形势不好，大面积的企业经营困难，一直处于徘徊状态。另一方面，一些地方存在“怕碰硬、怕吃亏”的心理，认为把外资企业扩进来会影响投资环境，把集体企业扩进来会增加基金压力，对扩面征缴不积极。私营、个体经济，目前的底数不清，流动性大。农民工涉及频繁流动时需为其办理手续及支付保险费，由于工作量大，也影响了扩面征缴的进度。

1998 年 12 月，随着《国务院关于建立城镇职工基本医疗保险制度的

---

[1] 劳动保障部举行第二季度新闻发布会［J］. 劳动保障通讯，1999（8）：5.

决定》的颁布，医疗保险制度改革规划和方案制定工作逐步推开，政府有关部门制定并发布了城镇职工基本医疗保险制度改革6个配套文件。截止到1999年10月，绝大部分省份完成了总体规划。截至6月底，全国参加基本医疗保险的在职职工人数为412.8万，下岗职工人数为10.2万，离退休人员为112.7万人。其中，企业参保人数分别为362.6万、10.2万和104.6万。全国参加大病医疗费用社会统筹的职工人数为664.4万，离退休人员为225.2万人。

根据中国经济景气监测中心就医改问题所进行的职工调查显示，职工对未来的医改问题非常关注且顾虑重重。例如，新的医疗制度将建立由用人单位和职工共同缴费的机制。其中规定，在当地年平均工资10%以下的医疗费用由个人自负；当地年平均工资10%～400%的医疗费用由统筹基金支付，个人也要负担一定比例；超出当地年平均工资400%的医疗费用可以通过商业医疗保险等办法解决。对此，仅有32%的被调查者表示“放心”，23%“不放心”，同时不置可否的高达45%。多数“不放心”的被调查者担心，如果一旦得了慢性病、大病或者不治之症，医疗费用将很难负担。对于“统筹基金最高支付限额为当地年平均工资的400%”这一规定，近六成的被调查者认为不够用。总体来看，职工对新的医疗保险制度的态度是：17%“完全赞成”，61%“赞成但希望完善”，15%“不赞成但可以理解”，7%“完全不赞成”。

三、职工的阶层关系状况

（一）中共十五届四中全会以前所未有的篇幅重申，将全心全意依靠工人阶级作为推进国有企业改革和发展的指导方针

1999年9月，中共十五届四中全会通过了《中共中央关于国有企业改革和发展若干重大问题的决定》，这项决议以其前所未有的篇幅阐述了有关工人阶级和工会工作的问题，特别是把全心全意依靠工人阶级作为推进国有企业改革和发展必须坚持的指导方针之一。强调必须切实维护职工合法权益，尊重职工的主人翁地位，充分发挥职工群众的积极性、主动性和创造性；坚决维护职工的经济利益，保障职工的民主权利，满腔热情地帮

助职工解决实际困难；进一步理顺劳动关系，依法进行平等协商，认真执行劳动合同和集体合同制度；坚持和完善以职工代表大会为基本形式的企业民主管理制度，实行民主评议企业领导人和厂务公开，企业改革无论采取哪种放开搞活的形式都必须听取职工意见，发挥工会和职工代表大会在民主决策、民主管理、民主监督中的作用；国有独资和国有控股公司的董事会、监事会都要有职工代表参加；加强职工队伍建设，不断提高职工的思想道德和科学文化素质，努力建设有理想、有道德、有文化、有纪律的职工队伍；工会中的党员负责人可依照党章及有关规定进入党委会；工会和职代会按照有关法律法规履行职责，等等。

同时，四中全会决议也着重就完善现代企业制度的过程中如何建立健全国有企业经营管理者的激励和约束机制进行了重点论述。强调将党管干部原则和企业董事会依法选择经营管理者以及经营管理者依法行使用人权结合起来。实行经营管理者收入与企业的经营业绩挂钩。继续探索试行经理年薪制、持有股权等分配方式。增加透明度，规范经营管理者的报酬。加强和完善监督机制，把外部监督和内部监督结合起来。健全法人治理结构，发挥党内监督和职工民主监督的作用，加强对企业及经营管理者在资金运作、生产经营、收入分配、用人决策和廉洁自律等重大问题上的监督。建立企业经营业绩考核制度和决策失误追究制度，实行企业领导人员任期经济责任审计制度。这便为重塑国有企业经营者与劳动者关系提出了新的制度框架。

随后召开的全总十三届三次主席团会议迅即做出决议，要求从工会性质出发，着力在工会的组织体制、运行机制、活动方式和工作内容等方面进一步突出和履行维护职能，并归纳为“五突破一加强”的工作思路：一是积极协助党政做好国有企业减员增效、下岗职工基本生活保障和再就业工作，深入实施送温暖工程，对特困职工承担“第一责任人”职责的工作要有新的突破；二是坚决维护职工的经济利益，进一步理顺劳动关系，推行平等协商和集体合同制度的工作要有新的突破；三是切实保障职工的民主权利，坚持和完善职工代表大会为基本形式的企业民主管理制度，实行厂务公开和民主评议企业领导人的工作要有新的突破；四是推动国有独资和国有控股公司的董事会、监事会中都要有职工代表参加的工作要有新的突破；五是加快新经济组织和改制企业工会组建步伐，最大限度地把职工组织到工会中来的工作要有新的突破。实现以上突破的前提，必须以改革的精神加强工会自身建设，主要是解决工会领导机关的体制、机制、机构、管理、作风、方法和人员素质等方面不适应形势任务要求的突出问题。

（二）以职代会为载体，厂务公开工作在国有企业普遍展开

继1998年末中央领导同志对石家庄天同拖拉机有限责任公司和抚顺特殊钢公司厂务公开经验做出批示以来，厂务公开工作陆续在国有企业推开。1999年2月，中纪委、经贸委和全国总工会联署发布了《关于推行厂务公开制度的通知》，强调实行厂务公开是加强基层民主政治建设的重要形式，是坚持和完善以职代会为基本形式的企事业民主管理、民主监督制度的有效途径，要求在党委统一领导下，纪委、经贸委和工会组织通力合作，以国有企业、集体企业以及国家和集体控股企业为工作重点，有计划、有步骤地推行这项制度。并于4月在天津召开了全国推行厂务公开经验交流会。会后，厂务公开在全国得到推广。截至8月底，全国30个省全部成立了推行厂务公开工作领导小组，由48名副省级以上领导参加工作。大部分地区力争到2000年，在国有及国有控股企业全部推行厂务公开。从10个省的情况看，已推行21521家，完成45.3%。

目前，厂务公开工作取得的主要经验是：

（1）厂务公开的运行机制和工作格局已基本形成。全国各地已形成了党委重视，行政支持，纪检、工会、经贸委、组织和劳动等部门共同负责，职工群众全员参与的运行机制，工会承担了厂务公开办公室的日常工作。

（2）厂务公开的具体内容主要围绕着三个方面运作实施：一是有关企业生产经营管理和改革方面的问题。包括企业年度发展目标和发展规划，重大决策，财务预决算，产品销售和盈亏情况，企业的改制方案，兼并破产方案，职工下岗分流安置方案、措施。二是涉及职工切身利益方面的问题。包括企业购房，向职工出售住房的政策和条件，分房方案和分配结果，提薪晋级条件和奖金分配方案，专业职称评聘和评优评先的条件，劳动保护措施，住房公积金、职工养老金以及其他社会保障基金的缴纳情况，企业公益金使用方案，职工培训计划等。三是与企业党风廉政建设有关的问题。如民主评议企业领导干部，企业基建工程项目承发包情况，物资采购供应及其他配套和协作定点情况，企业招工、招生，聘用干部，农转非的指标、条件和结果，业务招待费使用的情况，公车、通信设备使用情况及其费用，企业领导干部工资年薪、奖金、兼职和住房标准等。

（3）以职代会作为企业厂务公开的基本形式，并配合党政工联席会议、中层干部会以及厂务公开专栏、职工意见箱等辅助形式。

结语

社会转型和社会发展的基本目标不外乎是实现经济市场化、政治民主化和福利保障社会化。但到目前为止，中国社会转型的特点是，经济增长和市场化改革先行，政治改革虽有“亮点”仍显滞后，人民基本保障和生活福利的社会化程度较低。由于政治民主化尚未形成对经济改革的有效支撑，致使我国经济从某种意义上说，具有了权力与市场结合的特点，加上近年来经济结构调整力度加大的共同作用，使社会利益的两极分化空前加剧，工人阶级中普通劳动者的经济状况明显恶化，在社会结构中的地位相对降低。当前的工人阶级现状是现行改革政策和社会转型过程中深层次矛盾的集中体现。因此，积极推进政治改革，发展职工群众在社会生活中的广泛参与，确立改革的公正性、补偿性原则，依法规范和调整职工内部和外部的社会利益关系，探索社会转型时期实现职工的国家主人翁和企业主人翁地位的含义和具体途径，是解决上述社会矛盾的基本出发点之一。

2000：加入 WTO 背景下的中国职工状况

临近 2000 年底，中国即将完成多边贸易议定书的起草工作，从而成为 WTO 的正式成员国。“入世”谈判取得突破性进展，是中国 2000 年经济和社会生活中的一件大事，也会对工人阶级的地位和权益保障产生直接影响。

一、加入 WTO 对中国工人阶级的影响

中国加入 WTO，是迈向经济市场化和全球化的重要步骤。100 多年前，卡尔·马克思以其资本有机构成不断提高的理论，阐释了市场化过程中投资者的投资行为对工人阶级的影响。马克思用利润最大化来概括投资者的投资动机：一是不断压低工人工资来降低成本；二是不断提高技术以增强竞争能力。压低工资导致消费被抑制，提高技术导致资本有机构成不断提高。这两个因素的共同作用，加速了工人阶级的贫困化，并导致经济的有效需求不足。20 世纪 90 年代后期，以通货紧缩为主要特征的中国经济衰退就是在这种背景下形成的。在加速经济全球化的情况下，工人面临着更加严酷的下岗失业、福利保障削减和生活水平下降的影响，在加入 WTO 以后的最初时期，这种局面必然加剧。

（一）就业形势将更趋严峻

入世对工人最大和最直接的影响，莫过于加大了他们的就业压力。中国最近一次失业高峰是从 20 世纪 90 年代中期开始的。随着市场格局由卖方市场向买方市场转变，国有企业实行减人增效和再就业的战略性结构调整措施，城镇职工的下岗失业问题愈加突出。预计随着中国的入世，农业、制造业和一部分服务行业竞争压力加大或产业结构调整加快，工人的

下岗失业状况将更趋严峻。

首先，这一失业冲击波具有全方位影响的特点，它将始于农村。

根据《中美世贸协议》的规定，中国将开放农产品市场，大幅度降低主要粮食作物和农副产品的进口关税。中国对美国优先考虑的牛肉、葡萄、酒、干酪、家禽、猪肉等农产品的关税做了大幅度的减让，从目前的平均 31.5% 降到至迟 2004 年 1 月的 14.5%；同时，对玉米、棉花、小麦、大米、大麦、豆油等大宗农产品的进口建立关税率配额制，给予美国很高的起点配额和配额年增长率；并取消动植物卫生检疫。这将使经营分散、产品科技含量不高、价格长期处于“天花板”水平的农业面临强有力的竞争而雪上加霜。因此，越来越多的农民会选择弃农务工，另谋生计，因入世要转出农业的农民将增加 1000 万 ~2000 万人。据国家统计局农调总队的抽样调查，1999 年我国农村有 6.4% 的劳动力转移到二、三产业，比 1998 年提高了 0.4 个百分点，转移规模又有扩大。同时，1999 年从非农产业返回到农业的劳动力占农村劳动力总数的比重为 0.5%，增减相抵，1999 年净转移劳动力占农村劳动力总数的比重为 5.9%，比上年上升了 0.4 个百分点。

从近年乡镇企业的发展态势来看，由于面临内部的结构调整，其就地转移农村剩余劳动力的速度已明显放缓。“八五”期间，乡镇企业共吸纳农村剩余劳动力 3599 万人，年均达 720 万人，而“九五”期间下降到年均 500 万人以下。1999 年在本省内转移的农村剩余劳动力，只有 13.9% 被安置在本乡乡镇企业就业，虽然比上年略有增加，但比前几年减少了一半多。如果乡镇企业吸纳农村剩余劳动力的容量不能有效增长，预计今后每年流向大中城市的农民工将由 1999 年的 4000 万人激增到 5000 万人以上，在经济增长乏力的背景下，这势必给城市造成严重的就业压力。

其次，这一失业冲击波对城市的影响，将与国有企业已经实行三年的下岗职工基本生活保障制度的终结相汇合，以大规模显形失业为主要特征。

2000 年年初以来，有关国有企业下岗职工的工作在一系列重要指标上取得进展。一是国有企业下岗职工总量增长趋缓，在年初结转 652 万人的基础上，上半年新增下岗职工 196 万人，截至 6 月末，全国国有企业下岗职工为677万人，比1999年同期减少十多万人。二是资金筹集有所增长，但支出总额大于筹集总额。1—6月共筹集资金109.6亿元，比1999年同期增长23.8%。上半年共使用资金总额为117.4亿元，比1999年同期增长39.4%。三是下岗职工生活保障水平进一步提高。在上半年，下岗职工人均每月生活保障资金为323元，比1999年同期增长27.7%，其中，人均每月发放基本生活费205元，比1999年同期增长21.0%。但是，再就业率这一重要指标有大幅度的下滑，上半年国有企业下岗职工实现再就业的下岗职工为129万人，比1999年同期少73万人，再就业率只有16%。全国城镇登记失业人员加上全部下岗职工人数共计达到1528万。剔除35%下岗职工实际已有较稳定工作的情况，6月末没有就业的城镇下岗职工和登记失业人员总数为1120万[1]。可见，失业、下岗职工再就业的难度进一步加大。

从迎接入世挑战的角度来说，中国工业企业（尤其是汽车、石化和冶金等重工业）仍要加大减员增效的力度，才能使劳动生产率接近国际水平，增强自身的竞争实力。年初以来，已经有更多的企业援引《劳动法》中的经济性裁员条款，将职工通过终止劳动合同而直接推向社会。此外，一些服务行业如金融、邮电、商业、外贸等也制定或实施了大幅度精减人员的计划。随着部分经济发达地区逐步取消企业下岗职工基本生活保障制度，而代之以社会化失业保险，预计城市失业将更多地表现为显性形态。其中，部分年龄偏大、技能单一、文化技术素质较低的中老年职工将退出竞争性领域，他们只能通过社区和家庭服务等非正规方式实现再就业，从而形成收入低而不稳定的城市新贫困阶层。下岗失业及再就业问题的应对，也将使财政、企业和社会保险基金经受巨大压力。据美国华盛顿国际经济研究所评估，入世将导致我国增加1100万失业工人。

另一方面，入世有利于劳动密集型加工组装产品出口，将扩大就业，尤以纺织服装、轻工家电等行业受惠较大。2000年前三季度，中国外贸进出口总额达3454亿美元，比1999年同期增长35.7%，其中，出口1832亿

---

[1]劳动保障部办公厅.2000年上半年劳动和社会保障情况统计报告［J］.劳动保障通讯，2000（9）：25-26.

美元，进口 1631 亿美元，同比分别增长 33.1% 和 38.7%。以 2000 年前三季度出口额和贸易依存度计算，对外贸易的增长对经济增长的贡献接近 5.9%，而内需对经济增长的贡献只有 2.3%。[1] 有的学者乐观估计，中国入世后，经济增长率可提高 3 个百分点，创造 1200 万个就业机会。但出口加工业受到市场饱和、竞争加剧及节约劳动力的技术发展等各种因素制约，对其增长潜力不宜过于乐观。

（二）对企业劳动关系和职工队伍内部分化将产生重大影响

近年来，随着跨国公司扩大投资和实施一体化国际生产战略，企业内部在生产组织、劳动条件等方面的跨国协同已逐渐形成。中国加入 WTO 和预期跨国公司对华投资的扩张，使其人力资源政策与工人权益的联系以及对国内企业的示范效应愈加明显。这种劳动关系新模式的特征为：一是要求职工的工作范围更广，弹性更大，更多地发挥以协作为基础的员工能力；二是生产组织灵活而非官僚化，减少中间层次，实施更紧密的职能一体化；三是劳动报酬与业绩挂钩，职工的保险福利水平一般高于同行业其他国内企业；四是注重与职工进行直接交流和沟通，强调企业管理不仅只有自上而下，也应当吸引职工自下而上参与，把职工作为企业的“利益相关者”来对待。形成上述人力资源政策的先决条件包括：形成以产品质量为基础的竞争性市场，强化职工培训和技能提高；实施技术变革与组织创新，有促进人力开发的管理政策；有一个深度一体化的公司结构，等等。

从发展趋势来看，加入 WTO 会促进职工队伍的进一步分化。中国入世后，原有的企业人事管理体制、工资制度将会面临很大的挑战而难以为继，职工自身素质将成为决定其利益实现的重要尺度。有学者认为，国有企业过去的真正优势是对高质量的人才支付低质量的价格，现在，这种价廉物美的人才已不复存在。随着外资的大量涌入，特别是银行、证券、保险、电信等外资企业的进入，以及人力资源本地化战略的实施，新一轮高素质管理人才和专业技术人才的争夺将全面展开，这必将造成其劳动力市场价格的急速攀升。企业优秀人才将从中受益，其就业条件和工作条件会

---

[1]张曙光，等．加快调整步伐慎对外需冲击——当前经济形势判断与分析［EB/OL］．［2000-11-06］．中经网．

得以改善，雇主会向那些经过层层筛选而产生的核心层白领职工提供高水平的收入和工作保障，以保持他们最大限度的合作，同时也削弱他们加入工会的动力。

另一方面，中国普通劳动力本来就供过于求，入世后，随着农村剩余劳动力转入城市，城市普通劳动力过剩的状况更为突出，致使普通劳动力的市场价格会进一步降低。那些处在企业边缘的非熟练工人往往是农民工，他们呈分散、无组织和低素质状态，只能被动地接受较为苛刻的雇佣条件，其“青春打工”的就业目标又使他们的就业时间、地区和企业较不稳定，频繁的流动使之不易被组织到工会中来。总的来看，高素质劳动力与普通劳动力两部分职工群体之间的利益差距会显著扩大。

职工在行业和地区间的利益差距也会进一步拉大。入世将使那些具有比较优势的产业和企业有可能吸引更多的外资，特别是跨国公司投资，从而有利于经济增长和效益提高；相反，那些缺乏比较优势的产业和企业，特别是生产成本较高、技术水平较低和管理落后的企业，其经济效益有可能继续下滑，出现严重亏损甚至面临被淘汰。这会造成产业和企业间职工收入差距的进一步拉大。同时，在进一步吸引外资的过程中，东部地区在人才、管理、信息以及市政建设、交通设施等投资环境诸多方面，仍然处于优势地位，这将造成地区间经济发展和职工收入差距继续扩大的发展趋势。2000 年上半年，在 16 大行业间，金融、保险业（5881 元），科学研究和综合技术服务业（5844 元），电力、煤气及水的生产和供应业（5796 元）工资水平最高，除农林牧渔业外，制造业平均工资为 3829 元，行业差距继续扩大。在地区间，有近 1/3 地区在岗职工平均工资高于全国平均水平，其中，上海（8486 元）、北京（7307 元）和广东（6259 元）工资水平最高，山西、河南工资水平低于 3000 元，分别为 2864 元和 2934 元。全国工资水平最低地区与最高地区的地区差距已接近 3 倍。

截至 2000 年 9 月，全国外资企业、私营企业和乡镇企业等新建企业实有工会 32.51 万家，发展会员 1430.66 万人。这些工会通过开展集体协商，签订集体合同，以及建设职工之家的活动，在协调企业劳动关系、推动企业发展方面发挥了一定作用。但由于企业工会在相当程度上仍然依附于管理层，在集体协商中地位偏低，协商机制在相当多的企业流于形式。针对企业工会基础薄弱、整体工作水平不高的现状，一些地区尝试在新建企业较为集中的区域和行业设立相应的工会领导体制网络，并代行企业工会的部分职能。这是探索新建企业工会模式的积极尝试。但是，随着入世后跨国公司一体化生产战略的实施，将形成以跨国公司本身为基础的劳动关系结构，而且，职工内部的利益差别和要求将呈现多样化和复杂化的发展趋势。因此，新的工会工作模式能否发挥效用，还取决于它能否适应这种新局面。

（三）将强化出口导向工业化模式，保护劳动者权益问题日益突出

出口导向工业化作为经济发展的一种模式，是指发展中国家利用自己劳动力资源的比较优势，吸引发达国家特别是跨国公司前来投资，发展劳动密集型的加工组装企业，通过为跨国公司加工装配产品、进行补偿性贸易来带动本国经济增长和促进就业。它源于两股力量的联结：一是在全球化背景下发达国家试图创造一个自由世界经济秩序的努力；二是跨国企业之间的激烈竞争。中国自 20 世纪 90 年代扩大对外开放和吸引外商直接投资以来，也把出口导向工业化作为促进经济发展的一条战略性途径。目前，中国已成为世界第十大贸易国。2000 年前三季度，中国外贸出口 1832 亿美元，同比增长 33.1%，对国际市场的贸易依存度（出口总额占 GDP 比例）回升到 29.5%。出口增长率越高，贸易对经济增长的贡献越大，反之，出口增长率越低，贸易对经济增长的贡献越低；贸易依存度越大，出口增长对经济增长的贡献越大，反之，贸易依存度越少，出口对经济增长的贡献越少。

但是，经验表明，伴随出口导向工业化，保护劳动者权益问题会变得非常突出。在众多发展中国家为外国投资者创造优良投资环境所做的贡献中，最关键的莫过于对工人工资报酬的压制。这些国家普遍把劳动力价格的低廉作为自己国家的比较资源优势，以此来参与全球化和国际分工。这一点在中国也不例外。工人不但工资水平偏低，且克扣、拖欠工资甚至携款潜逃现象严重，大量加班加点，工人却得不到合理报酬。尤其是在出口加工区，出身于农民的打工妹的数量显著增多，其原因很简单：对于海外投资者和本地承包商来说，女工的工资低，而且易于管理。

另一方面，出口加工企业出于降低生产成本的考虑，普遍忽视安全生产，恶性事故层出不穷。一个流传很广的例子是：1998年在深圳市外资企业中打工的工人，一年里断了一万多只手臂。一些外商将国外已经明令禁止的对人体有严重毒害的生产工艺和化学品转移到中国，这导致工业生产中的职业危害日趋严重，急性职业中毒事故屡有发生。最近一个时期，重大、特大事故不断发生。据统计，2000年1—6月，全国工矿企业发生一次死亡10人以上特大事故42起，共死亡699人，绝大多数发生在外资企业、私营企业和乡镇企业等新建企业。部分出口加工企业的外方管理人员采取各种非法手段，任意打骂、侮辱、处罚职工，致使职工的人身权利得不到保障。一些地方政府为了招商引资，甚至不惜牺牲职工的社会保险权益作为引资优惠条件，直接侵犯了职工的合法权益。

近年来，由于部分出口加工企业严重侵害职工权益，使企业的劳资关系处于不稳定的状态，停工、罢工、集体上访等突发性事件呈上升趋势。1999年，全国各级劳动争议仲裁委员会受理非国有企业劳动争议76633件，比1998年上升17.6%，占案件总数的63.8%。在非国有企业劳动争议案件中，外商及港澳台投资企业的劳动争议为27824件，占非国有企业劳动争议案件总数的36.3%，已连续三年超过国有企业居于首位。1999年各级劳动争议仲裁委员会受理外商及港澳台投资企业集体劳动争议2726件，占争议总数的30.1%，涉及劳动者111438人，占34.9%。[1] 据全国总工会有关人士分析，这类企业集体劳动争议的内容主要集中在工资报酬、保险福利、安全卫生和管理方式等方面。上述问题集中反映了企业职工的主体资格得不到承认、劳资关系双方权利义务不对等、职工处于弱势的劳资关系体制。

总之，出口导向工业化虽然为中国带来了经济的高速增长，但它同时也压制了工人权益，加剧了社会的不平等状况。压制劳权，既不是经济发展之外的副产品，也不能归咎于缺乏远见。事实上，中国建立了相应的劳动法律体系和管理机构，但某些地方政府就是不愿意去贯彻执行这些法律，生怕吓跑了外国投资者。因此，对出口导向工业化给工人劳动权益带来的损害，必须放在经济和社会发展战略的高度加以思考。

---

[1]1999年全国劳动争议处理情况分析报告［J］．中国劳动，2000（4）：55-56.

二、若干劳动保障政策建议

（一）尽快完善就业和社会保障的有关政策

从根本上说，要缓解入世所造成的职工就业的严峻形势，需积极推进劳动力市场建设，进一步扩大社会保险的覆盖范围，完善就业优先的社会政策。按照劳动和社会保障部的规划，未来进一步推进劳动力市场建设，其目标是建立市场导向的就业体制，这个过程将分三个阶段进行：

第一阶段：主要解决企业富余人员的遗留问题，新旧体制双轨并行，计划在 2000—2001 年再逐步裁减 1500 万企业富余人员。

第二阶段：在 2004 年以前，逐步确立市场化机制的主导地位，主要通过经济性裁员、正常终止劳动合同，真正实现企业自主用工，由失业保险承担失业人员的生活。

第三阶段：2004 年以后，由市场调节劳动力供求，发挥市场作为劳动力资源配置的基础性作用，使失业保险社会化。

针对入世的短期影响，显性失业率有可能会显著提高，须逐步增强失业保险的防御能力，主要办法有：扩大失业保险的覆盖面，财政加大支持力度。据劳动部门预测，随着下岗职工解除劳动关系人数的增加和企业新产生的减员直接进入失业保险，从 2001 年下半年开始，领取失业救济金的人数将逐年大幅度上升。2000 年上半年有 127.9 万人领取失业救济金，同期全国失业保险基金仅节余 16.8 亿元。这样，失业保险基金在巨大的需求面前很可能入不敷出，在部分地区可能严重不足，这就需要财政“兜底”。用于保障下岗职工基本生活和支持社会保险金的财政预算应不低于 5%，并逐步过渡到 20% ~30%，以增强其保障能力。

应对入世所带来的就业危机，还须结合国有企业下岗职工基本生活保障制度的终结，大部分下岗职工即将进入解除劳动关系的高峰期，制定相应社会政策，对企业与下岗职工解除劳动关系的有关事宜做出具体规定。为理顺劳动关系、保护职工利益和维护社会稳定，在解除劳动关系的具体操作上，可以采取以下办法。

1. 按下岗职工的不同情况，区别对待

对再就业能力较强的年轻下岗职工，企业按期与其解除劳动关系，指导其及时进行失业登记，享受失业保险；对自愿离开企业和已经实现再就业（包括自谋职业）的下岗职工，鼓励他们尽早与企业解除劳动关系；对距法定退休年龄5年以内的下岗职工实行提前退休或内退的政策，对年龄较大的中老年下岗职工可实行在解除劳动关系的同时，协议保留社会保险（主要是养老保险）关系的办法。

2. 妥善解决对下岗职工的经济补偿和所欠债务问题

企业原则上应自筹资金一次性给予发放经济补偿金或生活补助费。

3. 完善社会保障制度，做好下岗职工与原企业解除劳动关系后的社保关系的衔接工作

截至2000年6月末，全国参加基本养老保险职工为9854万人，离退休人员3057万人，分别比1999年底增加352万人和73万人，增长率分别为3.7%和2.5%；全国参加失业保险职工为9929.2万人，比1999年末净增77.2万人，参加失业保险人数占应参保人数的73.7%，比1999年末净增1.9个百分点；医疗保险方面，全国地级统筹地区346个，252个统筹地区的实施方案已经出台，有143个统筹地区已启动实施，覆盖总人数约为1396万。

4. 加大社区工作力度，加强对下岗职工离开企业后的组织管理

有关部门应就社区就业和社区对下岗职工及失业人员的管理服务进行专门研究，健全机构，建立制度，配备人员，投入资金，尽快开展工作。

5. 积极创造就业岗位，规范劳动用工管理，为企业与下岗职工解除劳动关系提供宽松环境

各级政府要研究制定和实施有利于促进就业的经济政策，调控就业结构，扶持发展劳动密集型中小企业。通过大力举办公共工程，加快社区发展，广开新的就业门路，引导和组织下岗职工再就业；加大职业培训、职业指导、职业介绍等就业服务工作的力度，提高下岗职工再就业能力；落实国家有关税收和小额贷款等优惠政策，扶持下岗职工自谋职业和自愿组织起来就业。

（二）加快新建企业工会的组建，推动新职工队伍的组织化进程

加快外商投资企业、出口加工企业等新建企业工会的组建，促进这些企业新型职工队伍的组织化，是应对入世挑战的又一重要措施。2000年11

月，全国总工会在浙江宁波召开了全国新建企业工会组建工作会议。会议认为，进一步加快新建企业工会组建步伐，最大限度地把广大职工组织到工会中来，是“三个代表”理论和党的全心全意依靠工人阶级指导方针的内在要求，对于密切党与职工群众的联系，预防敌对势力对职工队伍的渗透破坏，维护职工合法权益，都具有十分重要的现实意义。

年初以来，各地从实际出发，因地制宜地创造出一些成功的建会做法和经验。在建会的思路上，由原来的“具备建会条件的建立工会”和“成熟一家、发展一家”的按部就班的建会思路，转变为按照“哪里有职工，哪里就要建立工会组织”和“最大限度地把职工群众组织到工会中来”的原则组建工会；在建会方法上，由原来传统的“自上而下”组建工会的单一方法，转变为采取“自上而下”与“自下而上”相结合，由原来建立工会委员会，转变为把建立工会委员会与按照区域、行业组建工会联合会和联合基层工会相结合等多种灵活的方式方法；在建会程序上，由原来传统的组建程序，转变为“边组建、边充实、边完善，逐步规范”；在发展职工入会和会员会籍管理上，采取灵活、简便的方法，坚持会员组织关系随劳动关系流动的原则，职工劳动关系在哪里，会员的组织关系就接转到哪里；在考核建会的成效上，坚持既考核建会率，更注重抓职工入会率，注意纠正“重建会率、轻入会率”的现象。一些地方工会还对在“专业市场”、“综合大楼”等过去未能引起重视的场所就业的职工群体的建会问题认真进行研究探索，及时把大批分散流动的职工组织到工会中来。由于各地采取新的思路、方法和措施，有效地提高了工会建会率和职工入会率。2000 年，一些地方的建会数和新增会员人数超过了前几年甚至十多年的总和。

当前职工队伍已发展到 2 亿多人，而工会会员人数下降到 8700 多万人，尚有 1 亿多职工没有组织到工会中来。针对这样的现实，全总提出，到 2002 年底，全国新建企业工会组织达到 100 万家，比 1999 年底净增 75 万家；有工会组织的企业职工达到 4500 万人，比 1999 年底净增 3000 万人；工会会员达到 3600 万人，比 1999 年净增 2300 万人。新建企业的工会组建率和职工入会率都应有较大幅度的提高。到 2002 年底，全国工会会员总数应达到全国职工总数的 65% 左右。

但是，由于组建工会的时间紧、任务重，一些地方在推进建会工作中，总是有意无意地沿袭传统的工作方式：以自上而下取代自下而上，以争取企业支持取代吸引职工参与，以大一统的政治动员取代个别、细致的说服教育。

有鉴于此，建议对新建企业组建工会明确以下程序，以尊重和保障职工在建会工作中的主体地位：一是明确重申，上级工会指导和帮助基层组建工会的工作对象应是企业职工。二是组建工会的要求必须由企业职工提出，并经有关职工通过一定的民主程序加以确认。三是在基层工会筹组的过程中，工会领导人的产生必须经过会员（代表）大会的民主选举程序，以杜绝“委派工会”或“御用工会”。

（三）立足劳权保障，客观评价“社会条款”

美国总统克林顿在1999年WTO西雅图会议上倡议，将保护工人的“社会条款”加进世贸协议中，被很多工会认为是会议的一项“胜利”。所谓“社会条款”（social clause），包括5项被视为基本工人和工会权利的国际劳工公约，即：结社自由（第87号公约）；组织和集体谈判权（第98号公约）；强迫劳动公约（第29号公约）；同工同酬公约（第100号公约）；最低年龄公约（第111号公约）。

目前，对于在新的多边贸易体系中是否引进“社会条款”的争论，透视出劳动者与政府、发达国家的工会与发展中国家的工会以及不同国家的政府之间的利益差别和矛盾。对此，中国工会表现出异乎寻常的审慎态度，这与它所处的两难境地有关。一方面，中国政府从国家利益的角度出发，已明确反对将“社会条款”与贸易挂钩，认为发达国家此举意在削弱发展中国家劳动力成本的比较优势，使发展中国家在竞争中处于不利境地。另一方面，对于正在大张旗鼓开展组建工会活动，并把突出维护作为自己基本职责的中国工会来说，又很难拒绝对此问题进行正面讨论。因为，从劳权保障的角度来说，将“社会条款”中的核心劳工标准与贸易挂钩是顺理成章的，在理论上，它可以通过WTO对违反国际劳工公约的国家实施贸易制裁而使工人权利得到保护。而且，从上述公约内容来看，除了第87号公约所倡导的工会多元化与中国现行的《工会法》的规定相抵触外，其余内容已多被有关法律政策所接纳和认可。

但是，探讨“社会条款”对劳权保障的作用，还必须结合 WTO 处理成员国之间贸易纠纷的运行机制。首先，WTO 的权利主体是各国政府，当一国企业因违反“社会条款”而被另一国投诉时，投诉国政府极易把被投诉国的工人权利问题变成外交和贸易政策的一部分；其次，WTO 把违反劳工标准的投诉看成是一种贸易纠纷，这意味着，它的裁决并非以工人和工会权利被侵犯为依据，而是以是否形成不公平竞争为依据；最后，WTO 的裁决只针对成员国，而不针对在这些国家投资的跨国公司或出口加工企业。凡此种种，似乎都会使保护工人权利的初衷难以实现。

无论如何，“社会条款”正在成为 WTO 贸易规则中的重要组成部分，国际劳工标准也必然对未来多边贸易谈判产生实质性影响。中国工会应充分认识和把握这一有利时机，对内促进突出维护职工权益的工作；对外扩大宣传，改善自己的国际形象。为此，提出以下政策性建议：一是组织科研力量专门研究国际劳工标准与 WTO 问题，特别对加入 WTO 后劳工标准对中国经济、社会的协调发展和职工权益保障的影响进行深入的理论和政策研究，并将这些研究成果提供给国家有关部门，为制定中国的 WTO 战略提供依据。二是推动政府重视职工权益保障工作，逐步创造条件，实现与国际劳工标准接轨。就现实而言，中国与一些国际劳工标准的要求还有相当距离，但就长远发展来说，这些国际劳工标准的确是中国应逐渐达到的目标。因此，应制定出立足当前、目标长远的劳工标准发展规划。三是与亚太经济发展程度相似国家的有关工会协调劳工标准政策，使劳工标准的实施既适应国家经济发展水平和竞争力的要求，又促进国际工会运动的合作和发展。

2001：处在改革前沿的中国职工状况

21世纪第一年的中国职工状况，与下列四个因素相关：一是江泽民“七一”讲话，要求深化有关工人阶级的若干重大理论问题研究；二是《工会法（修正案）》通过实施，进一步强化了职工依法结社和工会突出维权的权利义务；三是正在辽宁等地展开的完善城镇社会保障体系的试点，拉开了下岗职工出中心的帷幕；四是中国实现入世，对劳动者权益保障影响重大。上述因素，在今后一个时期，也将对职工队伍的发展和走向产生深远影响。

一、江泽民“七一”讲话要求深化工人阶级重大理论问题研究

江泽民“七一”讲话，强调贯彻“三个代表”重要思想，必须坚持党的工人阶级先锋队的性质，始终全心全意依靠工人阶级，深刻认识工人阶级始终是推动中国先进生产力发展的基本力量。在此基础上，讲话亦提出要结合改革开放以来新的实际，对有关工人阶级的重大理论问题深化研究和认识。

（一）研究改革开放以来社会阶层构成和工人阶级内部结构的新变化

我国工人阶级是指与社会化大生产相联系，以公有制形式为主体占有生产资料，以工资收入作为主要生活来源的劳动者所构成的社会利益集团。新时期推动工人阶级发展变迁的第一个重要因素是农村实行家庭联产承包责任制。在焕发广大农民的积极性和促进农业生产效率提高的同时，它第一次将亿万农民从土地上解放出来，从而加速了他们工人阶级化的过程。这表现在：一是乡镇企业异军突起，成为促进国民经济发展的一支重

要力量。乡镇企业迈向社会化、专业化生产的大工业的过程，也即是一支“离土不离乡”的新型工人阶级队伍得以孕育形成的过程。到2000年底，全国乡镇企业共有2085万家，从业人员已达12820万人。他们中的一些人尚未完全切断与土地的联系，仍具有“亦工亦农”的身份，但已有4000万人基本完成了由农民向工人的职业转变。二是民工潮的形成造就着一支“离土又离乡”的产业大军。农村剩余劳动力在进入乡镇企业的同时，也开始流入中心城市。从80年代初期的几百万人，发展到2000年已达6000多万人，其中跨省流动的大约有3000万人，长期稳定在城市就业的有4000万~5000万人。他们中的大多数也将融入工人阶级队伍。

城市经济改革以来，经济所有制的变化和产业结构的调整，是影响工人阶级发展变迁的另外两个因素。在所有制方面，确立了以公有制为主体、多种经济成分并存的新格局，不但使外商投资经济和个体私营经济作为新的经济成分取得了较快发展，且公有制经济在改革中也出现了以明晰产权和转换经营机制为依归的各种改制形式。这样，按所有制形态和性质，可以将工人阶级划分为国有企业和城镇集体企业工人、合资合营企业员工、个体私营和外商独资企业雇工等。据国家统计局资料，2000年我国共有“职工”11259万人，其中，国有单位职工7878万人；城镇集体单位职工1447万人；其余为联营单位、股份制单位、外商及港澳台单位的职工，合计约为1934万人。此外，2000年城乡私营企业雇工2011万人，个体工商业从业人员5070万人[1]。

工业化的快速发展，带动了产业结构的更新升级，使职工队伍在三次产业中的分布也发生了较大变化。据统计，1978—2000年，在全国社会劳动者构成中，第一产业从业人数从70.7%下降到50.0%，第二产业从17.6%上升到22.5%，第三产业从11.7%上升到27.5%。结果是，职工队伍中直接从事物质生产的劳动者人数占职工队伍总体比重在日益下降，而在各种服务业和公用事业从事非物质生产的劳动者的比重则日益上升。

从总量来看，1978年，职工总数为12339万人，仅占全部从业人员的30.7%。经过20多年的经济改革，逐渐打破了固化以往二元社会结构的政

[1]中国劳动统计年鉴2001［M］. 北京：中国统计出版社，2001.

策壁垒，使亿万农民得以脱离土地，融入工人阶级队伍中来。另一方面，城镇公有制企业的改制和减人增效，使原来“职工”队伍的数量和占从业人员的比重呈逐年下降趋势。据全国总工会估计，如果将城镇职工、乡镇企业工人、农民工以及在城乡私营个体单位中就业的雇工加在一起，到90年代后期，我国工人阶级的总量应在3亿~3.5亿，其在社会劳动人口中的比例也上升到43.1%~50.1%[1]。

工人阶级的内部结构也发生了深刻变化，形成了许多在经济收入、职业社会声望和权力地位等方面具有内在同质性的社会利益群体。现阶段，可以把工人阶级划分为以下利益群体：一是公务员群体。他们的平均受教育程度明显高于工人阶级的其他群体，工薪收入居于社会平均收入水平之上，且具有职业稳定性。从其职业特点来看，他们不直接从事物质生产活动，而是参与国家各项政策、法律、制度的制定，直接从事社会事务的管理和监督工作。二是专业技术人员群体。包括在教育、文化艺术、科研机构、体育卫生等事业单位的从业人员及各类企业中的工程技术人员。他们的平均受教育程度较高，是工人阶级中与现代科学技术结合最紧密的群体，在经济发展和社会进步中发挥着无法替代的作用。三是公有制企业经营管理者群体。伴随着企业改制和厂长经理年薪制、持有股权制度的实施，对这个群体中的相当一部分人来说，工资已经不再是维持生活的主要手段。因而，他们已经变成工人阶级中的一个特殊的边缘群体。他们利益的实现方式和途径不仅与工人群体是有差别的，而且是渐趋对立的。四是企业工人群体。指在各类企事业单位中从事生产的体力劳动者，是工人阶级最大的组成部分。其中，又可分为两部分，即作为传统“职工”队伍的主干的国有企业和城镇集体企业工人，以及正在由农民转化为职业工人的乡镇企业、私营企业工人以及农民工。总体上看，整个工人群体的文化教育水平相对较低，就业和工资福利保障也较差。五是城镇下岗失业职工群体。下岗失业职工劳动技能单一，就业竞争能力较弱，年龄偏大，女职工居多，且其中相当一部分人的生活困难。由于丧失了职业岗位，使这个群

---

[1]全国总工会政策研究室.1997中国职工状况调查（综合卷）[M].北京：西苑出版社，1999：126.

体成为工人阶级内部一个特殊的边缘群体。

改革开放以来工人阶级发展变迁和内部结构的变化表明，要发挥工人阶级各个群体的作用，在知识经济时代，尤其要重视企业经营管理人员和工程技术人员的作用。但另一方面，不能因此否定普通工人群体在发展社会生产力方面的作用，他们是工人阶级的主体，维护好他们的合法权益，调动和发挥他们的积极性创造性，是贯彻“三个代表”重要思想的现实要求。

（二）深化对社会主义社会劳动和劳动价值理论的研究和认识

劳动价值理论是马克思主义关于工人阶级理论的重要基石。但是，这一理论主要揭示了19世纪资本主义生产方式的运行特点和基本矛盾。当前，在新的历史条件下，深化对劳动和劳动价值理论的认识，主要与以下三个问题有关：第一，我国在向市场经济转变的过程中，形成了以公有制为主体、多种经济成分共存的经济格局，在分配制度上实行按劳分配与按生产要素分配相结合，由此引发了有关劳动价值理论的争论。第二，随着科学技术和经营管理在生产中的作用越来越重要，如何评价科技创新和经营管理劳动，这类劳动是否创造价值。第三，随着非公有制经济的迅猛发展，它们在发展经济、繁荣市场、满足人们生活需要和扩大就业等方面的作用日益显著。在此背景下，如何评价私营企业主的管理劳动，其经营管理活动是否创造价值，私营企业主是不是劳动者，怎样看待剥削问题，近年来也有激烈的争论。可见，如何深化对劳动和劳动价值理论的认识，不仅涉及对马克思主义基本经济理论的理解和发展，也将影响到有关工人阶级切身利益的方针政策的制定。

应当指出，马克思创立劳动价值理论的目的是揭示资本主义内在的经济关系，他从未以此作为社会主义社会分配的根据。劳动价值论与实行按劳分配的理论没有内在联系。认为按劳分配是以劳动价值论为其理论基础，是一种误解。[1] 实行按劳分配的理论基础是：生产资料公有制的存在；劳动者成为生产和产品的主人；劳动还没有成为生活的第一需要，而

---

[1]卫兴华．关于深化对劳动和劳动价值理论认识的思考［EB/OL］．www.huaxia.ihw.com.cn/.

主要还是谋生的手段；生产力的低水平状况等。至于我国现阶段存在多种分配方式，允许和鼓励各种生产要素参与分配，存在按生产要素分配的方式，并不意味着对劳动价值论的否定。

在新的科技革命迅猛推进、知识在社会生产中的作用日益增强的历史条件下，劳动价值论也遇到了一些新的问题。比如，不直接从事物质产品生产的科技人员、管理人员的劳动是否创造价值。马克思把从事经营管理和从事科技创新等脑力劳动，与直接从事物质产品生产的体力劳动一样，都看作是社会化大生产“总体劳动”的组成部分，都创造价值，都是社会生产力发展的重要源泉。而且，脑力劳动是复杂劳动，其创造的价值优于简单劳动。

最重要且最棘手的问题是如何评价私营企业主的管理劳动，以及劳资之间是否是一种剥削关系。在劳动者当家做主的社会主义社会，从整体上说，已不存在一个无偿占有劳动者剩余价值的资产阶级。私营企业主当中的广大人员，通过守法经营，为发展生产力做出了贡献，他们也是有中国特色社会主义事业的建设者。但是，私营企业主的管理劳动仍具有两重性，它既是社会化大生产中“总体劳动”的一部分，具有创造价值的性质；又有获得剩余价值的剥削性质，特别在劳动立法与执法监督尚不完善时，甚至还存在着对工人进行超经济掠夺和压榨的情况。上述两方面内容，是评价私营企业主管理劳动特性的基本标准。

对工人及其组织来说，深化对社会主义社会劳动和劳动价值理论的研究和认识，即是要承认资本、技术等生产要素将成为收益分配的重要依据，不同社会阶层和利益群体之间的收入分配差距将长期存在，在近期还将进一步扩大；承认私营企业主对社会主义建设的贡献以及他们与工人在切身利益上既相一致又相对立的现实，劳动者要实现自身利益，既要靠劳资斗争，也要通过劳资合作。这就要求“各级工会既要最大限度地把包括新的社会阶层人员在内的广大职工组织到工会中来，以不断增强党的阶级基础、扩大党的群众基础，又要避免造成因劳动关系双方错位而影响工会履行基本职责”[1]。

---

[1]周玉清．关于工会当前需要认真研究的几个问题［N］．工人日报，2001-09-03.

二、《工会法（修正案）》强化职工依法结社和工会突出维权的权利义务

2001年10月27日，九届全国人大常委会第二十四次会议以116票赞成的高票，二审表决通过关于修改工会法的决定，《工会法（修正案）》随即公布实施。

改革以来，我国曾在1992年颁行《工会法》，该法对确定工会在国家政治、经济和社会生活中的地位，规范其权利和义务，发挥了积极作用。但是，从那时以来，随着建立社会主义市场经济体制，经济关系、劳动关系和职工队伍都发生了深刻变化，对《工会法》进行修订已显必要。

1998年12月，九届人大常委会将《工会法》的修改工作列入立法规划。历经两年多的调研论证，完成了《工会法修正案（草案）》，并于8月27日提请九届人大常委会第二十三次会议初审。会后，全国人大法工委将草案印发中央有关部门、各地方及一些企业和研究机构征求意见。在此基础上，全国人大法律委员会于10月召开会议，对草案进行了逐条审议，对《工会法》修改的必要性和重要性达成了共识，同时就新建企业工会的组建、企业职工和工会干部合法权益的保护等十几个方面、共计四十四条，或进行修改或做出补充性规定。其特点如下：

（一）突出了工会维护职工合法权益的职责和义务

针对市场经济条件下职工维权需求的增长和工会作为职工利益的代表者、维护者身份的明确，修改后的《工会法》总则中新增加了“中华全国总工会及其各工会组织代表职工的利益，依法维护职工的合法权益”，“维护职工合法权益是工会的基本职责”的规定。并明确工会“通过平等协商和集体合同制度，协调劳动关系，维护企业职工劳动权益”和“依照法律规定通过职工代表大会或者其他形式，组织职工参与本单位的民主决策、民主管理和民主监督”两大维权手段来维护职工的政治权益和经济权益。

当前，一些企业无视职工的劳动条件，随意延长劳动时间，克扣职工工资，不提供劳动安全保护；一些企业采取不规范的“买断工龄”等做法解除职工劳动关系；甚至有的企业采取监狱式管理等限制职工人身自由，

侵犯职工人身权利的管理方法；还有少数企业非法使用童工。据统计，2001年上半年全国各级劳动争议仲裁委员会受理案件6.5万件，比上年同期增长3.1%，整个“九五”期间受理的劳动争议案件年平均增长30%以上，几乎每三年翻一番。因劳动和社会保障问题引发的群体性事件逐年上升，有的规模很大、行为过激，对社会稳定造成了较大的负面影响。对此，工会有责任及时反映情况，并代表职工与企业方面就维护职工劳动权益的问题进行交涉，以避免矛盾进一步激化。因此，修正案规定，“企业、事业单位违反劳动法律、法规规定，侵犯职工劳动权益，工会应当代表职工与企业、事业单位交涉，要求企业、事业单位采取措施予以改正；企业、事业单位应当研究处理，并向工会做出答复；企业、事业单位拒不改正的，工会可以请求当地人民政府依法做出处理”（第二十二条）。“企业、事业单位发生停工、怠工事件，工会应当代表职工同企业、事业单位或者有关方面协商，反映职工的意见和要求并提出解决意见”（第二十七条）。

第二十七条修改的特殊意义还在于，由于我国已签署了联合国《经济、社会及文化权利国际公约》，并于2001年7月实施，公约规定劳动者有罢工权利，而我国在批准时也没有对该规定提出保留，表明我国政府同意履行这一规定。因此，这一条实际上是在为恢复罢工权铺平道路。

（二）强化了职工参加和组织工会权利的法律保障

修正案第十条规定，“企业、事业单位、机关有会员二十五人以上的，应当建立基层工会委员会”。将“可以”改为“应当”，体现了“哪里有职工，哪里就要建立工会”的指导思想。针对新建企业工会组建率和职工入会率低的问题，特别是一些经营者阻挠和限制职工参加和组织工会，以及国有企业在改制中出现非法撤并工会的现象，第三条规定，“任何组织和个人不得阻挠和限制”职工依法参加和组织工会的权利。在第十一条增加了“上级工会可以派员帮助和指导企业职工组建工会，任何单位和个人不得阻挠”的内容。第十二条规定，“任何组织和个人不得随意撤销、合并工会组织”。同时，在法律责任中对阻挠建会和撤并工会的行为规定了处罚措施。针对中小企业数量迅速增加和企业职工人数少、发展变化快的情况，第十条规定，会员不足25人的，“可以单独建立基层工会委员会，也可以由两个以上单位的会员联合建立基层工会委员会，也可以选举组织员一人，组织会员开展活动”。

（三）建立工会干部对职工和会员负责的组织体制，推动工会组织的民主化

针对许多新建企业工会受控于企业老板的现实，修正案第九条第二款强调，“各级工会委员会由会员大会或者会员代表大会民主选举产生。企业主要负责人的近亲属不得作为本企业基层工会委员会成员的人选”。对工会主席的任职期限和召开会员代表大会的程序做出了明确规定：“基层工会委员会每届任期三年或者五年。各级地方总工会委员会和产业工会委员会每届任期五年”（第十五条）。“基层工会委员会定期召开会员大会或者会员代表大会，讨论决定工会工作的重大问题。经基层工会委员会或者三分之一以上的工会会员提议，可以临时召开会员大会或者会员代表大会”（第十六条）。针对工会干部不履行职责，损害职工或者工会权益的行为，修正案第五十六条规定，“工会工作人员违反本法规定，损害职工或者工会权益的，由同级工会或者上级工会责令改正，或者予以处分；情节严重的，依照《中国工会章程》予以罢免；造成损失的，应当承担赔偿责任；构成犯罪的，依法追究刑事责任。”

（四）加大了对工会干部的保护力度

近年来，工会干部因履行职责而受到不公正待遇，甚至遭到打击报复的情况屡屡发生。2001 年 4 月被《工人日报》等媒体曝光并引起广泛讨论的北京西科姆公司终止其工会主席李东亚劳动合同一案，就是一个典型事例[1]。修正案增加了对工会干部履行职责给予法律保护的具体条款，比如在第十七条中增加了“罢免工会主席、副主席必须召开工会会员大会或者会员代表大会讨论，非经会员大会全体会员或者会员代表大会全体代表过半数通过，不得罢免”的规定。

（五）明确了对侵权行为的处罚措施

修正案增加了“法律责任”一章，明确了工会组织的诉讼权，对阻挠限制职工依法组织和参加工会、对工会干部进行打击报复、无正当理由拖

[1]2001 年 3—4 月，围绕着《李东亚陷于窘境》的报道，众多法律专家、学者和工会工作者就如何保护工会干部的权益，在《工人日报》展开了一场大讨论。

延或者拒不拨缴工会经费、侵占工会经费财产等违法行为，规定了相应的法律责任，包括追究经济责任、行政责任，直至刑事责任，弥补了1992年《工会法》的不足。

此外，为促进劳动关系的和谐稳定，尉健行同志于2001年6月召集劳动保障部和全国总工会的负责人，要求建立一套处理劳动关系问题的正常机制。除继续完善劳动合同、平等协商和集体合同制度，加强劳动争议的处理工作外，特别强调要积极探索建立多层次的劳动关系三方协调机制。即由劳动保障部门、工会组织和企业组织三方密切合作，共同解决劳动关系中带有全局性、倾向性的问题，发挥协调、咨询和指导作用。目前，已有天津、辽宁、山西、江苏、浙江等十多个省市建立了劳动关系三方协调机制。8月初，国家层面上的协调劳动关系三方会议制度已正式建立，为解决劳动关系中的重大问题创造了条件。

三、国有企业下岗职工出中心进入高峰期

（一）基本情况

1998年，党中央、国务院决定建立国有企业下岗职工基本生活保障制度。截止到2001年6月末，全国累计组织了2300多万下岗职工进入再就业服务中心，签订了不超过3年的基本生活保障和再就业协议；陆续有1700多万下岗职工出中心，其中，有1500多万人实现了再就业，占出中心人数的87%；有360多万人与原企业解除了劳动关系，占21%。

2000年下半年以来，全国出中心人员中解除劳动关系的比例逐步上升，2001年上半年共有107万下岗职工出中心，47.9万人与企业解除了劳动关系，占出中心总数的44.8%，比去年同期提高了17个百分点。到6月底，国有企业下岗职工总数为632万，比上年同期减少45万人，比上年底减少25万人，下岗职工总量略有下降；全国共新增下岗职工112万人，比上年同期减少84万人。

根据国务院关于推动国有企业下岗保障向失业保险并轨的要求和下岗职工进中心3年协议期满出中心的政策规定，2001年是下岗职工集中出中心的高峰期，问题表现为“三个集中”：一是人数集中，有200多万人协

议到期，接近下岗职工总数的一半，主要集中在8、9、10月份；二是矛盾集中，既要解除劳动关系，又要促进再就业，接续社会保险关系；三是需要的资金集中，既要给出中心的下岗职工支付经济补偿金，又要解决拖欠的工资、医疗费、集资款等债务。从地区分布看，下岗职工出中心任务比较重的主要是辽宁、黑龙江、湖南、湖北、四川等老工业基地和中西部地区，这些地区的下岗职工占全国下岗职工总数的一半以上。从调查来看，当前下岗职工出中心普遍存在“四难”：一是保障下岗职工出中心后的基本生活难；二是下岗职工出中心后再就业难；三是接续社会保险关系难；四是困难企业支付解除下岗职工劳动关系的经济补偿和偿还拖欠债务难。

（二）主要政策

为理顺国有企业下岗职工的劳动关系，促进下岗职工出中心的工作，2000年12月《国务院关于印发完善城镇社会保障体系试点方案的通知》出台，要求各地区用三年左右时间，有步骤地完成向失业保险的并轨，并确定在辽宁省进行试点。同时，要求各省市自治区在自愿的基础上，可选择一个有条件的城市进行试点。2001年初，国务院成立了由劳动保障部牵头，财政部、民政部、国家经贸委和全国总工会等部门参加的国务院完善城镇社会保障体系试点工作小组。

2001年7月，国务院批准辽宁试点方案[1]，试点工作正式启动。此外，全国还有23个省先后出台了下岗职工出中心的文件，13个城市的试点工作陆续展开。各地的主要政策有：

1. 关于大龄下岗职工的保障政策

（1）实行企业“内部退养”政策

辽宁等多数省份规定，对距法定退休年龄不足5年的下岗职工，可以办理“内部退养”。“内部退养”期间的待遇有4种发放标准：一是按本人工资或企业平均工资的一定比例发放；二是按下岗职工在再就业中心最后一年的基本生活费标准发放；三是按高于当地城镇居民最低生活保障标准水平，由企业自主决定；四是参照退休时的养老金标准发放，但对不能正常发工资的企业，按不低于基本生活费的标准发放。

---

[1]辽宁省完善城镇社会保障体系试点实施方案［J］. 劳动保障通讯，2001（8）：17.

（2）协议保留社会保险缴费关系

对年龄较大但不符合“内部退养”条件的下岗职工，办理协议保留社会保险缴费关系（“协保”），同时解除劳动关系。“协保”的期限主要有两大类：一类是对符合条件的下岗职工，“协保”至法定退休年龄；另一类是只“协保”一定年限。“协保”缴费办法主要有以下几种模式：一是企业与职工协商按比例一次性或分期缴纳社会保险费，对“协保”人员，原企业一般不再支付经济补偿金。二是多渠道筹集“协保”缴费资金。天津规定，“协保”前五年的社会保险费用由财政、失业保险、企业各承担1/3，后五年由企业和个人协商解决。三是“协保”期间缴纳的社会保险费用全部由职工个人承担，企业与“协保”人员解除劳动关系时，按规定支付经济补偿金。

2. 关于经济补偿的政策

各地普遍规定，下岗职工在中心期间实现再就业和在中心协议期满后与原企业解除劳动合同的，企业都要支付经济补偿金；劳动合同期满终止劳动合同的，企业要支付生活补助费。

（1）解除下岗职工劳动合同的经济补偿政策

辽宁等19个省规定，对解除劳动合同的下岗职工，按照职工在本企业工作每满一年支付一个月工资的标准计发经济补偿金，给付标准一般不低于当地最低工资标准，但河北、黑龙江和新疆生产建设兵团按下岗职工解除合同前的月基本生活费标准计发。在计发年限上，大多数省规定有一年算一年，不封顶；天津等8个省市规定，支付经济补偿金最多不超过12个月。

（2）终止下岗职工劳动合同的生活补助费政策

大多数省规定对终止劳动合同的下岗职工，按职工在本企业工作每满一年支付一个月标准工资计发生活补助费，最多不超过12个月。在给付标准上，河北、黑龙江省和新疆生产建设兵团规定，按终止劳动合同前的下岗职工月基本生活费计发；福建省规定，按解除劳动合同的经济补偿金计发标准支付。

（3）筹集经济补偿资金的方式

各地普遍规定，支付经济补偿是企业的责任，应由企业自筹资金解决。但对筹集资金困难的企业，重庆等 8 个省市制定了相应的扶助政策：一是可以由再就业基金承担；二是可以向财政借支；三是政府设立专项资金给予帮助；四是可以通过资产变现、出售闲置资产等办法筹集；五是可以由企业产权管理部门在本部门、本系统内调剂解决。

（4）支付经济补偿金的方式

企业与职工解除劳动关系时，应当一次性支付经济补偿金。对一次性支付有困难的，江苏等 7 个省规定企业可以灵活处理：一是可以与职工签订分期支付协议；二是可以作为债务处理；三是可折抵职工的购房款；四是可折算为改制企业的个人股份。

3. 关于清偿拖欠下岗职工债务的政策

各地普遍规定，债务清偿完全是企业的责任，政府通过制定相应的政策，对困难企业给予帮助。在还债资金的筹集方式上，湖北等 5 个省规定：一是可通过资产变现方式筹集；二是政府设立专项资金帮助；三是用提前出中心的生活费余额抵还。关于债务的支付方式，除一次性现金支付外，天津等 8 个省市还规定：一是可以签订分期支付协议；二是可折抵购房款；三是可折算为改制企业的个人股份；四是可以物抵债、代缴社会保险费等。

4. 关于社会保险关系接续和职工福利政策

绝大多数省明确规定，下岗职工与原企业解除劳动关系后，社会保险关系可以接续或保留。对于实现再就业的下岗职工，新的用人单位负责接续社会保险关系，未实现再就业的下岗职工，职工可以继续按规定到社会保险经办机构缴纳基本养老保险费，费用全部由个人承担。山西、福建等 9 个省规定，下岗职工过去的养老保险缴费年限（含视同缴费年限）与以后续缴的年限合并计算，过去个人账户基金储存额与续缴的养老保险费累计计算，达到退休年龄时办理退休手续，并计发基本养老保险待遇。

四、入世对劳工权益保障的影响

如果以一种历史的眼光加以审视，中国加入 WTO 是其 20 年改革开放进程的延续和提升。在改革开放的成果已经被国内各利益集团所分享，而进一步推进改革的动力已日渐衰微的今天，中国希望借助入世这一重大举措，为带动经济迅速发展的对外贸易铺陈一个良好的国际经济环境，以减少贸易摩擦，并为参与新一轮多边贸易谈判、改革不合理的国际经贸规则打下基础。进一步而论，则是更深地融入经济全球化大潮，为推动21世纪的改革开放提供动力。利用WTO的多边贸易规则来深化国内经济体制的改革，同时，通过关税的降低和非关税贸易壁垒的撤除，为吸引外资，特别是大型跨国公司来华投资营造更好的投资环境，以期将经济增长推上一条持续快速发展的轨道。事实上，国内的主流媒体也多是从这一角度来评价2001年11月中国入世的重要意义和深远影响的。

但是，评价入世对中国的重要意义，不应仅仅局限于上述经济方面，入世对于中国的社会发展和社会政策也将产生深远影响，而劳动关系、劳工权益和劳工政策又是这一评价系统中的重要组成部分。中国加入WTO，其劳资关系状况及发展趋势更具国际性，而产业结构和人力资源构成的剧烈调整，以及为保持今后一个时期劳动力价格低廉的比较优势，以吸引外商大规模对华投资的努力，都将加剧中国的劳动问题和劳资矛盾，使劳动者权益保障面临前所未有的挑战[1]：

首先，由于入世将带动中国产业结构调整和农村剩余劳动力流动的加快，因而会加剧工人下岗失业的紧张状况。根据国务院发展研究中心运用一般均衡模型（CGE）推算，1998—2010年农业劳动力有966万人将转移至其他部门，汽车业将减少49.8万人，机械业将减少58.2万人。至于因入世增加就业人口的行业包括：食品加工（16.8万人），纺织（282.5人），服装加工（261万人），建筑（92.8万人），服务业（266.4万人）。结合国有企业下岗职工基本生活保障制度的终结，保障体制正在从单位制向社会化过渡，从整体上看，中国加入WTO后将导致显性失业人口的激增。

其次，入世将对中国企业特别是外资企业的人力资源政策、劳动关系及工会地位产生重大影响。这种劳动关系新模式的主要特征是：一是要求职工的工作范围更广，弹性更大，更多地发挥以协作为基础的员工能力，

[1]常凯，乔健.WTO：劳工权益保障［M］. 北京：中国工人出版社，2001.

要求员工具有复合型素质；二是生产组织灵活而非官僚化，减少中间层次，实施更紧密的职能一体化；三是劳动报酬与业绩挂钩，职工的保险福利水平一般高于同行业其他国内企业；四是管理层注重与职工进行直接交流和沟通，强调企业管理不仅只有自上而下，也应吸引职工自下而上地参与，把职工作为企业的“利益相关者”来对待，以此来增强企业管理的效能。对此，传统的集体谈判式的工会工作模式将受到挑战。

再次，入世将强化把出口导向工业化作为促进中国经济增长的一种主要模式。经验表明，压制劳动者权益是出口导向工业化的一根重要支柱。在众多发展中国家为外国投资者创造优良投资环境所做的贡献中，最关键的莫过于对工人工资报酬的压制。这些国家普遍把劳动力价格的低廉作为自己国家的比较资源优势，以此来参与全球化和国际分工。这一点在中国也不例外，而这会促进劳动力价格的“向下竞争”和收入分配的两极分化，在国家放松对劳动力市场管理的情况下，企业中的劳资冲突将更趋频繁和激化。

此外，中国入世所引起的劳动关系和劳工政策的变动，还表现为2001年11月WTO第四次部长级会议正在开启的新一轮多边贸易谈判拟议中的将“社会条款”与贸易挂钩的问题。而目前对这一问题的争论，透视出劳动者与政府、发达国家的工会与发展中国家的工会以及不同国家的政府之间的利益差别和矛盾。如何把握大局、力争主动、趋利避害，并通过在发展中国家间建立基本社会保护的国际标准和国际协调机制，以消除全球化的负面影响，是摆在我国政府面前的一个现实而又紧迫的课题。

中国作为发展中国家，当前最为急迫的任务固然是发展经济。但劳工权益保障应是一个与经济发展并重的社会问题。没有一个和谐的劳动关系和稳定的社会局面，就不会有一个可持续的经济发展。经济增长，不会自动带来公平的收入分配，也不会自动增加劳动者的安全保障。据有关统计分析，中国当前的基尼系数已达到0.458，超过了国际公认的0.4的警戒线，进入了收入分配的不公平区间。因此，推动经济和社会的协调发展，使经济效率和社会公平的综合效益最大化，应当成为中国在全球化和入世背景下制定经济和社会政策的基本出发点。

2002：经济增速下的中国劳动关系状况

一、经济快速增长与劳动关系恶化并存

2002年初，政府制订的经济增长目标为7%，有些机构甚至认为，连这一目标也很难实现。但是，从经济运行情况看，不仅没有出现“前高后低”的现象，反而持续加速增长，增长幅度也出人意料。前三季度完成国内生产总值71682亿元，同比增长7.9%，增幅比去年同期加快0.3个百分点，比今年一季度、上半年分别提高了0.3、0.1个百分点。前三个季度，工业企业完成增加值2487亿元，同比增长12.2%，创下5年来同期的最高增幅[1]。

但是，持续快速的经济增长并未形成促进就业和劳动关系改善的宏观环境，反之，就业和劳动关系与往年相比，都呈现加速恶化的特征，并发生了一系列震惊中外的重大工潮事件，极大地影响了劳动关系的稳定和社会稳定。据国家统计局公布的数据，1999年、2000年、2001年，城镇登记失业率分别为3.1%、3.1%和3.6%，呈逐年上升趋势。2002年第三季度失业率为3.9%，失业职工达752万人，比上年底增加71万人。同时，形成了长期失业群体。根据劳动部门对济南、南昌等10城市1.5万名下岗失业人员的抽样调查，下岗3年以上的占50.7%，1~3年的占38.2%；失业2年以上的占28.6%，1~2年的占21.2%。到2002年9月底，全国国有企业下岗职工为439万人。总体上，当前城镇实际失业率已达7%以上。另一方面，1998—2001年下岗职工再就业率分别为50%、42%、35%

[1]张曙光，等. 促进经济自主增长 保持良好发展态势——2002年第三季度宏观经济分析[EB/OL]. 天则网.

和30%，2002年前9个月，再就业率再降为15%，与去年同期相比下降了3.8个百分点，共有77.3万名下岗职工再就业。另据劳动和社会保障部对89个城市劳动力市场的调查，第三季度劳动力总量供大于求，用人单位通过劳动力市场招聘各类人员约198万人，进入劳动力市场求职的劳动力近253万人，求人倍率（需求人数/求职人数）约为0.78，与二季度和去年同期相比，分别上升0.04和0.09个百分点，就业压力进一步加大。

我们分析，之所以会出现经济持续快速增长与就业和劳动关系恶化并存这样的矛盾局面，主要是由于近期经济结构调整力度加大的原因：

首先，由于结构调整，经济增长对就业的拉动效应正在急剧减弱。我国经济增长的总弹性从1979年的0.44下降到2000年的0.10，特别是90年代中期以来，这种下降趋势更加明显[1]。就业弹性的下降趋势，意味着在经济增长中，生产要素的相对密度发生了变化：劳动含量逐渐下降，而资本（包括物质资本和人力资本）的相对含量不断加大。我国经济的资本和知识密集程度正在逐渐增强，因而负载就业的能力弱化。

其次，入世进一步带动了产业结构调整的高度化趋向，亦不利于扩大就业。从制造业的情况看，入世带动了行业结构、产品结构的全面升级。虽然新兴产业和新的经济增长点会有力地拉动新的就业增长，但是，各个行业的劳动力存量都要调整，为了提高劳动生产率、提高市场竞争力，会有较大幅度的减员。

2001年以来，经济结构调整力度逐步加大，特别是一些优势垄断性国有企业在减人增效方面迈出了实质性步伐。据对中石油、中石化、中国电信、中国电力公司等8家中央企业调查，到2002年初，这些企业已分流减员80万人。中石化在2002年计划裁减2万名员工，作为该公司到2005年裁员10万人的一部分。1998—2000年3年间，中国商业银行系统的机构总数减少了2284家，下降15%。其中，中国工商银行计划在2002年裁员3万人，约为员工总数的7%，此次裁员最终将使员工总数从2000年的57万人降至40万人。中国银行继2001年关闭141家分行、裁员5200人后，2002年计划关闭88家分行、裁员5000人。此外，在全国31个省（市、

[1]张车伟．我国就业弹性变化的趋势［J］．中国劳动，2002（7）：10.

区）的63490户国有小型工业企业中，已有51698户进行了不同形式的改革，占总数的81.4%，这些企业的改革，都伴随着不同程度的裁员。“九五”以来，全国企业兼并破产领导小组累计下达兼并破产项目5765户，涉及职工430万人。

总体上看，2002年上半年，城镇单位职工总数为11404万，比上年同期减少494万。其中，国有单位减少482万人，城镇集体单位减少203万人，其他经济单位增加191万人。由此可推测出企业减员的力度。

二、劳动关系的主要指标

（一）城镇职工收入显著增长，不同群体的收入差距在扩大

2002年以来，城镇居民人均可支配收入呈显著增长。国家统计局对全国4.5万户城镇居民家庭调查显示，上半年城镇居民月人均可支配收入为657元，比去年同期增长15.1%，扣除价格因素后实际增长15.3%。另据央行统计，到今年6月末，全国城乡居民储蓄存款余额高达81712亿元，比年初增加了8034亿元。

分析今年城镇居民收入大幅增长的原因，首先是工资性收入大幅增长。上半年城镇居民月人均收入中，来自工薪收入有491元，比去年同期增长21.1%。其中，人均工资及补贴收入476元，比去年同期增长23%。

其次是转移性收入显著增长。今年上半年，城镇居民家庭月人均转移性收入为169元，比去年同期增长25.9%。其主要原因：一是离退休金有较大幅度的增长。上半年城镇居民家庭月人均离退休金为127元，比去年同期增长了23.2%。二是捐赠和赡养收入明显增长。

但另一方面，贫富差距也在进一步拉大。据国务院发展研究中心报告，我国居民收入的基尼系数从1980年的0.33迅速增大，1994年突破警戒临界点0.4，目前已超过了0.45。收入差距扩大的速度过快，且收入分化带有明显的群体特征，居民收入水平与地域、行业和所在企事业单位有很高的相关程度。

（二）社会保险覆盖面收缩，基金收不抵支问题突出

2002年以来，“两个确保”继续得到巩固。据劳动部门统计，截止到

6月末，全国下岗职工为464万人，进中心比例为89%，进中心的下岗职工基本上都能按时足额领到基本生活费，并代缴了社会保险费。上半年全国发放企业离退休人员基本养老金1150亿元，基本做到按时足额发放。在确保当期发放的同时，全国共补发历史拖欠养老金8124万元。各地还按2000年企业在岗职工月平均工资增长率的60%调整了企业退休人员的养老金待遇，基本养老金月均增加40元左右。

但是，在各地普遍加大扩面征缴力度的情况下，参加养老保险和失业保险的人数仍呈下降趋势。到6月末，全国参加基本养老保险的职工人数为10567万，比上年底减少235万，其中企业参保职工为9033万人，比上年底减少165万人。全国实际缴费人数为9253万，比上年底减少344万，其中企业缴费人数为7949万，比上年底减少252万。全国参加失业保险人员为10095万人，比上年底减少260万人。

参保人数下降的主要原因在于：一是国有和集体企业减员，导致参保缴费人数下降。随着近年国有企业改革进程加快和经济结构调整力度加大，优势垄断企业实行减人增效，劣势企业实施关闭破产，大批富余职工下岗分流。企业减员后，有的职工没有就业，有的虽然实现了再就业，但收入不稳定，许多人没有继续参保缴费，导致参保缴费人员流失。二是其他经济单位的参保人数增长缓慢，以个体从业人员为例，2001年末已达2100多万人，而参加养老保险的仅为500多万人。三是困难企业无力缴费。在一些老工业基地，困难企业占到企业总数的1/3左右。四是提前退休增多。2000年办理提前退休的参保职工为34万人，2001年提升到48万人，占当年退休总人数的21%。2002年一季度提前退休达9.9万人，占当期退休总人数的20%。

此外，到6月末，医疗保险参保人数为7919万，比上年底增加633万，增长率为8.7%。

另据民政部门统计，到2002年9月末，城镇居民最低生活保障覆盖人数为1963万，涉及776万户家庭。4个直辖市、27个省会城市和5个计划单列市均调整了城镇居民最低生活保障标准。

（三）职业安全卫生立法频出，安全生产形势依然严峻

继2001年10月九届人大二十四次会议通过《职业病防治法》以后，

《中华人民共和国安全生产法》又于2002年6月九届人大二十八次会议通过，显示出国家对职业安全卫生立法工作的重视。但是，全国职业安全卫生状况总体上仍趋于恶化，各类生产安全事故呈上升势头，特大事故时有发生，职业安全卫生形势依然严峻。

据统计，2002年1—8月全国共发生各类事故730552起，死亡87320人，同比增加42416起，增加3966人，分别上升6.2%和4.8%。其中，一次死亡3~9人的重大事故1680起，共死亡6886人，同比增加160起，增加245人，分别上升10.5%和3.7%；一次死亡10~29人的特大事故93起，共死亡1413人，同比增加15起，增加214人，分别上升19.2%和17.8%；一次死亡30人以上的特别重大事故5起，共死亡372人，同比减少8起，减少232人，分别下降61.5%和38.4%。

全国工矿企业共发生伤亡事故8513起，死亡9216人，同比增加830起，增加673人，分别上升10.8%和7.9%。其中，煤矿企业共发生死亡事故2421起，死亡4205人，同比增加403起，增加323人，分别上升20.0%和8.3%。非煤矿山企业共发生伤亡事故1022起，死亡1318人，同比增加167起，增加4人，分别上升19.5%和0.3%。采掘业、制造业和建筑业事故多发，分别占工矿企业死亡人数的60.0%、17.4%和13.8%，合计占工矿企业死亡人数的91.2%。

另据卫生部有关职业病防治情况通报显示，2001年我国职业病病历共有13218例，比上年增加13%。在总病例数中，尘肺病10505例，占总病例数的79.5%，较2000年增加了15%，死亡2242例。2002年以来，河北白沟、广州、北京等地相继发生苯及化合物严重职业中毒事件，主要集中在制鞋业、皮革加工业、箱包及玩具制造业、家具制造业等行业，特别是家庭作坊等小型加工企业。

（四）工会组建实现预定目标，会员突破1.3亿人

据全国总工会政研室统计，截至2002年6月底，全国基层工会组织数达165.84万。其中，公有制企事业为59.89万个，新建企业为103.15万个，其他单位2.80万个。累计共发展工会会员13154.74万人。其中，公有制企事业为8811.07万人，新建企业为3961.90万人，其他单位381.77万人。

统计表明，全总于2000年全国新建企业组建工会工作会议上提出的，到2002年底，全国新建企业建立工会组织100万家，发展工会会员3600万人，全国工会会员总数达到1.3亿人的阶段性建会和发展会员的目标已全面实现。

全总要求，要把组建工会和发展会员的工作作为一项长期而艰巨的任务，进一步巩固和发展建会的成果，积极探索组建工会的长效机制。既要重视工会的组建率，更要看重职工的入会率。要尽快将国有企事业单位和机关中的临时工组织到工会中来，加快乡镇和社区工会组建的步伐。

为了给2003年召开的工会第十四次代表大会做理论准备，今年下半年，全总启动了第五次全国职工队伍状况调查。已有部分省市完成了调查。以上海为例，职工队伍正在从国有集体企业逐步向多元投资主体和非公企业流动，出现了流动量大、流向宽泛、流动速度快的特点。职工的就业观发生了根本的变化，12.6%的职工明确回答自己调动工作单位的原因是“为了寻找更好的发展机会”，35岁以下的职工只有27.8%没有调动过工作。职工的专业技术素质不断提升，结构调整更加适应国际大都市现代化的要求，技术工人的比例不断增高，涌现出一批杰出技术能手。职工的人生态度趋向积极务实，对个人前途“充满信心”和“有一定信心”的达57.1%。

（五）劳动争议和群体性事件大幅上升，涉及职工人数激增

2002年上半年，全国各级劳动争议仲裁委员会共立案受理劳动争议案件7.3万件，比上年同期增长12.3%；涉及劳动者20.6万人，比上年同期增长6.7%。引发劳动争议的主要原因以劳动报酬、解除劳动合同及工伤赔偿为主。以北京市为例，今年上半年全市各级仲裁委员会共受理劳动争议案件6836件，涉及职工10443人，同比分别增长32.05%和21.06%。从引发争议的原因来看，因劳动报酬引发争议3349件，同比增长66.37%；因经济补偿、赔偿引发争议1985件，同比增长145.67%；因保险福利引发争议587件，同比减少58.37%；因变更、续订、终止劳动合同引发争议405件，同比增长9.16%；因解除劳动合同引发争议193件，同比增长30.41%；因其他问题引发争议307件，同比减少23.78%。劳动报酬和经济补偿、赔偿已成为劳动争议中的主要矛盾。从企业类型来看，上半年发生在股份、联营企业的劳动争议有1601件，首次超过国有企业，跃居各类企业争议之首，占争议总数的23.42%，同比增长66.08%。发生在外商投资企业的劳动争议为1331件，同比增长87.73%，增幅超过股份制和联营企业的增幅。此外，上半年共结案6491件，以裁决方式结案3483件，占结案总数的54%；调解结案3008件，占结案总数的46%。这表明，劳动争议双方当事人的利益矛盾难以调和，调解处理的可能性越来越小。从处理结果看，职工完全胜诉3576件，占结案总数的55.1%；企业完全胜诉1432件，占结案总数的22.1%；双方部分胜诉1483件，占结案总数的22.8%。企业败诉率创历史最高。

集体劳动争议的高幅增长是近两年来劳动争议发展的重要特点。集体劳动争议的增长率已高于同期劳动争议案件总量的增长率，涉及人数也占到当年劳动争议涉及总人数的50%以上。此外，2002年企业职工及退休人员由于劳动和社会保障问题引发的百人以上集体上访事件达280起，同比增长53%，涉及16.2万人，是上年同期的2.6倍。其中，1000人以上的有39起，是上年同期的3.9倍；涉及10.2万人，是上年同期的4.4倍。

从群体性事件和信访情况看，问题主要集中在以下几个方面：一是企业与机关、事业单位的退休人员待遇差距问题。1993年机关、事业单位工资改革以后，机关、事业单位与企业的养老金待遇差距逐渐拉大。目前，机关、事业单位和企业退休人员月人均养老金分别为964元、921元和541元，企业退休人员月人均养老金仅相当于机关退休人员的56%和事业单位退休人员的58%，有些地区甚至相差2~3倍。二是优势垄断企业裁员和破产企业职工安置问题。由于大庆油田等大型优势垄断企业大量裁员，导致企业所在地区的失业率陡然上升，增加了当地的就业压力和社会不稳定因素。还有一些企业裁员和破产程序不规范，工作不细致，诱发了一些群体性事件。三是损害农民工合法权益问题较为突出。不少用人单位，尤其是私营个体经济组织在雇用农民工时，违反国家有关法律规定，不与农民工签订劳动合同，延长工作时间，不提供必要的职业安全防护措施，无故拖欠、恶意克扣甚至逃废工人工资的情况较为普遍，严重侵害了农民工的合法权益。

从群体性事件的发生形态来看，主要有以下三个特点：一是群体性事件主要集中在国有企业。发生在国有企业的群体性事件占事件总数的60%，比上年同期上升了16.8个百分点；涉及人数占群体性事件总人数的71%，同比上升了37.3个百分点。二是发生的行业和地区相对集中。一季度主要分布在石化、轻工、纺织、建筑、机械、煤矿和电子等行业，第二季度主要分布在轻工、建筑、餐饮、化工、冶金等行业。黑龙江、广东、新疆、天津、福建、广西和江苏等地区发生的百人以上群体性事件占总数的71%。三是大庆事件引起了广泛的连锁反应，上访人员暗中串联，宣称"要向买断老大哥学习"，有横向联合、相互呼应的倾向。

（六）协调劳动关系的机制建设取得新进展

2001年11月，全国贯彻实施《劳动法》、《工会法》，推进集体合同和劳动合同工作经验交流会在南京举行，有力推动了协调劳动关系的机制建设。今年以来，各地在贯彻落实南京会议精神，推进劳动关系协调机制的建设方面又取得新的进展，这主要表现在以下两个方面。

首先，大力推行劳动关系三方协商机制和平等协商、集体合同制度建设。全国总工会已与劳动和社会保障部、中国企业联合会/中国企业家协会建立了全国性的协调劳动关系三方会议制度，从而在宏观上加强了对劳动关系的调控。目前，全国已有18个省（区、市）建立了由政府劳动行政部门、工会和企业方面的代表组成的劳动关系三方协调会议制度。国家协调劳动关系三方会议已召开第三次全体会议，要求年内在全国省一级基本建立起三方协商机制，出台《集体协商规则》，并研究了企业改革发展和促进就业措施中与劳动关系相关的内容；有14个省（区）颁布了集体合同地方法规；平等协商、集体合同建制率有新的提高，全国建立平等协商、集体合同制度的企业达56万多家，占已建立工会企业的47%，覆盖职工超过7600万人；针对新建企业分布广、规模小、管理不规范、职工权益容易受到侵害的情况，各地积极推行区域性、行业性平等协商和集体合同制度，到2001年末，已有26个省、自治区、直辖市签订区域性、行业性集体合同分别为10235份和2516份，分别覆盖企业152842家和28881家，覆盖职工577.8万人和389.4万人；在工资集体协商方面展开了试点，全国已有2万多家企业通过工资集体协商，签订了工资协议。

其次，以厂务公开、非公有制企业职工民主管理工作为重点，推动了职代会制度的建设。截至2001年9月，全国国有、集体及其控股企业实行厂务公开的共有19.2万多家，占同口径企业总数的95.4%。同时，有18.3万多家事业单位、2.2万多家非公有制企业也实行了厂务公开制度。2002年6月，中办、国办下发了《关于在国有企业、集体企业及其控股企业深入实行厂务公开制度的通知》，明确提出，企业重大决策未经职代会审议的不应实施，涉及职工切身利益的重大决定既未公开又未经职代会讨论通过的视为无效，上级管理部门对经职代会评议大多数职工不拥护的企业领导人应采取相应的组织措施，企业领导人员违反职代会和厂务公开决定造成严重后果的要追究责任。

三、2002年劳动关系的主要议题

（一）全国再就业工作会议的新思路和新政策

几经推迟，全国再就业工作会议终于在2002年9月召开。此次会议规格之高，显示出党和国家对下岗失业职工再就业问题的高度重视。但与1998年会议相比，此次会议在指导思想和工作思路上有了一些变化，具体表现在以下几个方面。

第一，将促进就业作为与经济增长同等重要的一项长期的战略任务和重大的政治任务，作为全面贯彻“三个代表”要求的重要措施。通过发展经济促进就业，通过扩大就业推动经济发展，实现发展经济与扩大就业的良性互动，逐步走出一条既能够充分促进就业，又能够保证经济持续快速健康发展的路子。会议要求在制定涉及全局的经济社会政策和确定建设项目时，要在注重提高竞争力的同时，把扩大就业作为重要因素考虑。积极发展具有比较优势的劳动密集型产业和企业，提高经济增长对就业的拉动能力。

第二，针对今年以来结构调整力度加大、工潮频繁、严重影响社会稳定的国有大型优势企业，鼓励它们在进行结构调整、重组改制和主辅分离中，利用非主业资产和闲置资产，通过多种方式分流和安置企业富余人员。新出台的优惠政策提出，凡是利用原企业的非主业资产、闲置资产或关闭破产企业的有效资产兴办的安置本企业富余人员的经济实体，独立核算、产权清晰并逐步实现产权主体多元化，吸纳原企业富余职工达到30%以上，并与安置职工变更或签订新的劳动合同的，经有关部门认定，税务机关审核，在三年内可免征企业所得税。总之，即是鼓励企业自我消化富余人员，不推向社会。

第三，这次会议提出，要更好地运用财政、税收和信贷等经济杠杆来支持扩大就业。在财政上，主要采用社会保险和岗位补贴的办法，刺激企业更多地吸纳下岗失业人员再就业。在税收方面，将免税标准下调到30%，更好地发挥税收杠杆的调节作用，鼓励企业自觉吸纳更多的下岗失业人员来享受免税政策。在信贷方面，要求各省市建立相应的下岗失业人员贷款担保基金，以此来解决下岗失业职工再就业过程中资金不足的困难。

第四，借鉴上海“4050”工程的经验，将有劳动能力和就业愿望的男性在50周岁以上、女性在40周岁以上、就业困难的下岗失业人员，作为再就业援助的主要对象，提供即时就业援助等多种帮助。由政府投资开发的公益性岗位，应优先安排上述大龄就业困难对象。

第五，在就业弹性系数下降的情况下，鼓励下岗失业人员通过非全日制、临时性、季节性、弹性工作等灵活多样的形式来实现再就业。同时，会议亦强调下岗失业人员以弹性方式就业的，要适应其特点，抓紧制定劳动关系形式、工资支付方式和社会保险等方面的配套办法，保障其合法权益。

（二）辽宁下岗职工基本生活保障向失业保险并轨取得突破性进展

2001年7月，国家决定在辽宁省进行完善城镇社会保障体系的试点。一年来，辽宁精心组织实施，使企业下岗职工基本生活保障制度向失业保险并轨工作取得了突破性进展。

到2001年末，辽宁共实现并轨人数51.5万。其中，协议期满出中心的下岗职工为14.4万人；出中心未解除劳动关系的下岗职工8.1万人；应解除劳动关系的其他离岗人员21.1万人；国有企业新的减员7.9万人。共支付经济补偿金总额37.8亿元。其中，国家财政经济补偿金补助占23.5%；下岗生活费调剂占13%；地方财政和企业占63.5%。并轨人员人均领取经济补偿金7340元。到2002年6月末，全省又实现并轨人数14.9

万。目前，全省并轨人员总数已达66.4万，已完成3年试点并轨计划的51%。

辽宁试点的主要经验有：一是坚持试点与促进就业同步推进。他们坚持在并轨的同时，加强对并轨人员的再就业补助和技能培训，以提高再就业率。在2001年解除劳动关系的51万下岗职工中，有将近50%的人员实现了不同形式的再就业。二是正确处理经济因素和非经济因素、在岗职工和并轨人员的关系。凡是国家政策明确规定的，都严格按照政策操作，不打折扣。同时，也十分注重各种非经济因素的影响，注意做好与并轨工作相配套的各项保障工作，对并轨人员进行细致的思想工作和提供有效的服务，并处理好在岗职工与并轨人员的利益平衡。三是做好并轨人员的各项社会保险关系的接续工作。在全省范围内推广大连市为解除劳动关系的下岗失业人员接续医疗保险的做法。

但是，试点工作中也存在着一些突出问题，成为潜在的不稳定因素。如企业拖欠并轨职工债务严重。去年，企业与45.2万人签订了偿还债务的协议，金额达26.8亿元，但至今仍有一部分企业无资产、无土地可以变现，无法按照协议偿还职工债务。

（三）“公司的社会责任”运动在中国悄然兴起

经济全球化以来，在各国公众和社会团体的广泛参与下，兴起了一场要求企业，特别是跨国公司在国际贸易和资本流动自由化、谋求经济利益最大化的同时，承担其对公众的社会责任的社会运动，被称为“公司的社会责任”（corporate social responsibility）运动。它强调在市场体制下，公司的责任除了为股东（stockholder）追求利润外，也应该考虑对相关利益人（stakeholder），即影响和受影响于企业行为的各方的利益。其中，员工利益是公司社会责任中最直接和最主要的内容。

20世纪90年代以来，已有部分跨国公司、劳工团体或中介机构自行设立了一系列旨在履行其维护劳工权益和保护环境等方面社会责任的自律性“生产守则”（codes of conduct），以此来促进企业的长远发展。随着中国加入WTO和外商对华投资的扩大，越来越多的跨国公司及其转包商、分包商被卷入进来。一些欧美跨国公司要求中国供应商和生产商能根据生产守则的规定，来制定企业的安全、健康、环保和劳工政策；有的跨国公司直接在中国设立了劳工部和劳动标准部，以监督其中国生产商的安全、健康、环境和劳工状况；生产商在环境、劳工权益方面的表现，与其产品质量和价格一起，成了跨国公司选择合作伙伴的必要条件；为了生产守则在企业的顺利实行，跨国公司还在国内举办了一系列培训、研讨和调查活动。

以SA8000社会责任标准为例，它由跨国公司自愿要求其直属企业或转包商的企业参加认证，并由合格的外部评估机构进行实地检查。生产企业遵守SA8000工作场所标准的，可获得合格认证。跨国公司还委托有关机构对其企业执行SA8000的情况定期进行监察，监察机构要定期检查企业的政策和实际表现，记录企业履行社会责任的情况，要求企业定期向员工披露生产守则履行情况的信息，解决员工反映的问题。

生产守则的内容一般包括：禁止使用童工；禁止强迫劳动，不得要求工人缴纳押金或将身份证件交给企业保管；禁止辱骂工人，禁止性强迫、性辱骂等行为；企业的招聘、工资福利、培训、提升及退休政策不得存在歧视；企业工资不得低于法定和行业最低工资，应按高于普通工资的水平计算加班工资，应以现金或支票方式发放工资福利；保障工人的团结权和集体谈判权，工人有权组建工会，企业不得歧视工人代表或将其与其他工人相隔离；企业必须提供安全和整洁的工作环境，采取必要措施避免工伤事故，为工人提供定期的健康及安全培训等。这些内容基本源于国际劳工组织的“核心劳工标准”，也与我国工会保障劳动者合法权益的要求相当接近。

尽管生产守则运动更多地出于跨国公司扩大市场份额和改善社会形象的商业动机，而且，对企业是否达到生产守则标准的认证、监察也都是由商业机构来完成的，它们的营利目的未必能保证这一过程的客观、公正，但不可否认，它仍是在中国的出口加工区企业中建立劳动关系协调机制和维护劳工权益的一条可行的途径。因为在那些“三来一补”的出口加工企业中，工人大多是来自农村的农民工，缺乏团结和自我保护的意识，工会的组建率也很低。

我们建议，结合经济全球化进程，各级工会，特别是研究部门应密切关注公司的社会责任及生产守则运动在中国的发展现状，并开展实证性调查研究。出口加工企业较为集中的地区，要积极参与生产守则运动，并以此为契机，带动新建企业组建工会和完善劳动关系协调机制能够有新的突破。同时，还应加强与国外非政府组织和工会对此问题的研讨交流，以期得到必要的借鉴。

结语

2002 年劳动关系的演进趋势表明，经济增长不会自动带来公平的收入分配，不会自动增加下层劳动者的就业机会和安全保障，也不会自动产生一个平衡和健康的现代化发展模式。因此，为谋求公正目标的实现，探索如何推动社会利益协调和劳动关系均衡，使经济效率和社会公平的综合效益最大化，促进经济和社会的协调发展，是政策制定和制度改革的关键所在。

2003：新一轮结构调整下的中国劳动关系现状

一、基本判断：劳动关系不安加剧

当中国在2001年11月加入WTO时，笔者曾预言，由于中国参与全球化和国际分工的比较优势是廉价劳动力资源，故而，各级政府为保持对外资投入的吸引，以形成促进经济可持续发展的原动力，必然会加紧控制劳工成本和劳动关系，这在近一个时期对保障劳工权益是不利的[1]。

入世以来的进程基本上验证了笔者的预期，中国迎来了吸引外资的新一轮高峰。继2002年吸引外资超过美国居世界第一位后，2003年1—9月，全国新批外商投资企业29539家，同比增长18.59%；合同利用外资金额792.07亿美元，同比增长35.97%；实际使用外资金额402.38亿美元，同比增长11.85%；至2003年9月底，全国累计批准设立外商投资企业453735家，合同利用外资金额9072.67亿美元，实际使用外资金额4882.04亿美元。预计2003年全年吸收外资达到创纪录的570亿美元。在外贸出口快速增长的拉动下，2003年经济克服了重症急性呼吸综合征（SARS）因素的不利影响，前三季度GDP增长7.9%，同比提高0.3个百分点，且增长速度逐季加快，经济总量有望首次突破100000亿元。

但是，持续快速的经济增长并未促进就业和劳动关系的改善，反之，就业和劳动关系与往年相比，都呈现加剧不安的特征：

1. 就业形势严峻

据国家统计局公布的资料，1999年、2000年、2001年、2002年城镇

---

[1]常凯，乔健. WTO：劳工权益保障［M］. 中国工人出版社，2001：3.

登记失业率分别为3.1%、3.1%、3.6%和4.0%，呈逐年上升趋势。2003年3月底，全国城镇登记失业人数为775万，比上年同期增加75万，城镇登记失业率4.1%，为历史新高。受到SARS因素的影响，二、三季度更推高至4.2%[1]。同时，形成了长期失业群体。根据劳动保障部门的抽样调查，在失业者中，失业2年以上的占55.2%，失业1年以上2年以下的占19.7%，失业1年以下的占25.1%，其中半年以下的仅占15.2%，失业长期化趋势明显[2]。到9月末，北京等7个省市已全部关闭再就业服务中心，全国国有企业下岗职工还剩余310万人。总体上，当前城镇实际失业率已达8%以上。另一方面，1998—2001年下岗职工再就业率分别为50%、42%、35%和30%，2002年再降为26.2%。

2. 工业伤亡事故未能有效遏制

2003年1—9月，全国工矿企业共发生伤亡事故10227起，死亡11449人，同比增加525起，多死亡924人，分别上升5.4%和8.8%。

3. 劳动争议案件持续激增

2002年各级劳动争议仲裁委员会立案受理劳动争议案件18.4万件，涉及劳动者61万人，分别比上年增加19.1%和30.2%。

笔者认为，之所以会出现经济高增长与就业和劳动关系加剧不安并存这样的矛盾局面，主要是基于以下原因：

首先，由于经济结构调整，经济增长对就业的拉动效应正在急剧减弱。中国经济增长的总弹性从1979年的0.44下降到2000年的0.10，特别是90年代中期以来，这种下降趋势更加明显。就业弹性的下降趋势，意味着在经济增长中，生产要素的相对密度发生了变化：劳动含量逐渐下降，而资本（包括物质资本和人力资本）的相对含量不断加大。经济的资本和知识密集程度正在逐渐增强，因而负载就业的能力弱化，这是今后一个时期经济生活中的一个突出矛盾。

---

[1]国家统计局.2002年度劳动和社会保障事业发展统计公报[R/OL]. http://www.molss.gov.cn/news/2003/04301.htm；劳动和社会保障部.2003年第三季度新闻发布会[OL]. http://www.molss.gov.cn/news/2003/10284.htm.

[2]劳动和社会保障部规划财务司.2002年城镇劳动力就业与社会保障抽样调查分析报告[R]. 2002，1：24.

其次，控制劳工成本，以廉价劳动力资源的优势吸引外资的工业化方针，会加剧劳动关系的失衡。当前中国的经济增长主要得益于国外市场需求和外向型经济的拉动，国民经济对外贸的依存度已上升到50%以上，而绝大多数外商选择对中国投资的一个重要原因是基于便宜的劳动力。因此，地方政府出于引资和发展的动机，会愈加严密地控制劳工成本和劳动关系，限制有组织劳工力量的兴起和工会维权作用的发挥，甚至是放任企业违法用工。这突出表现在沿海的出口加工企业中的农民工权益普遍受到侵害，致使劳动关系动荡不安。

最后，为适应入世带来的进一步对外开放和竞争的需要，国有企业改革和经济结构调整力度逐渐加大，特别是一些垄断性大型国有企业在改制和减人增效方面迈出了实质性步伐，就业存量面临剧烈的结构性调整。国企改制后，一般都会伴随大规模的裁员，导致企业用工人数的减少和新的弹性化雇佣方式的确立，以降低成本，从而对就业和劳动关系产生消极影响。1998—2002年底，国有企业累计下岗失业者达到2600多万人[1]。

有迹象显示，中国正在迎来新一轮结构调整的高峰。2003年以来，国务院新成立的国有资产监督管理委员会积极推动中央所属196户大型国有企业股份制改造的步伐，并要求这些企业结合自身情况，加快推进所属子公司通过相互参股、吸收外资和重组上市等方式进行股份制改造。国资委目前正在研究起草与《企业国有资产监督管理暂行条例》相配套的法律法规体系和各项规章制度。2003年4—9月，国资委批准了48户企业的产权和资产出让行为，涉及国有资本及权益225亿元人民币，在产权转让中约有83%由非国有企业和外商受让。此外，亦将加大企业政策性破产的力度，2000多户长期亏损、扭亏无望和长期资不抵债的企业将实现破产。

总之，入世强有力地推动了中国的经济增长、经贸体制改革、经济结构调整及国有企业改制的进程，但劳动关系亦进入了一个持续动荡不安的时期，劳工阶层将会更多地承担由此产生的改革成本。

---

[1]卢中原．经济高增长为什么没带来高就业［EB/OL］．http：//www.chinanews.com.cn/n/2003-10-06/26/354096.html.

二、劳动关系的主要指标

（一）城镇职工收入增长但消费意愿下降，不同群体的收入和财产差距在扩大

据国家统计局调查，2003年一至三季度，职工劳动报酬保持平稳增长，全国城镇单位就业人员平均劳动报酬9385元，同比增长12.8%。其中，国有单位9615元，集体单位5614元，其他单位10306元。分地区看，平均劳动报酬高于全国平均水平的有上海、北京、广东、浙江、天津、江苏、福建、青海。分单位类型看，国有企业、事业、机关单位就业人员平均劳动报酬分别为9032元、9988元和10633元，同比增长13.8%、10.8%和12.4%。事业、机关单位就业人员平均劳动报酬继续高于企业。

统计显示，一至三季度城镇居民人均可支配收入为6347元，比去年同期增长9.5%，扣除物价因素，实际增长9.0%。人均消费性支出4844元，比上年同期增长7.2%，扣除物价因素，实际增长6.7%。从收入构成看，各项收入全面增长，工薪收入仍占主体。一至三季度城市居民人均工薪收入为4799元，比去年同期增长10.9%，占家庭总收入的比重为71%。

一至三季度，城市居民人均储蓄存款达1546元，期末手持现金710元。居民消费倾向为76.3%，比去年同期的78.0%下降了1.7个百分点。同时，一至三季度人均非消费性支出为1662元，比去年同期增长15.7%，高于消费性支出的增幅。非消费性支出占家庭总支出的比重为25.5%，同比提高1.4个百分点。其中购房建房支出增长18.0%，社会保障支出增长22.9%。

国家统计局调查发现，居民收入差距在继续扩大。按可支配收入排队并进行5等份分组，一至三季度，占总体20%的最高收入组家庭人均可支配收入为13120元，比去年同期增长12.4%；占总体20%的最低收入组家庭人均可支配收入为2433元，比去年同期增长8.3%。最高组与最低组的收入水平之比由去年的5.2∶1扩大到今年的5.4∶1。

财政部的报告也显示，财产的集中度越来越强，居民家庭财产的差别越来越大。其中，10%的富裕家庭占有城市居民全部财产的45%。最低收

入 10% 的家庭的财产总额占全部居民财产的 1.4%，另外 80% 的家庭占有财产总额的 53.6%。报告估计，当前中国城市居民家庭财产的基尼系数为 0.51。

（二）社会保障覆盖面扩大，基金收支基本平衡

到 6 月底，全国参加基本养老保险人数为 15077 万，比上年底增加 341 万，比一季度末增加 152 万。其中，参保职工人数为 11363 万，比上年底增加 235 万，比一季度末增加 111 万；参保离退休人数为 3714 万，比上年底增加 106 万，比一季度末增加 41 万。除了个别企业当期拖欠养老金以外，全国企业离退休人员养老金基本做到了按时足额发放。

上半年，企业基本养老保险基金总收入 1376 亿元，比上年同期增加 216 亿元，增长 18.6%；其中征缴收入 1177 亿元，比上年同期增长 19.5%。上半年企业基本养老保险基金总支出 1316 亿元，比上年同期增长 10.8%。当期有 25 个省区市及新疆兵团收不抵支，基金缺口为 201 亿元，与上年同期相比减少 29 亿元。

到 9 月底，全国参加失业保险人数 10189 万，比上年末增加 7 万人。全国领取失业保险金人数达 440 万，比去年同期增加 40 万，增长 10%。上半年失业保险基金收入 111 亿元，支出 85 亿元，与上年同期相比，分别增长 19.6% 和 11.1%，期末基金累计结余 277.3 亿元。

9 月末，医疗保险参保人数达到 10432 万，比上年末增加 1032 万。各统筹地区医疗保险制度运行平稳，基金收支平衡。各地普遍将困难企业职工参保作为 2003 年工作的重点，采取了降低缴费率、先建立社会统筹基金等措施，使困难企业参保难的情况得到改善。

到 9 月底，城镇居民最低生活保障人数为 2180 万，同比增加 217 万；低保户数为 895 万，同比增加 119 万。

此外，《工伤保险条例》于 2003 年 4 月颁布，为配合该条例的实施，劳动和社会保障部又制定了相关配套政策，其中《工伤认定办法》、《因工死亡职工供养亲属范围规定》和《非法用工人员伤亡一次性赔偿办法》3 个文件业已发布。到 9 月末，全国参加工伤保险的人数为 4434 万，比上年末增加 28 万人。1—9 月，享受工伤保险待遇的有 29 万人。

（三）安全生产形势依然严峻，工矿企业伤亡事故仍有上升

据国家安全生产监督管理局统计，2003年1—9月全国共发生各类伤亡事故712968起，死亡95612人，同比减少88472起，少死亡3785人，分别下降11.0%和3.8%。其中，一次死亡3～9人的重大事故1797起，共死亡7239人，同比增加35起，多死亡26人，分别上升2.0%和0.4%；一次死亡10～29人的特大事故91起，共死亡1365人，同比减少5起，少死亡86人，分别下降5.2%和5.9%；一次死亡30人以上的特别重大事故10起，死亡461人，同比增加4起，多死亡48人，分别上升66.7%和11.6%。

工矿企业伤亡事故10227起，死亡11449人，同比增加525起，多死亡924人，分别上升5.4%和8.8%。其中，煤矿伤亡事故2802起，死亡4620人，同比上升5.1%，增加136起，死亡人数减少41人，下降0.9%。非煤矿山伤亡事故1430起，死亡1626人，同比增加257起、131人，分别上升21.9%、8.8%。

总体上看，全国安全生产状况仍不稳定，一些地区和领域安全生产形势依然严峻。例如，建筑施工企业伤亡事故有显著上升。全国建筑施工企业共发生伤亡事故1828起、死亡1901人，同比增加340起，多死亡330人，分别上升22.8%和21.0%。其中发生一次死亡10人以上事故3起，死亡43人，同比增加1起，多死亡20人，分别上升50.0%和87.0%。

另据卫生部职业病防治情况通报显示，2002年全国共报告各类职业病人14821例，较2001年增加了12.1%。在总病例数中，尘肺病占82.6%，慢性中毒占8.8%，急性中毒占4.0%。职业病发病例数打破了近10年来新病例逐步减少的趋势，2002年发病总例数仍较2001年有所增加，主要是尘肺病共报告新病例12248例，较2001年增加16.6%。报告发生于外资企业的慢性中毒例数是2001年的3.1倍。

（四）劳动争议和群体性事件居高不下，涉及职工人数激增

2003年上半年，各级劳动争议仲裁委员会受理案件9.98万件，同比增加36.7%。其中，集体劳动争议案件4796件。涉及劳动者人数为29.6万，同比增加43.5%。其中，集体劳动争议涉及人数为16.4万。另据中央有关部门调查，2002年12月至2003年6月，全国发生群体性事件

169.2万人次，从参与人员上看，企业职工为47.8万人次，占32.9%，位居第一。

2003年上半年劳动争议按案件内容排列在前三位的是：劳动报酬24800件，解除劳动合同13176件，社会保险10518件。从案件的处理结果看，劳动者胜诉19373件，用人单位胜诉5975件，双方部分胜诉10481件。

引发劳动争议特别是群体性事件的主要原因包括：一是企业改制、关闭破产和裁员过程中引发的矛盾突出，如经济补偿标准过低、社会保险关系难以接续和职工得不到合理安置，或改制方案不按法律程序运作，不提交职工代表大会审议通过，无视职工的知情权和民主参与权，搞暗箱操作等。2002年，因企业改制和关闭破产引起的裁员高达180万人左右，占全部国有企业职工人数的3.6%。二是2002年9月全国再就业工作会议出台的再就业优惠政策在执行过程中引发了一些矛盾。如对"4050"人员等困难职工群体再就业的有效组织和有针对性的服务未完全到位，再就业援助的措施和资金不到位；城镇集体企业特别是原在国有企业混岗的下岗职工，绝大多数被排斥在政策覆盖范围之外。三是企业拖欠职工工资问题相当严重。据全国总工会不完全统计，职工工资累计拖欠额由1997年的217.3亿元上升到2002年的404.3亿元，2002年被拖欠工资的职工人数达983.2万。

（五）工会十四大强调吸收进城务工的农民工加入工会

中国工会第十四次全国代表大会于2003年9月在北京举行，选举王兆国为新一届全国总工会主席。工会十四大继续将维护职工合法权益作为工会的基本职责，并据此对《中国工会章程》进行了修正。工会十四大报告对工会如何在改革、发展、参与、帮扶的过程中维权做了全面阐述。目前，全国基层单位建立职代会制度的超过33万家，实行厂务公开制度的达到30多万家，建立职工董事、监事制度的公有制企业达4万多家；平等协商、集体合同制度覆盖的基层单位达127万家，覆盖职工达9500万人，签订工资专项集体协议的单位达13.5万多家；建立健全劳动争议调解组织30余万个。有16个省出台了地方性《集体合同条例》，一些地方制定了《职工民主管理条例》。此外，全国已有19个省区市出台了《工会法》实施办法，22个省区市召开了工会与同级政府的联席会议，有30个省区市建立了劳动关系三方协商机制，并正向市、区、县、乡镇、街道延伸。2003年以来，全总特别注重维权的源头参与，向全国人大提出将《集体合同法》等法律法规纳入十届全国人大立法规划的建议，重点参与了《工伤保险条例》等法律法规的修改，推动最高人民法院制定公布《最高人民法院关于在民事审判工作中适用〈中华人民共和国工会法〉若干问题的解释》。

大会的一个微妙变化是在肯定突出维护职能的同时，更强调全面履行各项社会职能，特别是把努力提高职工队伍素质、团结动员广大职工为全面建设小康社会建功立业作为未来五年工会工作的首要目标和任务。要求结合工会特点，大力加强职业培训，开展创建学习型组织、争做知识型职工活动，形成终身学习、全程学习、团队学习的机制。引导职工树立起与社会主义市场经济相适应的思想观念，着力提高职工科学文化、技术技能和业务素质。认真实施"职工经济技术创新工程"，为提高企业经济效益贡献力量。大会还提出了一种在发展中维护的维护观。强调发展是解决中国所有问题的关键，没有国家的发展，工人阶级的根本利益和长远利益就没有保障；没有企业的发展，职工群众的具体利益也得不到切实的维护。

吸收进城务工的农民工加入工会是工会十四大的一个亮点。大会指出，农民工是工人阶级队伍的新成员，在促进城乡经济发展、巩固工农联盟方面发挥着重要作用，他们在工作、生活中面临的困难和问题，需要工会组织予以更多的关心和帮助，维护好他们的合法权益，把他们进一步组织和团结起来。2003年8月，全总发出《关于切实做好维护进城务工人员合法权益工作的通知》，要求各地各级工会组织采取有力措施，依法把进城务工人员组织到工会中来。

三、进城务工的农民工权益保障引发全社会关注

2003年以来，进城务工的农民工权益保障问题引发了政府和全社会的关注。年初，国办发出《做好农民进城务工就业管理和服务工作》的通知，要求取消对农民进城务工就业的不合理限制，切实解决拖欠和克扣农

民工工资问题，进一步提高对做好农民进城务工就业管理和服务工作的认识。其后，全总要求把进城务工人员组织到工会中来，切实维护其合法权益。国务院六部委联合颁布了2003—2010年全国农民工培训规划，宣布到2010年将对2亿多农民工开展岗位培训，农民工参加培训可获补贴或奖励，培训经费可列入用人单位成本。劳动和社会保障部和建设部也下发通知，要求建筑企业招用农民工，必须依法与农民工签订劳动合同。教育部亦提出，要以流入地区政府管理为主，以全日制公办中小学为主，采取多种形式，依法保障进城务工就业农民子女接受义务教育的权利。

对农民工权益的关注并非偶然。据全国总工会数据显示，目前全国各地的进城务工人员有9400万人，并以平均每年500万的速度递增。在农民工为国家经济建设做出突出贡献的同时，其劳动权益正受到普遍的侵害。仅在劳动和社会保障部2002年底开展的农民工工资支付情况专项检查中，在23个外来务工人员较多的省区市，就查处拖欠农民工工资违法案件13000余件，涉及62.6万人，追讨拖欠工资额达3.5亿元。而这已成为走向市场化和全球化的中国劳动关系的典型写照。究其原因，主要有以下几方面：

首先，由于中国参与全球化和国际分工的比较优势是廉价劳动力资源，有关部门必然会加紧控制劳工成本，这在客观上不利于保护劳工权益，特别是出口加工和建筑企业最愿意雇佣的农民工的权益。

其次，中国现行劳动法律对保护农民工权益而言，既不现实，又显失公平。劳动法出台于计划经济向市场经济转轨初期，且以国有企业劳动者作为参照对象，当初就未对乡镇企业及农民工强制实施。而今，面临外资、私营企业的迅猛发展，并大量雇佣农民工以节省成本，从增强国家竞争力的角度看，劳动法的有些规定确已超出了经济发展的水平，导致在许多地区的外资和私营企业内，劳动法无法得到有效执行，丧失了法律的权威性。另一方面，农民工在自身权益受到侵害时，又无法与城镇职工平等地获得法律救济。更有甚者，在一些地方法规中，还出现了明显歧视和排斥外来民工权益的条文。一些地方政府由于受到经济增长和吸引外资指标的压力，与资方沆瀣一气，也影响到劳动执法部门秉公执法。

最后，农民工的外来性和流动性使之更易受到打工所在地各方面的“社会排斥”，使劳动关系呈现出一种“城市人”对“农村人”、“体制内”与“体制外”的等级关系。迄今为止，我国二元经济与社会的藩篱尚未完全打破。在一个以血缘、户籍、身份和体制内关系所维系的城市社会里，尽管本地劳动者亦处于较低的社会地位，但他们仍然能够得到来自国家法律政策、各种体制内关系、家庭和亲友的保护和帮助。而农民工的外来身份使他们很容易成为政策保护的“盲点”，也很少享受到各种体制内资源的眷顾，而来自诸如户籍、身份、证件、子女入学等方面的限制和歧视又使他们无法融入当地社会而具有较高的流动性和异质性，频繁的流动和分散化，也使他们很难组织起来增强自身的议价和反抗能力。

以上因素，再加上我国劳动力绝对过剩，必然导致农民工报酬低下、欠薪和无保障问题突出、利益及人身侵害与工业伤亡事故频繁等。应当承认，在一个人口大国走向工业化的进程中，上述问题的产生有其历史必然性，远非政府出台一些法规、政策便可一蹴而就。但是，如果坐视不管，导致工潮丛生，既影响社会公正和社会稳定，也会损害经济增长的内在质量。为此，从农民工权益保障的角度，提出以下政策性建议：

其一，从根本上说，农民工权益问题是一个基本人权问题，是恢复农民的“国民待遇”问题，是承认和扩大公民权利问题，是一视同仁地保障城乡劳动者合法权益的问题。经过“非典”以后，经济与社会协调发展的指导思想已深入人心，国家应当根据经济发展的水平和社会进步的要求，有目标、有步骤、循序渐进地解决上述问题。当前，最重要的不是出台新的保护农民工的法规，而是承认农民工作为劳动者所应享有的基本劳动权利，清理各地歧视农民工的劳动法规。同时，在修宪过程中探讨扩大公民权的可能性，特别是迁徙权，此项权利与农民工权益保障直接相关。

其二，贯彻《法律援助条例》，推进来自民间的劳动法律援助活动，培养工人律师，为农民工提供收费低廉的法律服务，让农民工也能够通过劳动争议仲裁和诉讼维护自身的合法权利；强化劳动执法监督机制，通过改革劳动行政管理体制，改变劳动执法监督部门受制于地方利益而偏袒资方的局面，做到公正执法；政府部门、工会及其他民间机构还应通过举办各种形式的培训活动，推动《劳动法》在农民工中的普及教育，并将这项工作常抓不懈。

其三，帮助农民工组建工会，通过工会凝聚农民工的集体力量来争取自身的利益。在市场化的私营和外资企业里，劳资力量对比极为悬殊，农民工唯有依靠自身集体的力量——工会，才能争得自身权益。应当根据市场化的要求，采取自下而上的方式组建工会和发展会员。工会可从稳定劳工队伍入手，减少农民工的流动，以便形成共同的利益纽带和工会意识。应加强工会民主，推动中小企业直选工会领导人，尊重会员在工会中的主体地位，使工会真正得到会员的支持和认可。在此基础上，工会应突出维权和协调劳资关系的制度建设，如建立平等协商和集体合同制度，开展工资集体协商，参与劳动争议的预防和调解。此外，针对市场竞争加剧，结构性失业突出，工会要大力开展职业培训，帮助农民工掌握新知识、新技能，通过各种途径提高其素质和市场竞争能力。

2004：我国市场化进程中的劳动争议和劳工群体性事件分析[1]

一、我国劳动争议和劳工群体性事件的现状和特征

（一）劳动争议的现状和特征

劳动争议又称劳资纠纷，“是指劳动关系当事人由于对相互之间权利义务关系的要求不一致而发生的争议”[2]。劳动争议可以分为广义劳动争议和狭义劳动争议。广义的劳动争议是指“以劳动关系为中心发生的一切争议”，不仅包括用人单位和劳动者之间因劳动关系发生的争议，也包括工会与用人单位或用人单位团体因集体合同发生的争议，以及因社会保险发生在劳动者与雇主和国家之间的争议。狭义的劳动争议则“仅以雇佣人与受雇人间所发生之争议及雇佣人或雇佣人团体与受雇人团体间所发生之争议为限”[3]。目前，我国劳动争议的范围主要表现在劳动者和用人单位之间因劳动权利义务发生的争议。

近年来，我国劳动争议状况呈现出下列特点：

1. 劳动争议数量和涉及劳动者人数不断上升并大幅度增长

自1994年《劳动法》颁布后，劳动争议的数量便急剧上升，且涉及劳动者人数也越来越多。据统计，1994年全国各级劳动争议仲裁委员会共受理劳动争议案件19098件，共涉及劳动者77794人，而2003年劳动争议案件已迅速飙升至22.6万件，涉及劳动者人数达80万人，不到10年间，

---

[1]本年度报告与中国劳动关系学院姜颖教授合写，谨致谢意。

[2]史探径．劳动法［M］．经济科学出版社，1990：343.

[3]史尚宽．劳动法原论［M］．台湾正大印书馆，1978：241.

劳动争议的数量和涉及劳动者人数的增幅分别达到10多倍，而且平均每年增长均高于同期法院受理的刑事案件和其他民事案件的增幅，突出反映了劳动关系的动荡不安。详见图1所示。

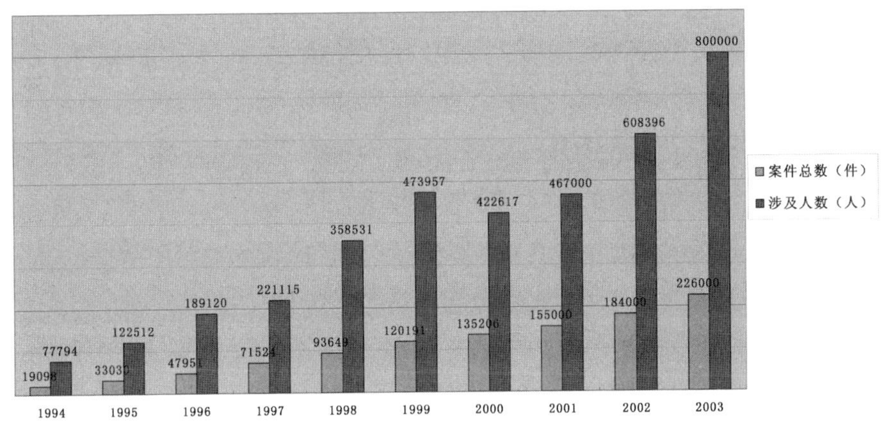

图1　1994—2003年案件总数和涉及人数比较

资料来源：1995—2003年的《中国劳动统计年鉴》，《2003年度劳动和社会保障事业发展公报》。

2. 集体劳动争议是目前我国劳动争议的主要形式，凸显劳动关系的不稳定因素加剧

集体劳动争议主要指劳动者一方在30人以上的劳动争议以及因履行集体合同发生的争议。我国目前的集体劳动争议以前一种为主。集体劳动争议大量增加是近年来我国劳动争议的一个显著特点（见表1），表明我国已进入集体劳动争议的高发期，且涉及的劳动者人数有增无减，显示出劳动关系不稳定波及的范围扩大。

表1　1994—2003年全国集体争议数量及人数情况

年份	集体争议数量（件）	年增长率（%）	集体争议人数（人）	劳动争议总人数（人）	集体争议人数占劳动争议总人数的比例（%）
1994	1482	--	52637	77794	67.66
1995	2588	74.63	77340	122512	63.13
1996	3150	21.72	92203	189120	48.75

续 表

年份	集体争议数量（件）	年增长率（%）	集体争议人数（人）	劳动争议总人数（人）	集体争议人数占劳动争议总人数的比例（%）
1997	4109	30.44	132647	221115	59.99
1998	6767	64.69	251268	358531	70.08
1999	9043	33.63	319241	473957	67.36
2000	8247	-8.80	259445	422617	61.39
2001	9847	19.4	287000	467000	61.46
2002	11024	12	374956	608396	61.6
2003	11000	-1.8	515000	800000	61.6

资料来源：1995—2003年的《中国劳动统计年鉴》，《2003年度劳动和社会保障事业发展公报》。

除数量和劳动者人数大幅上升外，集体争议还显现出下列特点：一是集体争议中的劳动者是劳动争议中的主要组成部分。虽然集体争议数量在劳动争议总数中所占比例不高，但涉及的劳动者人数却在劳动争议的总人数中占有相当高的比重。2003年全国共受理劳动争议案件22.6万件，集体争议案件的数量为1.1万件，只占总数的5%，而在80万人的劳动者当事人中，集体争议的劳动者达到51.5万人，占劳动争议总人数的61.6%。二是从集体争议发生的企业性质看，集体争议发生在各类企业中。三是集体争议处理的后果往往涉及众多劳动者，争议内容关系到如拖欠工资、欠缴社会保险、解除劳动关系等劳动者基本生存权的敏感问题，当事人情绪易激化，具有突发性强，发展快等特点，不仅影响面广、处理难度大，而且处理稍有不慎，极易导致扰乱社会秩序的群体性事件，影响社会稳定和经济发展。

3. 引发劳动争议的原因多集中在劳动报酬和经济补偿、赔偿及保险福利等劳动者基本劳动权益方面，利益矛盾成为劳动关系中的主要矛盾

近10年来，因劳动报酬、经济补偿和保险福利引发的争议一直是劳动争议的焦点，连续多年均占全部受理案件的50%以上，居各类争议之首。2003年这类案件数量达到12.1万件，占全部受理案件的53.5%，仍居第一位。其中，劳动报酬案件7.7万件，占33.9%；保险福利案件4.4万

件，占 19.6%。可见，这两类争议已成为劳动关系中的主要矛盾。

4. 案件处理难度增大，双方矛盾的对抗性增强

1997 年在全国受理的劳动争议案件中，以调解方式结案的占结案总数的 46.3%，以仲裁方式结案的占结案总数的 21.3%，其他方式占 32.4%。随后的几年调解结案的比例逐年下降，仲裁结案的比例逐年上升。2002 年调解结案的比例已下降至 28.5%，仲裁结案的比例上升至 43.3%。2003 年的比例也基本持平。仲裁裁决率不断攀高表明，当事人双方调解的意愿和调解的可能性明显降低，案件的处理难度增大，劳动争议双方当事人的矛盾呈现比较强的对立性和不可调和性。

5. 劳动者的申诉率和胜诉率高于用人单位

近年来，劳动者的申诉率和胜诉率都远远高于用人单位。1997 年用人单位申请仲裁的只占全部申请的 3.8%，而劳动者为 96.2%；用人单位胜诉为 16.2%，劳动者胜诉为 56.6%，双方胜诉为 27.2%。2002 年用人单位申请仲裁为 6.4%，劳动者为 93.6%；用人单位胜诉为 15.1%，劳动者胜诉为 47.2%，双方胜诉为 37.7%，企业败诉率居高不下。这反映出企业不遵守劳动法律法规，侵犯职工合法权益的现象十分普遍。

近年劳动争议的特点显示，随着经济转型，劳动关系复杂多变，矛盾日益突出，劳动者权益受到侵害的现象严重，集体争议越来越多，劳动争议呈继续上升和更加剧烈的发展趋势，且争议的复杂性和处理难度都将加大。劳动关系的稳定和社会稳定将受到严峻的挑战。

（二）劳工群体性事件的现状和特征

劳工群体性事件，也称突发性事件，一般是指劳动者不按我国现行的“一调一裁两审”的劳动争议处理程序，而直接采取罢工、上访、游行、示威等集体行动，以期达到维护自己切身利益目标的行为。以往，劳工群体性事件也曾被冠以“闹事”、“工潮”等贬义性称谓，以示与“稳定压倒一切”的政策之不协调。目前采用的“群体性事件”的概念，虽不具贬义色彩，但也并不反映劳工集体行动的性质及其背后争议内容的是非曲直。考虑到目前我国绝大多数的劳工群体性事件的起因是劳工无法通过正常合法的渠道去争取自己的经济权益从而诉诸集体行动，越来越多的学者

倾向用“劳工抗议”或“劳工抗争”来概念此类群体性事件[1]。

改革开放以来，我国发生的劳工群体性事件与市场化进程和经济结构的调整密切相关，大致可以分为两个阶段：

第一个阶段是1997年以前。这一阶段劳工群体性事件出现的原因，主要是由于国有企业转换经营机制及就业、分配和社会保障等“三项制度改革”所引起的劳动者利益受损。此外，所有制结构的变动和私营企业、外资企业的快速发展，在这些企业中的劳动者权益被侵害而引起的群体性事件也有迅速上升。另一方面，由于《劳动法》的实施，劳动者权益保障被社会广为关注，使群体性事件的上升势头得到了暂时的遏制。

第二个阶段是从1997年至今。党的十五大之后，公有制企业推行产权制度改革和以“减人增效”为标志的人力资源制度改革。国企改制使劳动者大量下岗失业，其劳动权益和产权权益均受到严重侵害，导致群体性事件增多，这在2001年中国入世后的新一轮结构调整中表现得有增无减。而在使用农民工为主的私营和外资企业中，《劳动法》无法得到有效贯彻，劳资冲突日益加剧。其中，国有企业工人的群体性事件主要是请愿、游行和示威。私营和外资企业劳资冲突的形式主要是罢工[2]。

到目前为止，我国尚未建立一套公开的劳工群体性事件的统计指标体系，并且，出于维护社会稳定的需要，这方面的有关统计数字也处于不公开的状态。研究者只能从某一时期、某一地区前后统计数据的比较分析和个案研究，对劳工群体性事件的性质、规模和数量做出推测。例如，2002年上半年，全国共发生百人以上企业职工及退休人员群体性事件280起，同比增长53%；涉及16.2万人，是上年同期的2.6倍。其中，1000人以上的群体性事件39起，是上年同期的3.9倍；涉及10.2万人，是上年同期的4.4倍。2003年，全国在岗职工、下岗职工及离退休人员参与群体性事件为144万人次，占全国各类群体性事件参与人次总数的46.9%，位居第一。因此，我们可以做出大致的判断：近年来，我国劳工群体性事件呈

---

[1]陈峰. 国企改制与工人抗争［EB/OL］. http：//www. usc. cuhk. edu. hk/wkgb. asp.

[2]常凯. 劳权论——当代中国劳动关系的法律调整研究［M］. 北京：中国劳动社会保障出版社，2004：293.

急剧增加的态势，并已成为影响经济社会协调发展的重大社会问题，是困扰当前社会稳定的第一位的重要因素。

概括起来，劳工群体性事件主要涉及以下事项：

1. 退休职工要求提高养老保险待遇

近年来，伴随着经济高速增长，消费物价也逐年上涨，而退休职工的养老金标准少有调整，其生活境况日益艰难，矛盾不断加剧，致使这方面的群体性事件最为频繁。从2002年上半年情况看，发生100人以上群体性事件58起，占总数的21%，是上年同期的近3倍；涉及4.7万人，占涉及总人数的29%，是上年同期的5.2倍。主要表现在：一是企业退休人员要求提高基本养老保险标准。例如，2004年10月，安徽某市纺织厂数千名退休工人连续3天占据市中心主干道，阻断交通，举行示威，要求提高养老金标准。二是一些企业退休人员集体上访，要求发放养老保险统筹外项目费用。三是大量集体所有制企业职工通过上访、围堵公路等方式要求参加养老保险统筹。

2. 企业大规模裁员，解除职工的劳动关系

以2002年上半年为例，发生100人以上的群体性事件32起，占总数的11%，是上年同期的3.6倍；群体性事件涉及4.5万人，占涉及总人数的28%，是上年同期的3.8倍。主要表现在：一是要求返岗或增加解除劳动关系的经济补偿金。二是要求接续社会保险关系。2002年5月，大港油田1000余名有偿解除劳动合同人员集体上访，要求接续医疗保险，并享受失业保险待遇。

3. 企业拖欠职工工资严重和工资水平过低

以2002年上半年为例，引发100人以上群体性事件91起，占总数的33%，比上年同期减少了8个百分点；涉及近3万人，占涉及总人数的19%。主要表现在：一是部分非公有制企业，特别是外商及港澳台投资企业（主要集中在广东、福建、江苏等省）恶意拖欠职工工资，特别是农民工工资情况突出，导致职工集体上访、罢工和堵路。二是一些经营困难的国有企业亦拖欠职工工资。

4. 企业改制，特别是关闭破产企业的职工安置问题引发纠纷

以2002年上半年为例，引发100人以上的群体性事件26起，占总数

的75%，与上年同期基本持平；涉及2万人，占涉及总人数的12%，是上年同期的2.5倍。主要表现在：一是破产企业职工认为安置费过低。比如，2002年3月，辽宁省辽阳市铁合金厂600名职工为此连续十几天集体上访。二是破产企业改制方案不完善或落实难，一些企业资产的出资购买人不履行合同的规定，损害职工权益。比如，陕西某毛纺厂改制方案划定，50岁以上才可以办理退休，其余工人全部买断工龄自谋生路。大批差几年甚至几个月就到50岁的工人突然丧失了本以为很快就能享受的退休待遇。2004年7月，2000多名职工上街堵路，抗议不合理的“一刀切”政策。

从劳工抗争和群体性事件的做法来看，主要有以下几种形式：

1. 原始反抗形式，诸如绝食、自杀或拘禁、杀害雇主等

这一阶段的劳动者并未形成一种自觉意识，即通过有组织的方式或诉诸法律来争取自己的权益。他们或者悲观失望，消极厌世。比如，2004年10月，沈阳市某建筑工地，由于工头卷款逃走，7名来沈打工的农民工因得不到工钱，吞食安眠药自杀，所幸被及时救下。也有的职工在被裁员失业时，铤而走险，对其雇主进行人身伤害。2001年，湖北省的三家国有企业厂长经理由于劳资纠纷，接连被其员工杀害，引发了社会的广泛关注[1]。通常，上述做法中，前者虽能博得社会公众的同情，但无助于问题的解决；后者公然采取刑事犯罪的方式，更不能得到社会舆论的理解，也不能达到维权的目的。

2. 停工、罢工

尽管《工会法》第二十七条规定，企业、事业单位发生停工、怠工事件，工会应当代表职工同企业、事业单位或者有关方面协商，反映职工的意见和要求并提出解决意见。但是，由工会组织的停工或罢工行为十分罕见[2]。从这个意义上说，我国的停工、罢工行为具有自发性。较之国有企业，非公有制企业更易发生员工罢工事件，以抗议拖欠工资、工资过低或恶劣的劳动条件。此外，层出不穷的各地出租车司机的“罢驶”事件不

---

[1]官方媒体披露湖北三位老总厂长惨死职工刀下［OL］. 中国新闻网，2002-02-24.

[2]曾有工会主席向笔者介绍，“停止加班”在外资企业中是工会与雇主斗争的一种重要形式。

仅将斗争矛头指向政府主管部门的相关产业政策，更有甚者，有些地方的罢驶司机还对那些不听招呼、正常运营的出租车实施了打砸行动，以保证罢驶的步调一致并使之取得预期效果[1]。

3. 游行、示威、请愿、上访

这些行为是国有或城镇集体企业劳工群体性事件的主要形式。通常面临改制的国企资产和经营状况不佳，自身无力解决职工的劳动关系问题，加之国企改制决策一般由政府主管部门制定，而由此引发的争议，仲裁机构和法院或者不予受理，或者久拖不决，故职工才采取上述集体行为来表达自己的意愿。这方面比较有影响的有2002年春季大庆油田和辽阳铁合金厂的大规模工潮。较之罢工而言，上述行为会造成更大的社会反响，但也会影响正常的社会秩序，故职工们一般都会保持低调，其内部的组织性也比较差。比如，他们不注重宣传，游行、请愿时通常没有标语、旗帜和横幅。大多没有演讲活动，致使路人根本不知道他们在干什么。不会建立以原有单位（例如车间班组）为单元的临时组织，致使参与成员很快流失。

4. “跳楼秀”、堵铁路、堵国道、堵桥梁

这些做法是比上述行为更激烈的集体行动，意味着群体性事件的升级和劳资冲突的激化。工人们把主要力量用于威胁跳楼或阻塞交通，以期引起政府和社会的关注，促进利益问题的解决。但因为这些做法极大地扰乱社会秩序，会使示威者反而处在孤立和不利的境地。

5. 召开职代会和“护厂运动”

这是国企改制、兼并重组过程中，为了制止企业少数负责人暗箱操作，致使国有资产流失和损害职工权益，一些企业职工奋起有组织抗争的一种形式。职工诉诸职代会这个传统的职工民主管理的组织形式，宣布企业兼并为非法，并做出由职代会接管企业经营管理权的决议，成立工人护厂队，使企业兼并方无法正常经营企业，以便最大限度地争取自己的利益。这种做法并不多见，也很难善始善终，但它是职工依托一个正式组织进行抗争的重要形式。

---

[1]这种做法见诸2004年8月宁夏银川的出租车罢驶事件，类似工业化国家罢工中的纠察（mass picketing）行为。

6. 同盟罢工和联合的趋向

这是工人们意识到自身利益一致，希望通过团结协作、壮大力量来争取自己权益的结果，也是罢工行为的高级阶段。例如，1994 年珠海市某公司1700 人罢工后，邻近有关企业的工人也蜂起响应，罢工人数迅速增加到4500 多人[1]。近年部分群体性事件涉及人员也发现有暗中串联、横向联合和相互呼应的趋向。2002 年以来，石油石化系统企业普遍改制，被裁减职工相互联系较为频繁。此外，退休人员、下岗失业人员以及改制国企被裁减人员也经常串联。这部分职工经常聚会，已成为一个有组织、有行动计划的特殊群体。

总之，近年来我国的劳工群体性事件呈较快的增长趋势。根据已有的研究统计，在 17 个国家和地区中，我国罢工行为的增长率是最高的[2]。这表明，我国虽没有合法罢工权，但已成为劳工群体性事件频率最高、形式复杂多样，且发展渐趋深入的国家之一。从现阶段劳工群体性事件的性质来看，笔者赞同有的学者的判断，主要是由于劳动者的基本经济权益被侵害，而又长期找不到适宜的渠道加以解决所致，群体性行为的直接目的是为了维护劳动者自身的经济权益，且自发性是其最主要的特点[3]。

二、我国劳动争议和劳工群体性事件频繁加剧的原因分析

我国劳动争议和劳工群体性事件频繁加剧，既是经济市场化和全球化长期对劳动关系施加影响的必然结果，也与近年来我国入世、经济体制改革深化、结构调整力度加大以及经济与社会的发展不平衡有密切的内在联系。概括起来，主要有以下几个方面的原因。

（一）新一轮国有企业重组改制中缺乏职工参与的制度保障

我国国有企业产权制度改革大体经过了三个阶段：1994 年以建立现代企业制度试点起步。1997 年以后通过增量扩股、先售后股、租售结合和产权重组等多种形式，使产权制度改革在各类国有企业中全面启动，逐步推

[1]常凯．劳权论［M］．北京：中国劳动社会保障出版社，2004：294.
[2]劳动科学研究所课题组．劳动关系中突发事件的成因及其对策探讨［R］．1997.
[3]常凯．劳权论［M］．北京：中国劳动社会保障出版社，2004：294.

开。同时实施减员增效、下岗分流、促进再就业的人力资源配套政策。从2003年开始，各地又启动了针对大型国有企业的以主辅分离、辅业改制为特征的新一轮结构调整和改制进程，以完成国有资本的退出、职工身份向市场化雇佣转化和债权债务处理等深化改革的任务。

但是，一些地方主管部门对企业改制不切实际地下指标、限时间、抢速度，一些企业无视实现条件而仓促改制，存在诸多不规范和侵害职工合法权益的现象，给企业职工队伍的稳定和社会稳定带来了一系列问题。

（1）一些企业未将企业改制方案提交职代会审议通过，有的企业尽管也履行了职代会程序，但通过种种手段架空职代会的审议通过权，使职代会程序流于形式。

（2）改制程序尚不健全，尤其缺乏严格的评估监督。目前决策部门更多地关注改制过程中有关问题的解决处理方案，而对于企业改制后能否兑现有关承诺，职工安置方案是否得到落实，还缺乏有效的评估验收和监督检查。

（3）经济补偿金标准偏低，“补偿金股权化”现象普遍存在。绝大多数地方国有企业实施改制时，支付给职工经济补偿金多则一二万，少则几千元，而且一些企业把“补偿金股权化”作为职工重新竞聘上岗的先决条件，规定“要钱不留人，留人不给钱”，职工必须“花钱买岗位”。

（4）部分企业违背改制合同，拖欠职工的工资，医药费和集资款没有得到清偿，而且拖欠应交纳给保险部门的职工保险金，致使职工的社会保险关系未能有效接续。

（5）改制一般都伴随着大规模裁员，“劳动合同短期化”趋势明显。

（6）相当一部分企业改制后，在执行法定劳动标准方面出现了明显倒退，职工工资失去正常增长机制，职工劳动强度大幅度提高。

（7）企业改制后职工民主参与和工会工作出现滑坡。企业改制后仍然坚持职代会制度的，主要原因是老板开明、职工的参与意识强。但由于没有法律依据，职工民主管理大多限定在知情、监督和建议等权利方面。在更多的企业中，职代会制度或被废止，或仅仅变成了咨询机构，难以有效发挥作用。

总的来看，由于国企改制始终回避职工群体在计划经济时代参与国有资产的形成而具有的共同所有者地位这一根本问题，加之中央政府未能出台统一的操作规范和补偿标准，放任地方各行其是，导致职工权益失衡。

据有关部门统计，2003年因企业改组、改制、兼并、破产而引发的群体性事件占总数的10.5%，排在第三位。2004年以来，由此问题引起的群体性事件有增无减。而且，由此类国企改制所引发的集体劳动争议，许多地方的劳动争议处理机构不予受理，使这部分争议无法通过法律途径予以解决，也加剧了劳动关系和社会的不稳定。

（二）经济转型时期的劳工政策对劳工权益的保护缺乏力度

转型时期的劳工政策体系究竟在多大程度上保护了劳工权益？这可以从政策的覆盖范围和实施效果两个方面做出评估。

——劳动合同制度是实施最久的规范劳动关系的制度，但覆盖范围主要在城镇，对乡镇企业和进城农民工还存在较大空白。

——工资集体协商制度的实施范围和力度非常有限。据全国总工会统计，工资集体协商制度从2001年开始推行后，截至2003年底，全国开展工资集体协商、签订工资专项集体协议的企业仅有29.31万个，覆盖职工3579万人。且这项制度的成功主要取决于一些不确定的外部条件，而不是谈判主体特别是劳工或工会一方的力量，加之目前企业拖欠农民工工资问题大量存在，故这项制度还远未成为企业工资决定的主要形式。

——劳动监察制度是最重要的劳动执法手段，但由于劳动执法人员的严重不足和素质低下，加上执法手段单一，且处罚力度不够，违法成本低，导致不能有效地威慑和遏制用人单位的违法行为，使这项制度难以发挥应有的作用。至2003年末，全国共有劳动保障监察机构3223个，配备劳动保障监察员4.3万人，其中专职监察员1.9万人，兼职监察员2.4万人。但面对全国数以万计的各类企业和2.4亿城镇劳动者，人少案多、执法不力等问题不会很快得到缓解[1]。

——劳动争议处理制度存在许多制度设计上的缺陷，如受理范围较窄，争议处理程序复杂且衔接不畅，仲裁时效时间短、起算点不明确，企业劳动争议调解委员会弱化等，已不能适应劳动关系变化和劳动争议激增

---

[1]劳动和社会保障部．中国劳动和社会保障年鉴2003［M］．北京：中国劳动社会保障出版社，2003.

的现实，亟待变革。

总之，我国转型时期的劳工政策体系已经形成，但其对劳工权益的保护是初步的和低水平的，尤以进城务工的农民工、弹性就业人员及下岗失业人员等社会弱势群体的权益保护亟待加强。

（三）以廉价劳动力为基础的经济增长政策加剧了劳资关系的失衡

以廉价劳动力为基础的经济增长政策对劳工权益的危害主要表现在：

（1）拖欠职工工资问题较为严重，前清后欠现象仍然存在。据全国总工会统计，2003 年共清欠历史拖欠工资 288.9 亿元，但当年新增拖欠达 301.7 亿元。以建筑行业为例，拖欠工程款和农民工工资问题十分突出，2004 年全国累计拖欠工程款 3660 多亿元，直接造成社会的不稳定。

（2）收入分配差距不断扩大。基尼系数不断提高，已超过国际公认的警戒线。城乡居民收入差距，地区间、行业间的收入差距，不同经济性质的单位职工收入差距，城镇内部各阶层之间的收入差距不断扩大。同一行业、同一企业经营者和劳动者收入差距不断拉大。

（3）工人群体收入过低问题日益突出，劳动者收入在国民收入中的比例逐年下降。

（4）社会保险覆盖率不高，部分职工缺乏社会保障。

（5）部分企业的劳动条件极为恶劣，职工生命安全和身心健康受到严重威胁。

正是建立在廉价劳动力基础上的单纯经济增长的发展观导致劳资冲突加剧和劳动关系不稳。因此，要缓解目前劳动争议和群体性事件激增的状况，必须从根本上转变发展思路，确立以人为本、以劳动者为本的新发展观。

三、对完善劳工政策，促进劳工权益保障和职工队伍稳定的讨论

2003 年以来，新一届政府在认真反思单纯追求经济增长所带来的危害后，提出了以人为本，协调和可持续的新发展观。其积极影响是，以温家宝总理为农民工讨薪为契机，第一次在整体上将工业化带来的农民工权益

保障问题纳入劳工政策之内，扩大了劳工政策的调整范围。

要遏制当前劳动争议和群体性事件上升的势头，促进职工队伍稳定，调整劳工政策的价值取向是重中之重。我国劳工政策进一步改革的原则是处理好经济增长与社会进步、促进市场效率与保持规则公正以及保障企业自主用工和增进劳工权益等三者的关系，使它们都能得到均衡、协调的发展。在此基础上，提出以下政策建议：

（1）在国企改制的过程中，要把职工安置问题放在优先位置，协调处理好涉及职工权益的有关问题。要充分尊重广大职工的民主权利，规范履行职代会程序。在重申企业改制方案、职工安置方案必须分别经职代会审议和通过的基础上，对职工代表结构、审议内容的提交程序、有效通过比例、表决方式等做出具体规定。

（2）完善劳动保障监察制度，规范监察执法行为，增强执法力度。我国劳动力市场政策体系已初步形成，但执法力度相当欠缺。日前，国务院颁布了《劳动保障监察条例》并将于2004年12月1日实施，这部行政法规对劳动保障监察做了具体明确的规范，特别是加大了对违反劳动法行为的处罚力度，为劳动监察工作提供了有力的法律依据。

（3）针对经济转型期强资本弱劳工的劳动关系现状和以往中央政府在调整劳动关系方面的强势地位，以及劳工和雇主组织有待进一步发育和形成自主协商能力的现实，加之地方政府总是以促进经济建设和保护投资环境为名，不恰当地偏袒资方，笔者认为，在现阶段，调整劳动关系的主要模式宜以中央政府召集工会和雇主组织，从源头促进政劳资三方协商机制的建立完善，以出台劳动法律法规、行政规章和三方会签文件和政策等形式，调整和解决劳动关系和劳工政策中的重大问题，如工业化过程中的农民工权益保障问题。

（4）帮助工人组建自主工会，通过工会凝聚劳工的集体力量来争取自身的权益。

（5）培育劳动关系两大主体工会和雇主的协商谈判能力，逐步形成劳资双方自主谈判，决定劳动关系事项的格局。

（6）鉴于劳动争议和群体性事件往往是由现行劳动争议处理制度存在的渠道不畅所引发，因此改革和完善现行劳动争议处理体制，最大限度地将所有劳动争议纳入到法律救济途径，及时公正地处理劳动争议，是解决劳动关系矛盾、消除隐患、维护社会稳定的重要手段。完善劳动争议处理制度应从以下几方面进行：

——扩大劳动争议的受理范围，将所有涉及劳动关系的争议均纳入到受理范围中。

——改革和完善劳动争议处理体制，提高劳动争议处理的质量和效率，将完善的重点放在优化仲裁和诉讼的衔接关系，突出和强化劳动仲裁的功能。

——以最大限度保护劳动者权益为目标，修改劳动争议仲裁时效制度。

——适当增强劳动争议调解制度的刚性，赋予调解协议合同约束力，扩大第一道防线的辐射和影响，减少和及时化解纠纷。

——充分发挥工会组织的作用。加大在非公企业组建工会的力度，健全和完善企业乃至产业和区域劳动争议调解组织，并在多层次三方协商机制中积极发挥防范和处理劳动争议的作用。

——贯彻《法律援助条例》，推进来自民间的劳动法律援助活动，培养劳工律师，为工人提供收费低廉的法律服务，让他们都能通过劳动争议仲裁和诉讼维护自身的合法权益。

——推进罢工权立法。罢工权是指一定数量的劳动者为改善劳动条件等经济目的而集体停止工作的权利，它是市场经济条件下工资劳动者对抗雇主以维护自身利益的主要抗争手段之一。大多数市场经济国家都对这一权利予以承认并规定在法律中，同时这也是国际劳工立法中的重要内容。我国虽然没有禁止罢工，但却没有在法律中明确赋予职工和工会罢工的权利，其结果就是罢工行为并不为法律所保障。而现实中，罢工作为劳动者的一项自然权利，却不因法律没有规定而消失，近年来的群体性事件频发足以说明这一点。这些罢工因没有法律规范往往难以取得成功，也极易使事态失控，加剧劳资矛盾。因此，推进罢工权立法是未来平衡劳资关系，维护劳工权益的重要手段。目前，在国家立法条件还不成熟的情况下，可以先由地方立法来加以规范，并在立法中率先对私营企业和外资企业的罢工做出规定。

2005：劳动者组织权的法律保障与实践
——以非公有制企业组建工会为例

组织权（right to organize），一般是指劳动者为改善就业条件和劳动条件的基本目的，而结成暂时或永久的团体的权利。具体则是指劳动者组织工会并参加其活动的权利。组织权有广义和狭义之分，广义的组织权是指劳动者成立工会并通过工会开展集体谈判和劳动争议等手段来维护自己利益的权利，一般包括组织工会权、集体谈判权和争议罢工权，即所谓"劳工三权"。狭义的组织权则专指组织工会权。

1999 年以来，我国在非公有制企业里推行了大规模的组建工会的运动，由此揭开了市场经济条件下工会工作的帷幕。研究劳动者组织权的法律保障，不仅有助于推进和规范非公有制企业中的工会组建，而且对探索市场经济条件下的工会工作模式具有重要意义。

一、我国对劳动者组织权的法律保障

我国法律明确规定了劳动者的组织权利。

1950 年 6 月，新中国开国伊始，便颁布了保障工人组织权利的《工会法》。该法开宗明义规定："凡在中国境内一切企业、机关和学校中以工资收入为生活资料之全部或主要来源之体力及脑力的雇用劳动者及无固定雇主的劳动者，均有组织工会之权。"

1992 年《工会法》对组织权的规定更为具体，该法规定："在中国境内的企业、事业单位、机关中以工资收入为主要生活来源的体力劳动者和脑力劳动者，不分民族、种族、性别、职业、宗教信仰、教育程度，都有依法参加和组织工会的权利。"与 1950 年的《工会法》比较，除增加了反对差别待遇的内容外，还将以往的“组织工会之权”修改为“参加和组织工会的权利”，这种修改，主要是考虑到中国工会已经有一个比较完整的和既定的组织体系，绝大多数地方和企业已经存在工会组织，劳动者组织权的行使，主要是参加工会。有学者指出，当时的这种立法思考，并没有预料到后来在非公有制企业组织权的行使并不是参加工会，而是组建工会[1]。

改革开放以来，经济结构的调整，非公有制企业的发展，促进了中国的经济增长。但是，非公有制企业的劳动关系问题也成为一个严重的社会问题。中国的非公有制企业的劳动关系是一种市场化的劳资利益对立的劳动关系。由于雇主和分散的劳动者双方力量对比的极端不平衡，加之这类企业劳动关系运行的不规范，以及地方政府出于发展经济的目的对雇主百般纵容，使得这类企业中的劳动者权益被侵害成为一个普遍性的问题，这表现在：相当多的企业不依法与职工签订劳动合同，逃避为职工缴纳社会保险金，致使大批职工就业无保障，失业无保险；劳资利益对立且差别悬殊，尤其是在出口加工型企业，压制职工工资是企业发展和增强产品国际竞争力的重要支柱[2]；加班加点现象相当普遍；劳动保护问题较为突出，严重危害职工的生命安全和健康；部分企业的管理人员采取各种非法手段，任意打骂、侮辱和体罚职工，其不文明的管理方式致使职工的人身权利和人格尊严得不到保障。由于上述侵权问题严重存在，导致非公有制企业劳动纠纷不断，职工流动频繁。此外，怠工、停工和罢工事件也屡有发生。凡此种种，已经严重影响了企业的正常生产秩序，妨碍了非公有制企业的健康发展和社会稳定。

非公有制企业劳动关系出现的这些问题，一个重要原因是由于这些企业中没有工会，绝大多数劳动者处于一种无组织的状态。截止到 1998 年底，全国外商投资企业、乡镇企业和私营企业实有工会 17.5 万家，有工会组织的职工 1445.8 万人，发展会员 1227.5 万人。其中，外商投资企业的

---

[1]常凯．劳权论——当代中国劳动关系的法律调整研究［M］．北京：中国劳动社会保障出版社，2004：227．本文在写作中参考了常凯著作的有关内容，谨致谢意。

[2]2004 年流行于中国南方出口加工区的“民工荒”是这种产业政策的一个副产品。

工会组建率为35.5%，职工覆盖率为31.1%；私营企业的组建率仅有4%，职工覆盖率仅为7.3%。上述企业工会的平均组建率只有7.3%，职工覆盖率只有11.5%。到1999年底，中国的工会会员人数是8689万，创历史上的新低。

同时，工会的维权机制和影响力也在弱化。造成工会影响力下降的因素主要包括：经济结构调整使传统上工会组织较为严密的行业大幅度裁员，而一般较难组织工会的第三产业服务性行业从业人员大量增加；职工构成的多样化，其中高技能白领工人、移民工人、临时工通常更愿意置身于工会之外；国家逐步放松对劳动力市场的管制，劳动力自由流动频繁，劳动关系呈弹性化和灵活化趋向；企业弹性生产方式的采用和加大对转包和分包形式的依赖，等等。

针对这种状况，全国总工会提出“哪里有职工，哪里就必须建立工会组织”的要求，把在非公有制企业组建工会作为重中之重，并计划到2002年底，要达到在全国非公有制企业组建工会100万家、发展会员3600万人的阶段性目标。因此，把握《工会法》的有关规定，对规范工会组建至关重要。

（一）组建工会的实体要件

实体要件即组建工会必须要具备的法律条件。这种法律条件主要包括三个方面：一是会员的资格；二是工会领导人的资格；三是工会组织的合法性。

1. 工会会员的资格

我国《工会法》、《劳动法》等法律法规都明确地规定了依法组织工会是劳动者的基本权利。《工会法》规定，工会会员的条件是：“在中国境内的企业、事业单位、机关中以工资收入为主要生活来源的体力劳动者和脑力劳动者，不分民族、种族、性别、职业、宗教信仰、教育程度，都有依法参加和组织工会的权利。”

这一规定对于会员资格做了以下限定：一是在中国境内的企业、事业单位、机关中工作；二是以工资收入为主要生活来源的人；三是具有劳动关系中与用人单位相对应的劳动者身份，包括体力劳动者和脑力劳动者。此外，工会会员还必须具有公民权并达到法定的劳动年龄。

2. 工会组织的领导人的资格

作为工会领导人，首先要符合工会会员的条件，比如，以工资收入作为主要生活来源、是劳动者、享有公民权等。同时，还应该具有比普通会员更高的条件。工会领导人在年龄上必须达到法定的成人年龄，才能具备承担各种法律责任的能力。此外，根据《中国工会章程》的精神，作为工会领导人，还应当具备较好的政治素质和思想修养，有一定的组织活动和社会活动能力，能热心为职工群众服务，在职工中有较广泛的号召力等。

3. 工会组织的合法性

新中国成立以来，中国的工会立法一直坚持工会组织的一元化，全国建立统一的中华全国总工会，不属于全国总工会系统的工会组织即为非法工会。对此，1992 年《工会法》规定："基层工会、地方各级总工会、全国或者地方产业工会组织的建立，必须报上一级工会组织的批准。"此外，根据《工会法》的规定，工会的活动还必须"遵守和维护宪法，以宪法为根本的活动准则，依照工会章程独立自主地开展工作"。

（二）组建工会的程序要件

组建工会的程序要件，是指工会组织的建立还必须经过相应的法律程序。关于程序要件的内容，各国法律的具体规定各有不同，但一般有申请、登记、上诉等内容。中国是一元化的工会体制，在基层企业建立工会的程序，主要包括申请和批准等环节。

1. 申请

一般地说，申请建会的主体应是企业的劳动者。但是，由于在组建工会之前劳动者尚未形成有组织的力量，在申请建会方面或者还没有主体意识，或者心存顾虑因而不敢或不愿主动申请，因此，全国总工会为促进职工建会，提出可以有几种申请的方式：其一，在已经建立党组织的企业，可以由党组织提出的工会筹备组人选提出申请；其二，由职工选出自己的代表提出建会申请；其三，由上级工会组织与职工和雇主代表共同协商成立工会筹备小组提出建会申请。申请的部门应是上级工会。在这里，规定有资格申请成立工会的有三种主体：一是党的组织，这是组织权行使中的一个中国特色，其原因在于中国工会是在中国共产党的领导下的群众性组织；二是劳动者，这应该是申请成立工会的主体；三是上级工会组织，其有权发展下级工会[1]。

2. 批准

中国《工会法》规定，“基层工会建立……必须报上一级工会批准。”在工会筹备组经过发展工会会员，召开会员代表大会，民主选举工会委员会和工会主席、副主席后，即需要向上级工会报告选举结果，请上级工会批准。只有经过上级工会批准并登记，新组建的工会组织才具有合法性，才可享有基层工会的权利和义务。

2001 年通过的《工会法》修正案还就以下组建工会的问题提供了法律保障。

（1）对上级工会履行帮助和指导职工组建工会的职权提供了法律保障。《工会法》第十一条明确规定，“上级工会可以派员帮助和指导企业职工组建工会，任何单位和个人不得阻挠”。职工自愿参加工会，不是自发性参加工会，这需要上级工会深入职工当中进行大量的宣传和组织工作。在市场经济条件下，随着多种所有制经济成分的发展，企业之间没有了行政隶属关系，上级工会深入企业开展工作缺少了必要的法律依据。近年来，正是由于上级工会无法深入各类企业开展工作，造成大量职工对工会缺乏了解，难以加入工会。《工会法》第十一条的规定，从法律上使上级工会深入企业履行建会的职权合法化，同时也明确指出阻挠上级工会深入企业建会的行为是违法的。

（2）对企业支持建会工作提出了具体的法律要求。《工会法》第十条明确规定，企业、事业单位、机关，不论人数多少，都应当建立工会组织，建立工会组织的形式可因职工人数的多少而异。第四十五条还规定，企业、事业单位、机关应当为工会办公和开展活动，提供必要的设施和活动场所等物质条件。这必将为组建工会创造更好的内部环境。

（3）为发挥街道和乡镇工会这一中间环节的作用提供了有力的法律保障。《工会法》第十七条明确规定，“企业职工较多的乡镇、城市街道，可以建立基层工会联合会”，这就从根本上解决了建会中间环节的问题，给了街道工会和乡镇工会合法的“出生证”。

---

[1]全总组织部．新建企业工会工作实用教材［M］．北京：中国工人出版社，2001：68.

（4）为工会组织形式的多样化提供了法律保障。从全国情况看，非公有制企业的绝大多数为小企业，人数在 25 人以下的占 80% 以上。在这种情况下，如果仍然坚持原有的 25 人以上的才必须建立基层委员会的规定，显然脱离实际。从这一实际出发，《工会法》确定了工会组织的多种形式，第十七条规定，“会员在二十五人以上的，应当建立基层工会委员会；不足二十五人的，可以单独建立基层工会委员会；也可以由两个以上单位的会员联合起来建立基层工会委员会，也可以选举组织员一人，组织会员开展活动”。这一规定，适应了非公有制企业的实际情况。

（5）对组建工会的法律责任提供了法律保障。《工会法》第五十七条规定了三种情况：阻挠职工依法参加和组织工会或者阻挠上级工会帮助、指导职工筹建工会的，由劳动行政部门责令其改正；对拒不改正的，由劳动行政部门提请县级以上人民政府处理；对以暴力、威胁等手段阻挠造成严重后果，构成犯罪的，依法追究刑事责任。

二、我国非公有制企业工会组建的主要经验和存在问题

（一）主要经验

1999 年末的宁波会议，标志着我国非公有制企业工会组建工作进入了一个新时期。这次会议要求：

（1）在建会思路上，要完成全总提出的“争取用三年左右的时间，把绝大多数新建企业职工组织到工会中来”的组建目标，必须改变过去“成熟一家发展一家”等按部就班的被动建会办法，按照“哪里有企业，哪里有职工，哪里就有工会组织”的原则，采取单个企业建立基层工会、多个小企业建立联合基层工会，按照区域、行业建立基层工会联合会等组织形式，以“整体推进、不留空白、不留死角”的积极主动姿态加大工会组建力度，最大限度地把职工组织起来。同时，要从就组建抓组建转向既要抓组建，又要抓作用发挥，以工会作用发挥促进组建，形成良性运行循环。

（2）在建会程序上，不应照搬国有企业的办法，可采取“先搭台，后充实，再完善，逐步规范”的总体安排，即先建立工会联合会，然后尽快指导企业建会和职工入会。

（3）在会籍管理上，针对非公有制企业职工流动性大的特点，实行有别于国有企业的“流动会员”制度，会员关系随劳动关系流动。其劳动关系确定在哪里，会员关系也同时跟到哪里。

据全国总工会统计，截至2004年末，全国基层工会组织数达102万，其中，非公有制企业为45.9万个。累计共发展工会会员13694.9万人，其中，非公有制企业为5546.3万人[1]。

从各地非公有制企业组建工会的进展情况看，积累了以下行之有效的经验：

1. 建立了四项工作机制

（1）建立分级负责的目标考核机制。将新建企业工会组建年度目标任务是否完成，作为各地年终达标考核一票否决的内容。建立领导小组定期工作例会制度，情况定期通报制度，定期信息发布制度和工会组建档案管理制度。

（2）建立集中攻坚的工作合力机制。成立新建企业工会组建工作领导小组，形成党委领导、政府支持、工会主抓、各方配合的工作格局。

（3）建立条块结合的新型领导机制。一是以地方为主，建立向下延伸的多层次、全方位的工会组织网络。二是根据工会章程确定的管理原则，按照企业所有制性质建立的“条块结合、以块为主”的各级外资企业、私营企业工会联合会组织。

（4）建立借助外力的联动配合机制。如积极争取各级党委领导及与有关部门密切配合；主动参与地方立法，将新建企业建会工作纳入法制化轨道；借助《工会法》执法检查等活动，加大建会的宣传力度；实行灵活的建会措施和优惠政策，调动各方积极性；借助跨国公司在转包商企业实施的“企业守则”活动，推进工会组建，等等。

2. 形成了六种建会模式

（1）独立组建模式。在职工25人以上的新建企业，仍然按照传统的组建工会形式，直接建立独立的基层工会委员会。这种建会模式约占总数的1/3。有的地方根据新建企业的特点，提出百人以上企业规范操作，对

[1]全国总工会．2004年中国工会维护职工合法权益蓝皮书［J］．工运研究，2005（18）：4.

百人以下 25 人以上的企业，则根据企业的实际，最大限度地简化建会程序。

（2）联合组建模式。职工不足 25 人的小型新建企业，按照就地就近的原则，在同一地域、行业、专业市场、大楼内两个以上企业建立联合基层工会委员会。以江苏省为例，共建立联合基层工会 2000 多个，覆盖小型新建企业 10 万多家。

（3）上挂组建模式。对个别单独、零散的小企业，又不具备建立联合基层工会条件的，由企业工会小组、会员直接挂靠在企业所在地上一级工会或工会联合会。

（4）派入组建模式。对一些外商独资企业、规模较大的私营企业，江苏、湖北等地试行了从国有集体企业、党政机关、事业单位中选派熟悉工会工作，有奉献精神、年富力强的骨干为企业工会主席候选人，并帮助企业筹建工会。为避免企业工会依附于雇主，由地方工会给企业工会主席发放工资。

（5）统筹组建模式。针对经济结构调整，大量小型新建企业向农村、城市社区延伸发展的趋势，经济发达地区探索在村、社区统一建立工会组织，以此辐射所在地区企业工会的组建。

（6）属地组建模式。针对大量在各地经济开发区内注册、区外生产经营的企业，按照属地管理的原则，由开发区提供企业名册、生产经营地点，依靠企业所在地工会建立基层工会，将大量流动性很强的私营建筑施工队中的农民工吸纳到工会中来。

（二）存在问题

我国的非公有制企业工会的数量在持续激增，而这主要是自上而下推动的结果，很难避免泥沙俱下，鱼龙混杂。从已建工会组织的现状看，主要存在着以下问题。

1. 关于会员资格遇到了一些新的问题，即私营企业的老板以及私企或外企的高级管理人员能否加入工会

有人提出，私有经济已成为中国社会主义市场经济的重要组成部分，“优秀”私营企业主是有中国特色社会主义的“建设者”，可以加入中国共产党，难道还不能成为工会会员？也有人提出，允许和鼓励私营企业主加

入工会，有利于企业劳动关系统一性得到更好的发展，有利于增强工会的实力。在实践中，有些地方的上级工会是在委托老板建会，而不是依靠工人建会，有的地方对于老板组织工会褒奖有加，甚至当成经验介绍。由老板的亲信或亲属如二老板、老板娘担任私企工会主席的情况，在目前已不是个别现象。

这种认识和做法是违背中国法律规定的。私营企业主的社会经济身份是资产所有者，是剩余价值的占有者。私营企业主是与劳动者相对立的劳动关系的另一方，他们的收入中包含有一定的劳动收入，如他们作为体力和脑力消耗者而获得的管理收入，但其主要收入源于利润或剩余价值。没有利润或剩余价值，就没有私营企业的存在和发展，就没有私营企业主。从这一角度说，私营企业主并非以工资为主要收入来源，他们不具法律意义上的“劳动者”身份，因而不具备加入工会的资格。而工会是工人阶级的群众组织，其成员的阶级性是工会的基本条件，即不是工人阶级分子，就不能加入工会。这一点必须非常明确，否则，工会则不成其为工会。如果私营企业主也可以加入工会的话，工会将改变了其阶级性质。劳动关系的统一性并不是以改变工会性质来发展的，企业主加入工会非但不能增强工会的实力，而只能使得工会徒有其名或变成被雇主控制的“老板工会”（company union）。

关于私企和外企中的高级管理人员能否参加工会的问题，则显得特殊和复杂。有人提出，高级管理者不是资产所有者，而是劳动者，所以应有入会资格。这种认识也不准确。私企和外企中的高级管理人员，是向雇主负责的管理方，即是相对于劳动者的劳动关系的另一方，他们亦不属于劳动关系中的“劳动者”。管理这种劳动具有两重性，它既有劳动的一般属性，也体现了资本追求剩余价值的特殊性。管理者是资本的人格化代表，他们的这种身份，也是与工会的性质不相容的。私企和外企的高级管理人员如果加入工会，不仅涉及工会的主体和性质，还会直接影响集体谈判制度的推行。

目前，在市场经济国家的劳动立法中，对于企业高级管理人员加入工会都有明确的限制性条款。如日本《工会法》规定，“负责人员，有录用、解雇、提升和调动的直接权限而居于监督地位的人员，由于接触雇主的劳动计划、方针等机密事项，因而职务上的义务和责任同工会会员的忠诚和责任直接相抵触而居于监督地位的人员，代表雇主利益的其他人员”，不得加入工会[1]。

不仅如此，雇主和高级管理人员一般不得加入工会，也是国际劳工公约中非常明确的一个原则。在国际劳工公约的规定中，雇主也享有组织的权利，但这种权利只能组织与工会相区别的雇主组织，而决不能介入工会组织。并且，第98号公约将雇主介入和控制工会的情况视为“不当劳工行为”（unfair labour practice）而严格禁止。

2001年《工会法》修正案对于企业主要负责人加入工会的问题，明确做了限制性的规定，即“企业主要负责人的近亲属不得作为本企业基层工会委员会成员的人选”。但是，该修正案并未对企业高级管理人员加入工会进行限制。这表明，中国的劳动立法已开始与国际劳工标准接轨，但要根绝雇主控制工会的行为，则还有很长的路要走。

2. 对不合程序要件的“非法工会”要具体分析和加以引导

根据我国法律，只有被中华全国总工会所属工会批准方为合法工会。但随着非公有制经济的发展和劳资矛盾的突出，一些未经批准的工人自发成立的组织在各地都有出现，有的政府部门也发起举办相应的职工维权机构，并在民政部门注册登记，这些组织实际上也具有工会的性质。如何正确对待和处理这些非法的工会组织，既涉及工会体制，也涉及工人的权利，是一个政策性非常强的工作，应当慎重处理。

对于工人非法成立的工会，应该具体分析，因为这些工会的产生原因是多方面的。有的是因为工人不了解法律有关成立工会的程序规定，一些打工仔、打工妹，为了维护自己的利益而自发成立一个组织，称为“打工妹协会”，或者叫“雇员协会”，还有的叫“同乡会”等。对于这一类的活动，工会不应冷落，更不应打击，而应当积极地引导、教育，把他们的活动导入到法律的轨道中，使他们成为中华全国总工会的下属组织。对于一些政府部门出于工作职能的延伸而举办的“外来工管理协会”或“人民调解会”，有的还接受了国外机构的资助，要依法取缔，并做好说服解释

[1]全国总工会法律工作部. 修改《工会法》参考资料汇编［G］. 1999：392.

工作，将其组织、职能和资金纳入工会的管辖范围，落实胡锦涛同志关于进一步完善在工会组织领导下的维权机制的重要批示精神，以维护工会组织的统一。还有一类的自发工会，是由于该企业的工会不能代表工人的利益，或者毫无作为，或者受老板指使和利用，成为“老板工会”。工人自发成立工会是为了抵制这种“老板工会”。对于这种情况的处理更要慎重。一方面，要对原有的工会进行调查、甄别和处理；另一方面，对于这些自发工会要控制和引导，不要简单地排斥打击，激化矛盾。

从根本上说，在非公有制企业组建工会，工作重点应该是发动和组织劳动者，提高他们的阶级意识和组织意识，动员他们组织起来维护自己的利益。各级工会有义务支持和帮助工人建会，特别是对于工人自发要求建会的行动，更应该支持和保护。对于带头要求成立工会的工人领袖分子，应该保护他们的积极性，而不应以各种借口予以打击或排斥。成立工会，需要由工会组织自上而下进行，更需要由职工群众自下而上进行。组织权的主体是劳动者，组织工会的权利，就实质而言是职工的权利。

3. 由于组织体制改革的滞后和限制，非公有制企业工会的维权作用难以有效发挥

工会的主要职能是维护职工的合法利益。但是，出于维护政治和社会稳定的考虑，非公有制企业组建工会基本上摒弃了行业工会（craft union）和产业工会（industrial union）的思路，而主要采取在企业内组建工会的方式。在这种组织模式下，工会工作者都是企业的雇员，在经济上对雇主有依赖，因而无法独立自主地维护职工利益，致使工会的维权作用难以有效发挥。部分勇于维护职工权益的工会工作者则很难见容于企业雇主，极易遭受到来自雇主各种形式的打击报复以致解聘[1]。这导致工会的维权工作只能局限于开展法定节假日的联欢、参观及访贫探病等活动，工会组织和工会干部处于极不稳定的流动状态，工会经费的收缴更是困难重重。

[1]工会主席依法维权竟被炒“鱿鱼”[N]. 工人日报，2004-02-06. 该报每年都要以此为题展开讨论，越来越多的读者认为应当通过体制改革来维护基层工会工作者的权益。

三、完善劳动者组织权保障的政策措施

（一）促进非公有制企业工会规范化建设

从2002年开始，伴随着大规模建会所暴露出的问题，在工会内部引发了广泛的思考。人们普遍认识到，必须提高非公有制企业工会的规范化建设水平，增强工会组织的凝聚力，才能更好地吸引职工入会。如果有了工会组织却不能发挥作用，工会维权就是一句空话，就会损害工会的形象。

为此，全总要求，要把组建工会和发展会员的工作作为一项长期而艰巨的任务，进一步巩固和发展建会的成果，积极探索组建工会的长效机制。坚持自下而上与自上而下相结合的建会方式，防止和杜绝出现“依靠老板建工会”的现象；既要重视工会的组建率，更要看重职工的入会率。2003年以来，全总要求，将建会和发展会员的工作重点放在进城务工的农民工、季节工及国有企事业单位和机关中的劳务工身上，并加快乡镇和社区工会组建的步伐。乡镇和街道工会具有基层工会和地方工会的双重职能，直接面对越来越多的基层工会组织，处于推进基层工会组织建设的最前沿。要履行好抓基层的职能，主动代行基层工会难以承担的部分维权职能。2005年，全总在义乌召开现场会，推介了义乌工会在民政部门注册法律服务机构的社会化维权模式。加强对会员会籍的管理工作，实行会员关系随劳动关系流动的管理制度。此外，已组建工会的工作重点要从“一个班子、一块牌子、一个印子、一个台账、一次活动和一个工会经费账户”的最低工作标准向有效发挥作用和规范化建设转变。要以“基层组织是否具有活力作为检查和考核新建企业工会工作的重要标准”。

加强基层工会建设有各方面的要求，当前尤其要抓好几个关键环节：一是要依法推进基层工会建设。二是要民主推选出能代表和维护职工利益的基层工会主席。三是要建立健全基层工会的各项民主制度。

（二）改革工会的组织领导体制

促进非公有制企业工会有效发挥作用和规范化建设，需要根据经济全球化和市场化的客观要求，改革工会的组织领导体制。

要确立一个明确的指导思想，即按照有利于突出维护职工合法权益的

原则，以增强工会工作的自主性和独立性为重点，通过“上代下”的领导和工作方式，全面提高工会工作水平，推动企业劳资关系持久、协调和平衡发展。

在现行工会组织体制改革的思路上，提出如下政策建议：一是在组织机构的设置上，按照组织机构设置适应任务的原则，打破工会现行的条块分工，建立区域性和行业性的工会组织，作为未来行业工会或产业工会组织模式的雏形。二是在组织方式上，可以按照自上而下地成立工会联合会和自下而上建立基层组织并广泛发展会员相结合的办法，加快工会联合会和基层工会组织的建立。三是在工作职责的划分上，从非公有制企业的实际出发，按照基层工会难于承担的维权任务，由行业和产业工会来承担的要求，打破传统的工会机关和基层工会职责的界限，保护基层工会干部的积极性。四是在干部的配备上，要打破自我封闭，选拔一批具有服务劳工精神并兼备业务能力的工会干部充实到基层去，并进行垂直管理干部的试点，以降低工会干部对企业管理层的依附。推进工会组织的民主化和群众化，开展工作更多地依靠兼职工会干部和积极分子。五是工会改革和突出维权应当得到各级党政领导的支持和理解。需要在思想认识上处理好“维权”和“维稳”的关系，即如果工会不能有效地维权，便无法担当起党和职工群众之间的桥梁纽带，还会诱发各种自发性组织和国外势力的渗透，这于党的事业是不利的。

从长远发展的角度看，工会组织体制改革的目标应当是从目前的以地方工会为主，地方与产业相结合的体制逐步过渡到产业与地方相结合，突出产业和行业工会在维权中的主导地位。近年来，围绕着向市场经济转型中的工会改革的讨论，在工会内部形成了一种共识，那就是应当强化行业工会和产业工会在突出维权中的作用。这是因为，在市场经济条件下，工人个体无法与雇主平等协商，签订公平互利的劳动合同，他必须借助工会组织来达成劳资双方力量的均衡，从而实现自身的利益。而工会则应当以一种最能凝聚工人力量的方式来加以组织，在这方面行业工会和产业工会具有得天独厚的优势。而且，以行业和产业方式组织工会，更适合于针对入世和结构调整对不同产业的不同影响制定突出维权的策略。进一步而论，工会的组织方式还与其民主化、群众化密切相关，只有通过组织体制的变革，工会才能真正走向自下而上的建会和发展会员的模式，进而确立会员在工会中的主体地位。当然，考虑到政治和社会稳定的要求，工会改革也须循序渐进，不可能一蹴而就。

（三）完善工会立法，保障劳动者的组织权

2004年以来，全国人大开展了对《工会法》的执法检查。从2001年《工会法》修正案颁行，不到三年的时间就举行这类活动，足见立法机构对《工会法》执行的重视。同时，也说明这部法律在实践中还存在着许多问题，需要进一步修订完善。

从保障劳动者组织权的角度看，建议从以下两方面修订《工会法》：

第一，引入“不当劳工行为”的概念，禁止雇主及其代理人侵害劳动者的组织权利。其中，要根据市场化进程、经济结构调整和利益分化的现状，更加明确地界定工会会员的资格条件，严格禁止企业雇主及一定级别以上的高级管理人员加入工会，限制雇主在财政上给予工会资助，以避免雇主控制和干涉工会组织及其活动。

第二，增设会员一章，详述会员的权利和义务，会员与非会员的待遇差别，进一步增强工会组织的吸引力和凝聚力。要明确会员代表大会是工会组织的权力机构，淡化工会组织的行政化、官僚化色彩。以此来强化会员在工会组织中的主体地位，促进工会组织成为一个更加纯粹的民主化、群众化的利益组织。

2006：中国劳动关系的转型及当前特征

所谓“转型”（transformation），意指一个国家在其发展的一定阶段，通过推行经济、政治或社会体制的转换，以促进发展的举措[1]。它意味着从一种体制转换到另一种体制，属于比较体制研究的范畴。而中国劳动关系的转型，具体指我国的劳动关系形态和调整劳动关系的模式正在从以往的计划经济体制向市场经济体制转变。

一、计划经济体制下中国劳动关系的建立和特征

从1949年新中国成立到20世纪70年代后期改革开放的相当长的时期内，中国实行中央集权的计划经济管理模式。与之相适应，劳动关系的建立也受到计划经济和社会主义制度和政策的严格制约，呈现出浓厚的计划经济色彩和展现社会主义制度优越性和工人阶级主人翁地位的考量。概括地讲，就是采用统包统配的方式使用劳动力和与之建立固定工式的终身劳动关系。

新中国成立伊始，就面临解决大批失业人员就业的突出问题。1950年6月，政务院规定，企业需要雇佣员工，都要向劳动介绍所申请，由劳动介绍所统一介绍。随着经济的恢复和发展，各部门用人增多，1952年7月，政务院又提出了劳动力的统一介绍要逐步向统一调配过渡的政策，不经批准，不得私招乱雇。1957年以后，国家采用全国统一招收的办法把每年新成长的劳动力“包下来”，然后再统一分配到企业，逐步形成了“统包统配”的劳动力用工制度。

[1]厉以宁．转型发展理论［M］．北京：同心出版社，1996：2.

固定工制度是随着统包统配制度的建立而形成的。1956年，全国有3500多万职工，其中固定工有3200多万人，占职工总数的91%[1]。到1971年，企业大量的临时工、合同工转为全民所有制固定工。固定工制度的确立，意味着中国出现劳动力能进不能出的“终身制”劳动关系的现象。

中国计划经济体制下的劳动关系从50年代中期发轫，到60年代后期定型，一直延续到80年代中后期。其主要特征表现在以下几方面：

1. 劳动关系类型的单一化

所谓类型的单一性，是指在全国范围内，只有一种单一的公有制经济劳动关系，这种公有制经济劳动关系主要表现为劳动关系主体一方的用人单位的经济性质为全民所有制和带有全民性质的城镇集体所有制，劳动者也都是全民所有制固定工身份的职工。到60年代后期，企业短期性、季节性和临时性用工大量转成固定工，临时性劳动关系范围很窄，其他非公有制经济劳动关系一般不存在。

2. 劳动关系主体的抽象化

用人单位无权自行招用劳动力，而要由国家下达用工指标，在指标内招工；劳动者无权自择职业，而要由国家统一分配安置就业。劳动关系建立后，工资分配、保险福利等，都是国家统一制定政策，统一进行调整。用人单位的主要任务是协调和监督劳动者以完成政府下达的生产计划而非经营决策。在这样的情况下，企业经营管理人员和工人并不是真正的劳动关系主体，实际上构成劳动关系主体的是非常抽象化的党和国家与工人之间的关系，劳动关系各领域都由国家统一计划、统一部署、统一实施。

3. 劳动关系内容的泛政治化

由于工人阶级是领导阶级，是生产资料的所有者，在企业中具有主人翁地位，这种地位通常反映在劳动关系的诸多方面。比如，劳动者就业通常采取由国家统包统配的固定工终身就业制度；工资分配实行平均主义“大锅饭”式的计时工资制；社会保障采取国家和企业包起来的各项劳动保险和企业集体福利制度；以此彰显新中国社会主义制度的优越性。此外，计划经济条件下的企业不单纯是经济组织，它们作为“无产阶级专政

[1]中国劳动人事年鉴（1949—1987）[M]. 北京：劳动人事出版社，1988：196.

下的基层单位”，还承担着规范国家与职工以及职工之间的政治和社会关系的多方面职责。

4. 劳动关系三方利益的一致化

在企业劳动关系中，企业是国家的企业，职工是国家的职工，全体劳动者都是国家的主人，都是生产资料的占有者，劳动者和劳动力的使用者都没有独立的主体身份，双方没有形成相对独立的利益主体。虽然企业经营管理人员和职工之间存在追求利益方式的差异，但这种差异远小于党和国家的利益与企业管理者以及工人利益的一致性。就职工而言，他们并不是作为真正的利益主体参与和处理劳动关系的事务，他们的利益是由国家和单位来代表的。虽然企业内也存在工会，但工会并不是作为职工利益的代表，而是作为国家和单位的行政助手而发挥作用。职工对国家实际上是一种依附关系[1]。

5. 劳动关系运行的行政化

用人单位和劳动者建立劳动关系是通过政府的行政指令来实现的。劳动关系一旦建立，没有政府的行政指令，终身保持不变，直至退休。企业人员严格限制流动，劳动关系一方的劳动者身份不可转换。如果需要，也是由国家用行政方式进行调配。

二、改革以来经济转型对中国劳动关系的影响

1978 年党的十一届三中全会揭开了改革开放的帷幕，从而使中国进入了一个由计划经济向社会主义市场经济过渡的经济转型期。中国的经济转型，主要有两层含义：一是指由集权的计划经济体制转向现代市场经济或称社会主义市场经济体制；二是指由落后的农业国转向现代的工业国。其基本指导思想，即打破传统的计划经济体制下的生产经营模式，通过市场合理配置生产要素，实现资源的最佳利用，以提高经济运行的效率。在这一转型发展进程中，有三大体制性因素对劳动关系的变化施加了重要影响：一是经济所有制结构的调整，特别是国有经济产权制度改革和现代企

[1] Andrew Walder. 共产党社会的新传统主义［M］. 牛津：牛津大学出版社，1996：183.

业制度建设；二是劳动用工制度改革和劳动力市场的发育；三是企业分配制度的改革。

（一）国有企业改革与经济所有制结构的调整

中国经济转型的核心是国有企业的市场化改革。改革开放之初，中国的经济所有制结构仍然是“一大二公”，国有经济占据垄断地位。国有企业的痼疾是效率低下，据此，国企改革的中心目标是实现政企分开，将企业推向市场，使之成为自主经营的市场主体，以提高企业经济效益。

在改革进程中，国企经营者的权力地位不断得到加强。从80年代实施《企业法》，实行厂长经理承包经营责任制，到90年代扩大企业经营自主权，企业改组公司制，赋予经营者法人财产权，实行年薪制和股份期权等措施，乃至部分国有企业在改制中实行经理人收购或“持大股”，使企业经营者与劳动者之间，不再仅仅是劳动权益的差别，而是演化为经营者掌握企业的法人财产权，因而与劳动者之间具有了获得不同产权权益的等级差别。可以说，国有企业经营者与劳动者虽同属于工人阶级，但他们获取利益的方式不仅是有差别的，而且是渐趋对立的。

所有制结构的调整，发展非国有经济，创造一个以公有制为主体，多种经济成分并存的竞争环境，是中国经济转型的又一特色。改革开放二十多年来，私营、外资等各种类型的非国有经济逐步得到政策的支持和制度的保护，取得了很大发展。1997年，中共十五大明确非公有制经济是中国社会主义市场经济的重要组成部分。到2002年，非国有经济在国内生产总值中所占比重约为48.5%；外商和港澳台投资企业在国内生产总值中所占比重约为15%。1981—2002年，民间投资年平均增长25%。2002年，不包含外资的民间投资达到1.7万亿元，同比增长22.4%，占全社会投资的40.3%。2002年，全社会就业总数为7.374亿人，其中国有单位就业人员7163万人，占全社会就业总数的9.7%，如果不包括3.66亿农业劳动力，非国有经济吸纳的就业量为3.09亿，其中乡镇企业就业人员为1.33亿，占全社会就业总量的42%；非国有经济在二、三产业的就业比重达到

84%，在城镇中的就业比重已经超过70%[1]。此外，非国有经济在上缴税收、繁荣市场等方面的贡献也越来越大。可以说，非国有经济已经成为社会主义市场经济的重要组成部分，成为促进社会生产力发展的重要力量。

非国有经济的发展，使中国的劳动关系呈现出多样化的发展趋势。其中，既有产权关系明晰、责权明确、管理规范的股份制和股份合作制公有企业和外商投资企业的劳动关系，也有以使用廉价劳动力赚取高额利润为目的的出口加工企业的劳动关系，还有以地域和宗族为纽带的正在向现代企业过渡的乡镇企业不成熟和不规范的劳动关系，更有大量存在的带有资本原始积累时期血汗工厂性质的家族式的私营个体经济的劳动关系，以及伴随着经济结构调整出现的灵活、松散和多重的劳动关系等形态。

（二）劳动用工制度改革和劳动力市场的发育

劳动用工制度的改革和劳动力市场的发育，对推动劳动关系的市场化发挥了决定性作用。中国的劳动制度改革可以归纳为五个要点：扩大企业用工自主权、建立劳动合同制度、培育劳动力市场、发展社会保障体系和规范农业劳动力转移。在不同时期，因应经济体制改革的需要，劳动制度改革对这五个要点有不同程度的侧重。

1978—1986年底，企业改革的基本思路是扩权让利，一直由政府严格控制的用工权被列入了权力下放的范围。在此阶段，除招工权外，企业的经营管理者还拥有了对职工工资、福利的决定权和奖励惩罚权。

1987—1990年底，企业改革的基本思路转向政企分开、所有权和经营权分离，具体措施是推行承包经营责任制，并对一些小型企业实行租赁经营。在此阶段，改革的目标直指企业内部的固定工制度。1987年7月，国务院发布《国营企业实行劳动合同制暂行规定》，要求在企业新招的工人中推行劳动合同，合同期满后企业可根据需要续延或终止合同。

1991—1993年，改革的基本思路是把企业推入市场，确立国有企业独立的法人地位。企业拥有招收工人，依法确立、变更、终止或解除与职工

[1]冒天启．转型经济研究的现状和理论问题［EB/OL］．http：//www.dajun.com.cn/sulian.htm.

劳动关系的自主权。要求各省试行全员劳动合同制，范围要包括企业干部和工人，这标志着固定工制度的终结。

1993—1995 年，改革的重点放在建立现代企业制度上。劳动制度改革以培育和发展劳动力市场为中心，废除统包统配的就业政策，形成劳动者自主择业、企业自主用人的用工制度，逐步打破城乡之间、地区之间劳动力流动的限制。

90 年代中期以后，随着国有企业改革进入体制转换和结构调整的攻坚阶段，国有企业实施减人增效、下岗分流、兼并破产的结构调整政策，导致大规模的职工下岗失业。为了顺利实现国有企业存量劳动力的剥离，帮助和引导下岗失业职工逐渐从计划体制下过渡到市场就业，劳动力市场发育主要着力于两个方面：一是机制建设，即实行劳动者自主就业、市场调节就业、政府促进就业的就业方针，提出了建立市场导向就业的机制。二是围绕着国有企业下岗职工出中心、再就业，进一步加强对劳动力市场载体的建设。建立健全管理制度，完善市场运行规则，发育和规范各类劳务中介组织，完善公共就业服务体系，促进劳动力市场建设的科学化、规范化和现代化。

90 年代初，政府对原来由企业负担职工保险和福利的制度进行改革，目的是“减轻企业负担”并为劳动力在不同所有制企业之间的流动创造条件。十多年来，政府也一直在尝试按市场经济原则建立养老保险、失业保险、医疗保险、工伤保险和生育保险等制度，并建立了城市居民最低生活保障制度。

80 年代中期，农业劳动力开始涌入城镇。90 年代后期，由于大批乡镇企业破产和农业生产收益过低，农业劳动力转移的速度加快。1993 年 11 月，劳动部推出“农村劳动力跨地区流动有序化”工程。1994 年 11 月，劳动部发布了《农村劳动力跨地区就业管理暂行规定》。通过这些政策，政府试图将农业劳动力的转移纳入行政管理的范围。

总的来看，各类企业作为劳动力市场需求主体、劳动者作为供给主体的地位已基本确立，企业自主用人、劳动者自主就业的双向选择机制已初步形成，这为建立市场化劳动关系奠定了基础。

（三）工资分配制度的改革

工资分配制度的改革也是促进劳动关系市场化和劳资不同主体利益分化的重要因素。

中国传统的工资制度于1956年建立和形成，与计划经济相适应。计划经济工资体制的基本特点是：国家是工资分配的主体，直接对劳动者个人实行按劳分配。国家统一制定工资制度以及工资标准、晋升条件和工资形式，工资调整由国家统一安排。在劳动领域，国家实行“低工资、多福利、高就业”的政策。

改革开放以来，特别是经济体制改革的重点由农村转到城市后，工资改革被正式提到议事日程。1989年，中共十三届四中全会决定建立计划经济和市场调节相结合的经济体制和进行经济运行机制，劳动部于1990年提出“国家宏观调控、分级分类管理、企业自主分配”的目标模式。在这次设计的工资体制中，强化了企业自主分配的原则。

党的十四大以后，工资分配制度改革的目标，是坚持以按劳分配为主体，多种分配方式并存，体现效率优先、兼顾公平的原则。根据企业改革进度和劳动力市场发育程度，逐步建立起“市场机制决定、企业自主分配、政府监督调控”的工资体制。在这次工资体制的目标模式中，首次把市场机制引入工资分配。

1999年召开的党的十五届四中全会决议提出，“建立与现代企业制度相适应的收入分配制度”。这种新型工资收入分配制度，是指以企业内部清晰的产权关系为基础，按照现代企业组织结构的要求，充分发挥市场机制作用，在企业内部不同利益主体之间分割企业收入的一整套科学的规程、标准和办法。它由企业内部的工资分配制度、职工保险福利制度和剩余收益分配制度三部分构成。

党的十五届四中全会确定了企业工资收入分配制度改革的目标模式，即到2010年，基本构建起“市场机制决定、企业自主分配、职工民主参与、国家监控指导”的新体系，普遍建立比较完善的与现代企业制度相适应的工资收入分配制度。这个目标模式的主要内容是：在国家宏观调控下，充分发挥劳动力市场对企业工资的基础性调节作用；企业根据市场调节形成的社会平均水平和本企业经济效益自主决定工资水平，参考劳动力市场工资价位确定经营者和职工个人工资收入；加强民主管理和科学管理，并通过民主协商签订集体合同等多种方式使职工参与和监督企业工资收入分配过程。工资分配的这一改革进程必然会进一步推进劳动关系的市场化和劳资双方不同主体的利益分化。

此外，90 年代以来，政府在深化体制改革、促进经济转型的同时，又加上了一个“保持社会稳定”的目标，这一目标对劳动关系的形成也产生了诸多影响。90 年代后期，政府对各类企业劳动关系的干预，主要是出于对社会稳定的考虑。

三、当前中国劳动关系的主要特征

在向社会主义市场经济转型的过程中，中国的劳动关系经历着由行政化的劳动关系向市场化的劳动关系的转变过程。当前其主要特征是：

（一）劳动关系的市场化基本完成

首先，在劳动关系的性质上，由国家作为全社会的代表的利益一体化的劳动关系，转变为企业和劳动者两个独立的利益主体所构成的雇佣劳动关系[1]。计划经济条件下的劳动关系实际上是一种劳动行政关系，强调劳动关系双方只是分工的不同而利益完全一致。在向市场经济转变的过程中，劳动关系恢复为一种以劳动关系主体的各自利益为基础、以雇佣为基本形态的经济关系。既承认劳动关系双方是两个不同的利益主体，劳资双方必然都要追求自己的利益。而且，双方的出发点和目的是有差别的和矛盾的，比如，利润最大化是企业的要求，而收入最大化则是劳动者的要求。

其次，劳动关系的运行机制也将逐步由以政府为主体的行政手段的控制，转变为以企业为主体的市场机制的调节。在计划经济条件下，劳动关系的运行是国家通过行政手段来直接加以控制和处理。在向市场经济转型的过程中，劳动关系的运行机制也在向市场化转变，包括劳动关系的归属企业化和劳动关系的规范契约化，用劳动合同和集体合同来确立劳动关系

---

[1]常凯．劳权论——当代中国劳动关系的法律调整研究［M］．北京：中国劳动社会保障出版社，2004：86.

和规范劳动标准。

再次，在市场化条件下，劳动关系双方的利益差别、利益分化乃至利益冲突将会不断扩大和加强。在计划经济条件下，劳动关系双方都是国家和企业的主人翁，且两者由于劳动分工所引起的社会分层和利益差别并不明显。但在向市场经济转型过程中，劳动关系双方责权利义务关系发生了重要变化。国有企业成了独立的经营实体，经营管理者对劳动者的雇佣和辞退、劳动条件的确定、工资报酬标准以及劳动管理和奖惩的权力越来越大。经营管理者已成为一个具有特定的社会地位、权力和利益的社会阶层。这促使经营者与劳动者双方权力和利益的迅速分化。同时，在迅速发展的非公有制企业中，劳资双方的利益差别和分化更为巨大。这都会导致劳资之间矛盾和冲突的不断加剧。进入21世纪以来，中国劳动争议的重点正在从个别争议转向集体争议。根据2006年1月全国人大常委会检查《劳动法》实施情况的报告，劳动合同签订率低、期限短、内容不规范；最低工资保障制度没有得到全面执行，拖欠工资现象仍时有发生，工资正常增长机制尚未形成；超时加班现象比较普遍，劳动条件差；社会保险覆盖面窄、统筹层次低，欠缴保险费现象严重；劳动保障监察力度不足，劳动争议处理周期长、效率低。上述问题是导致劳资冲突加剧的主要原因。

最后，雇佣的弹性化导致非正规劳动关系大量增加，对劳动者权益保障提出了新的挑战。90年代中期以来，伴随就业形势日益严峻，国家的就业政策鼓励劳动者通过各种灵活弹性就业方式实现就业和再就业。企业为应对市场竞争，力求降低人工成本，使得诸如劳务派遣、小时工、临时工、季节工、学生工等各种弹性用工方式大行其道。2002年，分单位类型统计的就业人数和城镇全部就业人数之间有39%的缺口，约9642万人[1]。灵活就业比重的增大，极易导致劳动者就业稳定感下降、不同劳动者之间的差别待遇加剧、事实劳动关系增加和劳动合同短期化、执行工资和社会保险等法定劳动标准出现倒退、劳动者加入工会和接受培训等更广泛的社会权利缺失等社会问题，加

[1]岳希明．我国现行劳动统计的问题［J］．经济研究，2005（3）：46-56.

剧劳动关系的不稳定。

据此，我们是否可以得出结论：中国劳动关系向市场经济体制的转型已基本完成，劳动关系基本面的特征已演化为劳资关系；伴随着中国工业化的进程，劳动关系所覆盖的人口已成为中国人口结构中的主体；劳动关系作为最重要的经济和社会关系，对中国社会发展方向正在发挥着越来越重要的作用。

（二）劳动关系的法制化逐步加强

在向市场经济转型的过程中，中国已初步建立起以《劳动法》为龙头的调整劳动关系的法律制度体系，形成了劳动合同制度、集体协商和集体合同制度、劳动标准制度、劳动监察制度和劳动争议处理制度等协调劳动关系的法律规范。

劳动关系的法制化，首先表现在劳动关系的法律性质上，即劳动关系主要是一种劳动法律关系。所谓劳动法律关系，一般是指劳动法律规范在调整劳动关系过程中形成的法律上的劳动权利和劳动义务关系，它是劳动关系在法律上的表现，是《劳动法》调整劳动关系的结果。

其次，劳动关系的法制化，也意味着劳动关系所涉及的各项实体内容，即劳动标准的法制化。改革以来，中国在劳动就业、工资分配、休息休假、职业安全卫生、社会保险、劳动纪律等方面积极推进立法，初步建立了规范劳动关系的劳动标准体系，以适应协调劳动关系的现实需要。"十五"期间，修订了《工会法》，劳动合同法即将出台，劳动争议处理法也提上立法日程。

再次，劳动关系的法制化，还表现在制定相应法律，通过个别规制和集体规制的形式来调整不同形态的劳动关系。个别劳动关系是劳动者个人与雇主之间的劳动关系，这种关系的法律调整，是通过劳动合同来确定和规范双方的权利义务。在中国，主要是通过《劳动法》和即将出台的劳动合同法来加以规范。集体劳动关系一般是由工会代表劳动者集体一方，通过与雇主或雇主组织订立集体合同进行规范。中国的劳动法律对集体劳动关系的调整，主要是通过《劳动法》、《工会法》、《集体合同规定》等法律法规来加以规范。

最后，劳动关系的法制化，还表现在一旦劳动关系双方发生劳动争议和劳动纠纷，应当依照《劳动法》、《企业劳动争议处理条例》等法律规定，经过劳动争议处理制度和程序加以解决。在向市场经济转型初期，政府加大对劳动关系有关法律的执法监察力度和建立健全劳动争议的处理体制，对实现劳动关系的法制化尤为必要。

（三）劳动关系的全球化初显端倪

经济全球化（globalization）是当代最重要的特征之一，它指的是生产要素在全球范围内的广泛自由流动，以实现资源的最佳配置。全球化主要是一种经济现象，预示着生产要素在全球范围内运动的状态，以及世界各国独立的民族经济相互依赖和经济联合的历史过程。经济全球化是市场经济发展到一定阶段的必然要求。

20 世纪 90 年代以来，各国经济的相互依赖日益增强。由于各国经贸体制的自由化，加速了资本流动和生产过程的全球化，使非技术的生产部门从高工资地区撤出，通过转包及分包等形式，转移到低工资的地区，以便大幅度降低生产成本。与此种潮流相适应，发展中国家纷纷采取外向型的经济发展战略，利用外来资本、技术，成为发达国家产品的加工、组装和生产基地，以求迅速扩张成新兴的工业国家。这一全球化进程，推动了国际分工的形成，也使跨国公司遍布全球的附属企业通过一体化而结成国际生产体系。

劳动关系的全球化是指在经济全球化的背景下，中国劳动关系在主体结构、劳动标准、调整方式等方面也开始出现了国际化的趋向，即劳动关系的存在和调整，已经不仅仅是一个国家的内部事务，而且直接受到国际经贸规则和国际劳工标准的影响和制约。

首先，它表现为外商对华投资企业中所结成的新型劳资关系。其特点在于，它是跨国性生产组织与国别性劳工及其组织所结成的一种特殊劳资关系。可以说，外资企业的劳动关系是一种受到中国社会主义政治制度和法律政策制约的新型雇佣劳动关系。目前，中国受到这种劳资关系直接影响的员工约有 2400 万人。

其次，国际劳工标准开始对中国的劳动立法和企业劳动标准的设置发挥直接影响。截止到 2004 年 5 月，中国共批准 23 个国际劳工公约，其中有三项核心劳工公约，即第 100 号、第 138 号、第 182 号公约[1]。此外，中国政府已经签署了《经济、社会和文化权利国际公约》、《公民权利和政治权利国际公约》。这表明，上述国际劳工公约和人权公约都将具有国内法的效力，并成为中国劳动立法的法律渊源之一。另一方面，近年来流行于中国东南沿海出口加工企业的“企业守则”的认证和监察活动，无论是 SA8000，还是 FLA、BSR、ETI，其守则的内容主要是依据国际劳工标准而制定的，这些企业守则已开始对跨国公司在华投资企业劳动关系的规范发挥直接影响。

最后，中国协调劳动关系的手段也在更多地借鉴通行的国际惯例，这体现为劳工权益保障在一定程度上的全球化趋势。在借鉴国际惯例方面，不仅有传统的劳动者组建工会、劳资集体谈判制度、劳动争议处理制度和劳动关系政劳资三方协调机制等制度，也包括伴随着经济全球化产生的一些新的制度和形式。比如，主要来自民间推动的公司社会责任运动（CSR）或企业守则运动，已在中国东南沿海跨国公司的出口加工企业中广泛开展；以及在 WTO 和其他国际经贸组织和区域性组织中对国际贸易与劳工权益保障的挂钩做出某些制度性的安排。

结语：构建和谐劳动关系

2006 年 10 月通过的《中共中央关于构建社会主义和谐社会若干重大问题的决定》将“发展和谐劳动关系”作为构建和谐社会的一项重要任务。根据全国总工会的研究，这种“社会主义新型劳动关系”既不同于资本主义国家“利益冲突型”的劳动关系，也不同于日本和计划经济时期中国“利益一体型”的劳动关系，而是一种“利益协调型”[2] 的劳动关系，其主要特征如下：

第一，和谐劳动关系具有利益关系的一致性和合作性的特征，主要体现在劳动关系的主体双方在根本利益一致的基础上，尊重和承认利益差

---

[1]石美遐．全球化背景下国际劳工标准与劳动法研究［M］．北京：中国劳动社会保障出版社，2005：67．

[2]全总研究室．社会主义新型劳动关系论纲［J］．工运研究，2006（5）．

别，追求合作共赢。今年全总领导进一步将企业工会的工作目标概括为“促进企业发展，维护职工利益”。这意味着，中国在未来一个时期不会为罢工权进行立法，也不会支持劳资双方以对抗的形式争取利益。

第二，强化国家对劳动关系的积极干预，通过宏观和微观层面上的法规制度建设，规范劳动关系双方的权利与义务，实现公平和正义，并且这将成为未来一个时期中国调整劳动关系的主要方式。2006年劳动保障立法集中，年初向社会广泛征集意见的劳动合同法，因其中的一些条款遭到雇主及其组织的强烈反弹而未能出台，预料该法将在适当妥协后于2007年公布。已列入立法程序的劳动争议处理法、促进就业法和职业培训法将在“十一五”期间陆续出台，社会保险法、工资保障法等法律即将列入立法程序，劳动基准法也在酝酿之中。这对于在“十一五”及未来一个时期完善中国的劳动法律体系，建设和谐劳动关系都有着重要的现实意义。

在劳动关系制度建设方面，2006年亦取得了很大进展：一是全面推进劳动合同制度。围绕劳动合同制度建设，政府启动了全面推进劳动合同制度实施的三年行动计划，计划用三年时间实现各类企业与劳动者普遍依法签订劳动合同。此外，扩大集体合同覆盖面，保护中小企业职工权益，推动并规范区域性、行业性集体协商工作。二是积极做好国有企业改制劳动关系处理工作。目前，国有企业改制劳动关系处理工作进行平稳，基本保持了劳动关系的和谐稳定。三是积极开展劳动争议案件处理工作，最高人民法院《关于审理劳动争议案件适用法律若干问题的解释（二）》于2006年10月1日起施行。探索建立解决拖欠农民工工资工作的长效机制，目前，全国24个省区市建立了工资保证金制度，多数地区建立了工资支付监控制度。四是加大保障低收入职工报酬权益的工作力度。继续完善最低工资标准的正常调整机制。截至目前，全国31个省（区、市）颁布了月最低工资标准；除广东、西藏外，29个省（区、市）颁布了小时最低工资标准。当前，月最低工资标准最高为810元（深圳市），最低为270元（江西省的边远县区）；小时最低工资标准最高为7.9元（北京市），最低为2.7元（江西省的边远县区）。五是依据《国务院关于解决农民工问题的若干意见》文件精神，于2006年3月组成了国务院农民工工作联席会议，推动建立农民工工作的协调机制。

第三，推动劳资双方自主协调劳动关系。全总在2006年不仅成功地在沃尔玛全部62家在华连锁店组建了基层工会，还着力探索自下而上推动职工组建工会的方法，并在抑制雇主控制工会方面取得新的进展，引起了国际社会的瞩目。在微观领域，2006年国家劳动关系三方会议确定，重点开展创建劳动关系和谐企业活动，确立八个标准，即严格执行劳动合同制度，劳动用工行为规范；建立平等协商和集体合同制度；依法保障职工劳动经济权益；坚持和完善企业民主管理制度；尊重和维护职工精神文化权益；建立健全工会劳动保障法律监督组织和企业劳动争议调解组织；维护女职工和未成年工的合法权益和特殊权益；建立健全工会组织，依法拨缴工会经费，以之作为构建和谐劳动关系的基础。目前，已有30个省（区、市）开展了创建活动，制定了本地区创建标准。

2007：劳动保障立法年的中国劳工状况

一、劳工阶层的现状

（一）劳动保障部门统计

在就业方面，到2006年末，全国就业人员76400万人，比上年末增加575万人。2006年末的城镇登记失业人数为847万，城镇登记失业率为4.1%。2007年1—9月，城镇新增就业920万人，为全年目标任务900万人的102%；下岗失业人员再就业406万人，为全年目标任务500万人的81%；就业困难人员再就业110万人，为全年目标任务100万人的110%。截至9月底，全国累计有零就业家庭84.7万户，经过各地开展专项援助，已有81万户零就业家庭实现每户至少一人就业，占总量的95.7%，期末剩余零就业家庭3.7万户。三季度末，城镇登记失业率降为4.0%，就业局势总体向好。

在劳动关系协调方面，推进劳动合同制度三年行动计划，建立劳动用工备案制度，2005年至2007年7月底，全国累计解决企业拖欠职工工资283.81亿元，占同期工资历史拖欠总额的43%。2007年，共有13个地区调整了最低工资标准，有19个省（区、市）发布工资指导线。加大劳动保障监察执法力度，7—8月，以乡村小砖窑、小煤矿、小矿山、小作坊为重点，在全国范围内组织开展了整治非法用工打击违法犯罪专项行动，共调查处理违法案件33.1万件，责令17.6万户用人单位为269.3万名劳动者补签了劳动合同，补发25.2万名劳动者的工资和经济补偿金2.7亿元。2007年，为150万农民工追回被拖欠的工资17.35亿元，农民工工资拖欠问题进一步得到遏制。2004年至2007年7月底，全国累计解决拖欠农民工工资433.2亿元，大部分省已建立工资保证金制度。2007年一季度，全国各级劳动争议仲裁委员会共受理劳动争议立案7.5万件，涉及劳动者14.2万人[1]。

在社会保险方面，覆盖范围继续扩大。2007年9月底，基本养老保险、基本医疗保险、失业保险、工伤保险和生育保险参保人数分别达到19676万、18896万、11473万、11530万和7327万，分别比去年底增加910万、3164万、286万、1262万和868万。截至9月底，农民工参加工伤和医疗保险人数分别达到3447万人和2903万人，分别比去年底增加910万人和536万人。

在安全生产方面，也呈现总体稳定、趋向好转的发展态势。2007年1—10月事故起数和死亡人数同比分别下降22.1%和13.9%，其中煤矿分别下降20.2%和19%，危险化学品分别下降34.4%和36.1%，烟花爆竹分别下降17.1%和26.5%，道路交通分别下降15.6%和12.4%，铁路分别下降47.7%和51.2%，建筑施工等行业领域事故都有不同程度的下降，大多数省（区、市）安全生产状况好于以往。但一些行业和地方的问题仍较严重，1—10月，全国发生5起特别重大事故（煤矿2起，冶金1起，建筑1起，火灾1起），同比增加1起[2]。其中，山东华源煤矿溃水事故造成172人遇难，辽宁铁岭特殊钢厂钢水包脱落致使32人死亡，在国内外影响重大。

此外，国企改制中的困难职工生活问题引人关注。据全国总工会统计，未来两年仅拟实施政策性关闭破产的国有企业就有300多万名职工需要安置。截至2006年6月底，改制和关闭破产国有企业共拖欠职工工资约20.5亿元、补偿金7亿元。在已完成重组改制、关闭破产程序的原国有企业中，还有约25%的职工尚未接续社会保险关系。国有企业厂办大集体职工生活十分困难，在东北地区表现尤为突出，如辽宁省有厂办大集体企业1433户、66.5万名职工；吉林省有厂办大集体企业1145户、23.6万名

---

[1]数字若非注明，均来自劳动和社会保障部季度新闻发布会。

[2]李毅中在安全生产视频会议上的讲话［OL］．［2007-11-05］．国家安监总局网站．

职工[1]。

（二）全国工商联劳动关系状况调查

2007年7—9月，全国工商联开展了“民营企业劳动关系状况调查”，共调查来自上海、天津、福建等7省市的企业742家，由于此次调查主要针对企业雇主，因而得出的对当前劳动关系的判断也颇具雇主方特点[2]。其基本判断有：在用工方面，样本企业签订劳动合同的职工人数占职工总数的70%以上；在工资收入方面，多数企业管理层与普通员工的工资水平差异并不明显；社会保险参保率不高；劳动争议案件数平稳，主要原因是职工自动辞职；协调劳资关系应以雇主方为主导，沟通协商是主要方法。

（三）关于职工工资连续两位数增长的争论

2007年7月，劳动和社会保障部官员在中国劳动学会主办的“深化企业薪酬制度改革，促进构建和谐社会”论坛上宣布，中国职工工资总额和职工平均工资连续四年实现两位数增长，并分别超过同期国内生产总值、人均国内生产总值的增长速度。据统计，2002年，中国在岗职工工资总额为13161亿元，到2006年达到23439亿元，扣除价格上涨因素，年均递增13.5%，比同期国内生产总值年均递增10.3%高3.2个百分点，是1998年到2002年全国在岗职工工资总额年均增长速度的1.9倍。2002年，中国在岗职工平均工资为12422元，到2006年达到21001元，日平均工资为83.66元，扣除价格上涨因素，年均递增12%，比同期人均国内生产总值年均递增9.2%高2.8个百分点，是改革开放以来中国职工实际工资收入水平增长最快的时期。2007年上半年，全国城镇单位在岗职工平均工资10990元，比去年同期增长18.5%。其中，城镇国有经济单位平均工资11790元，增长20.4%；城镇集体经济单位6552元，增长17.7%；城镇其他经济类型单位10581元，增长15.5%[3]。

但是，这条“献礼新闻”在网上却引发了激烈争论，据人民论坛就职

---

[1]徐德明．认真解决国有企业改革中的实际问题 大力发展和谐劳动关系［N］．工人日报，2007-03-12.

[2]全国工商联民营企业劳动关系状况调查统计分析报告［R］．2007.

[3]中国职工平均工资连续4年实现两位数增长［EB/OL］．［2007-07-02］．中国新闻网．

工对当前工资的满意度所进行的一项调查，对当前工资状况不满意的人达96.5%[1]。面对公众质疑，劳动和社会保障部劳动工资司邱小平司长解释，“十五”时期的确是工资增长最快的时期，但工资总额和平均工资增长并不意味着职工的工资都能够按照同样的水平增长，且近年来住房、医疗、教育等消费价格的上涨，在一定程度上抵消了工资增长的效果。

关于工资增长的争论引发了社会对收入急剧分化的关注。国家审计署审计长李金华就表示，中国在一定程度上存在“马太效应”，即穷人愈穷，富人愈富，分配不公是影响社会安定的一个重要因素[2]。对此，党的十七大报告指出，要“逐步提高居民收入在国民收入分配中的比重，提高劳动报酬在初次分配中的比重。着力提高低收入者收入，逐步提高扶贫标准和最低工资标准，建立企业职工工资正常增长机制和支付保障机制。创造条件让更多群众拥有财产性收入。保护合法收入，调节过高收入，取缔非法收入。扩大转移支付，强化税收调节，打破经营垄断，创造机会公平，整顿分配秩序，逐步扭转收入分配差距扩大趋势”。这番话，可谓及时而富于针对性。

二、劳动立法的重大进展

（一）《劳动合同法》：建立稳定的劳动关系

劳动合同制度是市场经济条件下确立个别劳动关系的基本法律制度，我国自20世纪90年代广泛推行以来，这项制度已经呈现出诸多问题，比如用人单位不签订劳动合同，事实劳动关系大量存在；廉价使用劳动者的试用期；滥用违约金；劳务派遣用工失序；劳动合同短期化现象严重。凡此种种，都使劳动者的合法权益得不到保障。为此，从2005年开始，全国人大常委会便启动了劳动合同法的立法工作，经过两年多的法律起草和四次论证，《劳动合同法》于2007年6月29日由全国人大常委会第29次会议正式通过，并将于2008年1月1日实施。

这部《劳动合同法》的立法目的可以概括为以下三点：

---

[1]调查称96.5%受访者不满意当前工资状况［N］．中国青年报，2007-07-03.

[2]审计长李金华称中国存在穷人愈穷富人愈富现象［N］．新京报，2007-05-24.

1. 弥补过往劳动合同制度及实施中的缺失

针对用人单位不签订劳动合同的问题，原来是通过劳动合同来确立劳动关系，而本法是以用工来确立劳动关系，也就是说，它全面肯定了事实劳动关系中的劳动者权益。本法还加大了用人单位不签订劳动合同的责任，规定首先要给用人单位一个月时间的限期，从用工之日起一个月以内，订立劳动合同的都不承担违法责任；其次，超过一个月再不签订劳动合同，就需要对劳动者支付双倍工资报酬，这个支付期限最长到一年为止；如果超过一年以后还不签订劳动合同，除了仍然需要对劳动者支付双倍工资以外，还要根据第十四条的规定，视为签订无固定期限的合同。

关于用人单位滥用试用期以廉价使用劳动力的问题，法律规定，试用期的工资不仅要高于最低工资，而且不能低于劳动合同约定工资的80%，或者是本单位同岗位的最低档工资。

针对劳务派遣的滥觞，本法用一节的篇幅做了专门规定。规范了劳务派遣公司的设立资格，确认了劳务派遣法律关系及劳务派遣公司和用工单位应当承担的义务，保护被派遣劳动者具有同工同酬的权利，并限制了劳务派遣的范围。

2. 促进和保障劳动者就业稳定

在目前劳动合同制度的实施过程中，存在大量的短期合同，有很多是三年以下的合同，在极端的情况下，有的用人单位一年里与劳动者签订四次劳动合同，劳动合同短期化对任何年龄段的职工都有不利影响。故此，本法第十四条专门规定，无固定期限合同，包括终止劳动合同也必须要支付经济补偿金；连续订立两次劳动合同的，第三次应当订立无固定期限合同；在同一个单位工作时间10年以上的员工应该订立无固定期限合同；用人单位初次实行劳动合同制度以及国有企业改制的单位，对老职工，在本单位工作10年以上，距离退休年龄不足10年的，都要签订无固定期限合同。本法的宗旨和目的，就是要通过解决劳动合同短期化的问题，促进劳动关系的稳定。

3. 兼顾了用人单位的需要

比如，本法第二十二条规定，如果用人单位为劳动者提供专项培训费用，对其进行专业技术培训的，就可以与劳动者约定一个服务期，即要求劳动者在培训结束后回单位服务一定的年限。如果劳动者违反这个规定，就必须支付违约金。

总之，这是我国劳动立法中最具操作性的一部法律，其出台必将对劳动关系的规范和劳动者维权意识的唤醒起到重大的推动作用，也会对政府的执法监督工作和用人单位如何完善人力资源管理水平提出更高的要求。深秋时节，已传来深圳华为、四川中行、沃尔玛、西门子、奥林巴斯等大型企业谋划或正在进行大规模裁员的报道，华为准备补偿 10 亿元鼓励 7000 名员工辞职，以规避《劳动合同法》的实施，特别是与员工订立无固定期限合同的条款。用人单位是否会掀起一波解雇员工的风潮来应对新法的实施，亟须密切观察。

（二）其他劳动法规政策的出台

本年度出台的第二部重要的劳动法律是《就业促进法》，这部法律于 2007 年 8 月 30 日经全国人大常委会审议通过，亦将于 2008 年 1 月 1 日起施行。在指导思想上，《就业促进法》不仅要求解决好当前就业工作中的突出矛盾和问题，更注重建立促进就业的长效机制；不仅明确了建立市场机制促进就业的方向，也明确了政府在促进就业中的重要职责。

这部法律的主要内容，概括起来，就是“一个方针、一面旗帜、六项责任、五个制度和十大政策”。“一个方针”是指劳动者自主择业、市场调节就业和政府促进就业的方针。“一面旗帜”指高举公平就业的旗帜，创造公平就业环境。其中，第三十一条明确规定，农村劳动者进城就业享有与城镇劳动者平等的劳动权利，不得对农村劳动者进城就业设置歧视性限制。此条对保护农民工权益颇具开创意义。“六项责任”分别是发展经济和调整产业结构增加就业岗位、制定实施积极的就业政策、规范人力资源市场、完善就业服务、加强职业教育和培训、提供就业援助。“五个制度”是就业工作组织领导的政府责任制度、劳动者工作的公共就业服务和就业援助制度、规范的人力资源市场管理制度、对人力资源素质提升的职业能力开发制度、对失业治理的失业保险及预防制度。“十大政策”是经济发展政策、财政保证政策、税收优惠政策、金融支持政策、城乡统筹政策、区域统筹政策、群体统筹政策、支持灵活就业政策、援助困难群体就业政策、失业保险促进就业政策。

已在全国人大常委会完成二审的《劳动争议调解仲裁法（草案）》是2007年末拟出台的第三部劳动法律，这部法律原定二审通过，但因争议处理体制争论激烈而作罢。它强调要建立健全以调解为主导、突出仲裁特色、仲裁和诉讼有机衔接的劳动争议处理体制。从二审稿的内容看，新体制可能会发生以下新变动：一是草案在基本维持现行“一调一裁两审”程序的基础上，针对以往劳动争议案件处理周期长的问题，规定“追索劳动报酬、工伤医疗费、经济补偿或法定赔偿金，不超过当地月最低工资标准十二个月金额的争议，因执行国家的劳动标准在工作时间、休息休假、社会保险等方面发生的争议，选择仲裁的集体合同争议等仲裁案件一裁终局”。正是这项规定有可能剥夺当事人的诉讼权利而引发争论。二是注重多渠道调解，尽可能地把劳动争议解决在基层。三是争议仲裁时效由六十天延长至一年。四是劳动者和用人单位今后如发生劳动争议，将有可能实现免费仲裁，仲裁委员会的经费由财政预算予以保障。

2007年11月，为维护职工的休息权利，国务院还公布了《职工带薪年休假规定（草案）（征求意见稿）》。该方案规定，职工在同一单位连续工作1年以上的，享受带薪年休假。职工累计工作已满1年不满10年的，年休假为5天；已满10年不满20年的，年休假为10天；已满20年的，年休假为15天。国家法定休假日、休息日不计入年休假假期。

此外，劳动和社会保障部部长田成平在2007年8月提出，要通过以下政策措施的建立完善，构建和谐稳定的劳动关系：一是要加快建立劳动用工备案制度，提高用人单位劳动合同管理水平；二要严格执行国家劳动标准，特别是进一步完善最低工资标准的正常调整机制，认真落实最低工资制度和小时最低工资标准；三要积极探索解决农民工工资拖欠问题的长效机制，逐步建立普通劳动者工资正常增长的机制，使工资水平随经济发展和企业效益水平逐步增长；四是要进一步完善劳动关系协商协调机制，建立健全中国特色的集体协商制度，完善协调劳动关系三方机制；五是要加大监察执法力度，组织开展依法订立劳动合同情况等专项执法检查，积极预防和及时查处违法行为；六是要逐步建立基层劳动关系工作平台和劳动关系协调员队伍，实现劳动关系协调工作的职业化。为此，劳动保障部拟议在2007年末推出“劳动关系协调员”这一新的职业资格标准，以促进一支专业化的劳动关系协调队伍的形成。

三、集体劳动关系的新变化

（一）工会组建的新进展与体制改革的暗流

近年是工会组建发展最快的历史时期，2004—2006年，中国工会会员平均每年净增1300万人，2007年可望发展1900万人。到2006年9月底，全国基层工会组织数达到132.4万，覆盖275.3万个法人单位，会员总数达到1.7亿人，职工入会率为73.6%。其中，外资企业工会组建工作取得重大突破，沃尔玛在华的84家分店已有77家建立了工会，会员人数达到了1.7万，职工入会率超过45%，沃尔玛建会在国际工会运动中产生重大影响，也推动了一大批跨国公司在华企业建立工会。到2006年底，已有96555家外资企业和台港澳投资企业建立工会组织，建会率为63.6%。截至2007年6月底，私营企业建会125万个，建会率达61.7%。

在维护职工合法权益方面，全总参与了《中华人民共和国企业破产法》、《就业促进法》、《劳动合同法》、《社会保险法》、《劳动争议调解仲裁法》、《工资条例》等涉及职工切身利益的法律法规的起草或修改，制定下发了《关于推进维护农民工合法权益十项工作机制建设的意见》，从源头入会、双向维权、就业指导培训、工资支付保障等方面对农民工维权做出具体规定。截至2006年底，全国集体合同覆盖职工1.1亿人。到2007年6月底，全国工会共建立省级帮扶中心12个，地市级帮扶中心353个，县级帮扶中心2237个，各级帮扶中心累计筹集帮扶资金28亿元，帮扶困难职工1560万人次。

经过努力，工会在职工心目中的地位和社会形象有所改善。根据2007年进行的第六次全国职工状况调查，在就业方面，工会会员的劳动合同签订率为69.6%，比非工会会员高15.4个百分点，工会会员感觉就业“很稳定”或“比较稳定”的占72.3%，比非会员分别高16.6个百分点；工资收入方面，工会会员人均月工资为1569.79元，比非工会会员高31%；社会保障方面，建立了工会的单位，职工养老保险参保率、医疗保险参保率分别为77.5%、68.6%，而未建立工会单位职工的参保率则为33.8%、

30.4%；安全卫生方面，建立了工会的单位，职工参加过安全生产培训的占82.1%，未建工会单位的参加率为56.1%；职业培训方面，工会会员参加过职业技能培训的比例达76.4%，比非会员高18.9个百分点[1]。

但是，伴随着市场化改革的深化和建会工作的展开，越来越多的工会人士认识到，企业内部的工会工作者由于劳动关系，在企业内缺乏相应的独立性，很难独立自主地开展工作，开展集体协商和签订集体合同等维权工作就更为困难。到目前为止，企业内部仍缺乏真正的劳资关系调整机制，工会的力量相当孱弱，甚至可以说，在广大中小型非公有制企业，我们组建了相当一批无用的工会，它们不但没有发挥应有的维权作用，而且有损工会的声誉。公平地讲，企业工会工作存在的困境是带有普遍性的体制问题，亟须通过工会组织体制的改革加以完善。对工会体制改革应建立以下共识：在市场经济条件下，单个的工人无法与资方抗衡，从而共享企业经济发展带来的成果，必须借助工会组织，而工会应当以最能凝聚工人力量和唤起劳工权利意识的方式加以组织，这样看来，强化产业工会和行业工会的建设势在必行，逐步形成以产业工会和行业工会为主导，企业工会为辅助和补充的新型维权机制，以扭转目前基层企业工会孱弱，难堪维权重任的局面。

产业工会在协调劳动关系中的特殊作用在于：围绕产业政策和产业职工的利益需求，加强立法和政策参与；积极探索建立产业性集体协商和集体合同制度，参与产业劳动标准的制定；发展行业性的劳动争议调解组织和制度；推行产业和行业工会代行基层企事业工会处理重大劳动关系问题的制度。一个时期以来，一些地方正在探索适宜于产业工会发挥作用的新型工会组织体制，包括如何理顺产业工会的管理体制，行业工会的组建与产业结构的调整相同步，发挥集团公司工会作为一个特殊产业工会的作用，以及如何切实解决最为迫切的人员和经费等问题。

2007年12月，全总将召开产业工会工作座谈会，对产业工会在市场经济条件下存在的客观必然性、职责定位、组织原则和活动方式进行探讨，分析产业工会在参与社会对话和协调劳动关系中的特殊作用。那么，

[1]把握机遇直面挑战——孙春兰谈工会工作的创新与发展［N］. 工人日报，2007-10-20.

这是否会是工会体制改革的一个信号呢？

（二）2007 年重大劳动关系案件

1. 全总对洋快餐的维权行动

2007 年 1 月 1 日起，广东省开始执行非全日制职工每小时最低工资标准 7.5 元的标准，而麦当劳和肯德基提供给勤工俭学的大学生、退休工人等兼职的职工工资仅为每小时 4 元和 4.7 元。这一事件经媒体曝光后引发社会关注。

针对麦当劳、肯德基等企业提出学生兼职不受《劳动法》约束的说法，4 月 3 日，在全国总工会“推动解决麦当劳肯德基涉嫌违规用工问题”专题新闻发布会上，全总保障工作部部长李守镇明确表态，该说法没有法律依据。中国《劳动法》明确规定，在我国境内，只要劳动者在企业劳动并取得工资，都属于事实劳动关系，因此必须按规定执行当地最低工资标准。

4 月 9 日，上海市劳动和社会保障局率先召开新闻发布会，认定肯德基、麦当劳没有违法用工问题。上海市劳动和社会保障局称，从调查情况看，对于约定小时工资最低为 5.8 元或 6.3 元的签订劳动合同及特殊劳动关系的人员，约定的小时工资仅是单位工资计算及内部管理方式，实际上执行的是全日制月最低工资标准。上海市劳动保障部门领导还表示，麦当劳、肯德基与兼职人员以及在校学生签订的是劳务合同，属于劳务关系，不适用非全日制就业劳动者的最低工资标准，其工作待遇、工作条件的确定应当以双方签订的有关协议为准。

与上海劳动部门表态略有不同，最先曝光肯德基、麦当劳涉嫌违法用工事件的广东省，迟至 4 月 10 日，该省劳动和社会保障厅才首次发布《关于近期“洋快餐”涉嫌违规用工事件的回应》（以下简称《回应》），认定这些企业存在未与劳动者签订劳动合同、超时加班问题，对应签而未签劳动合同的已责令其改正，超时加班问题正在进一步核实。但关于企业使用勤工助学在校学生问题，《回应》辩称，根据《劳动法》以及原劳动部《关于贯彻执行〈中华人民共和国劳动法〉若干问题的意见》的规定，在校生利用业余时间勤工助学，不视为就业，未建立劳动关系，可以不签订劳动合同。

争议的焦点是，在校就学勤工俭学的学生是不是劳动者？他们与洋快餐是否结成了劳动关系？作为劳动法律关系中的劳动者，主要的特征为：一要受雇于他人，在他人指令或指挥下从事各类生产劳动；二是获得工资或相当于工资的报酬；三要具有独立身份的自然人。其中“受雇”是劳动者最主要的法律特征。也有论者强调，以工薪作为主要生活来源，也应作为“劳动者”之本质特征。

由此来看，大学生勤工俭学符合“劳动者”的前三个主要特征，但部分不符合后一个特征。可以说，他们是一类特殊的劳动者，他们与企业所结成的当然也是劳动关系，理应受到劳动法律的保护。

2007 年 6 月 26 日，由教育部、财政部联合制定的《高等学校学生勤工助学管理办法》发布实施。该办法规定，勤工助学活动是指学生在学校的组织下利用课余时间，通过劳动取得合法报酬，用于改善学习和生活条件的社会实践活动。校内岗位按小时计酬，每小时酬金可参照学校当地政府规定的最低小时工资标准确定，原则上不低于每小时 8 元人民币，校外勤工助学酬金标准不应低于学校当地政府或有关部门规定的最低工资标准。这个规定从劳动报酬的角度认可了学生打工的劳动者地位，算是给这场纷争暂时画上了句号。

2. 山西黑砖窑事件及其影响

2007 年 6 月 5 日，河南大河网以帖子形式发布的《孩子被卖山西砖窑场，400 位父亲发出泣血呼救》的求救信，引起社会的强烈反响。这些河南的孩子在车站、立交桥下、马路边等地方被人贩子或诱骗或强行拉上车，以 500 元一个的价格卖到山西的黑砖窑做苦工。被买卖者由打手和狼狗看管，完全失去了人身自由，每天在黑砖窑里像牛马一样劳作 14 个小时以上，不仅得不到任何报酬，动辄还要遭受毒打，甚至有窑工被打昏后扔进窑场的搅拌机。

在社会舆论的压力下，6 月 9 日至 16 日，黑砖窑较多的山西临汾、晋城、运城三市公安机关突击检查砖厂、小煤矿、小铁矿 769 处，解救被拐骗民工 331 名，查处案件 13 宗，刑事扣留 22 人，治安处理 6 人。河南公安机关共解救受害民工 217 名，刑事扣留涉嫌强迫他人劳动、非法拘禁等嫌疑人 58 名，行政拘留 62 名。6 月 20 日，国务院常务会议认定，黑砖窑不仅存在严重非法用工问题，而且存在黑恶势力拐骗、限制人身自由、强制劳动、雇佣童工、故意伤害甚至致人死命等严重违法犯罪行为，会议要求在全国范围内以乡、村的小砖窑、小煤窑、小作坊等为重点，开展一次劳动用工大检查，重点是依法打击雇佣童工、强迫劳动、恶意伤害等违法犯罪行为。同时，进一步完善劳动用工制度，加强用工管理，规范用工行为。

黑砖窑事件暴露出在我国工业化进程中，一些农村地区劳动用工存在明显的政府监管不力甚至官商勾结等严重问题。长期以来，政府部门对农村地区的小作坊、小煤矿、小工厂等劳动用工问题疏于管理，基本处于失察和失控的状态。正是由于政府对农村地区社会管理的缺位和一些公职人员的失职、渎职和腐败行为，使一些农村地区非法用工，尤其是拐骗民工，使用童工、智障人员和强迫劳动等严重侵犯人权的犯罪行为得以存在。颇具讽刺意味的是，山西还是率先出台《农民工权益保护条例》的省份。应当说，政府的管治失效，是酿成这起骇人惨剧的主要原因。

山西黑砖窑事件是一次足以动摇人类文明和伦理道德底线的重大事件，是2007年劳动关系的一个极端标本和耻辱记录，它带给人内心的震撼将久久不会褪去。

3．罢工事件频发

2003年以来，我国进入了人均GDP从1000美元向3000美元跨越的特殊时期，这一时期既是“发展机遇期”，也是“矛盾凸显期”。其中，劳动者群体性事件呈现多发态势，2007年更以非公有制企业频繁不断的罢工事件表现出来。

2007年4月7日，深圳盐田港发生800名工人罢工，这是盐田港继3月26日发生罢工后的又一次工潮行动，罢工工人要求资方提高员工待遇并建立工会为工人争取应有的权益；2007年5月1日，深圳200名吊车司机在赤湾港货柜码头有限公司总部赤湾石油大厦门口罢工，抗议资方拖欠加班费；2007年5月31日，深圳宝吉工艺品（深圳）有限公司下属宝丽顺五金塑胶制品（深圳）有限公司，近2000名工人因听说该厂即将倒闭，担心厂方任意缩短续约合同期限以躲避支付解约补偿金而集体罢工；2007年8月20日，深圳宝安一家为世界知名手机生产配件的德资工厂，万余名工人不满厂方增加工作量却不加工资，连续两天举行罢工，并且一度堵塞当地主要道路……

从现阶段罢工的性质来看，主要是由于劳动者的基本经济权益被侵害，又找不到适宜的渠道加以解决所导致，罢工的直接目的是为了维护劳动者自身的经济权益。但是，其中也出现了劳动者对社会和政治权利的诉求。从罢工事件的展开过程来看，多数仍以自发性为特点，但有些事件也表明，行动者的组织能力正在加强。

针对群体性事件的迅速增长，2006 年 10 月，中共十六届六中全会《关于构建社会主义和谐社会若干重大问题的决定》第一次确认，群体性事件属于人民内部矛盾。2007 年 2 月，主管公检法系统的负责人罗干在《求是》杂志撰文指出，因为社会公平正义无法得到有效的落实和伸张，一些民众在群体性事件中“借机宣泄长期积累的不满情绪”。罗干认为，“促和”实际上比“维稳”更加重要，政法系统“不仅要着眼于社会稳定，更要着眼于社会和谐”，“把工作标准定位在促进社会和谐上”[1]。为配合群体性事件的治理，十届全国人大常委会于 2007 年 8 月 30 日通过了《中华人民共和国突发事件应对法》，该法明确突发事件包括社会安全事件，强调突发事件应对工作实行预防为主、预防与应急相结合的处理原则。

---

[1]罗干．政法机关在构建和谐社会中担负重大历史使命和政治责任［J］．求是，2007（3）．

2008：劳动合同法与中国劳工状况

2008年迎来了改革30周年，也是“劳动三法”（《劳动合同法》、《就业促进法》和《劳动争议调解仲裁法》）执行首年。如果说，发轫于20世纪80年代中期的劳动用工制度改革的主要目标是强化市场效率和经营者地位的话，那么2003年以来贯彻科学发展观和构建和谐社会的重要举措之一，就是通过追讨欠薪、建立工资正常增长机制、扩大劳动合同和社会保险的覆盖面来“修复”劳工权益，特别是农民工的权益[1]。2008年本应成为“修复”劳工权益的重要一年，但国内各阶层对《劳动合同法》的激烈争辩令人始料未及，而来自美国的金融海啸和国内经济增长率下降，以及《劳动合同法》施行后的争议浪潮，使得政府在保护劳权与提振经济、拯救中小企业之间必须做出艰难选择。

一、劳工阶层的现状

（一）就业和劳动关系状况

在就业方面，2008年以来，随着《就业促进法》的实施和国家积极就业政策的落实，各项目标与2007年同期基本持平。从宏观和全局看，似乎金融海啸对中国实体经济和城镇就业的负面影响尚不明显。1—9月，全国累计实现城镇新增就业人员936万人，为全年目标任务1000万人的94%；下岗失业人员再就业人数409万人，为全年目标任务500万人的82%；就业困难人员再就业人数119万人，为全年目标任务100万人的119%。到9

[1]发表在《中国社会科学》2008年第1期的王绍光教授的论文《大转型：1980年代以来中国的双向运动》也表达了相似的意思和内涵，即在20世纪90年代短暂地经历了“市场社会”之后，中国已出现了蓬勃的反向运动，并正在催生一个“社会市场”。他认为，社会政策的最终出现具有历史转折点的意义。

月末，全国城镇登记失业人员830万人，城镇登记失业率为4.0%，与2007年末持平。

在劳动关系协调和劳动者权益保障方面，可以说稳定与危机并存。为配合《劳动合同法》和《劳动合同法实施条例》的组织实施，2008年新组建的人力资源和社会保障部加强劳动用工备案制度建设，着力解决劳动合同签订率低、劳动合同短期化等侵害劳动者合法权益的突出问题。《劳动争议调解仲裁法》实施顺利，政府开展宣传培训，组织起草仲裁办案规则和组织规则等配套规章，指导地方进一步加强劳动争议仲裁机构建设。但是，由于新法施行和经济危机开始发酵，2008年劳动争议案件呈急剧上升的态势，使劳动关系存在相当的变数。政府继续加大最低工资标准调整力度，截至9月末，北京、天津、上海等19个地区调整并执行了新的最低工资标准，月最低工资标准调整幅度在15%左右。同时，继续发挥政府对企业工资分配的引导作用，到9月底，全国有18个省、区、市发布了工资指导线，北京市探索发布了13个行业工资指导线，全国各中心城市继续发布劳动力市场工资指导价位和行业人工成本信息；大力推进工资集体协商制度，力争用5年时间在各类企业基本建立集体协商和集体合同制度；政府还进一步加强监察执法，在加强日常检查的同时，集中组织开展了农民工工资支付情况专项检查、清理整顿劳动力市场秩序和查处违反劳动保障法律法规的行为；在劳动标准方面，人力资源和社会保障部颁布了《企业职工带薪年休假实施办法》，作为中国落实"体面劳动"的重大举措，填补了劳动标准的一项空白。

在集体劳动关系协调方面，全国总工会重点推进了跨国公司五百强建会、工资集体协商要约行动。到2007年末，工会共签订集体合同97.5万份，覆盖企业170.4万个，覆盖职工12823.7万人。工会会员从2003年的1.23亿人发展到2008年的2.09亿人。2008年10月，全国总工会举行了工会十五大，重申工会的中国特色社会主义性质，提出党和政府主导的维权机制概念，并在促进企业工会独立于雇主方面取得进展[1]，但未能就社会所关注的工会直选、产业工会作用等体制改革议题取得突破。

在劳动关系协调工作中，企业职工工资历史拖欠是一个重大议题。为落实全国人大关于基本解决企业职工工资历史拖欠问题的要求，2007 年 11 月，国务院决定从中央财政超收中一次性安排 100 亿元帮助地方推进企业解决工资历史拖欠问题。中央财政补助资金下拨后，各地积极筹措配套资金，截至 2008 年 6 月末，全国共解决历史拖欠工资 581.31 亿元。其中，除东北老工业基地和中西部经济欠发达地区外，多数地区已解决这一问题。

在安全生产方面，呈现总体稳定、喜中有忧的发展态势。1—10 月，全国共发生各类事故 339956 起，死亡 69764 人，比 2007 年同期分别下降 20.1% 和 13.5%。其中煤矿事故同比分别下降 23.9% 和 14.3%。与 2007 年同期相比，全国煤炭产量增长约 2.5 亿吨，煤矿事故死亡人数减少 440 人，煤矿百万吨死亡率由 2007 年的 1.485 下降到目前的 1.191。非煤矿山事故同比分别下降 35.1% 和 11.6%。危化品事故起数有所下降，死亡人数大致持平。烟花爆竹事故同比分别下降 38.9% 和 15.4%。建筑施工、道路交通、水上交通、消防、农业机械、渔业船舶等行业领域的事故，同比都有一定幅度下降。问题主要是重特大事故多发。1—8 月，全国发生 1 次死亡 10 人以上的重特大事故 63 起，死亡 1034 人，比 2007 年同期增加 10 起、128 人，同比上升 18.9% 和 14.1%[2]。2008 年的重大事故有：山西临汾市襄汾县新塔矿业公司“9·8”特大溃坝事故，广东深圳市龙岗区舞王俱乐部的造成 44 人遇难的“9·21”特大火灾事故，造成逾 470 人死伤的山东胶济铁路“4·28”特大交通事故等，煤矿发生的特大事故更多达 25 起以上。安监总局在接受媒体采访时承认，造成特大事故频发的原因主要为：非法、违法生产；违章作业、指挥，有章不循；监管不力；官商勾结，结成利益共同体等。

---

[1]新颁布的《企业工会主席产生办法》在《工会法》的基础上进一步规定：“企业行政负责人（含行政副职）、合伙人及其近亲属，人力资源部门负责人，外籍职工不得作为本企业工会主席候选人。”

[2]全国安全生产视频会议报道［OL］.［2008-09-26］. 国家安全监管总局网站.

（二）第六次全国职工队伍状况调查[1]

2007年夏，为迎接工会十五大，全国总工会组织开展了第六次全国职工队伍状况调查。本次调查委托国家统计局在全国15个省（区、市）进行了包括12000个农民工在内的42000个职工样本的问卷抽样调查。本次调查对职工队伍现状有以下新的判断。

据全国总工会测算，2002—2006年，中国职工人数由2.07亿增加到2.70亿，增长了30.5%，年递增6.9%。各类企业事业与机关单位的在岗职工20390.9万人，其中，城镇单位在岗职工11160.6万人、乡镇企业职工6128.9万人、私营企业职工3101.4万人，城镇个体经营户中的雇工5466.9万人，仍与原单位保留劳动关系的下岗、内退人员1176.1万人。

1. 调查显示，职工队伍发展变化呈现以下基本特点和趋势

（1）农民工成为产业工人的主要力量，职工队伍呈年轻化特征

本次调查表明，2007年，中国职工队伍平均年龄为36.47岁，其中，城镇单位职工的平均年龄为40.14岁，比2002年城镇单位职工平均年龄40.94岁略有下降；农民工平均年龄仅32.15岁，比城镇单位职工平均年龄小7.99岁。

（2）受教育程度提高，文化技术水平呈上升态势

2007年全部职工平均受教育年限达到11.48年。其中，城镇职工平均受教育年限12.37年，比2002年增加了0.4年；农民工平均受教育年限10.43年，比2002年九城市调查的农民工受教育年限（9.68年）增加0.75年。在全部工人中，技术工人占29.1%。其中，在城镇工人中，技术工人占36.6%，与2002年基本持平；在农民工中，技术工人占25.5%，比2002年全国九城市职工状况调查结果提高近5个百分点。调查表明，新进入职工队伍的年轻劳动者接受过更好的教育。

（3）东部沿海地区职工数量大，职工队伍向经济发达地区聚集明显

据全国总工会测算，全国职工的54.4%集中在东部沿海地区，远高于中部地区的25.7%和西部地区的19.9%；占全国职工人数比重较大的5个省份依次是广东、江苏、山东、浙江、河南。

---

[1]第六次全国职工队伍状况调查专辑［J］．工运研究，2008：（16，17）．

（4）职工队伍内部群体日益分化，影响职工群体关系的问题凸显

本次调查发现，普通职工、专业技术人员、经营管理人员、公务员、农民工和以下岗失业职工为主体的困难职工在平均受教育年限、经济权益实现程度、社会地位和社会态度等方面都存在比较明显的差异，使得职工队伍内部群体关系问题凸显，主要表现在以下几个方面：

一是普通职工和农民工群体相对其他群体收入明显偏低，收入差距拉大，在一定程度上影响了职工的劳动热情。二是普通职工群体的政治参与程度较低。调查显示，大多数普通工人（71.6%）不是党员，也未加入其他党派，这一比例远高于其他群体（50.3%）；在最近一次选举人大代表的投票中，普通职工中参加投票的只占41.8%，而其他职工群体的投票率为54.5%。三是农民工群体在融入职工队伍的过程中仍面临制度性障碍。调查表明，农民工主要集中在技术含量低、劳动强度大的“苦、脏、累、险”行业，他们工作条件苦，收入水平低，居住环境差，未被纳入城市社会保障体系，不能像城镇职工一样平等地分享到经济社会发展的成果。四是以下岗职工为主体的困难职工群体问题仍然突出。这部分职工收入水平低，基本生活缺乏必要的社会保障，在经济社会生活中处于明显弱势地位，他们的生活困境已逐渐被固化，且开始形成贫困的代际传递。五是非正规就业职工权益实现问题日益明显。

（5）职工队伍的产业分布发生显著变化，并呈现出明显的群体差异

本次调查显示，第一产业职工占1.7%，第二产业职工占46.6%，第三产业职工占51.7%。职工队伍的产业分布呈现出群体差异，城镇职工逐渐向第三产业转移已成为一种趋势，而农民工则更多地集中在第二产业。从本次调查来看，城镇职工在第三产业中的分布占67.1%，比2002年（57.5%）增加9.6个百分点；农民工在第二产业中的分布占64.4%。从行业来看，职工仍然主要集中在制造业、建筑业、批发和零售业等行业，其中制造业所占比重最大，占全部职工的31.9%，建筑业、批发和零售业分别占9.4%和9.1%。而城镇职工在制造业就业的比重只有22.8%，比2000年下降39.7个百分点。

（6）非公有制企业职工占企业职工的大多数，农民工在非公有制经济中已占多数

本次调查表明，企业职工占了职工总数的72.2%，事业单位职工占12.2%，党政机关、社会团体占5.9%，其他单位占9.7%。而在企业职工中，非公有制企业职工占58.6%，公有制企业职工只占41.4%。

2. 调查表明，农民工作为职工队伍的重要部分，其规模、比重、地位、作用日益凸显

职工队伍的就业和劳动生活状况呈以下特点：

（1）在岗职工总数明显增加

职工的就业渠道进一步拓宽，职工就业总体上比较稳定，城镇职工中在岗职工的比例有所下降，职工职业流动更加频繁，影响职工的职业稳定感和对企业的归属感，部分下岗失业职工再就业面临困难。

（2）职工工资总体水平有较大提高

农民工工资收入增长较快，拖欠职工工资的情况有明显缓解，但普通工人工资收入低、增长慢，不同群体职工间工资收入水平差距较大，超时劳动导致部分职工实际工资收入水平更低，职工工资收入的保障机制尚不健全。

（3）职工的社会保障权益总体得到较好实现

农民工的社会保障状况逐步改善，签订劳动合同和集体合同的职工，其社会保障权益实现得更加充分，但相当部分职工仍未享受到社会保障，职工在享有社会保障权益上存在较大差异，职工迫切要求提高保障水平。

总体上看，有77.4%的农民工和65.1%的城镇职工表示5年来家庭生活水平有所提高。多数职工对未来家庭生活的改善抱有良好的预期，60.7%的职工认为未来5年家庭生活水平还会提高。

3. 职工队伍的思想认知状况呈以下特点

（1）多数职工政治思想积极上进

在被调查职工中，共产党员占19.1%，在尚未入党的职工中，积极要求入党的比例高达59.7%。职工的不满主要针对自身收入和社会地位，43.9%的职工对自己的工资收入水平“不太满意”或“不满意”；22.5%的职工对目前的社会地位“不太满意”或“很不满意”，城镇工人和农民

工对自己的社会地位表示满意的分别只有30.5%和32.7%。

（2）职工的信仰追求有多样化的趋向

突出表现在职工的宗教信仰方面，目前职工中信仰宗教的比例达到13.6%，比2002年上升了2.2个百分点。

（3）职工的价值观更加理性和现实

主要表现在从注重实现理想转向追求现实利益。从注重履行义务转向重视实现权益。从注重集体转向强调个体。调查发现，63.9%的职工把舒适安定的家庭生活、稳定的工作以及赚更多的钱作为自己的理想追求，只有10.7%的职工把为社会做贡献作为自己的理想。

（4）职工对社会问题的态度总体上比较平和，能够理性地看待经济社会问题，正确对待各种压力

职工感到压力大的按顺序是收入低、看病就医费用高、子女教育费用高、房价高、就业难、社会保障待遇差等问题，职工的切身感受与他们所关注的社会问题基本一致。

（5）多数职工认同爱国、敬业、诚信、友善等道德规范，有较强的社会责任意识

有24.1%的职工认为人们的职业道德水平下降了，不少职工认为，社会诚信的缺失、拜金主义严重、对违反职业道德的行为惩戒不力，是职业道德水平下降的主要原因。

二、劳动合同法在反对声浪中艰难前行

《劳动合同法》从2007年全票通过颁布到2008年施行以来，围绕着它的争论就没有平息过。先是2007年岁末深圳华为公司安排满8年以上工作年限的员工主动辞职，再竞聘上岗，通过重签劳动合同使工龄归零以规避无固定期限劳动合同。随后经济学家张五常认为，无固定期限合同将维护懒人、导致铁饭碗；如果严厉执行新法，失业率将逾8%，新法会搞垮经济，是“中国伟大经济改革的致命伤”。新法颁布一个月后，就有媒体调查显示，70%的企业，特别是民营企业希望修改无固定期限劳动合同的

规定和关于经济补偿的条款[1]。全国政协委员、女富豪张茵在参加2008年“两会”时提交提案，建议取消无固定限期合同[2]。即便在知识界，看法也很不一致，劳动法学家董保华认为新法是“看对病症，开错药方”，还有人甚至说这是在不合时宜的时候出现的“恶法”。

（一）总体上看，劳动者对《劳动合同法》是肯定和拥护的，争论主要集中在下列几个问题

1. 企业担心无固定期限劳动合同会导致用工机制僵化

部分企业认为，《劳动合同法》第十四条关于无固定期限劳动合同的规定，会导致“老人走不了，新人进不来”，或者“老人不走，新人进来，冗员增加”，企业会因此失去活力、背上包袱，重新回到计划经济时期的“铁饭碗”，是用工制度改革的倒退。

2. 企业认为法律实施会带来用工成本上升

一些劳动密集型出口加工企业和小型微利民营企业认为，劳动合同终止要支付经济补偿、将社会保险规定为必备条款等，提高了企业的用工成本，这将使企业无法继续经营，只能解散、搬迁，或者提高产品价格以转嫁成本。一些企业协会和商会也认为，法律对劳动者保护力度加大，用工成本上升，将使企业谨慎用工，需求减少。有的还认为，在银根紧缩、原材料上涨、部分出口产品退税政策调整、人民币升值等诸多压力下，法律的实施会影响企业生产经营。

3. 一些地方政府、商会和学者反映法律的实施将影响地方的投资环境

他们认为，由于法律实施增加了企业用工成本，企业用工自主权受到制约，减弱了劳动力市场的灵活性，既影响劳动者的就业，也将使一些企业迁移到人工成本更低、企业用工更加灵活的地区和国家，不利于地方招商引资。

[1]魏和平．调查显示七成企业希望修改新劳动合同法［N］．中国青年报，2008-02-04.

[2]但是，从4月15日香港大学生《2008年首季香港上市企业内地血汗工厂报告》出炉后，张茵的东莞玖龙纸业便被卷入“血汗工厂”的漩涡，她修改《劳动合同法》建议的动机也多被社会舆论所质疑。

4. 工会反映劳务派遣用工亟待规范

工会组织认为，法律实施后，各种劳务派遣用工规模呈扩大趋势，特别是部分中央企业，为了规避用工指标和工资总额的限制，同时为追求用工灵活性和降低用工成本，将大量直接用工转为劳务派遣用工，企业用工行为不规范，直接损害了劳动者的就业和劳动报酬等权益。

5. 企业认为农民工养老保险关系难接续会影响劳动合同的签订

一些企业反映，由于农民工养老保险办法不统一，无法跨地区转移接续，农民工参保会影响当期工资收入等原因，一些劳动者不愿意参加社会保险，社会保险条款达不成一致，劳动合同无法签订。有的企业反映，目前社会保险费率偏高，若依法缴纳则无法生存，并担心劳动者要求企业补交历史欠费，不愿意主动签订劳动合同。

此外，不少企业认为，法律关于连续订立二次固定期限劳动合同后用人单位是否有权终止劳动合同，以及“专业技术培训”，“临时性、辅助性、替代性”工作岗位，“同工同酬”等如何界定，还存在理解和操作上的分歧。部分企业担心严格执行法律规定的加班时限将使职工工资收入大幅下降，并影响企业正常生产经营。

（二）关于无固定期限劳动合同是否会导致用工机制僵化的问题

在新法实施前，中国劳动合同制度建设的突出问题是劳动合同短期化，合同期限一年以下的占60%左右，不利于劳动者的稳定就业和权益保护。为解决这一问题，新法对应当订立无固定期限劳动合同的情形做出了明确规定。但新法在强化企业签订无固定期限劳动合同条件的同时，为了维护企业用工自主权，保持劳动力市场的活力，规定用人单位在与劳动者协商一致，或者劳动者违法违纪、不能胜任工作的，或者用人单位因客观情况需要裁员等多种情形下，用人单位可以依照法定程序解除合同。这些规定坚持了用人单位自主用工与劳动者自主择业的市场化用工制度，与《劳动法》相比放宽了解除的条件，与计划经济时期劳动用工统包统配、企业没有用工自主权的僵化体制有根本区别。为了打消企业的疑虑，2008年9月出台的《劳动合同法实施条例》在第十九条规定了劳动合同可以解除的14种情形，其目的是消除用人单位的误解，说明无固定期限合同不是“铁饭碗”，在符合法定条件下同样可以解除。而且，在司法实践上也已出现了解除合同的个案[1]。

（三）关于实施《劳动合同法》是否会造成企业用工成本大幅度上升问题

从制度设计来看，因《劳动合同法》新的规定而增加的成本实际很有限，主要包括两个方面：一项是企业支付给试用期劳动者的工资标准限制，即劳动者在试用期的工资不得低于本单位相同岗位最低档工资的百分之八十或者劳动合同约定工资的百分之八十，并不得低于用人单位所在地的最低工资标准。这项规定涉及的仅仅是试用期劳动者，影响有限。另一项是企业主动终止期满的劳动合同或者因企业破产、解散等原因终止劳动合同的，应当支付经济补偿。这类支出涉及的也只是部分劳动者，由此增加的成本不会太大。企业反映成本增加实际主要是缴纳社会保险费。《劳动合同法》实施之前，尽管法律规定企业应当依法为劳动者缴纳社会保险费，但是一些企业没有遵守，自然就不会产生这部分成本。《劳动合同法》实施后，这些企业必须依法缴纳社会保险费，违法责任将加重，因此就认为提高了成本，尤其是大量使用农民工但未签订劳动合同的企业更为突出。为员工依法缴纳社会保险费，是早在《劳动法》就明确规定的企业义务，是企业从事生产经营活动必须承担的成本。退一步讲，这笔成本也不应记到《劳动合同法》上来，而应由企业自行消化。此外，还有由于执行《劳动合同法》而增加的管理成本。

根据2008年4月广州市劳动保障部门对5000户企业进行的问卷调查，《劳动合同法》施行后，有51.9%的企业总成本中人工费支出在20%以下，人工成本很少变化；只有不到10%的企业成本水平受人工费变动影响较大；守法企业的人工成本增幅仅为2.8%，影响总成本增加0.58%；全部受调查企业在《劳动合同法》实施前后人工成本增加平均为7.2%左右[2]。由此可见，《劳动合同法》对守法经营企业的人工成本增加的影响非常有限。

---

[1]张伟杰．北京法院判决首例解除无固定期限劳动合同案［N］．工人日报，2008-07-21.

[2]徐林，石婧雯．广州企业用工成本增加7.2%，案件数量翻番［N］．南方日报，2008-10-09.

（四）关于实施《劳动合同法》对投资环境和就业是否会产生负面影响问题

上半年在珠三角、山东沿海、浙江，部分企业关闭、撤离或者搬迁到中国中西部地区甚至国外。这些企业主要是一些利用中国土地和劳动力成本低从事加工贸易的港资、台资、韩资企业及国内的劳动密集型出口代工企业，主要原因包括出口产品退税额度下调或取消、原材料和能源价格上涨、人民币升值、税率调整、节能减排要求提高及地方政府“腾笼换鸟”式的产业政策影响等多种因素。下半年企业经营日渐凋敝，主要是受到了美国金融海啸对实体经济的强烈冲击和“中国造”产品在世界上遭到抵制。尽管有不少人归因于《劳动合同法》，但事实上其影响仅仅是“压死骆驼的最后一棵稻草”。

（五）关于劳务派遣是否对劳动用工秩序产生重大影响的问题

劳务派遣作为直接用工形式的补充，在满足用人单位灵活用工、减少摩擦失业方面起到一定的积极作用。在国外，劳务派遣经历了从禁止到限制的发展历程，多数发达国家用工比例一般不超过3%。在中国，劳务派遣起步晚，发展快，在中央企业中已占到10%左右，通信行业中的个别企业达到50%左右。劳务派遣在这些企业所占比例过大，可能导致劳动关系“空壳化”，影响劳动关系的稳定。在劳务派遣用工形式下，多数用工单位难以同工同酬，被派遣劳动者的社会保险等其他权益往往也难以得到保障。故而《劳动合同法》对劳务派遣做了特别规定，希求规范这类雇佣方式健康发展。孰料《劳动合同法》实施后，劳务派遣用工规模不降反升，大批企业希望通过实行派遣制来规避无固定期限合同，导致劳务工在原有2000万人的基础上陡增了700万人。5月公布的实施条例草案中，虽然已对“临时性、辅助性、可替代性”的劳务派遣岗位做出界定，但条例出台时考虑到经济放缓和企业时艰，删去了有关规定，等于对企业雇主做出了让步。

2008年岁末将至，全国人大正在进行《劳动合同法》执法情况的调研，总的情况呈“二升一降”的态势。即合同签约率有明显上升，普遍接近九成。劳动合同签订率的提高带动了社会保险参保率的上升，根据人力资源和社会保障部的资料，2008年社会保险五大险种的参保率都有不同幅度的提高。与此同时，短期合同的签订率，特别是一年期以下的劳动合同签订率普遍下降，有的地区的下降幅度超过了10个百分点。除了经济危机等特殊因素的影响，应当说，构建和谐稳定劳动关系的目标取得了初步成效。

三、中小型出口企业的困难与劳动争议案件的急剧增加

早在2008年初东南沿海地区特别是珠三角就出现企业撤资转移的现象，不少人将其归因于《劳动合同法》的实施。原劳动和社会保障部当时的调查结论是，主要原因是部分出口退税下调取消、原材料和能源价格上涨、人民币升值、税率调整、环保评价等，与新法实施没有直接联系。到下半年，企业倒闭加剧。据国家发展和改革委员会的数据显示，2008年上半年中国共有6.7万家规模以上的中小企业倒闭，预计全年将超过10万家[1]。其原因既与美国金融海啸有关，也与东南沿海地区“腾笼换鸟”的产业转移政策有关。由于一些中小型出口企业的倒闭裁员[2]，约有20%的农民工失业离厂，有的被拖欠工资，有的提前退保返乡，加之《劳动合同法》施行暴露了中小企业原有的劳动关系和社会保险隐患，导致劳动争议和罢工事件急剧增加。人力资源和社会保障部部长尹蔚民用“四大四小”来概括金融危机对就业和劳动关系的影响：对外贸出口型企业影响大，对内向型企业影响小；对纺织、玩具等传统劳动密集型企业影响大，对高新技术企业影响小；对外资企业影响大，对民营企业影响小；对外来农民工影响大，对本地劳动者影响小。

尽管人力资源和社会保障部尚未公布2008年以来劳动争议的统计数据，但经济发达地区劳动争议数量大幅上升已是不争事实。以深圳为例，上半年受理的仲裁案件达到了23785件，同比增长了243%，下半年势头有增无减，前三季度全市受理案件38807件，涉案人数达到14万多人，而

[1]徐海星，王亮．发改委等正研究建中小企业银行解决融资难［N］．广州日报，2008-08-04.

[2]尤以10月香港合俊集团的两家大型玩具厂等多家知名企业接连破产倒闭，8000员工失业，致人力资源和社会保障部派出高端调研组，纷赴各省调查，东莞则建议中央放缓实施《劳动合同法》。

2007年全年才13388件，涉案人数仅57512，预计全年的案件将比2007年激增3倍以上。现在申请劳动仲裁的案件已经排期到2009年3月，最早的也要到2009年1月审理，案多人少的状况十分突出[1]。整个广东省1—8月，劳动争议案件量是2007年同期的2.6倍；受理类似监察投诉3万件，同比增加47%；争议案件17.5万件，占全国的1/4，同比增2.6倍；涉案人数和标的同比分别增加3倍和4.2倍[2]。上海浦东新区的数据显示，2008年1—9月，共受理劳动争议案件5350件，而2007年同期仅为1846件，增长近300%[3]。

从上海的情况看，劳动争议持续增长，主要是中小企业与劳动者的争议案件数量增加。而从类型来看，劳动报酬和保险福利仍是主要争议。在劳动报酬的争议中，有关加班工资的争议最多，占到60%左右。广州也陆续出现少数大型企业员工在律师的帮助下，利用企业支付手续不规范的漏洞和证据规则，采取全员罢工、集体投诉继而申请争议仲裁、诉讼，追溯企业欠付“天价”加班费历史旧账，并渐有向风潮演变的趋势。为保护自己的巨大利益，员工均采取不和解、不调解、不撤诉的“三不”态度。

导致争议案件激增的原因主要来自经济形势的变化和劳动法律制度的变迁。经济上金融海啸的影响毋庸多说。在劳动法律制度方面，由于2006年10月出台的《最高人民法院关于审理劳动争议案件适用法律若干问题的解释（二）》大幅放宽了劳动者追索包括加班工资在内的劳动报酬的诉讼时效，员工追索二年以上加班费的劳动争议仲裁案件，尤其是为追索加班费而要求解除劳动关系的重特大集体争议急剧上升。此外，《劳动合同法》的实施也带来了一些新型的劳动争议案件，如一些员工采取拒签劳动合同的方式要求企业支付两倍工资；部分企业为减少经济补偿金等支出而改变工资结构，变相降低员工工资等新型劳动争议案件的出现，增加了案件的数量，也增加了案件审理

---

[1]叶明华．金融风暴加剧劳动纠纷 深圳劳动争议激增3倍［N］．南方日报，2008-11-11.

[2]杨霞．广东劳动争议仲裁案件上升，占全国四分之一［EB/OL］．［2008-10-08］．新华网.

[3]佚名．劳动合同法实施条例》出台后劳动争议出现新动向［N］．劳动报，2008-10-20.

难度。而《劳动争议调解仲裁法》于2008年5月施行后，对争议仲裁实施免费，使得企业、员工维权实现了“零成本”，这也是导致案件激增的原因之一。

在2008年初《劳动合同法》生效之际，企业群体事件亦呈多发态势。在一个月内，广州、深圳、东莞等地，先后发生20多起规模不等的工人罢工事件，参与罢工的员工超过一万名。深圳宝安甚至在一日内曾发生76起各类群体事件。从那以后，群体事件经历了一个马鞍型的变化，到年尾时又趋上升。

值得一提的是，2008年以来，平面媒体开始有限报道劳动争议群体事件，特别是围绕着东航集体返航事件和重庆出租车停运事件展开讨论，探讨如何实现劳动关系和谐，新华社也第一次使用“罢工”的概念。此外，政府处置群体事件的理念和方法继续从“维稳”转向“促和”。公安部部长孟建柱在《求是》杂志撰文指出，处置群体性事件，要明确公安机关的主要任务是维护现场秩序，化解矛盾，制止过激行为，防止局势失控。坚持“三个慎用”（慎用警力、慎用武器警械、慎用强制措施）。深圳市工会副主席王同信认为，罢工是市场经济摆脱不了的规律，也是目前社会能够接受的最好办法，不要把罢工问题看得太敏感，应当在法律或制度层面对罢工做出相应的规定。

为探索解决因集体争议导致停工、怠工、闭厂事件的有效途径，《深圳经济特区和谐劳动关系促进条例》于11月1日实施，该条例借鉴美国和香港地区的有关规定，设立停工事件谈判及政府发布恢复正常秩序命令的制度，即“冷静期”制度。条例第五十三条规定：供水、供电、供气、公共运输等用人单位因劳动争议出现集体停工、怠工、闭厂等情形，导致或者可能导致危害公共安全、损害正常的社会经济秩序和市民生活秩序等严重危害公共利益的后果的，市、区政府可以发布命令，要求用人单位或者劳动者停止该项行为，恢复正常秩序。命令发布之日起30日内即为“冷静期”，用人单位和劳动者在此期限内不得采取激化矛盾的行为。劳动行政部门、工会组织和相关行业协会应当在此期限内继续组织谈判、调解，促成用人单位和劳动者达成和解。

人力资源和社会保障部高层估计，由于企业2008年的订单是2007年签订的，其中有一个滞后效应，目前经济出现的增长率下降，有可能对2008 年第四季度和 2009 年上半年的就业、劳动关系和劳动者权益带来影响。年终临近，已有更多企业开始裁员，由金融危机带来的劳资矛盾多发期，将在 2009 年凸显出来。

2009：经济危机下的劳动关系与劳动法制的困境

2008 年末发轫于美国的金融海啸重创了中国的出口加工业。改革开放 30 年来，经济萧条史无前例地降临中国，生产急剧萎缩，大量企业停产倒闭，企业采取减薪、欠薪、裁员、逃逸、实行综合计算工时工作制、增加员工休假、控制劳动者招聘规模和使用劳务派遣工等应急雇佣策略来应对萧条，使劳资关系和职工状况面临空前的危机。另一方面，过往我国调整劳动关系的所有法制规范和对策措施都是在经济发展的上行通道中制定和实施的，而在 2009 这个危机之年，当我们不得不去探索经济下行过程中的劳动关系因应之道时，却突然发现，刚刚建立起来的劳动法制正在面临一场真正的危机。

一、劳工阶层的现状

（一）职工的就业压力有所缓解

在经历了 2009 年初 GDP 的增速有所下降后，我国经济正逐步回暖。2009 年前三季度国内生产总值 217817 亿元，按可比价格计算，同比增长 7.7%，比上半年加快 0.6 个百分点。分季度看，一季度增长 6.1%，二季度增长 7.9%，三季度增长 8.9%。在经济增速的推动下，职工的就业压力有所缓解。国家统计局的数据显示，2008 年末，全国就业人员为 77480 万人，其中，城镇就业人员 30210 万人，年末城镇登记失业率为 4.3%，失业人员 915 万人。2009 年 2 月，中央农村工作领导小组办公室主任陈锡文在国务院新闻发布会上称，根据农业部对 15 个外来工输出省的抽样调查结果测算，在中国 1.3 亿外来工中，有 15.3% 的人失去了工作或者没有找到工作，据此比例推算，大约有2000万外来工由于经济不景气失去工作或者还没有找到工作就返乡了[1]。据人力资源和社会保障部会同国家统计局调研，到2008年底，全国农民工就业的总量是2.25亿人，其中外出农民工1.4亿人。2009年春节前，大概有50%返乡，共7000万人，其中的1800万人需要解决就业问题。春节以后，有95%的农民工回到城里就业，剩下的还有5%（350万人）在农村就地就近就业和返乡创业[2]。到2009年7月初大学毕业生就业率为68%（415万人），还有30%的大学毕业生需要就业，加上去年以来没有实现就业的大学生，约有300万人。截至9月1日，高校毕业生的就业率为74%。截至三季度末，城镇登记失业人员仍为915万人，登记失业率为4.3%。由于产业结构调整、企业的工价过低或农民工的职业技能不适应岗位需求等原因，沿海部分城市甚至出现所谓"民工荒"现象。

（二）劳动关系仍不稳定，劳动争议高位运行

2008年下半年以来，在"劳动三法"实施和经济危机加剧的情况叠加下，企业裁员破产、劳资争议等矛盾纠纷显著增加。2008年全国各级劳动争议仲裁机构共受理劳动争议案件69.3万件，当期案外调解23.7万件。当期立案的劳动争议案件比上年增长98.0%，涉及劳动者121.4万人。其中，集体劳动争议案件2.2万件，涉及劳动者50.3万人。2009年前三季度，全国各级劳动争议仲裁机构共立案受理劳动争议案件51.9万件，同比下降0.2%，但仍在高位徘徊。当期审结案件49.6万件，同比上升14%，当期结案率为95.6%[3]。

针对当前企业劳动关系不稳定的现状，各地劳动保障部门把贯彻《劳动合同法》与应对金融危机结合起来，加强对企业用工的指导和服务。研究起草企业经济性裁员规定、劳务派遣专项规定等配套规章草案。人力资源和社会保障部会同有关部门制定印发《关于进一步规范中央企业负责人薪酬管理的指导意见》。各地及时发布2009年工资指导线和劳动力市场工

---

[1]陈锡文．无工作返乡的农民工约两千万，政府积极应对［EB/OL］．［2009-02-02］．新华网．

[2]2009年上半年中国就业和社会保障工作进展情况［OL］．［2009-08-04］．中国政府网．

[3]人力资源和社会保障部2009年第三季度新闻发布会［OL］．［2009-10-23］．人民网．

资指导价位，做好预防和解决企业工资拖欠工作。在集体劳动关系协调方面，金融危机爆发后，全国总工会大力开展工会、职工与企业的“共同约定行动”，敦促企业不减薪、不裁员，强调共克时艰，共谋发展。

（三）职工的社会保障进展顺利

由于国际市场不景气，推进社会保障工作就成为启动内需的一道关键杠杆，因而受到各地政府的重视。其特点为：

1. 扩面征缴总体形势良好

截至2009年9月底，基本养老、基本医疗、失业、工伤、生育保险参保人数分别为22857万、36295万、12492万、14484万和10314万，分别比去年底增加966万、4473万、92万、697万和1060万。1—9月，五项社会保险基金征缴收入9534亿元，同比增长15.4%。截至9月底，全国农民工参加基本养老、基本医疗、工伤、失业保险人数分别为2464万、4292万、5281万、1563万，分别比去年底增加48万、26万、339万、14万[1]。

2. 各项社会保险待遇按时足额支付

1—9月全国按时足额发放企业离退休人员基本养老金5815亿元，同比增长16.4%，全国已连续69个月实现企业离退休人员基本养老金按时足额发放。9月底，全国失业保险金领取人数248.4万，失业保险基金支出219.1亿元，同比增长31%；医疗、工伤和生育保险待遇做到按规定支付，1—9月全国共支付三项社会保险待遇2084亿元，同比增长29.9%。

3. 社会保险制度进一步完善

配合做好《社会保险法（草案）》研究修改工作和《工伤保险条例（修订草案）》公开征求意见工作，制定公布《社会保险业务档案管理规定（试行）》。加快推进基本养老保险省级统筹，目前已有28个省份建立省级统筹制度。

此外，落实对企业“五缓四减”措施正在取得初步成效，它一方面为企业减轻了负担，但同时也为未来埋下了隐患。

---

[1]人力资源和社会保障部2009年第三季度新闻发布会［OL］.［2009-10-23］. 人民网.

（四）职工的职业安全总体稳定、趋于好转

2009年上半年，由于开展安全生产，以及经济危机对企业生产经营的影响，全国安全生产保持了总体稳定、趋于好转的发展态势。上半年，全国共发生各类事故186775起，死亡36370人，同比减少32787起、5115人，分别下降14.9%和12.3%。其中煤矿发生749起，死亡1175人，同比减少204起、265人，分别下降21.4%和18.4%。其中，较大事故、重大事故和特别重大事故发生起数和死亡人数均呈下降趋势[1]。

二、经济危机对我国劳动关系的影响和特点

按美国学者的观点，此次国际金融危机的主要原因是从亚洲流入美国的过剩资本和美联储推行的低利息率政策，以及由低利息率、积极的抵押贷款营销和松懈的监管共同吹起的房地产泡沫，金融机构的短期收益目标和高风险借贷政策，加之美国人的低储蓄率和银行的高资产负债率所导致[2]。但它主要对中国的实体经济造成冲击，使工业生产受到很大影响，所以经济危机在中国表现为产能过剩的危机，其对企业劳动关系的影响主要表现在以下十个方面。

（一）金融危机使我国各类企业均遭遇到前所未有的经营困难

从国有企业来看，从2008年第四季度开始，中央企业的营业收入增长17.9%，利润下降了34.1%。2009年1—4月，中央企业的营业收入下降9.2%，利润下降36%。2008年地方国有控股企业营业收入增长18.9%，利润总额下降24%。2009年1—4月，地方国有控股企业营业收入下降8.4%，实现利润下降58.1%。营业收入下降创近年来的新高。民营企业的资金链受到严峻考验。受行业垄断化趋势的影响，部分地区和行业出现民营经济被挤出效应。除大型民营企业外，多数中小型民营企业缺乏核心技术和自主品牌，在剧烈波动的市场环境中缺乏竞争力。金融危机对外资企业的影响尤其显著，主要表现在：外商投资能力下降，出口型企业订单

[1]2009年上半年全国安全生产基本情况及下半年形势分析和重点工作［OL］.［2009-07-20］.安监总局网站.

[2]理查德·波斯纳.资本主义的失败——〇八危机与经济萧条的降临［M］.北京：北京大学出版社，2009：13-15.

大幅减少，资金紧张，企业经营成本上升，市场需求的萎缩等[1]。

（二）出口加工企业生产开工不足或停产关闭，导致裁员或变相裁员

根据广东省的调查，珠三角地区停工、放长假甚至倒闭的企业约占被调查企业总数的20%，其中加工制造企业占到72.2%，规模300人以下的中小企业占75.2%；广东省从2008年10月到2009年5月底，1.03万户规模以上企业裁减员工72.25万人。有的企业先前下了订单，但看到情势不妙，赔钱也不做了[2]。

（三）企业用工谨慎，劳务派遣等灵活用工形式比重大幅上升

企联调查显示，受金融危机影响，由于销售收入下降，不少企业用工成本比重增加，有的企业人事费用率达25%以上。因此，绝大多数企业用工需求减少，用工谨慎。在此背景下，许多企业想方设法通过控制或减少正式用工，替代使用劳务工来减轻人工成本压力，增加了劳动关系的复杂性和不稳定性。根据全总的估计，全国约有劳务派遣工2700万人，人力资源和社会保障部估计也在1500万人左右，在部分行业已成为主流用工模式。

（四）部分企业减薪或变相减薪，拖欠工资趋势加重，欠薪逃逸事件时有发生

有的企业采用直接下调工资标准的方式，有的企业则通过提高劳动定额标准或采取基本工资不变、减少相关福利等方式变相降低员工收入，还有的企业则通过延长休息时间、放假、在岗培训等变通方式间接降低人工成本支出。如大连开发区外资企业由于2008年9月以来订单迅速减少，企业生产规模直线下降，企业内部出现了大量闲置劳动力。为此，企业采取班组、车间甚至工厂间职工相互调剂的办法来限制加班或不安排加班，或者采取“工作四天，休息三天”、“工作三天，休息四天”、“放半个月或一个月长假”，休息期间，职工拿60%～80%的工资的措施。在珠三角地区，19.2%的企业由于老板逃逸而导致破产，将包袱甩给政府，这在2008

[1]王亦捷．金融危机形势下不同所有制企业劳动关系状况分析及对策建议［C］．广州，2009-11.

[2]金融危机形势下的劳动关系新变化及对策研究座谈会记录，北京，2009年6月18日。

年第四季度特别明显[1]。

（五）实行综合计算工时工作制

综合计算工时工作制打破了每日 8 小时、每周 40 小时的固化工时，便于企业灵活安排员工的工作和休息时间。金融危机形势下，企业订单减少和预期性降低以后，标准工时工作制的适应性受到了严峻挑战，企业申请实行综合计算工时工作制的情形大量增加，有些地方政府对特殊工时的审批制度，已根据经济发展的实际需要进行了有益探索，有效地解决了工作时间的不均衡、不稳定问题，确保企业生产经营的有序性。

（六）社会保险关系中断人员增多，涉及缴纳社保费纠纷增多

企业经营困难、支付能力下降，加上一些企业对当前社会保险制度建设进展情况心存不满，因此拖欠或中断缴纳社会保险费的情况经常发生。根据企联调查，多数企业反映社会保险负担过重。目前，企业为职工缴纳的社会保险与住房公积金费率合计平均约占职工工资总额的 40%，如果加上职工个人缴纳的费率及个人所得税，有些企业已经超过了 70%，这个比例甚至超过了部分发达国家的水平。目前社会保险的城乡二元制和地区分割问题严重，外来工尤其是农民工因为不拥有本地户籍，很难享受到当地社会保险特别是养老保险、失业保险和住房公积金待遇。当这些外来工返乡或者跨省就业时，企业为其缴纳的社保费既不能随劳动者个人转移，也不能返还给企业，而是被社保基金无偿占用。这对企业来说是无效成本支出，而且职工也不愿意缴纳，企业和职工的参保积极性均大受影响[2]。

（七）农民工流动就业与权益保障困难增大

一方面，原来的劳动力流入大省在遭遇金融危机后，释放出大量外来务工的农民工，如广东省企业裁减的员工中来自外省的有 43.96 万人，占裁员总数的 60.8%，其中从事低端产业和简单劳动的农民工首当其冲；而另一方面，一些劳动力输出大省则出现了农民工返乡滞留的情况，给当地劳动力市场造成结构性供大于求的压力。在失业和难以找到工作的背景

[1]孙群义．对中国的经济危机及劳动关系变化的思考［C］．广州，2009.

[2]王亦捷．金融危机形势下不同所有制企业劳动关系状况分析及对策建议［C］．广州，2009.

下，农民工的权益也难以得到有效保障[1]。

（八）规避劳动法律的隐性违法行为增多

部分企业遭遇危机后，未经劳资双方协商即选择降薪、换岗和调动工作地点等“软裁员”手段，迫使员工主动辞职；有些企业采取大量使用劳务派遣工来规避使用劳动合同工，甚至通过异地派遣、异地参保达到少缴社会保险费、逃避劳动监察的目的；而一些想要离职的员工也采用消极怠工、破坏生产工具等行为设法让企业提出解除劳动合同获得经济补偿金[2]。

（九）劳动争议案件大幅增加，群体性争议案件比重上升较快，劳资冲突程度加剧，且群体性事件中的暴力性和非理性成分增加

2008年下半年以来，在新“劳动三法”实施和经济危机加剧的叠加下，企业裁员破产、劳资争议等矛盾纠纷显著增加。如浙江省劳动争议仲裁机构2008年受理的劳动争议案件总量比上年大幅增长76%，其中劳动报酬争议案件占46.3%。又如四川省2009年第一季度劳动争议仲裁机构受理案件5869件，比去年同期增长了近23%；四川省国有企业的劳动争议同比增加了1倍以上（261件）。再如江苏省2009年第一季度受理的私营企业及其他企业的劳动争议案件同比增加了1117件。与此同时，争议双方的冲突性大大提高，一些地区出现了劳动者“跳楼秀”、杀人等过激行为，如东莞职工刘汉黄为索要工资将两名台资企业高级经理杀死的恶性案件、农民工张海超“开胸验肺”事件、吉林通钢职工因股权调整群殴总经理陈国君致死事件、海南30余人讨薪投燃烧弹致12人受伤事件、富士康25岁员工跳楼自杀事件、厚街员工廖世锴不满工厂长期加班跳楼身亡事件等，预示着劳资矛盾、劳政矛盾的对立性在增强。

（十）劳动保障部门出台的“五缓四减三补两协商”等危机期间为企业减负的短期政策，可能会给经济复苏后劳动关系的协调留下隐患

“五缓”是指对暂时无力缴纳社会保险费的困难企业，在一定条件下允许缓缴养老、医疗、失业、工伤和生育五项社会保险费；“四减”是指

[1]孙群义．对中国的经济危机及劳动关系变化的思考［C］．广州，2009.

[2]金融危机形势下的劳动关系新变化及对策研究座谈会记录，北京，2009年6月18日。

阶段性降低除养老保险外的四项社会保险费费率；“三补”是指使用失业保险基金为困难企业稳定岗位支付社会保险补贴和岗位补贴，以及使用就业专项资金对困难企业开展职工在岗培训给予补贴；“两协商”是指困难企业不得不进行经济性裁员时，对确实无力一次性支付经济补偿金的，在企业与工会或职工双方依法平等协商一致的基础上，可签订分期支付或以其他方式支付经济补偿的协议。这些政策在危机时期可能会起到维持企业生存发展的作用，但也可能引发通胀、社保支付能力下降等问题，为劳动纠纷日后的集中爆发埋下隐患。

总的来看，经济危机使劳动关系的协调处理难度明显加大了。由于危机和劳动新法实施的叠加效应，劳资利益更显对立，劳政矛盾日益突出，劳资双方规避法律的手段日益隐性化，劳动争议案件和违法案件大幅上升，增大了劳动关系协调处理的工作量和难度，加之劳动争议处理和劳动监察队伍本身力量不足，使得劳动关系协调和维护稳定的压力急剧增加，很不适应形势变化的需要。另一方面，我们也观察到，这场金融危机并未转化成为一场劳资关系的重大危机或酿成声势浩大的劳工运动[1]。从中国的经验看，就是政府和全总推动的促使劳资双方相互谅解、相互让步、相互妥协，共克时艰的举措。面对金融危机，各地都创造并积累了劳资双方互谅互让、共渡难关的经验，如工会在企业和职工中广泛开展“共同约定行动”，力保岗位不减、工资收入不降，职工对企业临时性采取的弹性工时、弹性工资、灵活用工措施予以理解和支持。

人力资源和社会保障部劳动工资研究所苏海南主持的一项课题认为，虽然危机条件下劳动关系矛盾涉及面更宽，矛盾数量更多，矛盾程度加重，矛盾分布态势和时段相对集中，但全国劳动关系的整体局势并未根本变化。他们得出的总体判断是：我国劳动关系总体稳定，局部矛盾凸现，新的挑战增多，协调难度加大[2]。

---

[1]2009年11月，美国康乃尔大学产业和劳资关系学院院长 Harry Katz 教授访华时也表达了类似的观点。

[2]孙群义．对中国的经济危机及劳动关系变化的思考［C］．广州，2009.

三、应对危机的劳工政策使劳动法制和劳工权益保障面临新的考验

（一）危机期间的劳动关系政策

2008年末以来，为应对金融危机，国务院及各部委出台了一系列政策文件，除了财政、货币等政策加大投入扩大内需外，稳定就业岗位和劳动关系的措施主要是增强社会保险制度的灵活性和劳动标准调整的灵活性，帮助企业稳定就业、减少裁员。这些政策包括《国务院关于做好当前经济形势下就业工作的通知》，《国办关于加强高校毕业生就业工作通知》，人社部《关于做好春节后农民工就业工作有关问题的通知》，人社部、财政部、国家税务总局《关于采取积极措施减轻企业负担稳定就业局势的通知》，人社部、全总和中企联三方《关于应对当前经济形势稳定劳动关系的指导意见》及全国总工会《关于深入推进“共同约定行动”的意见》等。政策的主要内容包括：

（1）在2009年之内，可以阶段性降低城镇职工基本医疗保险、失业保险、工伤保险、生育保险的费率，减轻困难企业缴费负担和参保人员费用负担。

（2）对暂时无力缴纳社会保险费的困难企业，可以在2009年之内、最长不超过6个月的期限内缓缴社会保险费。

（3）调控和预警失业，鼓励国有企业减少裁员。

（4）使用失业保险基金和就业专项资金，支持鼓励困难企业开展职工在岗培训、轮班工作、协商薪酬等办法稳定员工队伍，并保证不裁员或少裁员。失业保险基金可用于支付社会保险补贴和岗位补贴。

（5）暂缓调整企业最低工资标准。指导符合条件的企业及技术先进型服务外包企业实施综合计算工时和不定时工时制。

（6）大规模增加政府投资，实施总额4万亿元的两年投资计划，其中中央政府拟新增1.18万亿元，实行结构性减税，扩大国内需求；大范围实施调整振兴产业规划，提高国民经济整体竞争力；大力推进自主创新，加

强科技支撑，增强发展后劲；大幅度提高社会保障水平，扩大城乡就业，促进社会事业发展。

（7）积极支持和鼓励劳动关系双方共同稳定就业局势。各级企业联合会要会同有关企业组织，积极引导和鼓励企业切实承担社会责任，尽最大努力不裁员或少裁员。各级工会组织要大力开展工会、职工与企业的“共同约定行动”，引导职工理解并支持企业采取弹性工时、在岗培训、协商薪酬等措施，动员广大职工为企业发展献计出力，努力提高劳动生产率，降低生产经营成本，与企业同舟共济，共克时艰，共谋发展。各级三方要推动落实特别职业培训计划，搞好职工特别是农民工培训，提升职工的技能素质。

（8）推动企业加快建立集体协商机制。生产经营困难的企业可通过与包括农民工在内的广大职工进行集体协商，采取弹性用工、弹性工时、弹性工资、组织培训等措施，共同应对当前经济困难，稳定就业岗位和劳动关系。

（9）加强对困难企业经济性裁员的指导和管理，规范企业裁员行为，切实维护职工合法权益。困难企业实行经济性裁员，可签订分期支付或以其他方式支付经济补偿的协议。

（10）积极预防和妥善处理企业工资拖欠问题。进一步建立工资保证金制度，将工资保证金制度的实施范围由建设领域逐步扩大到其他领域。

（11）建立健全解决劳动关系重大问题的沟通协调制度。要建立健全劳动关系调处应急机制，认真总结近年来处理因劳动关系问题引发群体性事件工作的经验，妥善处理因企业无力支付工资或欠薪逃匿等引发的重大群体性事件。

此外，政府还制定了促进大学生就业和针对返乡农民工的一系列政策措施，如切实保障返乡农民工的土地承包权益，加强农民工技能培训和职业教育。一些劳动力输出地方规定：返乡农民工 3 个月以上未能重新就业的，当地政府可按照最低工资标准的 70% 给予失业救助，救助期不超过半年。

人力资源和社会保障部强调，在金融危机的形势下，要围绕中央“保增长、保民生、保稳定”的目标，转变经济快速增长时期习惯性的劳动保障监察维权工作思路，使监察工作思路由“一突出”向“两并重”转变，即由突出维护劳动者权益，向维护劳动者权益和促进企业发展并重、维护劳动者基本权益和长远利益并重转变，并提出了“柔性执法”[1] 的口号。

（二）对劳动法制和劳工权益保障的影响

上述劳动行政主管部门的指导思想和政策精神对劳动法制的执法环境产生了巨大影响。这就产生了一个问题：在经济增长的上行期制定的劳动法律能否适用于经济危机的下行期？在危机背景下，劳动行政部门和地方政府是否有权改变劳动保障执法监察的标准和尺度，甚至突破或违背法律对其进行“解释”和实施？从实际情况看，一些地方出台了越权解释劳动法律的“规范性文件”，也有的正在设法压制劳动者依法维权的行为，使劳工权益保障面临新的问题。

1. 《劳动合同法》被越权解释的问题

由于恰逢经济危机，该法的贯彻实施遭遇了前所未有的阻力，许多人本不满《劳动合同法》的有关规定，便把经济危机带来的种种不利影响归咎于该法的实施。此次参与“唱衰”新法的已不仅仅是企业家代表和部分学界代表，甚至包括部分地方政府的首脑、劳动行政部门的领导和法官。

2009 年 3 月 3 日，上海市高级人民法院以内部文件的形式印发《关于适用〈劳动合同法〉若干问题的意见》，多数条文有架空《劳动合同法》的倾向，引发了较大争议。其第二条对用人单位“未与劳动者订立书面劳动合同”的情况做了一定的限制解释；第四条对于无固定期限合同的签订做了一定的放宽处理；第七条关于劳动者返还特殊待遇的规定，对《劳动合同法》服务期和违约金的规定做出了突破；第九条规定“对确因客观原因引起的计算标准不清楚、有争议，导致用人单位未能‘及时、足额’支付劳动报酬或未缴纳社保金的，不能作为劳动者解除合同的依据”，对劳动者单方解除劳动关系的情形加以限制；第十条规定在用人单位要求劳动者承担合同责任方面，“在规范此类行为时，应当仅对影响劳动关系的重大情况进行审核，以免过多干涉用人单位的自主管理权”，从而实质上默

[1]对“柔性执法”的一种官方解释是，以建立多渠道、开放式的调解网络为重点，用柔性化方式将争议化解在基层。

许用人单位可以存在小“情况”的违法行为，等等[1]。有关文件显示，上海市高级法院出台的意见是基于上海市政府办公厅“也要维护好企业权益”的指导思想沟通做出的。

2. 不考虑居民消费价格指数的变动，强行暂停最低工资标准调整

人力资源和社会保障部于金融危机爆发后的2008年11月17日发出通知，提出根据经济形势和企业实际，暂缓调整企业最低工资标准，各地实际也基本暂停了最低工资的调整。

3. 《劳动争议调解仲裁法》被变通解释和执行，导致劳动者权益受损

如“广东意见”第二条、第三条缩小了《劳动争议调解仲裁法》规定的劳动争议的受案范围，例如认为“未缴纳”社会保险才属于劳动争议，排除了“未足额缴纳”的情形。第六条针对《劳动争议调解仲裁法》规定的45日结案的仲裁程序时限，将“案件排期”列为中止事由，规定劳动者因此向法院起诉的，应当提交劳动者不可能取得的“劳动争议仲裁委员会出具的已接受其申请材料的凭证及尚未受理的证明”、“尚未裁决的证明”，不符合《劳动争议调解仲裁法》立法精神。同样，第七条规定“《劳动争议调解仲裁法》中规定的‘三日’、‘五日’，均指工作日”，也违反了《中华人民共和国民事诉讼法》（以下简称《民事诉讼法》）的规定，从而为拖延劳动争议案件处理时间创造条件。

再如人为设置调解前置程序，延长劳动者的维权时间，调解以劳动者让步为基础。《劳动争议调解仲裁法》及《民事诉讼法》等规定的是调解自愿，“不愿调解、调解不成或者达成调解协议后不履行的，可以向劳动争议仲裁委员会申请仲裁”。但一些地方为降低劳动争议仲裁工作量，延缓劳动争议案件“井喷”高峰的到来，以“快速解决纠纷，便利当事人”的名义，强制设置调解前置，未经调解程序的劳动争议仲裁委员会不予立案。根据有关调查，除极少数特殊案件，尤其是集体争议案件外，绝大部分劳动争议案件是以劳方的让步为调解基础的[1]。

4. 劳务派遣大行其道，各地超“三性”使用派遣工有扩大趋势

在适用范围的问题上，《劳动合同法》第六十六条规定劳务派遣一般

[1]段毅．经济危机下劳动法治现状探析［C］．广州，2009.

应限定在临时性、辅助性或者替代性的工作岗位。法律出台后，对这一条款的理解分歧较大。但是从法律用语分析，该条款属于倡导性规定。因为法律没有使用代表强制规范的“应当”用语。人力资源和社会保障部劳科所调研证实，全国各地超“三性”使用派遣工现象不仅在《劳动合同法》颁布前广泛存在，在《劳动合同法》实施后及危机期间，劳务派遣价值更多地体现在规避无固定期限劳动合同和试用型派遣，这也是它在危机期间受到企业欢迎的一个重要原因。

劳务派遣工权益保障仍不尽如人意。一是同工不同酬问题在国有企业问题比较突出。相对于国有企业正式职工劳动报酬偏低（相对于外部一般企业又略高），有的甚至相差50%以上；相对于国有企业，外资企业的派遣工与本企业直接雇用员工基本做到同工同酬，但是，在福利待遇上存在一些差距。二是尽管社会保险缴纳比率比较高，但是，缴费基数偏低以及到相对较落后地区投保问题突出。三是尽管没有全国统计情况，还有相当数量的劳务派遣工没有加入工会。据上海市总工会调查，44.9%的劳务工加入实际工作单位的工会组织，17.2%的劳务工加入劳务派遣机构的工会组织，还有2.8%的劳务工加入户籍所在地的工会组织，尚有35.1%的劳务工没有加入工会组织[1]。

针对各地大范围超越法律执法判案的现实，2009年7月最高人民法院公布的《关于当前形势下做好行政审判工作的若干意见》（以下简称《意见》）要求，全国法院要始终坚持法制统一原则，不能以牺牲法律为代价迁就明显违反法律强制性规定、侵犯当事人合法权益的行为。对于那些以应对危机为借口擅自突破法律规定，形成新的地方保护和行业垄断，侵犯公民、法人和其他组织合法权益的违法行为，要依法予以纠正。但同时，《意见》也提出“要坚持法制的原则性和灵活性相结合，法律标准与政策考量相结合”这一似是而非的主张，说明在经济危机的背景下，如何处理劳动法制与劳工政策的关系，仍需要进一步探索与实践。

此外，在中国劳动关系日趋市场化、全球化、多样化、灵活化的今天，单纯依靠国家的劳动法制进行规制，已经难以适应各地纷繁复杂的劳

---

[1]李天国．我国劳务派遣立法规制的现状、存在的问题及挑战［C］．北京：2009.

动关系现实，尤其是在经济进入下行通道的过程中，应当更多地发挥劳资自主博弈的作用，以更加现实和公平合理地处理劳资关系问题。迄今为止，尽管工会发起了“共同约定行动”，敦促企业不减薪、不裁员，并且是劳动法制最为坚定的支持力量，2009 年特别出台了关于开展行业性工资集体协商工作的指导意见[1]，要求加强行业工会组织建设，扩大工资集体协商覆盖面，增强实效性，使行业性工资集体协商在维护职工权益、促进劳动关系和谐方面发挥更大作用。一些群体性事件频发的沿海开放地区工会已经开始探索如何组织罢工的议题[2]。但总体上看，推进工会组织体制的民主化、群众化和社会化变革，加强工会与会员的内在联系，从会员和广大职工那里寻求“资源和手段”，提升劳权保护意识，加强代表性和协商、谈判、组织、发动能力的建设，仍是市场经济对工会作用的内在要求，更是危机对工会的迫切需要。

[1]全总关于开展行业性工资集体协商工作的指导意见［N］．工人日报，2009-07-21.

[2]如确定发起组织罢工的四项条件：资方恶意侵权，且证据确凿；经反复交涉未果；将罢工局限于工厂区内；保护生产设备等。

2010：罢工潮呼唤共享经济发展成果和集体劳权

一、劳工阶层的现状

（一）职工的就业压力大为缓解

经历了 2008—2009 年的国际金融危机后，中国经济正强劲复苏。2010 年前三季度国内生产总值为 268660 亿元，按可比价格计算，同比增长 10.6%，比上年同期加快 2.5 个百分点。分季度看，一季度增长 11.9%，二季度增长 10.3%，三季度增长 9.6%。分产业看，第一产业增加值 25600 亿元，增长 4.0%；第二产业增加值 129325 亿元，增长 12.6%；第三产业增加值 113735 亿元，增长 9.5%[1]。在经济的强势推动下，职工的就业压力大为缓解，就业状况保持稳定。1—9 月，全国城镇新增就业 931 万人，已完成全年 900 万人目标的 103%；全国下岗失业人员再就业 440 万人，完成全年 500 万人目标的 88%；就业困难人员实现就业 126 万人，完成全年目标 100 万人的 126%。截至三季度末，全国城镇登记失业人数 905 万，比二季度末减少 6 万，同比减少 10 万；城镇登记失业率为 4.1%，比二季度末降低 0.1 个百分点，同比降低 0.2 个百分点[2]。

根据中国人力资源市场信息监测中心对全国 109 个城市的公共就业服务机构 2010 年第三季度市场供求信息的统计分析，总体上看，劳动力供给仍大于需求；但用人需求和求职人数均比上季度有所回落，与上年同期相

---

[1]国务院新闻办发布会介绍 2010 年前三季度经济运行情况［OL］.［2010-10-21］. 新华网.

[2]人力资源和社会保障部 2010 年第三季度新闻发布会［OL］.［2010-10-22］. 人民网.

比有较大幅度增长，其中需求人数和求职人数比上年同期分别增加了114万和75万，各增长了21.8%和13.1%，企业需求增长更为明显[1]。

（二）职工收入继续增长，劳动争议明显回落

从年初开始，各省纷纷调整2009年被冻结的最低工资标准。截至9月末，全国已有30个省调整了标准，月最低工资标准最高档增长幅度平均为24%。目前，全国31个省月最低工资标准最高档平均为870元。政府又加大企业工资支付保障工作力度，下发进一步解决企业拖欠农民工工资问题的通知，并组织督查组赴部分地区对企业职工工资支付情况进行督查，农民工工资支付基本得到保障。全国总工会甚至建议全国人大将“欠薪罪”写入刑法，对欠薪逃匿等恶劣行为追究刑事责任[2]。前三季度，城镇居民家庭人均总收入15756元。其中，城镇居民人均可支配收入14334元，同比增长10.5%，扣除价格因素，实际增长7.5%。在城镇居民家庭人均总收入中，工资性收入增长10.1%，转移性收入增长12.5%，经营净收入增长9.9%，财产性收入增长18.5%。农村居民人均现金收入4869元，增长13.1%，扣除价格因素，实际增长9.7%。其中，工资性收入增长18.7%，家庭经营收入增长8.7%，财产性收入增长19.4%，转移性收入增长17.2%。前三季度，扣除价格因素，城镇居民人均消费性支出实际增长6.3%，农村居民人均生活消费现金支出实际增长7.3%[3]。

在经济强劲复苏和就业局面向好的背景下，进入法律程序的劳动争议案件在上年度高位的基础上有明显回落。2009年，全国各级劳动争议仲裁机构共立案受理劳动争议案件68.44万件，同比下降1.31%，涉及劳动者人数101.69万，同比下降16.26%，其中集体劳动争议案件1.38万件，涉及劳动者人数29.96万。2010年一季度，全国各级劳动争议仲裁机构共立案受理劳动争议案件13.91万件，同比下降19.77%，其中集体劳动争议案件0.26万件，同比下降22.63%。二季度，全国各级劳动争议仲裁机构共立案受理劳动争议案件15.1万件，同比下降14.19%；涉及劳动者人数

---

[1]2010年第三季度部分城市公共就业服务机构市场供求状况分析［OL］.［2010-10-20］.人力资源和社会保障部政府网站.

[2]江旋. 全国总工会：建议把欠薪罪写入刑法［N］. 每日经济新闻，2010-03-10.

[3]国务院新闻办发布会介绍2010年前三季度经济运行情况［OL］.［2010-10-21］. 新华网.

19.75万，同比下降23.69%。其中，集体劳动争议案件0.2万件，同比下降44%；涉及劳动者人数4.65万，同比下降33.88%。三季度，全国各级劳动争议仲裁机构共立案受理劳动争议案件15.3万件，涉及劳动者人数20.4万。其中，集体劳动争议案件0.14万件，涉及劳动者人数4.6万。综合前三季度，全国各级劳动争议仲裁机构共立案受理劳动争议案件44.31万件，同比下降14.62%。其中，集体劳动争议案件0.6万件[1]。

针对当前一些地区劳动争议案件调解率低、涉诉信访率高的现状，劳动保障部门加大劳动人事争议调解仲裁工作力度，加强仲裁机构实体化建设，重点组建省级劳动人事争议仲裁委员会。同时，建立多层次的调解组织，建立预防在先的工作机制，健全调解委员会的内部管理和工作联系等制度，为劳动争议预防调解工作的有序开展创造条件。此外，最高人民法院于2010年9月公布《关于审理劳动争议案件适用法律若干问题的解释(三)》，界定了社会保险争议的范围，要求法院受理企业改制引发的争议，使加班费举证责任的分配更加科学、合理。

（三）职工的社会保障进展顺利，法规制度进一步完善

其特点为：

1. 扩面征缴总体形势良好

截至9月末，基本养老、基本医疗、失业、工伤、生育保险参保人数分别为25025万、42072万、13147万、15871万和11973万，分别比上年底增加1475万、1925万、431万、975万和1097万人。截至9月末，全国农民工参加基本养老、基本医疗、失业、工伤保险人数分别为3093万、4573万、1854万、6131万，分别比上年底增加447万、238万、211万和544万。1—9月，全国五项社会保险基金总收入12904.5亿元，比上年同期增加1945.9亿元，增长17.8%；总支出10643.9亿元，比上年同期增加1788.7亿元，增长20.2%[2]。

2. 职工各项社会保险待遇按时足额支付

全国实发企业离退休人员基本养老金6923.8亿元，比上年同期增加

[1]综合人力资源和社会保障部2010年第一、二、三季度新闻发布会统计数据而成，人民网。
[2]人力资源和社会保障部2010年第三季度新闻发布会［OL］.［2010-10-22］.人民网.

1109.2亿元，增长19.1%，并连续六年调高企业退休人员基本养老金。支付医疗、工伤和生育保险待遇2664.3亿元，比上年同期增加580.7亿元，增长27.9%。截至9月末，全国领取失业保险金人数211万，比上年底减少24万；失业保险基金支出241.9亿元，比去年同期增加22.8亿元，增长10.4%。为稳定就业，2010年仍对企业采取“五缓四减三补”的社会保障扶持政策。

3. 社会保险法规制度进一步完善

《社会保险法》于2010年10月通过。养老保险关系转移接续工作总体实施顺利，养老保险省级统筹继续巩固。医疗保险关系转移接续和异地结算工作取得重要进展，全国已有86.7%的统筹地区大部分住院医疗费用实现了即时结算。继续推进关闭破产国有企业退休人员参保工作，628万原未参保的关闭破产国有企业退休人员已纳入职工医保，统筹解决了近200万其他关闭破产企业退休人员和困难企业职工的参保问题。

（四）职工的职业安全喜中有忧

1—10月，全国职业安全事故起数和死亡人数同比分别下降5.18%和9.4%。煤矿等重点行业领域安全状况持续改善，反映安全生产水平的煤矿百万吨死亡率、道路交通万车死亡率、工矿商贸10万从业人员事故死亡率和亿元GDP事故死亡率等指标进一步降低，多数地区安全生产状况比较稳定。

以煤矿为例，1—10月，在煤炭产量同比大幅增长的情况下，全国煤矿共发生各类事故1117起、死亡2048人，同比分别下降16.8%和2.6%。特别重大瓦斯事故同比减少1起、99人，分别下降33.3%和53.8%。

但重特大事故仍然多发频发。1—6月，全国共发生一次死亡10人以上的重特大事故45起，死亡和下落不明764人，同比增加12起、266人，分别上升36.4%和53.4%[1]。特别是，相继发生了湖南湘潭立胜煤矿“1·5”井下火灾、内蒙古神华集团骆驼山煤矿“3·1”透水、山西华晋焦煤公司王家岭矿“3·28”透水、河南中平能化集团平禹煤电公司四矿

[1]安全监管总局召开上半年安全生产形势新闻发布会［OL］.［2010-07-23］. 国家安全监管总局网站.

“10·16”瓦斯爆炸等特别重大事故，造成恶劣的社会影响。

在职业病方面，据卫生部透露，全国30多个行业，估计有2亿劳动者在从事劳动过程中不同程度遭受职业病危害，我国已进入职业病高发期和矛盾凸显期[1]。以2009年为例，全国报告职业病病例数较上一年增加了31.9%。新中国成立至2009年末，全国已累计报告职业病72万多例，其中尘肺病65万多例。据估计，实际发病情况可能要远远高于报告数字。全国煤矿有265万接尘人员，据测算，每年有5.7万人患上尘肺病，因尘肺病死亡的则有6000余人，是安全生产事故死亡人数的两倍[2]。

（五）新生代农民工的主要特征[3]

近年来，经济和社会发展中的新生代农民工问题越来越受到政府及社会的关注。新生代农民工是指出生于20世纪80年代以后，年龄在16岁以上，在异地以非农就业为主的农业户籍人口。这些人多出身于农村留守儿童，主要来自中西部地区，能熟练使用电脑和手机。据国家统计局数据，2009年全国农民工总量为2.3亿人，外出农民工数量为1.5亿，其中，16~30岁的占61.6%[4]。据此推算，2009年外出新生代农民工数量在8900万左右，他们占外出农民工的六成以上，在经济社会发展中日益发挥着主力军的作用；他们的平均年龄23岁左右，初次外出务工岁数基本上为初中刚毕业年龄；近80%的人未婚；受教育和职业技能培训水平相对传统农民工有所提高；在制造业、服务业中的就业比重有所上升，在建筑业中的就业比重有所下降；成长经历开始趋同于城市同龄人。

新生代农民工具有四大特征：时代性、发展性、双重性和边缘性。

1. 时代性

新生代农民工处在体制变革和社会转型的新阶段，物质生活的逐渐丰富使他们的需要层次由生存型向发展型转变；他们更多地把进城务工看作谋求发展的途径，不仅注重工资待遇，同时也注重自身技能的提高和权利

[1]谢伦丁．中国进入职业病高发期 陈竺称2亿劳动者受危害［OL］．［2010-11-09］．新华网.

[2]郑莉．据测算我国每年5.7万名矿工患上尘肺病［N］．工人日报，2010-11-10.

[3]全国总工会课题组．关于新生代农民工问题的研究报告［N］．工人日报，2010-06-21.

[4]国家统计局．2009年农民工监测调查报告［R/OL］．［2010-03-19］．http：//www.stats.gov.cn/tjfx/fxbg/t20100319_402628281.htm.

的实现；大众传媒和通信技术的进步使他们能够更迅捷地接受现代文明的熏陶，形成多元的价值观与开放式的新思维，成为城市文明、城市生活方式的向往者、接受者和传播者。

2. 发展性

新生代农民工年龄大多20岁出头，其思维、心智正处于不断发展、变化的阶段，因此外出务工观念亦处于不断发展、变化中，对许多问题的认识具有较大的不确定性；他们绝大多数未婚，即将面临结婚、生子和子女教育等问题，也必然要承接许多可以预见及难以预见的人生经历和变化；他们大多刚从校门走出3~5年，虽然满腔热情、满怀理想，但职业经历刚刚开始，职业道路尚处于起点阶段，在职业发展上也存在较大的变数。

3. 双重性

他们处于由农村人向城市人过渡的过程之中，同时兼有工人和农民的双重身份。从谋生手段来看，靠务工为生，重视劳动关系、工作环境，看重劳动付出与劳动报酬的对等，关注工作条件的改善和工资水平的提高，具有明显的工人特征；但是受二元体制的限制，他们的制度身份仍旧是农民，作为农民的后代，也不可避免地保留着一部分农民的特质。

4. 边缘性

新生代农民工生活在城市，心理预期高于父辈，耐受能力却低于父辈，对农业生产活动不熟悉，在传统乡土社会中处于边缘位置；同时，受城乡二元结构的限制与自身文化、技能的制约，在城市中难以获取稳定、高收入的工作，也很难真正融入城市主流社会，位于城市的底层，因此，在城乡两端都处于某种边缘化状态。

新生代农民工与传统农民工在思维观念上存在一些明显差异，概括起来，集中体现为“六个转变”，即外出就业动机从“改善生活”向“体验生活、追求梦想”转变，金钱是他们追求的一部分，但他们更渴望成功；对劳动权益的诉求，从单纯要求实现基本劳动权益向追求体面劳动和发展机会转变；对职业角色的认同由农民向工人转变，对职业发展的定位由亦工亦农向非农就业转变；对务工城市的心态，从过客心理向期盼在务工地长期稳定生活转变；维权意识日益增强，维权方式和态度由被动表达向积极主张转变，有更强的平等意识和维权意识；对外出生活的追求，从忽略向期盼精神、情感生活需求得到更好的满足转变。

二、罢工潮推动调整低成本的经济增长模式

（一）富士康员工自杀事件

2010 年发生的劳动关系重要事件首推富士康员工自杀事件和广东南海本田公司罢工引发的罢工潮。

今年 1—8 月，全球最大的代工企业——富士康科技集团陆续发生了 17 起员工自杀事件，这一被媒体称作“连环跳”、造成 13 死 4 伤的悲惨事件引发了社会的广泛关注。5 月 27 日，由人力资源和社会保障部、全国总工会和公安部组织的中央部委联合调查组进驻富士康进行调查。在民间，从传媒到社会团体，从知识分子到普通民众都以各自的方式，对事件进行反思、讨论。这是继 1993 年深圳致丽玩具厂的“11·19”大火后，全社会再一次集中关注一个工业化进程中的劳工案件。尽管中央政府早在 5 月下旬就对富士康事件做出了“企业存在管理方式问题，新生代农民工的情感脆弱问题，政府、工会的劳动关系协调制度存在问题”等官方定调，但迄今为止，中央调查组仍未公布他们的调查结论。

根据高校的调研报告[1]，富士康在管理上存在以下问题：其一，富士康的各地厂区均存在大量非法使用职业技术学校学生工的情况。富士康利用无须与学生工签订劳动合同、无须为他们缴纳社保等规定，大规模使用学生工作为廉价劳动力，还强迫学生工超时加班，强制未成年工加夜班，侵犯了学生的权利。其二，富士康的半军事化管理模式最显著的特征可谓“人训话管理”而非“人性化管理”，其“高效”的生产以牺牲工人尊严为代价，这包括工时超长与劳动强度极大，劳动过程的管理原则是“服从，服从，绝对服从！”，导致出现“把人当机器，活着没意思”的困局。其三，富士康表面上为工人提供了食宿、服务和娱乐设施等条件，但实际上工人的休息时间、生活空间都被纳入工厂管理体系，服务于其全球生产策略。在很大程度上，工人的生活空间仅仅是车间的延续。其四，在

[1]引自“两岸三地”高校富士康调研组的《“两岸三地”高校富士康调研总报告》。

职业安全方面，电镀、冲压、抛光等车间工作环境恶劣，职业安全隐患诸多，工伤频发。此外，工伤瞒报谎报、处理不规范等问题亦十分严重。其五，近九成工人表示自己没有参加工会，四成工人表示工厂没有工会，大部分工人不了解工会的职能。在监督企业合法运营方面，工会几乎没有起到任何积极作用。此外，富士康宣称自6月起工厂会为工人加薪30%，10月后生产普工底薪将加至2000元，两次加薪近百分之百。但从工人实际收入来看，实际涨薪非常有限，且苦乐不均，声称加薪更像是富士康为应对危机的公关策略。

劳动心理学家沃克和盖斯特早在1952年发现，生产线员工对他们工作最不满意的地方，就在于工作的重复性质。重复性工作会导致分泌过多的肾上腺素，而血液中钾离子的浓度也会提高，是产生焦虑、苦闷、心理不健康乃至崩溃的重要原因[1]。这解释了员工自杀的部分心理原因。但我们很难得出结论说，富士康事件仅仅是一个偶发事件，它的深刻原因应当从中国工业化和城市化所产生的社会问题中寻找。

（二）南海本田罢工事件及其影响

南海本田的罢工与时下中国的其他罢工一样，始于工人工资过低。“工资这么低，大家别做了！”5月17日早晨，在两位发起者的倡导下，300多名员工参加了罢工。由工人推选出的数十名代表提出了共计108条的书面要求，其中最重要的是把基本工资提高到1800元（当时实习生工人基本工资仅为675元）。到5月21日，在资方仍虚与委蛇的情况下，全厂所有1800名工人均参加了罢工。5月22日公司开除罢工领袖，还不断给罢工者拍照，以此威吓罢工工人。工人们则统一戴上帽子和口罩，以防秋后算账。为避免力量被公司逐个削弱，工人们无一人去车间，全部集中于公司篮球场，众人集思广益，商讨罢工组织、策略、口号等细节，重要决定就以“传纸条”告知。此后，本田零部件公司全线停顿，导致本田其他三个公司也全线停顿。此时，海内外记者蜂拥而至，南海本田罢工事件被完全公之于外。

5月24日，公司第一次让步，只同意加薪55元。这激起工人们更大

[1] Michael Argyle. 工作社会心理学［M］. 台湾：巨流图书公司，1995：319.

的愤怒，遂罢工到底。5 月 26 日，公司第二次让步，同意增加实习生工资及生活补贴共 477 元，增加正式员工 340～355 元。然而，工人们的共同目标是增加 800 元，遂再次拒绝。5 月 27 日，经集体讨论，工人们提出了精简的《工人要求》：一、基本工资提高 800 元，年度加薪不少于 15%；二、追加工龄补贴，一年加 100 元，10 年封顶；三、因罢工被辞退者必须安排复工，保证对罢工的员工不秋后算账；四、支付罢工工资；五、重整工会，重新选举工会主席等相关工作人员。6 月 3 日，罢工工人临时谈判代表团公开发表《佛山本田罢工工人谈判代表团致全体工人和社会各界的公开信》，这封公开信包括对员工的呼吁，对资方的要求，对工会的谴责，对社会的希望。罢工工人还邀请劳动法学者常凯作为顾问帮助工人谈判。6 月 4 日，经过 6 个小时的艰苦谈判，员工代表、本田资方及政府三方终于达成协议。本田确认，把正式员工的月最低工薪从 1544 元上调至 1910 元，整体涨薪 24%。6 月 7 日，南海本田重新恢复生产。

南海本田的罢工开启了劳工抗争的新模式，也推动了各地以提高工资为目标的罢工行动的密集展开。4—6 月间，经海内外媒体报道的就有 30 多起，其中影响较大的包括：4 月 24 日武夷山竹排工罢工要求享受竹筏“返利款”，6 月 5 日深圳美律电子上万工人罢工，6 月 6—7 日广东惠州亚成电子厂 2000 多名工人集体罢工，6 月 7 日江西九江台资思麦博运动器材有限公司 7000 名工人罢工，6 月 30 日天津日资三美电机有限公司 3000 名工人罢工等。

据大连开发区总工会主席苗丰仁透露，今年 7 月，大连开发区爆发了建区以来第三次罢工潮，有 73 家企业近 7 万名工人参与。此次罢工规模较大，持续时间长，但形式温和，罢工的主要诉求仍在工资待遇方面。大连每年工资增长 45 元左右，工资增长与经济发展严重不匹配。而新生代工人对社会公平更为敏感，有着较强的权利意识。同时亦受南海本田罢工事件、富士康连环跳楼事件的影响，工人们利用手机和网络互通信息，最终罢工潮在不同企业间陆续波及开来，企业停工时间从半天到 14 天不等。苗丰仁称，对于今年发生的上述罢工，基层工会主席基本不发挥作用，外资企业亦不配合，事后向政府和工会发难。而现行的工资指导线不仅时间滞后，且脱离实际[1]。

据人力资源和社会保障部调解仲裁管理司司长宋娟介绍，2001—2008年，劳动争议仲裁受理的集体争议案件，以年均11%的幅度上升，2008年增幅为71.5%。由于劳动者认为集体劳动争议更加便利，更能为自己争取权益，故导致集体争议数量增加。2010年以来，11人以上的一般性集体争议有4000多起，涉及劳动者11.8万人；50人以上的重大集体争议216件，涉及劳动者2.9万人，平均每案人数为137人。因为是重大集体劳动争议案件，故一般以政府调解方式来处理，有时政府还需要垫付工资。集体争议涉及的内容包括劳动报酬、加班工资，占64.4%；经济补偿金，占25%。集体争议主要集中在纺织、电子、建筑等劳动密集型企业，发生群体以农民工、女工为主，集体争议主要发生的区域如广东，占到案件总数的49.1%，参与人数的60%。集体争议的组织性在增强，持续时间更长，从发生的地点和路线设计来看，是有组织和有目的的。集体劳动争议的冲突性较强，在群体当中的工人，情绪容易发生波动，燃点较低。目前，有三类用人单位的劳动用工行为容易引发集体争议：一是劳务派遣。二是改制处于深化阶段的国有企业，包括电力、金融等垄断型国有企业，2010年协议解除3万份劳动合同，这么大规模的裁员行为很难由一个部门协调处理。而法院一般都不受理，劳动者无法通过法律来为自己争取权益。其中的典型个案包括今年6月湖南省电力系统的四名职工在清华大学西门断指抗议，他们要求走完所有的法律程序。三是事业单位易发生人事争议。主要原因是事业单位的人事制度改革和绩效工资制度改革，这将是一个潜在的争议发生单位，由于诉求的主体是过去的干部，争议类型是人事争议，诉求不一，处理难度较大[2]。

2010年初夏的罢工潮继2007年《劳动合同法》颁布后，又一次使劳动关系和劳工问题成为政府和全社会广泛关注的重大社会问题，也迫使我们反思其背后的经济增长模式。

---

[1]兰方．今年5月大连罢工潮曾波及73家企业［OL］．［2010-09-19］．财新网．

[2]引自人力资源和社会保障部调解仲裁管理司司长宋娟在“中国集体劳动争议状况及对企业劳动关系的影响”研讨会上的主题报告，2010年9月18日。

目前罢工潮与劳工抗争事件的频繁发生，主要反映了以新生代农民工为主体的劳工阶层明确拒绝以“地板工资”（最低工资标准）作为劳动报酬的现实基准，要求参与工资共决的主张和诉求。据估计，劳动者收入在GDP中的占比连续22年下降，从1995年的56%下降到2005年的41%左右[1]。早在2004年，南方出口加工区即已出现“民工荒”现象，这其实是在劳动力市场供过于求的背景下，农民工通过“用脚投票”的方式表达自己对企业工价的自发不满。经历了2009年金融危机的影响，他们开始用群体抗争的方式自觉表达自己的利益诉求，且这种方式经传染而蔓延开来。进一步而论，它可能意味着政府调整长期以来以榨取廉价劳动力为核心的低成本经济增长模式和工业化路线已势在必行。

因此，颁行《企业工资条例》就成为规范工资分配行为，缩小收入分化，维护劳动者工资权益的重要举措。《企业工资条例》的内容包括如何界定工资的内涵和外延；明确同工同酬的实施规范；如何规范加班工资等特殊情况下工资支付问题；如何加强工资支付保障制度建设，从根本上杜绝工资拖欠；以及劳动定额管理、最低工资制度、政府在企业工资分配中的职责和对国企工资分配及高管薪酬做出规范等，其核心是要将工资集体协商机制作为企业工资分配的基本方式。在广东，建立这项机制的前哨战已经遭遇到企业雇主的强烈抵制和反对[2]。在中央政府内部意见也不统一，一些领导人认为中国工人的主要利益是扩大和稳定就业，而在世界经济普遍低迷的背景下，推开工资集体协商无疑会缩水劳动力市场和就业岗位，不利于维护工人的核心利益和保持社会稳定，因而对推行工资集体协商态度并不积极，且希望找到其他企业工资决定的替代机制。人力资源和社会保障部已确定，在2010年末完成《企业工资条例（草案）》的起草工作，2011年由国务院择机颁行。

---

[1]李静睿．全国总工会官员称劳动报酬占GDP比例连降22年［N］．新京报，2010-05-12.

[2]由于不少香港商会担心工资标准须经协商而导致成本上升，纷纷表态反对《广东省企业民主管理条例》三审稿中有关工资集体协商和争议处理的内容，迫使广东省人大常委会主任会议决定，暂缓在2010年9月27—29日举行的省人大常委会第21次会议上提请审议该草案。

三、关于工会存在问题和体制改革的探讨

要开展工资集体协商，发育工会的自治性和独立性尤为重要。但是，面对2010年如此密集的劳资冲突，我们很少看到企业或地方工会能够直面矛盾，坚定不移地代表职工利益，为职工说话办事。在企业发生罢工等群体性事件时，工会不能根据《工会法》的要求，明确自己代表职工利益的立场，对企业和有关方表达职工合理的权益诉求，在富士康连环跳楼事件中，企业工会始终没有成为职工的代言人；在南海本田罢工中，工会竟然与罢工工人发生冲突，致使工人提出重整工会的要求[1]。在日常工作中，多数企业工会做的更多的是配合企业促进生产经营或组织文娱活动，而不敢主动发起集体协商要约，出现“不敢谈”和“不能谈”的情况。有的为了完成上级任务并被企业老板接受，集体合同内容空洞、照抄照搬法律的现象较为多见，还有的地方干脆直接编造虚假集体合同[2]，致使这项重要的劳动关系协调机制流于形式，无法达到调整收入分配结构、促进职工与企业共建共享的目的。

究其原因，主要有以下几个方面：

1. 自上而下组建工会的模式模糊了企业工会的性质

《工会法》规定：“工会是职工自愿结合的工人阶级的群众组织。”但在实践中，由于采取政治运动式的动员方式和依靠老板组建工会的模式，模糊了企业工会组织的性质，使其难以代表劳动者的利益。

2. 企业工会严重缺乏独立性，在经济上对资方存在依附关系

这表现在：一是中高层管理人员兼任工会主席的情况甚为普遍，有些甚至是由人力资源经理兼任，这必然造成角色混淆，职责不明。二是工会对资方存在经济依附关系。企业工会专职工作人员的工资、奖励、补贴由所在单位支付，社会保险和福利享受本单位职工同等待遇。这导致企业专

---

[1]如广东省总工会主席邓维龙指出：劳资矛盾的激化、工人权利得不到保障，和企业工会的形同虚设是密切相关的。很多企业工会在工人心目中只是老板的附设机构……当劳资矛盾发展到比较尖锐的时候，工会就代表老板的利益了（张小磊，等. 企业工会主席多不是民主选举[N]. 羊城晚报，2010-07-03.）。

[2]李国生. 被“注水”的集体合同[J]. 中国财富，2010（8）.

职工会干部在经济上没有独立性，完全依附于资方[1]。

3. 现行工会体制存在着一系列制约企业工会有效发挥作用的障碍

比如，“党政主导”的工会工作模式使工会组织出现了明显的行政化趋向；抑产业、行业工会而扬企业工会，是舍本逐末之举；立法不能完整地保障“劳工三权”，即团结权、集体谈判权和集体争议权，是十多年来集体协商和集体合同制度流于形式的根本原因。此外，企业工会干部的合法权益不能得到法规和上级组织的有效保护。

2010年7月，在全总十五届四次执委会议上，全国总工会主席王兆国提出了要依法推动企业普遍建立工会组织，依法推动企业普遍开展工资集体协商的未来一个时期的工作方针。但是，“两个普遍”必须建立在正视工会存在的问题和推动工会体制改革的情况下才能发挥作用。

首先，工会应从职工队伍中寻找自己的“资源”和“手段”，扩大实施工会直接选举制度。2010年7月，广东省政府已发布文件，要“完善工会主席和工会委员会民主选举制度”，期待企业工会通过真正的民主选举制度能够成为工人自治性的组织。建议启动《工会法》的修改进程，增设“会员”一章，对其权利做出明确概括，确定会员代表大会是工会组织的权力机构。

其次，采取切实措施，逐步推进企业工会独立于企业雇主的进程。例如，改进工会干部职业化，使之与企业工会会员的民主直选、民主监督制度相结合，加强会员对工会干部的内在约束。在工会经费分割方面，扩大基层工会的留成比例，开展企业专职工会干部工资福利由工会经费负担的试点，深化工会独立的改革。严格执行《企业工会主席产生办法（试行）》对工会主席候选人的资格所做的限制。

再次，推进工会体制改革，为企业工会发挥作用创造条件。随着市场化程度的加深，工人的权利意识、团结意识也在不断提升，尤其是作为产业工人主力军的新生代农民工。工会面对日渐提升的工人权利和团结意识，更应引导工人依托工会有效维权，这也是工会改革的契机所在。比如，探索必要的压力机制，以保障集体协商权力的行使[2]。再如，发挥

---

[1]中国劳动关系学院课题组．非公企业存在的问题与对策建议［J］．理论动态，2010（7）．

[2]王向前．我国进行罢工立法已经刻不容缓［J］．劳动与社会保障，2010（3）；常凯．关于罢工合法性的法律分析［J］．战略与管理，2010（4）．

产业和行业工会在协调劳动关系和确定劳动标准方面越来越重要的作用，形成产业与企业工会相互协调的维权格局，同时保护企业工会工作者的积极性。

从根本上说，工会应当是职工和会员行使团结权的载体，这是探讨工会组织发挥作用的出发点和落脚点。所以，改变基层工会组织孱弱现状的主要方法是推进工会组织的民主化、群众化、职业化和社会化变革，加强工会与会员的内在联系，从会员和广大职工那里寻求“资源和手段”。

结语

继去年入选《时代》年度人物后，“中国工人”再次作为一个群体荣登美国道琼斯公司旗下知名财经杂志《财智》评选的 2010 年“全球最具影响力人物”排行榜，“中国工人”也被称为是世界经济最强大的力量之一。《财智》认为，2010 年许多中国工人得到了他们期待的东西：更高的工资和更好的工作环境[1]。

但这种工人“期待的东西”主要是通过他们的罢工和抗争才得到的。2010 年劳动关系的一个矛盾现象是：劳工的罢工潮是在劳动关系指标数据的一片向好中展开的。就业压力的大幅缓解、最低工资和平均工资水平的提高、社会保障的扩面发展、劳动争议的回落及职业安全的改善都没能阻止夏天的罢工潮。如何解释这一奇特的现象呢？笔者认为，必须联系中国产业工人的主体——新生代农民工诉求的变化来思考这一问题，他们的权利意识、平等意识特别是团结意识的觉醒使之已不满足于法律所保障的最低劳动基准，他们的诉求已从基本权利的诉求转向了利益诉求，以分享经济增长的成果和争取有尊严的体面劳动为目标，且主要是通过自主的集体行动来达成。从这一角度来看，过往衡量劳动关系稳定与否的标准已悄然改变，我国劳动关系进入了一个更为复杂多变的发展阶段，亟待创新劳动关系的协调机制加以因应。

[1]谭利娅．“中国工人”作为一个群体登上全球影响力人物排行榜［N］．羊城晚报，2010-10-28.

2011：推行和谐劳动关系新政

一、劳工阶层的现状

（一）职工的就业状况基本稳定

尽管经济增速连续三个季度出现下滑，但2011年前三个季度的GDP增长仍然保持在9%以上，经济发展正趋平稳。2011年前三季度国内生产总值为320692亿元，按可比价格计算，同比增长9.4%[1]。在经济仍保持较快增速的带动下，职工的就业状况保持基本稳定。1—9月，全国城镇新增就业994万人，完成全年900万人目标的110%；城镇失业人员再就业436万人，完成全年500万人目标的87%；就业困难人员实现就业139万人，完成全年100万人目标的139%。到三季度末，全国城镇登记失业率为4.1%，与二季度末和上年同期持平[2]。另据人力资源和社会保障部领导透露，近年数据显示，高校毕业生初次就业率在70%～75%之间，年底就业率基本能达到90%以上[3]。

根据中国人力资源市场信息监测中心对全国102个城市的公共就业服务机构2011年第二季度市场供求信息的统计分析，在102个监测城市中，用人单位通过公共就业服务机构招聘各类人员约525.8万人，进入市场的求职者约492.9万人，岗位空缺与求职人数的比率约为1.07。总体上看，

---

[1]三季度GDP同比增9.1% 连续三个季度增速回落［OL］.［2011-10-18］. 国家统计局网站.

[2]人力资源和社会保障部2011年第三季度新闻发布会［OL］.［2011-10-25］. 中央政府门户网站 www.gov.cn.

[3]人力资源和社会保障部. 近几年高校毕业生初次就业率为70%～75%［EB/OL］.［2011-03-08］. 人民网.

与去年同期相比，市场用人需求略有增长，求职人数有所减少，与上季度相比，劳动力供求人数均有所减少[1]。

又据国家统计局发布的对全国31个省7500多个村和7.4万户的农民工的监测调查显示，2011年三季度农村外出务工劳动力继续增加，农村劳动力流动继续呈现省内就近转移加快的趋势。三季度末，全国农村外出务工劳动力总数为16382万人，比上年同期增加606万人，增长3.8%。其中，住户中外出务工劳动力13112万人，比上年同期增加394万人，增长3.1%；举家外出劳动力3270万人，比上年同期增加212万人，增长6.9%[2]。

（二）职工收入继续增长，劳动争议保持平稳

截至9月末，北京、天津、山西等21个地区继续调整最低工资标准，平均调增幅度21.7%。全国月最低工资标准最高的是深圳市的1320元，小时最低工资标准最高的是北京市的13元[3]。全国人大常委会于2月审议通过《刑法》修正案，规定：以转移财产、逃匿等方法逃避支付劳动者的劳动报酬，或者有能力支付而不支付的，数额较大，经政府有关部门责令支付仍不支付的，处三年以下有期徒刑或拘役，并处或单处罚金；造成严重后果的，处三年以上七年以下有期徒刑，并处罚金。前三季度，城镇居民家庭人均总收入17886元。其中，城镇居民人均可支配收入16301元，同比名义增长13.7%，扣除价格因素，实际增长7.8%。同时，居民消费价格（CPI）同比上涨5.7%。从数据对比可以看出，前三季度城镇居民人均收入增速比CPI增幅快2.1个百分点。在城镇居民家庭人均总收入中，工资性收入同比增长11.9%，转移性收入增长11.2%，经营净收入增长30.4%，财产性收入增长23.4%。农村居民工资性收入同比增长21.9%，家庭经营收入增长20.4%，财产性收入增长6.2%，转移性收入增长

[1]2011年第二季度部分城市公共就业服务机构市场供求状况分析［OL］．［2011-08-03］．中国就业网，http：//www.lm.gov.cn.

[2]彭丽荃．2011年三季度末全国农村外出务工劳动力16382万人［N］．中国劳动保障报，2011-11-01.

[3]人力资源和社会保障部2011年第三季度新闻发布会［OL］．［2011-10-25］．中央政府门户网，www.gov.cn.

22.0%[1]。但是，也有研究观测认为，上半年在中国15个城市的4个重点行业中，工资涨幅输给了物价涨幅，实际工资呈下降态势[2]。

在职工就业局面基本稳定和工资增长的背景下，2011年进入法律程序的劳动争议案件与上年度相比基本持平。2010年各级仲裁机构共立案受理劳动争议60.1万件，比上年减少12.2%，涉及劳动者81.5万人，比上年减少19.8%。其中集体劳动争议0.9万件，涉及劳动者21.2万人。当期共审结劳动争议案件63.4万件，比上年减少8.1%[3]。2011年一季度共立案受理争议案件12.6万件，同比下降9.2%，涉及劳动者人数16.7万，同比下降16.7%；其中10人以上劳动（人事）集体争议案件0.2万件，涉及劳动者人数4万。二季度，全国各级劳动人事争议调解仲裁机构共处理劳动人事争议案件27.2万件，涉及劳动者35.0万人。1—9月，全国各级劳动人事争议调解仲裁机构受理劳动人事争议案件93.3万件。其中，各级仲裁机构共立案受理42.8万件，涉及劳动者55.3万人；当期审结案件40.8万件，结案率为86.9%。与2010年前三季度全国各级劳动争议仲裁机构共立案受理劳动争议案件44.31万件相比，2011年同比下降3.41%[4]。

从劳动争议的内容看，主要集中在劳动报酬、经济补偿和赔偿金、保险福利等方面。以北京市为例，2011年上半年，因劳动报酬发生争议案件15564件，占案件总数的53.8%；因经济补偿和赔偿金8173件，占28.25%；因保险福利3305件，占11.42%；以上三方面案件占总数的93.47%，是引发争议的主要原因。且案件呈现涉及范围广、新型案件多和常规案件疑难化的趋势[5]。在浙江温州等地，受宏观调控、资金链断裂等影响，今年1—9月共发生228起企业主逃逸事件，为近年同比最高，这

[1]前三季度居民人均收入增长速度跑赢CPI［OL］.［2011-10-18］. 中国网.

[2]林红梅. 中国部分劳动者实际工资呈下降态势［EB/OL］.［2011-09-27］. 新华网.

[3]2010年度人力资源和社会保障事业发展统计公报［R/OL］.［2001-05-24］. http://www.molss.gov.cn/gb/zwxx/2011-05/24/content_391125.htm.

[4]综合人力资源和社会保障部2011年第一、二、三季度新闻发布会统计数据而成，人民网。

[5]北京市劳动争议冲裁委员会. 抓住重点，协调创新，努力开拓调解仲裁工作新局面［J］. 劳动与社会保障，2011（3）：31-32.

些企业共拖欠14644名员工7593万元薪酬，欠薪人数和欠薪数额均为历史之最[1]。

集体争议在去年罢工潮高位运行的基础上有所回落。它包括集体劳动争议，即《劳动争议调解仲裁法》第七条规定的劳动者一方在10人以上的争议。据人力资源和社会保障部官员透露，近期集体劳动争议的特点是：多发生在纺织、服装和电子行业的劳动密集型中小企业，组织性、策划性趋向明显，冲突性增强，易产生连锁反应，处理难度增大。另一类集体停工事件即是工业化国家所称的“利益争议”，其特点主要呈现出“四个集中”：一是区域集中，主要集中在珠三角地区；二是企业类型集中，主要发生在外资及港台投资企业，尤其是劳动密集型电子装配企业；三是员工群体集中，主要为“80后”、“90后”新生代农民工；四是诉求集中，近半数由加薪引发，其他还有工作环境恶劣、工时超长、企业改制中的职工安置不合理等原因。但与去年5—8月罢工潮的集中爆发相比，今年呈现较为温和的样态，以广东为例，今年只有19起[2]。

（三）职工的社会保险待遇稳步提高，扩面征缴和支付工作进展顺利

其特点为：

1. 社会保险制度进一步完善

各地认真贯彻落实《国务院关于开展城镇居民社会养老保险试点的指导意见》，启动实施城镇居民社会养老保险试点工作。新农保试点深入推进。截至9月末，国家新型农村和城镇居民社会养老保险试点参保人数达1.99亿人，其中领取待遇人数5465.32万。加上地方自行试点，总参保人数达到2.35亿，领取待遇人数6694.11万。

2. 社会保险待遇稳步提高

城乡基本医疗保险报销比例逐步提高，各地普遍提高居民医疗保险支付比例，门诊统筹工作普遍开展。新修订的《工伤保险条例》实施后，参保职工工亡和伤残待遇大幅度提高。失业保险金和生育保险待遇标准进一

[1]仇锋平．浙江今年9个月228名老板逃逸 员工欠薪7593万［EB/OL］．［2011-10-11］．新浪网．

[2]王振麒．我国集体劳动争议处理现状及对策研究［J］．劳动与社会保障，2011（3）：10-12.

步提高。

3. 历史遗留问题得到有效解决

积极解决未参保集体企业退休人员的养老保障问题。“老工伤”人员纳入工伤保险统筹管理工作取得明显进展。

4. 扩面征缴和支付工作进展顺利

截至9月末，全国参加城镇基本养老保险、基本医疗保险、失业保险、工伤保险和生育保险人数分别为27497万、46337万、14053万、17205万和13472万，分别比上年底增加1790万、3074万、677万、1044万和1136万。1—9月，五项社会保险基金总收入16382.3亿元，同比增长26.9%；五项社会保险基金总支出12897.5亿元，同比增长21.2%。农民工参加社会保险工作进展顺利。截至9月末，全国农民工参加基本养老、基本医疗、失业、工伤保险人数分别为3991万、4594万、2269万和6580万，分别比上年底增加707万、11万、279万和280万。[1]

（四）职工的职业安全总体稳定好转，职业病危害扩大

截至9月末，在事故总量继续下降的基础上，重大生产事故起数和死亡人数同比分别下降29.5%和29.8%，特别重大事故起数和死亡人数同比分别下降77.8%和74.4%，多数行业和地区安全生产形势稳定。但是，当前我国各类生产事故总量依然较大，职业病发病率居高不下，部分高危行业产业布局和结构不合理，安全监管监察及应急救援能力亟待提升，任务十分艰巨。尤其是7月22日和23日连续发生的2起特别重大道路交通和铁路交通事故、10月7日发生的1起特别重大道路交通事故，以及今年以来发生的煤矿和非煤矿山透水、建筑物和桥梁垮塌、高空坠落、火灾爆炸、地铁列车追尾等重大事故，充分暴露了我国生产、建设、交通等行业仍然存在安全责任落实不到位、防范措施不到位、安全监管不到位、治理整顿不到位等突出问题[2]。

在职业病方面，国家安全生产监督管理总局的信息显示，我国职业病

---

[1]人力资源和社会保障部2011年第三季度新闻发布会［OL］.［2011-10-25］. 人民网.

[2]国务院安委会关于进一步加强安全生产工作的通知［OL］.［2011-08-01］. 国家安全监管总局网站.

危害正在由城市工业区向农村转移，由东部地区向中西部转移，由大中型企业向中小型企业转移，职业病危害分布越来越广。全国约有83%的中小企业存在不同程度的职业危害，近34%的中小企业职工接触尘毒有害作业。

据卫生部统计，2010年全国内地30个省（不包括西藏）和新疆生产建设兵团报告职业病例是2000年报告病例的1.3倍；其中尘肺病例与2009年相比增加了64.3%，是2000年报告病例的1.6倍。有专家表示，由于职业病具有迟发性和隐匿性的特点，我国职业病在今后一段时期内仍将呈现高发态势[1]。全国总工会劳动保护官员指出，职业病危害已经超过安全生产事故，成为威胁工人健康和生命的头号敌人[2]。

（五）新生代农民工的现状和面临的突出问题

继2009年调查后，全国总工会又于2010年5—6月对全国25个城市的1000家企业的新生代农民工进行了专题调研。从问卷调查数据来看，新生代农民工具有以下基本特点[3]：

1. 受教育时间较长，专业技能较欠缺

调查显示，新生代农民工中高中及以上受教育比例为67.2%，高出传统农民工18.2个百分点。但从受教育内容来看，大多数（62.5%）新生代农民工仍停留在义务教育和普通高中教育阶段，接受过专业技术教育的比重不足四成（37.5%）。

2. 过半新生代农民工未婚，生活经历简单

调查显示，处于20~30岁年龄段的新生代农民工59.9%尚未结婚成家，39.5%的人已婚有配偶，而传统农民工中已婚人数为93%，高出新生代53.5个百分点。

3. 多在东部、沿海就业，外出谋求发展动机强烈

调查显示，七成（70.9%）新生代农民工外出前往东部就业，超过3/4（76.2%）在沿海城市务工，均高于农民工整体水平。

---

[1]中国职业病呈高发态势 专家建议立法加大惩罚力度［N］. 工人日报，2011-10-30.

[2]陈鑫. 职业病成为中国工人面临的最大威胁［EB/OL］. ［2011-04-12］. 中国日报网.

[3]全国总工会课题组. 关于对新生代农民工现状的调查与对策建议［J］. 劳动关系与工会运动研究及动态，2011（6）.

4. 多聚集在第二、第三产业，在制造业、建筑业中比重略有上升

超过八成（81.7%）的新生代农民工就业于第二产业，近两成（18%）在第三产业。表明新生代农民工作为第二产业工人主力军的地位越来越明显。

5. 绝大多数从业于外商（港澳台）投资企业

新生代农民工在外商（港澳台）投资企业中的聚集度最高，为58.2%，高出传统农民工相应数字26.4个百分点。

从问卷调查的结果看，新生代农民工面临下述问题：

1. 整体收入偏低

调查显示，在接受调查的1000家企业中，新生代农民工的平均月收入为1747.87元，仅为城镇企业职工平均月收入（3046.61元）的57.4%，比传统农民工（1915.14元）低167.27元。

2. 劳动合同执行不规范

调查显示，新生代农民工劳动合同签订率为84.5%，低于城镇职工（88.5%）4.1个百分点。合同执行情况也差。

3. 工作稳定性差

调查显示，新生代农民工外出务工后更换工作的平均次数为1.44次，传统农民工为1.42次；新生代农民工每年变换工作0.26次，传统农民工为0.09次，前者是后者的2.9倍。

4. 社会保障水平偏低

在被调查的企业中，新生代农民工养老保险的参保率为67.7%，比城镇职工低23.7个百分点；医疗保险参保率为77.4%，比城镇职工低14.6个百分点。

5. 职业安全隐患较多

36.5%的新生代农民工面临高温、低温作业问题，41.3%的工作环境中存在噪音污染，36%的工作环境存在容易伤及肢体的机械故障隐患，存在粉尘污染问题的为34.7%，但是用人单位为其采取了防护措施的比重却低于传统农民工。

6. 职业培训不理想

自外出务工以来，没有参加过任何培训的新生代农民工中的比重为

61.1%，高于传统农民工（59.1%）2 个百分点，且接受培训的次数也偏少。

7. 加入工会比例较低

在接受本次调查的已建工会企业中，新生代农民工的入会率仅为44.6%，低于传统农民工 11.4 个百分点。30.7% 的新生代农民工不知道所在企业的工会主席是谁，比传统农民工的相应比例高出 9.2 个百分点。

二、迈向“十二五”时期构建和谐劳动关系的新思路

（一）当前我国劳动关系的特点

在迈向“十二五”时期的开局之年，中国劳动关系呈现出以下特点：

1. 劳动关系市场化程度加深

劳动关系的建立和调节基本实现了契约化。2008 年实施的《劳动合同法》进一步强化了契约化。据估计，2010 年末全国规模以上企业劳动合同签订率达到 97%，小企业劳动合同签订率达到 65%[1]。

劳动力市场的供求关系已对劳动关系产生着不容忽视的影响。2004—2011 年，劳动力市场反复出现“民工荒”现象，且愈加严重，说明劳动力供求关系愈益趋向均衡。特别是近年来新生代农民工具有更强烈的权利意识和诉求行动，从而加剧了当前的“民工荒”现象，并促使劳动力价格大幅提高。

劳动关系的雇佣方式更为灵活化，国企中的劳务派遣、家政业的非全日制用工及微型企业帮工等非正规的劳动关系有明显增加[2]。尤其是 2008 年以来受国际金融危机的影响，严峻的就业形势及企业的市场竞争压力导致劳务派遣大行其道，不仅总量跃升到 6000 万人，主要集中在国有企业和机关事业单位，部分央企甚至有超过 2/3 的员工都属于劳务派遣，俨然成为企业的主流用工方式[3]。

---

[1]尹蔚民．全国规模以上企业劳动合同签订率达 97%［EB/OL］．［2010-12-30］．http：//www. gov. cn/jrzg/2010-12/30/content_ 1775943. htm.

[2]人社部国际劳动保障所课题组．中国实施劳动合同法过程中灵活就业形势和主要问题研究［D］．2010.

[3]天则经济研究所的《国有企业的性质、表现与改革》摘要及前言，2011。

此外，转型初期各具特点的不同所有制企业劳动关系在主体构成、劳动标准、协调机制等方面出现趋同的趋势，也主要反映了市场的影响力。

2. 劳动关系法律体系基本形成

自1994年《劳动法》颁布后，我国逐渐完善了市场经济条件下的劳动关系协调的法律体系，它们是中国特色社会主义法律体系的组成部分。2007年颁布的《劳动合同法》是个别劳动关系调整的重要法律，它与国务院2008年出台的《劳动合同法实施条例》，共同确立了劳动者与用人单位通过劳动合同确定劳动条件，以实现双方权利义务的法律规制。

与此同时，我国集体劳动关系调整的法律框架也已初步形成。通过1992年《工会法》、2001年《工会法》修正案及《劳动合同法》，初步确立了工会通过平等协商和集体合同制度以维护职工权益的集体劳动关系协调制度。到2011年第二季度，全国29个省工资集体合同覆盖企业150.9万家，覆盖职工10767.8万人[1]。

在宏观层面，我国也在借鉴市场经济国家三方机制的作用。2001年8月，我国举行了第一次国家协调劳动关系三方会议，到2010年末共举行了15次会议。截至2009年末，全国共建立各级劳动关系三方协调机制（包括地方和产业）1.4万个，其中，所有31个省、直辖市、自治区均已建立省级三方机制[2]。

为推动执法监察工作，2004年国务院颁布了《劳动保障监察条例》。2011年发布的"十二五规划纲要"，进一步提出要加大劳动保障监察执法力度，切实维护劳动者权益。针对近年来劳动争议频繁激增的现状和这项制度过往存在的缺陷，我国于2007年又颁行了《劳动争议调解仲裁法》，该法创新和完善了劳动争议的处理机制。

总体来看，我国适应市场经济的劳动关系调整机制初步形成，作用有待发挥。当前的一个重要问题是，有相当一部分民营中小企业"法外运行"依旧，对此，更应加强劳动关系执法监督机制的落实。

---

[1]张锐，郑莉．全国工资集体合同覆盖企业150.9万家 逾亿职工受益［N］．工人日报，2011-11-10.

[2]汪雁．当前我国劳动关系和工会工作的新变化新特点［J］．劳动关系与工会运动研究与动态，2010（5）.

3. 从个别劳动关系向集体劳动关系转变

劳资冲突的加剧，与作为劳动者主体的新生代农民工不断增长的权利意识、平等意识和团结意识密切相关。在诉求内容上，劳动者已产生了分享经济发展成果的要求，从基本权利诉求转向利益诉求。劳动争议的集体性及诉求内容的变化，反映出新生代农民工的团结意识乃至工人阶级意识的初步形成。

所以，进入21世纪以来，我国劳动争议的重点正在从个别争议转向集体争议。尤以2008年下半年以来，在“劳动三法”实施和经济危机加剧的情况下，企业裁员破产、劳资争议等矛盾纠纷显著增加。据人力资源和社会保障部数据，全国各级劳动仲裁委员会受理仲裁劳动争议案件，2000年为9.4万件，2001—2007年间，劳动争议以年均3.3万件的速度平稳增加，2008年达到改革开放后的峰值69.3万件，2010年虽有所下降，也高达60.1万件，涉及劳动者人数81.5万。最近5年来，集体劳动争议达到了月均1000件左右的水平，集体停工等职工群体性事件逐年攀升，在2008年突升后仍然保持增长势头。据全国总工会不完全统计，2010年各地发生的百人以上集体停工等职工群体性事件达69起，职工走出厂门进行游行、示威、堵塞道路、静坐、集体非正常上访等行为的有40余起。2010年2—7月，在来京重复非正常上访的数据中，其中有3个月，仅仅因国企改制引发的上访事件就接近甚至超过长期居于第一、二位的因“农村土地征用”和“城镇房屋拆迁”引发的集体上访事件。

此外，新兴媒体对劳动关系的影响日渐明显。截至2010年底，中国网民总体规模达到4.57亿，在所有网民中，职工大约为1.96亿人，这意味着职工队伍已经并将越来越成为一个庞大的网络生活群体，劳动关系问题越来越成为网络关注的焦点之一。今年的上海港集装箱工人罢工、杭州出租车大规模停运、“GUCCI虐待门”事件都成为网络热议的话题。所谓“网上联动、网下行动”，成为当前职工群体性事件中出现的一种新现象。

（二）构建和谐劳动关系的新思路[1]

针对近年来劳动争议和职工群体性事件频发的现状，2011年3月公布

[1]此部分参考了中央调研组成员、中国劳动关系学院劳动关系系林燕玲教授的相关资料，谨致谢意。

的“十二五规划纲要”明确提出要建立规范有序、公正合理、互利共赢、和谐稳定的劳动关系。要求加强和完善党和政府主导的维护群众权益机制，形成科学有效的利益协调机制、诉求表达机制、矛盾调处机制和权益保障机制，切实维护群众合法权益。纲要并将劳动争议列为当前妨碍社会稳定的五大社会矛盾之首。

从今年4月起，中央政策研究室、中央宣传部、人力资源和社会保障部、全国总工会、全国工商联、中国企业联合会和浙江省委组成31人的联合调研组，用近2个月时间，对浙江省和北京、辽宁、福建、广东、湖南、四川等省市构建和谐劳动关系的情况进行集中调研。调研组从浙江传化经验起步，共计到80多个县（市、区）实地调查90多家企业和30多个相关部门、单位构建和谐劳动关系的做法和经验，在此基础上形成了有关“全国构建和谐劳动关系先进表彰暨经验交流会”的政策文件。

2011年8月15—16日，全国构建和谐劳动关系先进表彰暨经验交流会在北京举行。这次会议是改革开放30多年来的第一次全国性研究部署构建和谐劳动关系的工作会议，是落实“十二五”规划纲要，特别是贯彻落实规划纲要中“建立规范有序、公正合理、互利共赢、和谐稳定的劳动关系”的具体体现。会议规模大、规格高、内容丰富、准备充分，共有31个省、中央有关部委、央企、劳动关系“三方四家”的800多人应邀到会。会议授予北京同仁堂（集团）有限责任公司等357家企业“全国模范劳动关系和谐企业”称号，授予青岛经济技术开发区等43个工业园区（经济技术开发区、高新技术园区等）“全国模范劳动关系和谐工业园区”称号，15名典型经验交流单位代表做了大会发言，杭州娃哈哈集团有限公司董事长宗庆后宣读了倡议书。

时任中共中央政治局常委、国家副主席习近平代表党中央向大会做了长达8000字的重要讲话。

首先，他将构建和谐劳动关系作为一项紧迫而重要的政治任务，是建设社会主义和谐社会的重要基础，是增强党的执政基础、巩固党的执政地位的必然要求，要求各级党委和政府进一步提高认识、强化责任，抓实抓好。强调企业兴则经济兴，职工稳则社会稳。

其次，构建和谐劳动关系要坚持正确的指导思想、工作原则。劳动关系工作的目标要求是形成规范有序、公正合理、互利共赢、和谐稳定的劳动关系；要坚持以人为本，把解决广大职工最关心、最直接、最现实的利益问题，切实维护他们的经济权益、政治权益、文化权益、社会权益，作为根本出发点和落脚点；要坚持促进企业发展和维护职工权益相统一，同时调动劳动关系主体双方的积极性、主动性，推动企业与职工群众协商共事、机制共建、效益共创、利益共享；要从不同类型企业的实际出发，把构建和谐劳动关系必须遵循的总的共同要求与具体的具有差异性的措施结合起来，统筹兼顾、分类指导，既整体推进，又突出重点、突破难点，既注重解决当前问题，又注重长效机制建设。同时，提出近期要着重抓好以下六项工作：进一步完善劳动法律法规并保障其实施；合理调节企业工资收入分配；加强企业民主管理建设；努力化解劳动关系矛盾；加强企业党组织建设；支持和促进企业健康发展等。

再次，明确各方职责，增强整体合力。习近平指出，构建和谐劳动关系工作已初步形成党委领导、政府负责、社会协同、企业和职工参与的工作格局。各级党委要统揽全局、把握方向，及时研究和解决劳动关系中的重大问题，并不断总结经验，把党政力量、群团力量、企业力量、社会力量结合和统一起来，共同推进构建和谐劳动关系。要把构建和谐劳动关系纳入经济社会发展规划，切实担负起定政策、做部署、抓落实的责任。

最后，用正确舆论加以倡导。构建和谐劳动关系的政策性强、敏感点多、社会关注度高，需要用正确舆论加以倡导。

习近平特别指出，要把构建和谐劳动关系纳入党政领导班子和领导干部政绩综合考核评价体系。加强劳动关系方面工作机构和工作队伍建设，注重从力量配置、经费投入上进一步创造条件。

时任副总理张德江的讲话强调加快劳动关系制度建设，创新劳动关系体制机制，形成反应灵敏、运转有序的协调劳动关系机制。当前要重点抓好四个机制建设，即健全劳动合同制度、集体协商和集体合同制度、协调劳动关系三方机制、劳动关系矛盾调处机制。当前，要着重解决四个问题：部分企业用工不规范、损害职工合法权益；部分职工特别是劳动密集型企业一线职工工资偏低、增长缓慢；部分企业忽视职工发展需要、缺少人文关怀；劳动关系基层基础工作薄弱、能力不足。

三、工资集体协商：从分散走向集中

2010 年夏，中国爆发了从南到北的罢工潮。为应对危局，中华全国总工会提出实施“两个普遍”的政策方略，即用三年时间，普遍在非公有制企业组建工会，普遍开展工资集体协商，以实现劳动关系的和谐稳定。从那时以来，工资集体协商作为一项调整收入分配失衡的重要制度取得了很大发展。到 2011 年 6 月末，全国 29 个省（区、市）工资集体合同覆盖企业 150.9 万家，覆盖职工 10767.8 万人，与 2010 年相比，分别增长 31.4%、24.3%。目前已有 25 个省（区、市）将推进工资集体协商写入当地“十二五”规划纲要，20 个省（区、市）党委和政府下发开展工资集体协商工作的文件，23 个省（区、市）人大颁布了集体合同条例[1]。

而且，协商结构转向区域和行业，从分散趋于集中，是这一波集体协商开展的重要特点。涌现了湖北武汉的餐饮行业、江苏邳州的板材行业、山西吕梁的煤炭行业、上海的出租车行业、浙江的节能灯行业、北京的家政行业、海南的注册会计师行业及沈阳的区域运作模式等新型案例。

（一）武汉餐饮业模式：“上代下”的典型

武汉有近 4 万家餐饮企业，中小企业占 84%，常态从业人员 45 万余人，年产值 500 多亿元。因餐饮行业技术含量低、入职门槛低，全市近 4 万家餐饮企业，只有 15% 左右采取规范管理。由于采取包干管理办法，职工的基本权利缺乏保障，工资随意性很大，由此导致的缺工现象近年更加普遍，淡季时缺工 3% ~5%，旺季时缺工达 15%，这是开展工资集体协商的基础，但长期以来，老板不愿谈、企业工会不敢谈、职工不会谈。为避免这种尴尬，此次工资集体协商采取“上代下”的方式，由上级工会组织与行业协会之间协商，避免员工及企业工会与企业直接对话。

2011 年 4 月，武汉餐饮业签订集体合同，合同覆盖了该行业 4 万家企业和 45 万劳动者，单个集体合同具有如此巨大的规模是空前的。该集体合同规定：武汉餐饮业最低工资标准为武汉市最低工资标准的 130%，且不

[1] 张锐，郑莉. 全国工资集体合同覆盖企业 150.9 万家 逾亿职工受益 [N]. 工人日报，2011-11-10.

包括延长工作时间的加班工资，中班、夜班、高温、低温、有毒有害等特殊工作条件下的津贴。餐饮行业最低工资标准按10个工种划分。今年武汉各餐饮企业职工工资增幅不低于9%。每日工作时间不超8小时、每周不超40小时。企业为职工免费提供工作餐、工作服、住宿和其他福利等。

但是，武汉餐饮业的酒楼、饭庄与连锁快餐及路边小吃店之间的管理模式、工作岗位和员工素质要求有很大区别，劳动同质性不强，这可能带来以后合同执行的一系列问题。雇主协会的成员是700家资金资本相对雄厚的企业，而那些微利中小企业则可能“被代表”。因此，行业最低工资的规范不会触动大企业而会对小企业产生重要影响，以至于被认为是行业内“重新洗牌”的管理行为。此外，工会对劳动者的代表性也存在一定问题[1]。

（二）沈阳区域协商模式：“党政主导”的集大成者

首先，沈阳市明确规定集体合同工作纳入各级地方政府绩效体系，各区、县（市）政府是推进集体合同工作的责任主体，市政府把实现集体合同覆盖率及实施效果列入对各区、县（市）政府绩效考核内容（包括集体合同覆盖率、备案率、合格率和履约率等指标），并建立健全责任目标等制度，定期向全市进行通报。

其次，利用各种行政手段，对雇主形成高压态势，迫使其签订集体合同。工商、外经部门对企业进行注册、年检和合同批复时，就要督促企业组建工会和建立工资集体协商制度；税务部门对于不建立集体协商制度的企业，不予执行职工实发工资税前扣除政策；人力资源和社会保障部门对不能提供集体合同的企业，不予核发工资手册。集体合同制度也作为企业和经营者履行社会责任的重要内容、评先选优的重要条件，没有建立集体合同制度的企业和企业党政工主要负责人，不能被授予市级以上各种先进荣誉称号，其经营者不得作为人大代表、政协委员候选人。

再次，通过一系列措施保障集体合同自上而下的签订过程。如地方工会已经取代企业工会成为与雇主集体协商的谈判主体。建立和健全雇主组

---

[1]宋湛．集体谈判结构的集中-分散化特征：理论、发展趋势与中国实践［D］．工作论文，2011.

织，对一时来不及建立工会组织和企业代表组织的地方，用“协商上提一级”的办法来弥补协商主体的缺失。建立了市、区两级集体合同专家团，解决劳资双方力量不对等，职工不敢谈、不会谈的问题。在全市工会系统建立集体合同预审制度，即分级负责、下审一级，上级工会对直属基层工会的集体合同文本内容、程序等进行预审。集体协商严格执行“程序两必须，内容两具体”的要求。“程序两必须”指集体合同必须进行集体协商，必须提交职代会通过；“内容两具体”指集体合同中一定要写明具体的工资标准、具体的工资增幅[1]。

最后，在基层工会推广“1+N”的集体协商模式。这种模式中，“1”指区域性的集体合同，规定了区域所在企业的最低工资标准以及支付保障、工作时间等通用性合同条款。然后在此基础上，工会把区域内企业按照行业特征分为“N”类，再向企业行政发出协商要约，依据行业生产特点，签订N个行业集体协议，行业集体协议中的工资标准和增长幅度不得低于区域性集体合同。

综合我国集体协商结构近期趋向集中化的影响因素，一是一个国家的经济发展战略和企业的投资流向，究竟是选择国内市场还是国际市场，抑或两者平衡，是影响该国协商结构的重要经济因素。在欧美国家仍处于严重经济衰退的形势下，中国经济取得了不俗的增长业绩，会支撑协商结构的集中化趋向。二是集中化的协商结构，更多地出现在那些赋予社会公正、平等、体面劳动更高价值的社会之中。我国政府已将构建和谐社会及和谐劳动关系作为“十二五”时期治国方略，而缩小贫富分化，倡言体面劳动、公平正义是其重要内涵，近期的劳工行动也突出反映了这方面的诉求，且国家已积累了巨大财富可以进行更大规模的社会建设。三是关于集体协商的特定法制环境也为协商结构设置了条件，其中，有关工会组建和集体协商运作的法律规定对其有重要影响。在我国，2008年实施的《劳动合同法》规定，在县级以下区域内，建筑业、采矿业、餐饮服务业等行业可订立行业性集体合同，从而使集中化集体协商具有了法律依据。

综上，我们可以说，集中化的协商结构以工会化的劳动力市场、国内

[1]闻效仪．集体协商的“党政模式”——沈阳市集体协商调研报告［D］．工作论文，2011.

市场为主的经济环境和工会诚心为员工维权为前提条件，也与政府主张公平正义、体面劳动的价值观密切相关，还是全总和政府近期“积极稳妥”地推动集体协商的政策结果[1]。从集中化的协商结构的现有作用来看，主要体现在协商主体转向区域和行业工会以后，其独立性有了可靠保证；协商谈判的劳动标准在当地法定最低标准的基础上有所提高；集中化的协商结构还促进了有限的工会体制改革，部分地区已将协商层级提升至市级，但其是否推动了工会内部民主和会员发声，有待观察。

结语

2010—2011 年，我国劳动关系正孕育着重大变化。这表现在：我国劳动力市场正在从供过于求转向供求均衡和局部领域的求过于供，作为劳工阶层主体的新生代农民工的诉求正在从权利诉求转向利益诉求。作为回应，2011 年夏举行的构建和谐劳动关系先进表彰暨经验交流会以及“积极稳妥”地推进工资集体协商的新思路，预示着我国劳工政策的重点正在从个别劳动关系的协调转向集体劳动关系的协调，且集体协商制度正在通过协商结构的集中化改革而逐步摆脱以往形式化的痼疾，在劳动关系协调中开始发挥更为实质性的作用。

[1]王玉普．积极稳妥推进工资集体协商［N］．人民日报，2011-09-30.

2012：经济低速发展下的劳动关系规制

一、经济增速下行期劳工阶层的现状

（一）职工的就业状况并未受到经济下滑的明显影响

今年以来，我国经济增长放缓，总体下行的趋势较为明显。GDP 增速从 2011 年第四季度的 9.2% 退至今年一季度的 8.2%，经二季度的 7.6% 再降至三季度的 7.4%。主要原因是出口增速和房地产投资增速下降，今年上半年的出口和房地产投资增速分别是 9.2% 和 15.6%，比去年分别下降 11.1 和 12.3 个百分点。

经济不景气对劳动力市场的供求关系有徐缓的影响。根据中国人力资源市场信息监测中心对全国 102 个城市的公共就业服务机构市场供求信息的统计分析，到 2012 年第二季度，与上季度相比，市场用人需求有所减少，求职人数有所增长。从供求对比看，102 个监测城市中，用人单位通过公共就业服务机构招聘各类人员约 633.5 万人，进入市场的求职者约 603.7 万人，岗位空缺与求职人数的比率约为 1.05，比上季度下降了 0.03，比去年同期下降了 0.02[1]。

总体上看，市场中劳动力供求总体平衡，且与去年同期相比，市场供求人数均略有增加，就业局势仍保持基本稳定。1—9 月，全国城镇新增就业 1024 万人，完成全年 900 万人目标的 114%。城镇失业人员再就业完成 432 万人，完成全年 500 万人目标的 86%。就业困难人员实现就业 135 万人，完成全年 120 万人目标的 113%。二季度末，全国实有城镇登记失业

[1]2012 年第二季度部分城市公共就业服务机构市场供求状况分析［OL］.［2012-07-30］. 中国就业网.

人数918万；城镇登记失业率为4.1%，三季度仍维持4.1%，与去年年底持平[1]。从部分已经公布数据的省看，大学生初次就业率略好于2011年，其中广东为94.65%，四川为84.85%，江苏为89.88%，均高于2011年77.80%的平均值。

之所以经济下行并未严重影响职工就业，其主要原因是劳动力市场供求关系反转、刘易斯拐点到来所致。根据第六次人口普查数据，1996—2010年间的平均生育率低至1.4的水平，而根据联合国的人口增长标准，生育率在1.5以下属于超低生育率。2000年以来，我国劳动年龄人口增长率开始减缓，每年平均为1%，2011年15~64岁劳动年龄人口的比重首次下降为74.4%，劳动力资源尤其是农村剩余劳动力将逐步转为“有限供给”[2]，在相当程度上缓解了当前经济下行所带来的就业岗位不足。

（二）职工工资保持增长，收入分配改革方案即将出台

一年来，尽管经济低迷，职工工资收入仍保持较快增长。2011年全国城镇非私营单位在岗职工年平均工资为42452元，同比增加5305元，增长14.3%，增幅提高0.8个百分点。2011年全国城镇私营单位人员年平均工资为24556元，同比增加3797元，增长18.3%，增幅提高4.2个百分点[3]。到2012年9月末，全国有18个省调整了最低工资标准，平均增幅为19.4%，涨幅略低于去年同期。目前，月最低工资标准最高的是深圳的1500元，小时最低工资标准最高的是北京的14元。截至9月底，20个省发布2012年度工资指导线，基准线普遍在14%左右[4]。上述两个标准均明显高于同期GDP的增幅。

前三季度，城镇居民人均总收入20190元。其中，城镇居民人均可支配收入18427元，同比名义增长13.0%；扣除价格因素实际增长9.8%，增速比上年同期加快2个百分点。在城镇居民人均总收入中，工资性收入同比名义增长12.7%，转移性收入增长12.4%，经营净收入增长15.4%，

---

[1]人力资源和社会保障部2012年第三季度新闻发布会［OL］.［2012-10-25］.中国网.

[2]全国总工会课题组.“十二五”时期我国劳动关系影响因素及发展趋势［J］.工运研究，2012（16）：4.

[3]2011年度人力资源和社会保障事业发展统计公报［R/OL］.［2012-06-05］.中央政府门户网，www.gov.cn.

[4]人力资源和社会保障部2012年第三季度新闻发布会［OL］.［2012-10-25］.中国网.

财产性收入增长12.4%。前三季度，农村外出务工劳动力月均收入2249元，同比增长13.0%[1]。

但是，自2011年末以来，受欧债、美债危机冲击及人民币升值等因素影响，部分以出口加工为主的劳动密集型中小企业面临融资难、成本上升、订单减少等问题，生产经营遇到困难，拖欠工资甚至欠薪逃匿现象有上升趋势，在被拖欠工资的职工中，90%～95%是农民工[2]。有消息说，今年年初的一个半月内，粤、滇、湘、津等15个省区市共清欠近20亿元，涉及农民工近60万人，可见欠薪问题积弊甚重[3]。今年"两会"期间，治理拖欠农民工工资成了代表委员的热点话题[4]。人力资源和社会保障部官员称，要尽快制定《工资支付保障条例》，出台"欠薪入罪"的具体解释和操作办法[5]。

临近岁末，温家宝总理明确，收入分配改革总体方案将在第四季度制定发布，这又引发了新一轮社会舆论的热议。人力资源和社会保障部劳动工资研究所在其新近出版的2011年《中国薪酬发展报告》中指出，部分垄断行业工资上涨过快，企业内部近5年来高管工资增幅明显超过普通职工工资增幅，收入差距不是在逐步缩小而是明显放大，企业高管与农民工工资收入差距最大甚至达4553倍，造成社会收入分配不公，而根据全国总工会的一项调查，两成职工5年间从未涨过工资[6]。

（三）职工社会保险扩面征缴进展顺利，基本实现城乡居民养老保险全覆盖

进展情况为：

1. 基本实现城乡居民社会养老保险制度全覆盖

截至9月底，全国所有县级行政区全部开展新型农村和城镇居民社会

---

[1]新闻办介绍2012前三季度国民经济运行情况［OL］.［2012-10-18］.中央政府门户网，www.gov.cn.

[2]全国总工会.企业欠薪甚至逃匿现象上升［OL］.［2012-12-30］.财新网.

[3]郝洪.靠什么根治欠薪"病灶"［N］.人民日报，2012-01-20.

[4]修改《劳动保障监察条例》，提升行政强制权，查封恶意欠薪企业［OL］.http://www.acftu.org/template/10004/file.jsp?cid=222&aid=85259；解决拖欠农民工工资要对症下药［OL］.http://202.123.110.3/2012lh/content_2088714.htm；根治拖欠农民工工资顽疾需磨亮"法律利剑"［OL］.http://news.xinhuanet.com/politics/2012lh/2012-03/12/c_111642508.htm.

[5]人力资源和社会保障部.尽快出台欠薪入罪操作办法［N］.新京报，2011-12-26.

[6]人社部报告称2成职工5年内从未涨工资［N］.南方日报.2012-10-18.

养老保险工作，城乡居民参保总人数达到 4.49 亿，1.24 亿城乡老年居民按月领取养老金。

2. 社会保险扩面征缴和支付进展顺利

截至 9 月底，全国参加城镇职工基本养老保险、基本医疗保险、失业保险、工伤保险和生育保险的人数分别为 29875 万、52906 万、14916 万、18567 万和 15074 万，分别比上年底增加 1484 万、5563 万、599 万、871 万和 1182 万。1—9 月，全国五项社会保险基金总收入为 20407 亿元，同比增长 24.6%；总支出 15889.8 亿元，同比增长 23.2%。此外，农民工参加社会保险进展顺利。截至 9 月底，全国农民工参加城镇职工基本养老、基本医疗、失业、工伤保险人数分别为 4453 万、4922 万、2609 万和 6995 万，分别比上年底增加 313 万、281 万、217 万和 167 万人[1]。

由于人口老龄化的压力和养老金缺口增大，延迟退休成为 2012 年政府和社会广泛讨论的话题，但其观点截然相反：官员专家多赞成延迟退休，而反对者多为工人[2]。

（四）职工的职业安全总体稳定好转，劳动保护新法频频出台

根据国家安监总局的资料，我国安全生产状况呈现总体稳定、持续好转的发展态势，从 2003 年开始已经连续 9 年实现事故起数和事故死亡人数的“双下降”[3]。前三季度，各类事故起数和死亡人数同比分别下降 21.3%、15.3%，重点行业领域安全状况持续好转，其中煤矿、消防火灾事故同比分别下降 32.6% 和 43.6%[4]。

除工业伤亡和职业病外，《2012 年度中国职场人平衡指数调研报告》显示，我国职工每天平均工作时间为 8.66 个小时，30% 的职工超过 11 小时[5]，超时加班情况甚为突出。

为应对职业病的高发态势，十一届全国人大常委会第二十四次会议通

[1]人力资源和社会保障部 2012 年第三季度新闻发布会［OL］.［2012-10-25］. 中国网.

[2]王向前. 专家称官员专家多赞成延迟退休 反对者多为工人［OL］.［2012-07-14］. 大河网.

[3]新闻办介绍近年来全国安全生产工作情况［OL］.［2012-08-24］. 中央政府门户网，www.gov.cn.

[4]马凯强调：确保全年安全生产形势持续稳定好转［OL］.［2012-10-17］. 国家安全监管总局官网.

[5]调查显示我国 30% 员工每日工作超 11 小时［OL］.［2012-04-30］. 中国广播网.

过修改《职业病防治法》的决定，明确提出建立用人单位负责、行政机关监管、行业自律、职工参与和社会监督的新机制[1]。2012 年 4 月，国务院颁行新版《女职工劳动保护特别规定》，与旧版相比，用人单位作为责任主体及其法律义务得到强化，法律责任规定更加明确、细化，女职工劳动保护更加全面、公平，保护水平得到提升[2]。

（五）劳动争议稳中有增，停工事件基本持平

2011 年各级劳动人事争议调解组织和仲裁机构共受理劳动人事争议案件 131.5 万件，结案 118.7 万件，其中调解组织结案 59.4 万件，占 50.0%。仲裁机构立案受理劳动人事争议 58.9 万件，结案率为 93.9%；调解组织受理（含仲裁机构案外调解）72.6 万件。各级仲裁机构立案受理劳动争议 58.9 万件，比上年减少 1.9%，涉及劳动者 77.9 万人，比上年减少 4.4%。其中集体劳动争议 0.7 万件，涉及劳动者 17.5 万人[3]。

与 2011 年同期相比，受到经济低迷的影响，今年劳动争议稳中有增，但仍较温和。1—9 月，各级劳动人事争议仲裁机构立案受理争议案件 47.9 万件，同比增长 11.9%；涉及劳动者 66.0 万人，同比增长 19.4%[4]。

从劳动争议的内容看，以北京市为例，案件类型以劳动报酬和加班工资为主，约占 60%，经济补偿金纠纷占 24%。此外，涉及劳动者民主权利的案件、社会保险领域的案件、破产企业的争议案件以及公司高管等特殊人群的纠纷均有明显增加。其中，劳务派遣泛滥成为争议频发的重要原因[5]。

从群体性事件看，2012 年 1—8 月，全国共发生围绕工资纠纷的规模在百人以上的集体停工事件 120 多起，发生在 19 省的规模在 30 人以上的 270 多起，广东占了其中的多数。相比经济发展平稳的 2011 年的两项指标而言，处于经济下滑的 2012 年的数据基本持平，已殊为不易。研究表明，

---

[1]我国修法强化用人单位职业病防治责任［OL］.［2011-12-31］. 新华网.

[2]林燕玲.《女职工劳动保护特别规定》六大亮点［N］. 人民日报，2012-06-14.

[3]2011 年度人力资源和社会保障事业发展统计公报［OL］.［2012-06-05］. 中央政府门户网，www. gov. cn.

[4]人力资源和社会保障部 2012 年第三季度新闻发布会［OL］.［2012-10-25］. 中国网.

[5]《北京市法院 2011—2012 年度劳动争议案件的审理情况、问题和对策意见》，载于《北京市第十四届劳动人事争议案例研讨会会议材料》，2012 年 9 月。

2010—2012 年的罢工事件主要集中在三、四季度，但 2012 年一季度罢工大幅增长；罢工活动主要集中在南部和东部地区，且有向全国蔓延的趋势；罢工活动主要集中在制造业和交通运输业中，在所有制结构中，主要集中在外资企业，尤以日企居多，但国企罢工行为的社会影响较大；从媒体报道参与罢工人数看，涉及 500 人以上的罢工最多，占 47.15%；从罢工持续日看，持续 2 ~5 天的事件最多，占 40.74%；从罢工诉求来看，增加工资与讨要拖欠工资是两大首要诉求，占 50.69%，其次是解雇的经济补偿金、工时争议、社会保险费等，反映了工人对安全、沟通和公平的需求遭到损害[1]。

在本年度中，全国出租车行业依旧掀起了声势浩大的罢运风潮，以改善自己的营运条件。最有影响的是在今年两会召开前部分北京的士司机进行的串联和歇业，这直接导致三部委出台《关于在出租汽车行业开展和谐劳动关系创建活动的通知》[2]，要求从 2012 年 3 月开始的两年里，通过在出租车行业开展和谐劳动关系创建活动，推动建立现代企业制度和员工制，落实劳动保障法律和政策规定，规范企业经营和用工管理，以维护驾驶员合法权益。但迄今为止，的士司机罢驶维权依旧，鲜见有公司认真贯彻这个文件。

企业停工事件较有代表性的是富士康和摩托罗拉。前者的太原工厂于 9 月 23 日发生数千工人与保安的斗殴事件，反映出工人对工资待遇过低和枯燥乏味的工厂生活的不满[3]。在此前后，富士康的成都和郑州工厂也先后发生工人的骚乱或罢工。如郑州工厂管理层和苹果公司提高了对工人的质量要求，使工人几乎无法生产出满足标准的产品，加之今年国庆长假工人不被允许休假，这些因素共同导致了罢工的发生[4]。分析认为，富士康存在的问题，不仅与其用工方式、管理制度有关，也与跨国品牌公司的采购策略直接相关。在电子行业全球生产链中，苹果等品牌公司过度压

[1]葛玉好、陈力闻的《农民工集体劳动争议特点与规律》，载于中国人民大学劳动关系研究所编的《农民工集体劳动争议预防调解工作研究项目论证会会议材料》，2012 年 3 月。

[2]交通运输部，人力资源和社会保障部，全国总工会. 关于在出租汽车行业开展和谐劳动关系创建活动的通知［EB/OL］.［2012-02-29］. 人力资源和社会保障部官网.

[3]富士康太原厂区工人群殴：不影响 iPhone 5 生产［N］. 21 世纪经济报道，2012-09-25.

[4]消息称富士康郑州工厂发生大规模冲突［OL］.［2012-10-06］. 新浪网.

低产品单价、缩短产品生产时间，导致其供应链中出现违法使用低于16岁的学生工，以及低工资、长工时等不合理的生产条件，严重损害了工人的利益。摩托罗拉在经济性裁员过程中的简单生硬的做法，反映出该企业在经济下行期如何处理经济性裁员的管理经验不足，招致被裁员工的强烈抗议，值得其他企业借鉴[1]。

在立法规制方面，由人力资源和社会保障部发布的《企业劳动争议协商调解规定》已于2012年1月1日起实施，这部规章的核心就是督促企业建立劳动争议协商调解机制，畅通劳动者利益诉求表达渠道，以作为预防和处理劳动争议的第一道防线。此外，学者呼吁，加快集体劳动争议的立法，推动协调劳动关系三方机制在解决重大劳资冲突中发挥作用，是当前完善劳动争议处理体制的重中之重[2]。

（六）"新工人"和"新蓝领"已成为职工队伍的主体

本年度内，不少媒体在讨论农民工的境况时使用了"新工人"[3]这一概念，以此来揭示新一代农民工客观上已无法回到农村，他们必然要融入城市的趋势；另一方面，它也蕴含着同样作为工人所应拥有的生活和工作的平等、尊严及自我表达的权利。

根据国家统计局2010年在10个省进行的新生代农民工专项调查，新生代农民工总人数为8487万，占全部外出农民工总数的58.4%，已经成为外出农民工的主体。与上一代农民工相比，新生代农民工文化素质整体较高；大多数人不再"亦工亦农"，而是纯粹从事二、三产业；就业主要集中在制造业，工作勤奋，仍是吃苦耐劳的一代[4]。清华大学"新生代农民工研究"课题组认为，与20世纪80年代前出生的老一代农民工相比，新生代农民工群体不但数量占优，而且也表现出不同的社会群体特征。比如，这些年轻工人在进入工厂之前，就已经在学校中养成了都市生活方式。学校教育经历对新生代农民工社会群体特征的形成具有重要意义，他

---

[1]蔡长春．摩托罗拉裁员凸显工会价值［N］．法治周末，2012-08-29.

[2]专家谈：我国集体劳动争议的预防与规制［J］．中国劳动，2012（6）：12.

[3]李北方，等．新工人，怎么办［J］．南风窗，2012（21）：39；广东用异地务工人员取代农民工称谓［N］．广州日报，2012-04-13.

[4]课题组．新生代农民工结构性变化新动态［J］．人民论坛，2011（31）．

们广泛使用互联网，工余时间与同伴好友不时聚会，进入各种娱乐场所消费。都市生活方式的养成决定了他们中多数人的发展预期，与城乡、企业、国家也形成了不同于老一代农民工的新型关系。新生代农民工集体抗争行动频繁多发，诉求发生了根本转变，集中体现为主动要求大幅度加薪、重组工会、落实工资集体协商制度等。研究者认为，政府和企业应直面新生代农民工的社会群体新特征，逐步废除“农民工生产体制”，在工厂中落实农民工的“企业公民”身份，在社区生活中落实农民工的“社区公民”身份[1]。全国妇联“新生代进城务工者婚恋生活状况调查”表明，农民工对职业身份定位倾向于“外来工”或“职工”，对社会身份的自我认知是“流动人口”和“新市民”。他们最不能接受“看不起农民工”，其城市适应度，多数处于“中等”水平和“较低”水平，多数人希望在城市定居，期盼政府“让农民工享受同样的社会保险”、“让农民工也能租住公租房”、“让农民工子女也能就近入学/入托”、“让农民工家庭也能上城市户口”和“发挥民间组织援助农民工的作用”等[2]。今年“两会”前夕，一项由工人日报等机构进行的网络调查显示，医疗改革、食品安全、稳定物价、完善社保体系、退休双轨制、建立工资增长机制、职业病保护、解决农民工欠薪、缩小行业差距和房地产市场调控，成为广大职工期望两会关注的十大民生热点问题[3]。

一年来，各地政府在促进农民工基本公共服务均等化及城乡统筹发展方面取得新的进展。2012 年 3 月，政协十一届五次会议举行“统筹城乡社会发展促进农民工融入城市”提案办理协商会，公安部副部长黄明透露，《居住证管理办法》已经形成草案，今年将报国务院审定。上海、浙江、广东等地积极推行居住证制度，把流动人口子女入学、社会保险、考驾照、办理住房手续等功能纳入其中[4]。广东实施 2012“圆梦计划”，由北京大学与广州、江门、中山等广东 6 个地市合作办班，经过严格的资格审

---

[1]清华大学“新生代农民工研究”课题组．新生代农民工的困境与出路［J］．中国改革，2012（9）．

[2]调查显示多数新生代进城务工者希望在城市定居［OL］．［2011-12-08］．人民网．

[3]张钦徽．今年两会职工最关心的十大问题揭晓［N］．工人日报，2012-03-02．

[4]公安部副部长：《居住证管理办法》今年上报审定［N］．北京晚报，2012-03-10．

核和现场确认，共有3500名新生代产业工人入围笔试，为其开辟一条特殊的高考通道[1]。北京发布《北京市公共租赁住房申请、审核及配租管理办法》，该规定以收入标准为界线，为外地人的准入门槛划定了统一范围，且与本地人的标准相同，体现出公租房分配上的公平性[2]。广东今年将从异地务工人员中招录3317名基层公务员，同时进一步放宽积分制入户条件，加快建立异地务工人员根据职业和工作年限享受基本公共服务的制度[3]。广东省委书记汪洋还提出，要适应社会开放、流动的新局面，设计一种使外来人口融入当地的制度，让外来人口有表达诉求的平台，探索建立异地务工人员互助组织，以加强对外来人口的管理和服务[4]。

除了"新工人"，"新蓝领"也日益引起社会的广泛关注。新蓝领是城市经济发展和产业结构变迁的产物，其主要特征为：相比旧蓝领主要集中在建筑业和制造业，他们主要集中在中低端服务业，其就业方式具有阶段性、灵活性、多样性的特点，包括自雇劳动、劳务派遣及非正规雇用等形式，作业方式为人际互动，女性的劳动参与率明显提高，工会减少，采取个别劳动关系协调方式。他们主要是商业服务业人员和新兴保健护理人员，如房产经纪人、卖场销售代表、跟单员、快递员、出租车司机、美容师、按摩师、月嫂、护工等。据赶集网发布的《2012中国都市新蓝领生存报告》，按摩师以每月4681元的平均工资居于榜首，其后依次为厨师、美容师、测绘员、卖场经理、司机、月嫂、快递员；挣得少、没前途、不开心是新蓝领离职调换工作的三大主要原因[5]。此外，大城市针对外来工或大学生就业在户籍、住房、医疗、子女受教育等公共服务政策方面仍存在诸多限制，地方政府及企业更缺乏对新蓝领的人才规划和培训政策。

经济改革深化之后，一些职工群体的劳动关系愈加复杂化，且处于无法可依的状态。如事业单位改革中的大量工勤人员、50多万农电工人、330万保险经销员、200多万出租车司机、用工荒背景下愈加增多的学生工

[1]2012圆梦计划 广东3500名工人参加特殊"高考"[N]. 中国青年报，2012-08-31.
[2]非京籍申请公租房享京籍待遇 北京居民今起可申请[N]. 北京晨报，2011-12-01.
[3]广东用异地务工人员取代农民工称谓[N]. 广州日报，2012-04-13.
[4]汪洋. 要克服"改革疲劳症"防止"精神懈怠病"[N]. 南方日报，2012-09-14.
[5]邵蓝洁. 新蓝领生存状态扫描[N]. 北京商报，2012-09-05.

甚至童工、家政用工、生产线外包工、军队用工、社会导游、职业运动员，以及国际投资中的劳务外派人员等，都亟须出台立法或政策以保障其权益，规范其劳动关系。

二、集体劳动关系及其协调规制的进展

（一）中国特色工会道路确立，基层工会民选异军突起

到2011年9月，全国基层工会共232万个，增长17.4%，其中非公有制企业工会154.3万个，增加28万个。全国工会会员25885.1万人，增长7.9%，其中农民工会员9655.7万人，占37.3%。全国职工入会率为80.6%[1]。

2012年1月，全国总工会第十五届执委会第六次会议通过了“关于学习宣传实践中国特色社会主义工会发展道路”的决议，标志着中国工会工作在指导思想和理论上的进一步明确和发展。决议认为，这一理论回答了“走什么样的工会发展道路、建设什么样的工会”这一重大时代课题，对新时期中国工会运动的认识升华到新的高度。“道路理论”主要包括以下八个方面，即坚持自觉接受党的领导；坚持工会的社会主义性质；坚持发展工人阶级先进性；坚持构建和谐劳动关系；坚持维护职工群众合法权益；坚持完善社会主义劳动法律体系；坚持推动形成国际工运新秩序；坚持以改革创新精神加强工会自身建设[2]。

在工会组建和会员发展方面，全总抓住党工共建创先争优的契机推进工会组建，在基层开展“工会组织亮牌子、工会主席亮身份”活动。山西要求企业工会主席要公布办公电话、手机号码，工会干部要全部佩戴胸卡，印发联系卡，以强化其身份职责[3]。全总总结推广了江苏乡镇街道工会实行会员代表常任制的做法，选择5省10市作为建立县以下行业工会联合会的试点，并将其作为本年度工会组建的重中之重。创造的经验有：

[1]全国总工会研究室.2011年工会组织和工会工作发展状况统计公报［J］. 工运研究，2012(11)：3.

[2]全国总工会. 中国特色社会主义工会发展道路学习读本［M］. 北京：中国工人出版社，2012.

[3]山西要求10万名工会干部公布手机号码［OL］.［2012-03-18］. 中国新闻网.

依托行业行政管理部门或行业协会、商会党组织组建行业工会联合会；对暂无行业协会、商会而行业企业又集聚明显的区域，依托行业龙头企业组建行业工会联合会；对一些特色街区、专业市场，依托社区、市场组建工会联合会；也有的依托现有的产业工会建立县以下行业工会联合会[1]。此外，按照“源头入会、委托管理、双向维权”的要求，拓宽劳务派遣工入会的途径[1]。截至今年 6 月底，非公有制企业法人建会 343.53 万家，建会率 82.73%，发展会员 9929.01 万人，职工入会率 72.95%[2]，18.08 万家外商投资企业中已有 81.2% 建立工会[3]。

深圳工会顺应工人的要求，积极稳妥地推动企业工会主席直选。以深圳欧姆电子公司为例，3 月 29 日，欧姆公司员工因对工资制度和福利待遇不满，提出加薪和提高福利等诉求，但劳资双方未能达成共识，700 余名员工罢工及静坐抗议。期间，员工认为工会并非由选举产生，不认同工会的作用，更提出改选工会的诉求。5 月 27 日，员工通过两轮直选选出了新任工会主席及核心成员，选举过程完全依民主程序、会员一人一票产生[4]。选举显示出，由于文化和城市化水平的提高，新一代工人的权利意识、平等意识、团结意识明显提升，这也成为工会直选越来越多的内因之一。对于这项来自工人压力下的新尝试，深圳工会领导也认同是今后工会改革的方向[5]。工会直选也得到了广东省省委书记汪洋的支持，他在今年 4 月视察深圳理光公司工会后要求推广“理光工会经验”，即通过民主选举产生工会组织[6]。目前，对今年到期换届的包括海量存储、百事可乐等曾经发生过劳资纠纷的 163 家企业工会，深圳市区两级工会已提前介入，按照工会法的要求，严格履行民主程序，确保将工会主席候选人的提名权、决定权交给工人。

今年是社会组织管理体制改革和创新之年。民政部通过研究、协调，

---

[1]段敦厚．在全国产业工会推动普遍建立工会组织工作汇报会上的讲话［J］．工会工作通讯，2012（5）：4.

[2]潘跃．工资集体合同覆盖职工破亿 重点推劳务派遣工入会［N］．人民日报，2012-07-19.

[3]全国总工会．明年底 95% 在华外企建工会［OL］．［2012-07-24］．人民网．

[4]深圳外企欧姆工会主席直选背后［N］．南方日报，2012-06-05.

[5]深圳推进企业工会主席直选 今年有望在 163 家企业启动［OL］．［2012-05-26］．新华网．

[6]汪洋表态支持 深圳将启动 163 家企业工会直选［OL］．［2012-05-29］．凤凰网．

在落实“统一登记、各司其职、协调配合、分级负责、依法监管”的社会组织登记管理体制上迈出了新步伐。广东省从7月1日起，各种行业协会、异地商会以及各类社会组织，不再需要挂靠主管单位，可以直接到民政部门申请登记[1]。广东省省委书记汪洋明确要求发展行业协会、异地务工人员互助组织和工青妇等枢纽型社会组织，以强化管理和服务[2]。2012年5月，广东省职工服务类社会组织联合会由广东省总工会牵头筹建，以作为职工服务类的枢纽型社会组织。联合会实行团体会员和个人会员制，由全省职工服务类的社会组织、研究机构及关心职工发展事业的专业人士组成。它以服务职工尤其是异地务工人员为出发点，以培育发展、规范引导职工服务类非政府组织（NGO）发挥作用为着力点，以构建和谐劳动关系为主线[3]，这预示着职工社会组织发展进入了一个新阶段。但与此同时，深圳的一些劳工NGO组织由于被怀疑接受国外势力的资助，正面临被打压的境地。包括“青草”、“春风”、“时代女工”、“打工者中心”等数个深圳劳工NGO，近半年来或遭到不同政府部门的审查，或被房主莫名逼迁[4]，以致引发了社会舆论和学术界的不同意见和呼吁[5]。

（二）确定构建和谐劳动关系内涵，重点推进行业集体协商

按照新任总书记习近平去年在构建和谐劳动关系经验交流会上的讲话精神及全总“中国特色工会道路”理论的解释，构建和谐劳动关系，必须正确认识我国劳动关系的性质和特点，以规范有序、公正合理、互利共赢、和谐稳定为目标，把劳动关系的建立、运行、监督、调处都纳入法制轨道[6]。

在开展工资集体协商方面，一是各级人大、政府正在建立健全相关法规制度。24个省下发了开展工资集体协商的文件，25个省制定了集体合同规定或条例，5个省颁布了地方工资集体协商条例。人力资源和社会保

[1]胡舒立，任波，蓝方．民政部长谈“结社”［OL/J］．［2012-03-26］．财新网，新世纪．

[2]汪洋．要克服“改革疲劳症”防止“精神懈怠病”［N］．南方日报，2012-09-14.

[3]广东省职工服务类社会组织联合会在广州成立［N］．广州日报，2012-05-17.

[4]张治儒：广东劳工NGO面临大整肃，政府收编和打压两手并重［OL］．［2012-06-08］．网易博客．

[5]王婧．知名学者联名声援深圳劳工NGO［OL］．［2012-09-09］．财新网．

[6]中华全国总工会关于学习宣传实践中国特色社会主义工会发展道路的决议［N］．工人日报，2012-01-09.

障部正在研究将集体合同立法纳入“十二五”立法规划。此外，六部门于2012 年 3 月联合下发《企业民主管理规定》，这是 26 年来，我国首次以规章形式全面规范以职工代表大会为基本形式的企业民主管理制度，且打破了企业所有制界限，明确非公有制企业也应实行民主管理[1]。二是各地结合实际，推进工资集体协商工作。31 个省制定了本地推进工资集体协商工作三年规划，15 个省将工资集体协商纳入政府目标考核体系，28 个省工会成立了领导小组，22 个省召开了现场会、经验交流会，13 个省将开展工资协商作为企业评模评先的先决条件，9 个省建立了定期督导检查制度。根据全总数据，到 2011 年末，工资集体合同覆盖企业达 174.2 万家，覆盖职工达 1.04 亿人，同比分别增长 56.1% 和 37.3%[2]。

针对我国非公有制中小企业数量多、单独开展集体协商难度大的现状，各地工会通过开展行业工资集体协商，以覆盖中小企业，取得了新进展。从规模层次上看，协商层级逐步提高。由最初的乡镇层面逐步提升到一些地方的地级市甚至省级层面。行业工资集体协商的规模也在逐步扩大，武汉餐饮行业集体合同覆盖近 45 万从业人员，大连机械行业集体合同覆盖了 1663 家企业辐射到 41 万行业职工，沈阳餐饮行业集体合同覆盖了 21 万餐饮行业从业人员。从辐射范围上看，覆盖行业逐步增多。各地行业工资集体协商主要集中在餐饮服务业、煤矿开采业、五金建材业等行业，同时也在向机械制造业、高端服务业等行业延伸。据统计，北京共有建筑、餐饮、家政、护工等 43 个行业开展了工资集体协商，覆盖了 828 家企业和 2.43 万名职工。从协商主体上看，探索实践灵活多样。在主体条件不具备的情况下，通过“上代下”、“上参下”等方式变通确定协商主体。从协商内容上看，突出重点渐次拓展。各地在开展工资集体协商时，普遍把劳动定额、工时工价作为协商重点，把涉及劳动者权益的事项也尽可能地纳入协商范围。从方式方法上看，协商策略技巧日趋成熟。河北唐山依照岗位、企业效益不同，采取“三三制”原则（即一线职工、技术人员、管

[1]六部门正式下发《企业民主管理规定》[OL].[2012-03-31].人民网.

[2]王玉普同志关于今年以来工会工作情况和下半年工作安排的报告[J].工会工作通讯，2012（22-23）：13-14。但人力资源和社会保障部只承认同期有 102.8 万份集体合同在劳动行政部门备案。

理人员各占1/3，经济效益好、中、差的企业各占1/3）指导各单位组成定价机构，从而确保行业协商定价内容更具代表性和普遍性[1]。总体上看，开展行业集体协商达到了提高同行业普通职工收入、大幅度减少行业内劳动争议、有效规范同行业企业竞争秩序的双赢效果。

另一方面，劳动者的自发维权，尤其在广东珠三角地区，也愈益转向使用集体谈判的方式、通过团结起来采取集体行动，锲而不舍地达到维权目的[2]。这方面较有代表性的案例首推深圳沙井黄埔冠星厂的集体谈判个案。2011 年 10 月，因诸多工人诉求未能得到协商解决，导致这家企业上千名工人爆发了长达半个月的罢工行动，此后在律师的介入和协助下，通过工人代表的集体努力，经过三轮谈判，最终达成协议，实现了维权目标。这可以说是工人用自己的行动和力量建立了集体谈判机制[3]。

三、修改《劳动合同法》，规范劳务派遣[4]

全国人大常委会将于 2012 年末完成对《劳动合同法》的修改，并将其作为落实科学发展观、构建和谐劳动关系和维护职工权益的重要措施，此举引起亿万劳动者的关注。根据全国人大 2011 年 7 月的执法检查，目前企业贯彻《劳动合同法》已成共识，守法意识明显增强，规模以上企业劳动合同签约率达到 97%。但部分劳动密集型企业签约数字偏低，特别是劳务派遣泛滥，几乎成为 2008 年金融危机以来企事业单位的主流用工模式，是当前影响劳动关系和谐和职工就业稳定的一大难题。故此，此次修法的重点便是规范劳务派遣。

（一）劳务派遣已成企业规避法律的避风港，致使劳动关系很不稳定

劳务派遣最大的特征就是将传统的“雇用”、“使用”一体型的劳资两方的雇用关系转化为劳务派遣单位、用工单位和被派遣劳动者之间的间接

[1]全总集体合同部．行业工资集体协商发展快效果好［J］．工会工作通讯，2012（9）：17-20.

[2]珠三角．劳动者集体谈判维权成潮流［N］．羊城晚报，2012-05-07.

[3]王江松．从冠星厂事件看工资集体谈判——段毅律师专访［J］．中国工人，2012（5）.

[4]乔健．怎样治疗劳务派遣这颗“毒瘤”［N］．经济参考报，2012-05-08.

雇用的三方关系，使“雇用”、“使用”发生分离。20世纪90年代末，我国为了解决国有企业下岗职工再就业问题和服务于大型国有企业的发展，劳务派遣开始兴起并在电信通讯、石油石化、银行及电力等行业泛滥使用，以致《劳动合同法》首次对其进行法律规制。

然而事与愿违，2008年《劳动合同法》的实施与企业对无固定期限合同的恐惧及突如其来的经济危机，使劳务派遣的发展势头不仅没有被遏制，反而变本加厉，成为企业应对订立无固定期限合同和延长试用期的主要手段。金融危机以来，我国大型国有企事业、外资企业使用劳务派遣工普遍扩大，是企业增量用工的主要形式。据全总估计，全国企业劳务派遣工占企业职工总数的13.1%，约3700万人。上海的劳务派遣工占调查劳动者的25%，比2007年增长了36.1%。北京市在2008年劳务派遣工只有8万人，2011年末已激增到60万人。第三产业普遍使用派遣工人，在中国移动50万员工中，劳务派遣工占到70%以上。派遣工人主要在一线工作，以农民工居多[1]。

存在的主要问题是：企业用工不规范，非“三性”岗位大量使用派遣工，不签劳动合同依然存在，工作强度大，职业安全卫生条件较差；派遣工人的同工同酬权利及在福利保障、培训、提升、加入工会等方面的权利也在不同程度上遭遇歧视和侵害[1]。总体上看，我国企事业单位使用劳务派遣的主要目的是降低人工成本和规避对职工的劳动法律义务，导致这个领域问题丛生，劳动关系极不稳定。

（二）《劳动合同法修正案（草案）》的修改内容

根据十一届全国人大常委会第二十七次会议初次审议的《劳动合同法修正案（草案）》，此次修法将在以下几个方面对劳务派遣进行规范：

1. 引入行政许可制，对派遣机构的设立增加物质条件，从严规范劳务派遣

规定设立劳务派遣单位，应当向劳动行政部门依法办理行政许可，将50万元注册资本提高到不得少于100万元，要求有符合法律规定的劳务派遣管理制度，以保证派遣机构能够独立承担法律责任，履行法律义务。

---

[1]全总劳务派遣问题课题组．当前我国劳务派遣用工现状调查［J］．中国劳动，2012（5）．

2. 界定“三性”，严格限制劳务派遣用工岗位范围

取消易生歧义的“一般”用语，明确劳务派遣“只能”在临时性、辅助性或者替代性的工作岗位上实施。并将“三性”定义为：临时性是指用工单位的工作岗位存续时间不超过六个月；辅助性是指用工单位的工作岗位为主营业务岗位提供服务；替代性是指用工单位的职工因脱产学习、休假等原因在该工作岗位上无法工作的一定期间内，可以由被派遣劳动者替代工作。

3. 维护派遣劳动者享有与用工单位的劳动者同工同酬的权利

针对用工单位对派遣劳动者与本单位劳动合同制职工实行不同的工资福利标准和分配办法，为落实同工同酬的权利，草案增加规定劳务派遣单位与被派遣劳动者订立的劳动合同以及与用工单位订立的劳务派遣协议，载明或者约定的向被派遣劳动者支付的劳动报酬应当符合同工同酬的规定。

4. 加大处罚力度

对未经许可擅自经营劳务派遣业务的，由劳动行政部门依法予以取缔，没收违法所得，并处以罚款。对劳务派遣单位和用工单位违反法律规定，情节严重的，将原来规定的以每人一千元以上五千元以下的标准处以罚款，提高到每人五千元以上一万元以下的新标准。对劳务派遣单位并可吊销其经营劳务派遣业务的行政许可[1]。

但是，也有论者认为，劳务派遣是市场对用工方式比较之后的理性选择，应继续发挥它对市场工资形成的基础作用[2]。笔者认为，首先，在当前经济增长不确定的环境下修法来规范劳务派遣，并非最优选择。搞得不好，既会对就业产生不利影响，也可能伤及法律的严肃性。通过全国总工会与国资委、中国企联共同订立一个全国性集体合同的方式来规范劳务派遣，更胜于修法。

[1]劳动合同法修正案（草案）条文［OL］.［2012-07-06］. 中国人大网，www. npc. gov. cn.
[2]周国良. 关于劳务派遣同工同酬与三性认定问题的思考［J］. 中国劳动，2012（6）：26.

结语

在经济低速增长的不利环境下，2012 年的职工状况和劳动关系似乎并未受到较大影响，而呈现出平稳发展的有利态势。如何解析这一矛盾现象呢？笔者认为，首先，劳动力市场供求关系的反转发挥了决定性的作用，甚至可以预测，它在未来一个时期仍会引领劳动者工资和其他劳动条件进入一个持续改善的上升通道。其次，构建和谐劳动关系的法规政策及劳资双方的主体努力也显现出一定效用，这两个因素共同决定了经济下行期我国劳动关系的平稳运行。

2013：迈向更高质量就业的中国职工状况

一、经济稳增长下的劳工阶层现状

（一）劳动力市场转向供求均衡有利于职工就业

2013年以来，新一届政府采取稳中求进的经济增长策略，既不放松，也不收紧银根，以此来促进就业[1]。前三季度国内生产总值386762亿元，同比增长7.7%。其中，一季度增长7.7%，二季度增长7.5%，三季度增长7.8%。从环比看，三季度国内生产总值增长2.2%[2]。

在经济较快增长的情况下，我国劳动力市场供求关系从以往的供过于求愈益向供求均衡甚至局部地区和行业求过于供转变，这也有利于促进就业。首先，是人口结构中少儿所占比重下降，老龄人口比重上升。1982—2011年，我国0～14岁人口占全国人口的比重从33.6%下降到16.6%。而2006—2011年，全国65岁及以上人口的比重从7.9上升到9.1%[3]。其次，由于生育持续保持较低水平和人口老龄化速度加快，我国15～59岁的劳动年龄人口到2011年达到峰值，2012年显现绝对值下降，说明劳动年龄人口呈现进入负增长的历史拐点[4]。同时，劳动参与率也呈现逐年下降的趋势，由2005年的76.0%降至2011年的70.8%[3]。再次，2013年市场中的劳动力供求基本平衡，与去年同期和上季度相比，市场供求人数

---

[1]李克强总理在中国工会十六大上所做的经济形势报告指出，政府关注GDP，其实就是关注就业。过去，GDP每增长1个百分点，会拉动100万人就业；现在服务业的发展，1个百分点能够拉动130万～150万人就业。引自《工人日报》，2013年11月4日。

[2]2013年前三季度我国的国民经济运行情况［OL］.［2013-10-18］. 中国政府门户网站.

[3]陈力，等. 推动实现更高质量的就业［M］//吴江. 中国人力资源发展报告（2013）. 北京：社会科学文献出版社，2013.

[4]中国劳动年龄人口多年来首次下降［OL］.［2013-01-18］. 财新网.

均有所减少，但求人倍率总体呈上升趋势。到2013年第三季度，全国100个城市的公共就业供求信息表明，用人单位招聘各类人员约564.8万人，进入市场的求职者约524.2万人，岗位空缺与求职人数的比率约为1.08，比上季度上升0.01，与去年同期相比上升0.02[1]。这意味着劳动力市场需求略大于供给，且这种发展势头在各地非常明显[2]。

故此，职工就业形势总体平顺，城镇新增就业持续增长。1—9月，城镇新增就业人数1066万，已接近完成全年1200万的就业目标。一至二季度，城镇登记失业率均为4.1%，三季度更降至4.04%，同比和环比均下降0.06个百分点。

（二）职工工资增长趋缓，居民收入增幅略低于经济增速

继2012年秋党的十八大提出努力实现居民收入增长和经济发展同步，劳动报酬增长和劳动生产率同步，提高居民收入在国民收入中的比重，提高劳动报酬在初次分配中的比重等“两个增长同步、提高两个比重”的战略部署后，2013年2月，国务院又转发了国家发展改革委、财政部和人力资源和社会保障部《关于深化收入分配制度改革的若干意见》，提出城乡居民收入倍增计划，要求到2020年实现城乡居民人均实际收入比2010年翻一番，力争中低收入者收入增长更快。同时，实现收入分配差距逐步缩小、收入分配秩序明显改善和收入分配格局趋于合理等目标。党的十八届三中全会通过的《中共中央关于全面深化改革若干重大问题的决定》（以下简称《决定》）进一步强调，要健全工资决定和正常增长机制，完善最低工资和工资支付保障制度，完善企业工资集体协商制度。努力缩小城乡、区域、行业收入分配差距，逐步形成橄榄型分配格局[3]。

2010—2012年，我国城镇非私营单位在岗职工平均工资分别达37147元、42452元、47593元，扣除物价后的实际增速分别为10.0%、8.5%、9.2%，基本与同期人均GDP增速（2010—2012年人均GDP增速分别为

---

[1] 2013年第三季度部分城市公共就业服务机构市场供求状况分析［OL］．［2013-10-17］．人力资源和社会保障部官网．

[2] 九成以上企业用工短缺 珠三角用工荒持续［OL］．［2013-07-05］．财新网；人口大省山东现用工荒 缺口近两成［OL］．［2013-08-07］．经济观察网．

[3] 中共中央关于全面深化改革若干重大问题的决定［OL］．［2013-11-15］．新华网．

9.9%、8.8%、7.3%）保持了同步增长关系[1]。到2013年三季度末，共有24个地区调整了最低工资标准，平均调增幅度为18%。目前，全国月最低工资标准最高的是上海的1620元，小时最低工资标准最高的是北京和新疆的15.2元。

然而，据国家统计局统计，今年上半年城镇居民人均可支配收入为13649元，同比名义增长9.1%；扣除价格因素实际增长6.5%，增速比一季度回落0.2个百分点[2]。前三季度，城镇居民人均可支配收入20169元，同比名义增长9.5%，扣除价格因素实际增长6.8%[3]。其中，城镇居民收入增速比同期GDP增速低0.9个百分点。据官方解释，城镇居民收入增速回落主要有两个原因：一是经济下行期企业效益有所下滑，居民工资性收入的增速在回落；二是经营性收入增长速度回落，主要是外部经济环境趋紧，企业利润下降造成的。

国家统计局自2000年公布当时的基尼系数为0.412之后，2013年初首次公布近十年全国基尼系数，其中2008—2012年由0.491的高点逐步回落到0.474，这个数据冲破了人们的心理预期，引发社会一片争议。对此，一些经济学家认为，由于农民工工资持续上升，城乡收入差距在近几年小幅回落，由此导致全国基尼系数的下降[4]。

我国收入分化的势头初步受到抑制，得益于连续上调最低工资、基本养老金，大幅提高国家扶贫标准和城乡低保补助水平，以及提高个税起征点等收入分配改革措施。尽管如此，农民工被拖欠工资仍屡禁不止，他们频繁上演跳骑马舞、扮“愤怒的小鸟”、租戏装演元芳等“中国式讨薪秀”[5]。今年9月，去年引发社会关注的汕头“12·4”纵火案宣判，因讨要工资无果而纵火的刘双云被判处死刑[6]，这个结局对他本人还是死难工友都是一个悲剧。

---

[1]苏海南，常风林．中国职工工资增长和就业质量研究［M］//吴江．中国人力资源发展报告（2013）．北京：社会科学文献出版社，2013：232.

[2]上半年人均收入增幅落后GDP增速 专家称影响倍增计划［N］．每日经济新闻，2013-07-30.

[3]2013年前三季度我国的国民经济运行情况［OL］．［2013-10-18］．中国政府门户网站．

[4]中国城乡收入比10年来最低 佐证基尼系数回落［OL］．［2013-1-23］．中国经济网．

[5]“中国式讨薪”频频上演 专家呼吁加强监管［OL］．［2013-02-02］．中国新闻网．

[6]汕头致14死纵火案凶手被判死刑 称是自己应得的［N］．南方都市报，2013-09-06.

（三）社会保险扩面征缴继续提高，但养老金替代率连降九年

在社会保险扩面征缴方面，截至9月底，城镇职工基本养老、城镇基本医疗、工伤、生育、失业五项保险参保人数分别达到31626万、56360万、19603万、16061万和16195万，比去年底分别增加1200万、2719万、593万、632万和971万。五项社会保险基金总收入合计为23198亿元，同比增长13.7%；五项社会保险基金总支出合计为19161亿元，同比增长20.6%。城乡居民社会养老保险参保人数为49030万，比去年底增加661万；基金收入1503亿元，同比增长25.2%；基金支出1067亿元，同比增长34.7%。职工和城乡居民养老保险人数合计8.06亿。

2013年1月初，国务院决定继续提高企业退休人员基本养老金水平，提高幅度按2012年企业退休人员月人均基本养老金的10%确定。为保障企业退休人员的生活，2005—2012年，国家已连续8年较大幅度调整企业退休人员基本养老金水平。2012年调整后，企业退休人员月人均养老金达到1721元，与2005年调整前月人均700元的水平相比，8年累计月人均增加1021元[1]。但数据显示，我国养老金对工资的替代率由2002年的72.9%下降到2005年的57.7%，此后一路下滑，2011年仅为50.3%[2]。

根据人力资源和社会保障部公布的企业年金数据，到二季度末，企业年金积累基金达到5366.65亿元，比2012年底的4821.04亿元增长了11.3%。在老龄化进程加快和基础养老金支付压力日趋显现的背景下，构建多层次养老保险体系迫在眉睫，但能够享受到企业年金待遇的人数仅有1957.30万[3]。总体上看，企业年金在养老保险体系中的作用依然有限。

中央全面深化改革的《决定》要求建立健全合理兼顾各类人员的社会保障待遇确定和正常调整机制，完善社会保险关系转移接续政策，扩大参保缴费覆盖面，适时适当降低社会保险费率，研究制定渐进式延迟退休年龄政策。

---

[1]国务院．继续提高企业退休人员养老金10%［OL］．［2013-01-09］．中国政府网．
[2]我国养老金占工资比重连降9年 跌破国际警戒线［OL］．［2013-11-01］．人民网．
[3]企业年金覆盖不足2000万职工 养老支撑作用有限［N］．经济参考报，2013-10-18．

（四）职业安全继续稳定好转，尘肺病蔓延引起社会广泛关注

2013 年 1—5 月，全国各类事故总起数和死亡人数同比分别下降 4.8% 和 14%[1]，职业安全继续稳定好转。但与此同时，重特大事故尚未有效遏制。前三季度，全国共发生安全生产重特大事故 41 起，其中一季度 18 起，二季度 11 起，三季度 12 起。以二季度为例，共发生火灾 2 起，井下瓦斯爆炸 5 起、透水 1 起，液化气和化学品爆炸 2 起，交通事故 1 起[2]。其中，6 月 3 日位于吉林德惠市的吉林宝源丰禽业公司发生火灾，大火共造成 121 人死亡，其中九成是女工，还有 76 人受伤。导致事故的重要原因为逃生门关闭，且工人平常缺乏火灾逃生技能和训练，很难有序逃离现场。

今年盛夏，部分地区持续高温，工人高温中暑事件频频发生。2012 年 7 月 5 日，由国家四部门制定的《防暑降温措施管理办法》正式实施，其中规定，日最高气温达到 40℃以上，应当停止当日室外露天作业；日最高气温达到 37℃以上、40℃以下时，用人单位全天安排劳动者室外露天作业时间累计不得超过 6 小时，连续作业时间不得超过国家规定，且在气温最高时段 3 小时内不得安排室外露天作业；日最高气温达到 35℃以上、37℃以下时，用人单位应当采取换班轮休等方式，缩短劳动者连续作业时间，并且不得安排室外露天作业劳动者加班。然而，从执行情况来看并不尽如人意，一些与劳动者休戚相关的“高温权益”还停留在纸面上，未能真正惠及劳动者[3]。

近年来，尘肺病已成为我国职业病的主要病种。根据尘肺病民间救助组织“大爱清尘”估计，全国有 600 万罹患尘肺病的农民工需要救助。由于多数尘肺患者无法证明与其雇主存在过劳动关系，一部分患者的原雇主已经破产、关闭或失踪，因此，他们无法通过现行法律途径获得赔偿和享有职业病待遇。故“大爱清尘”建议建立尘肺病患者国家救助制度，对全国尘肺病情况进行一次普查，厘清数据；简化尘肺病患者的权益救济程序，方便救治；由中央政府建立“尘肺病患者救助基金”，为尘肺病患者

---

[1]连发生产安全事故警示安全生产形势严峻［OL］.［2013-06-19］. 中国政府网.

[2]数据来源于国家安全生产监管总局网站。

[3]打工者中心：黑色六月，安全生产月“不安全”［OL］. 城边村网站.

提供治疗费用和基本生活保障费用。完善劳动用工制度，强制企业缴纳工伤保险[1]。

（五）劳动争议走势平稳，群体事件呈下降态势

2012年各级劳动人事争议调解组织和仲裁机构共受理劳动人事争议案件140.3万件。其中，各级仲裁机构立案受理劳动人事争议64.1万件，比上年增加8.8%，涉及劳动者88.2万人，比上年增加13.2%。集体劳动争议0.7万件，涉及劳动者23.2万人[2]。2013年1—9月，各地仲裁机构共立案处理劳动人事争议49.4万件，同比增长3.2%；涉及劳动者65万人，同比下降1.6%。仲裁结案率为89.1%，同比上升0.4个百分点[3]。劳动争议总体走势平稳，案件增幅不大，涉及人员还有所下降。

在劳动者群体性事件方面，总体亦呈下降趋势。据统计，2013年1—8月，全国信访总量比去年同期下降2.5%，规模性群体事件明显下降，其中8月下降51%[4]。根据笔者收集的76起罢工停工和其他集体维权行动的个案，其时间跨度从2013年2月春节后至10月末，涉及工人联合行动的有4月上海市嘉定区、江西省九江市等12个市、县出租车因“份子钱”过高、起步价低等原因罢驶，9月百安居39家连锁店职工罢工抗议减薪事件。就抗争事项看，讨薪及讨要加班费或要求涨工资的案件居首，有31起；涉及企业搬迁与职工经济补偿的案件是一个新动向，共15起；职工争取社会保障权益的4起；因企业并购致职工下岗失业上访的4起；职工要求改善职业安全卫生条件的2起；其他还涉及工伤补偿、劳务派遣同工不同酬以及企业管理方式引发工人不满等内容。其中，广州等地的环卫工人为提高工资待遇而停工陈情，致使垃圾堆积如山[5]。从3月28日至5月上旬持续40天的香港国际货柜公司的码头工人罢工是近年香港较有影响的工人抗争行动，经过谈判，最终以工人统一加薪9.8%而结束。7月初，山

---

[1]大爱清尘举办研讨会 推动尘肺病救助与防治［OL］.［2013-02-26］. 人民网.

[2]2012年度人力资源和社会保障事业发展统计公报［OL］.［2013-05-28］. 人力资源和社会保障部官网.

[3]人力资源和社会保障部发布会介绍三季度工作进展情况［OL］.［2013-10-25］. 中央政府门户网站.

[4]今年前八个月全国规模性群体事件明显下降［OL］.［2013-10-11］. 中国广播网.

[5]广州市市长承诺今年起提高环卫工收入［N］. 羊城晚报，2013-02-04.

东荣成固铂轮胎公司工会率领工人停工持续17天，抗议印度轮胎制造商阿波罗收购美国固铂轮胎，并要求支付被拖欠的工资[1]。这是国内企业工会第一次率领工人举行罢工，此案甚至引发了国务院主要领导的关注。9月1—2日，深圳盐田港800名塔吊龙门吊司机罢工要求涨薪，仅两天的斗争即获得1700元加薪，涨幅30%，创造了短时抗争成功的新纪录。

（六）当前职工队伍的权益保障和思想动态状况

根据国家统计局发布的2012年全国农民工监测报告[2]，2012年全国农民工总量达到26261万人，比上年增加983万人，增长3.9%。其中，外出农民工16336万人，增加473万人，增长3.0%。从农民工流向及就业地域分布看，在中西部地区务工的农民工增长较快，在长三角和珠三角地区务工的农民工总量增加，但比重下降，跨省流动农民工所占比重继续下降。

从农民工性别、年龄和教育培训情况看，男性农民工占66.4%，女性占33.6%。分年龄段看，农民工以青壮年为主，16~20岁占4.9%，21~30岁占31.9%，31~40岁占22.5%，41~50岁占25.6%，50岁以上的农民工占15.1%。其中，40岁以下农民工所占比重逐年下降，由2008年的70%下降到2012年的59.3%，农民工平均年龄也由34岁上升到37.3岁。在教育程度上，文盲占1.5%，小学文化程度占14.3%，初中文化程度占60.5%，高中文化程度占13.3%，中专及以上文化程度占10.4%。外出农民工的受教育水平高于本地农民工，农民工受教育水平又明显高于非农民工。没有参加过任何技能培训的农民工占多数，青年农民工参加农业技术培训的比例较低。

在就业方面，农民工仍以制造业、建筑业和服务业为主，从事建筑业的比重提高，从2008年的13.8%上升到18.4%，从事制造业的比重则趋于下降。在收入方面，农民工收入增速回落，2012年末，外出农民工人均月收入水平为2290元，比上年提高241元，增长11.8%，但增加额比上

[1]警惕“蛇吞象”背后的危机［N］. 工人日报，2013-07-09.

[2]国家统计局发布2012年全国农民工监测调查报告［OL］.［2013-05-27］. 中央政府门户网站.

年同期减少118元，增幅回落9.4个百分点。

从权益保障情况看，拖欠工资状况继续改善。外出受雇农民工，被雇主或单位拖欠工资的占0.5%，比上年下降了0.3个百分点。签订劳动合同状况改善不明显，外出受雇农民工与雇主或单位签订劳动合同的占43.9%，与上年基本持平。外出农民工参加社会保险的水平有所提高，雇主或单位为农民工缴纳养老保险、工伤保险、医疗保险、失业保险和生育保险的比例分别为14.3%、24%、16.9%、8.4%和6.1%，分别比上年提高0.4个、0.4个、0.2个、0.4个和0.5个百分点，但总体仍然较低。

由全国总工会主持的第七次全国职工队伍状况调查已于2012年末完成。根据先期发布的职工队伍思想动态报告[1]披露，职工队伍思想整体上呈现“四增强”、“四加重”的趋势。一是服从服务大局意识增强。近六成职工对工人社会地位的提高持肯定态度，68.6%的职工表示家庭生活水平比五年前有提高。二是立足现实拼搏向上的进取精神增强。52%的职工希望自己能成为劳动模范，认为“劳模是工人学习的榜样”的占41.6%，44.8%的职工把“实现自我价值”作为自己的人生目标，52%的职工认同“靠劳动能够过上富裕生活”的理念，不认同“重复的工作、最低的工资、围墙的管理”。三是民主法制观念增强。签订劳动合同的占94.8%，89.8%的职工对合同履约比较满意，64.3%的职工认为工会能够在为职工维权方面发挥作用，57%的职工愿意在劳资冲突时找企业工会帮助。在回答“最近一次劳动争议解决过程中采取了什么办法”的问题时，78.3%的职工表示采用了协商方式。四是社会责任感明显增强。有85.2%的职工肯定并认同雷锋精神的社会价值。

但另一方面，职工思想状况也存在“四个加重”的问题。一是超越现实急于求成的心态加重。尤以青年职工对物质追求和精神享受的目标普遍偏高，对幸福生活的愿望诉求过急过快，70.6%的职工认为“干得好不如嫁（娶）得好”，部分职工尤其是新生代农民工工作耐挫力较低，心理易失衡。二是工作生活压力感加重。48%的职工认为工作“非常累”或“比

---

[1]课题组．当前我国职工队伍思想动态情况调查报告［M］//中国工运研究所．劳动关系与工会运动研究文集（2012）．北京：中国工人出版社，2013.

较累”，尤其是30岁以下的青年职工选择比例达52.9%。66.1%的职工感觉在单位发展机会不多，69%的职工认为物价上涨对生活压力很大。三是对自身利益实现的忧虑情绪加重。调查表明，让职工最担忧的问题依次是：收入低、就业难、看病就医费用高、工作不稳定、子女教育、房价越来越高等。其中，农民工群体的焦虑感更加严重，且他们对城市的归属感最弱。四是对一些社会现象看法的不公平感加重。76.5%的职工认为现在贪污腐败现象较为普遍，49.9%的职工认为当前社会总体不太公平或很不公平，36.9%的职工认为“收入分配差距大”对社会和谐稳定的影响最为突出。

中央全面深化改革的《决定》强调要保障农民工同工同酬，推进城乡基本公共服务均等化。其中特别是推进农业转移人口市民化，逐步把符合条件的农业转移人口转为城镇居民。创新人口管理，加快户籍制度改革，全面放开建制镇和小城市落户限制，有序放开中等城市落户限制，合理确定大城市落户条件，严格控制特大城市人口规模。稳步推进城镇基本公共服务常住人口全覆盖，把进城落户农民完全纳入城镇住房和社会保障体系，在农村参加的养老保险和医疗保险规范接入城镇社保体系。

二、工会十六大继续推进中国特色社会主义工会发展道路

继2012年全国总工会十五届六次执委会做出学习宣传中国特色社会主义工会发展道路理论决议以后，2013年2月，王兆国主席在他卸任前的全总十五届七次执委会上的讲话[1]中，再次对这一理论和工会体制的一些重大问题进行深入阐述。在党和工会的关系上，工会不是自治组织，是中国共产党领导的、职工群众自愿参加的工人阶级群众组织，是人民团体。在工会直选问题上，他强调，工会主席的选举，必须坚持党的领导，必须充分发扬民主。要重视把握好候选人提名这个关键点，工会主席候选人提名，既要民主，也要科学。在工会组织团结统一的问题上，他强调中国只能搞一个工会，不能搞两个工会；决不允许出现脱离党的领导甚至反对党

[1]王兆国在全总十五届七次执委会议上的讲话［OL］.［2013-03-01］. 人民网.

的领导的所谓职工维权组织。在发挥行业工会作用的问题上，要坚持把行业工会建在县级（含县）以下，因为我国经济发展不平衡，甚至在一个省内部，发达区域和不发达区域差别也很大，如果把行业工会的层级设得太高，既不利于兼顾这种差别，也不利于从本企业实际出发维护职工利益，搞不好还可能使企业问题演变为局部问题，甚至成为全国问题，影响到职工队伍和社会稳定。在论及工会与非政府组织的关系上，他强调对于职工自发成立的公益类、慈善类、文体娱乐类、技术知识类等社会组织，工会要积极引导、支持和服务，充分发挥这些社会组织的自治作用；对于涉及职工的权益维护类、意识形态类、政治性自发社会组织，必须协助有关部门采取有力措施，坚决遏制其发展。

4月28日，习近平总书记在全总机关同全国劳动模范代表座谈时特别强调，中国特色工会道路是中国特色社会主义道路的重要组成部分，深刻反映了中国工会的性质和特点，是工会组织和工会工作始终沿着正确方向前进的重要保证。要始终坚持这条道路，不断拓展这条道路，努力使这条道路越走越宽广[1]。

在10月18—22日举行的中国工会第十六次全国代表大会上，李建国主席在工作报告中进一步指出，过去十年工会工作的最大成就，就是继续探索并坚持和丰富了中国特色工会道路。这条道路的核心是坚持自觉接受党的领导，根本是坚持工会的社会主义性质，关键是坚持维护职工群众合法权益。同时，他也坦承工会工作还存在许多不适应，主要是：服务职工、维护职工合法权益的工作，还不能完全满足职工群众的多样化需求；参与劳动关系协调、化解劳动关系矛盾的机制和能力有待于进一步健全、提升；源头参与和制度建设须不断加强，对基层的分类指导要切实改进；在基层组织快速发展的同时，一些基层工会作用发挥不够充分，凝聚力亟待提升；工会工作还存在机关化、行政化倾向，少数工会干部脱离职工群众，作风亟待改进。展望未来，他强调做到“六个必须”，即必须始终坚持工会工作正确政治方向；必须创新新形势下职工群众工作；必须倡导辛勤劳动、诚实劳动、创造性劳动；必须切实维护职工合法权益；必须弘扬

[1]习近平在同全国劳动模范代表座谈时的讲话[N]. 光明日报，2013-04-29.

社会主义法治精神；必须以改革创新精神推进工会建设[1]。本届大会的一个亮点是许振超和郭明义两位劳模当选全总兼职副主席。

工会十六大结束后，习近平又同全国总工会新一届领导班子成员集体谈话并发表重要讲话：一是强调工会工作要坚持正确政治方向。工会要永远保持自觉接受党的领导这一优良传统，坚持中国特色工会道路。二是要把广大职工充分调动起来，满怀信心投身于为实现中国梦而奋斗的火热实践，让劳动最光荣、劳动最崇高、劳动最伟大、劳动最美丽的观念蔚然成风。有些发达国家要再工业化，但其缺乏对劳动的尊重。三是保障职工群众经济、政治、文化、社会权益是我国社会主义制度的根本要求，是党和国家的神圣职责。工会要赢得职工群众信赖和支持，必须做好维护职工群众切身利益工作，促进社会公平正义。工会维权要讲全面，也要讲重点，重点就是职工群众最关心最直接最现实的利益问题，就是职工群众面临的最困难最操心最忧虑的实际问题，要抓好一线职工、农民工和困难职工三个群体的权益维护。但维权不能脱离发展阶段。四是改进工作作风，牢记党的重托，不做官老爷，增强对职工群众的感情，密切同职工群众的联系，为他们排忧解难[2]。李克强总理在为工会十六大所做的经济形势报告中也特别提及，“要完善政府和工会联席会议制度，既然是制度就要办。通过联席会议制度，可以多听工人特别是普通工人的心声”[3]。

今年以来，工会组建继续快速发展。截止到6月末，全国工会会员总数已达2.8亿，其中农民工会员总数为1.09亿；全国基层工会组织总数275.3万个，覆盖基层单位637.8万家，职工入会率达到81.1%，与2008年工会会员总数2.12亿相比，这五年平均每年净增会员1448.5万人。

在集体劳动关系协调方面，各级工会积极推进工会与同级政府联席会议制度建设，推动健全完善协调劳动关系三方机制，推进集体合同和工资专项协议签订工作，加强集体协商指导员队伍建设，加强企事业单位民主管理制度化、规范化建设，深化法律援助工作，建立劳动关系预警机制。截至2012年底，全国共30个省（区、市）建立工会与同级政府联席会议

[1]李建国在中国工会第十六次全国代表大会上的报告［OL］.［2013-10-24］. 新华网.
[2]习近平同中华全国总工会新一届领导班子集体谈话［OL］.［2013-10-23］. 新华网.
[3]李克强在中国工会十六大上的经济形势报告［N］. 工人日报，2013-11-04.

制度，23个省（区、市）的地（市）一级全部建立联席会议制度。全国多数省（区、市）小企业劳动合同签订率已达到80%。截至2013年6月底，全国共签订集体合同244.6万份，覆盖企业584.8万家，覆盖职工2.76亿人。签订工资专项集体合同130.2万份，覆盖企业324万家，覆盖职工1.5亿人。全国女职工专项集体合同签订数达到了118.7万份，覆盖企业283.4万家，覆盖女职工7903.9万人。截至2012年末，全国已建立工会的企事业单位单独建立职工代表大会制度的有404.9万多家，比2008年增加了248.1万家[1]。

2012年初，深圳市总工会确立了“民主选举产生、规范化运作、向职工群众负责”的基层工会工作思路，随后在163家到期换届企业推行了基层工会的直选，以期“把权力交给工人，让工人自己说了算”[2]。在直选程序上，强化了三方面的民主：首先是“会员代表民主产生”；其次是“工会委员民主产生”。候选人的产生完全放开，并采取自荐、互荐、组织推荐以及企业推荐等多种方式，最终由会员代表选举确定。最后是“工会主席民主产生”。工会主席及副主席候选人先由工会委员投票选举产生，候选人再通过会员代表大会进行差额选举，直至最终产生工会主席。由于实行工会直选，增强了企业工会在集体协商中的合法性、独立性和代表性，也才有了实质上的协商谈判过程，而大幅度的工资增长也使工会与会员的关系更为密切[3]。但是，这些直选工会仍然依附于企业雇主，无法完全满足和实践工人的维权要求。2013年2月，由工人直选工会主席的深圳欧姆厂部分工人竟试图罢免他们去年选出的工会主席赵绍波，引发了社会的广泛关注。3月28日，厂工会委员会就“是否启动工会主席罢免案”进行投票，最终以5票反对，2票同意，1票弃权，罢免并未通过[4]。但此案说明，新工人的成熟度和民主经验、企业雇主的态度及工会体制的痼疾都在相当程度上影响着仍然稚嫩的工会直选。

---

[1]全总宣教部部长王晓峰通报工会十六大相关情况［OL］．［2013-10-11］．中工网．

[2]把权力交给工人——深圳市总工会副主席王同信专访［J］．中国工人，2013：5．

[3]闻效仪．工会直选——广东实践的经验与教训［D］．中国人力资源开发研究会劳动关系分会第六届年会．

[4]欧姆工会“罢免门”［N］．南方都市报，2013-04-15．

三、构建中国特色和谐劳动关系的探索

继2011年8月中央举行构建和谐劳动关系经验交流会议后，我国已进入全面推进构建中国特色和谐劳动关系阶段。按照官方说法，所谓和谐劳动关系，即是劳动者和管理者在社会主义国家中都是国家主人，其根本利益一致，劳动关系矛盾属于人民内部矛盾，不具有对抗性，因此可以通过协商、协调、沟通的办法来解决[1]。

党的十八大报告第一次完整地对劳动关系工作进行阐述，将它放在了中国特色社会主义事业五位一体总体布局的重要位置。2013年以来，全面加强了劳动关系矛盾的源头治理，这即是将工作关口前移，通过劳动关系法律、体制机制和能力建设，实现矛盾治理从治标到治本、救济到防范的转变[2]。

其重点之一是以健全组织和完善职能为重点加强协调劳动关系政劳资三方机制建设。到2012年末，全国共建立各级劳动关系三方协调机制（包括地方和产业）2.4万个。我国三方机制的一项富有特色的工作是创建劳动关系和谐企业与工业园区的活动。自2006年国家三方颁行《关于开展创建劳动关系和谐企业与工业园区活动的通知》以来，各地结合近年新颁行的劳动立法和地区的经济、政治、文化特点及劳动保障工作重点，设定有地区特色的创建标准。如广州将劳动关系和谐企业分为三个等级：劳动关系守法和谐、劳动关系诚信和谐及劳动关系全面和谐；新疆标准框架与国家三方标准类似，但更为细化，每条标准都有详细说明和地方法规依据；辽宁标准有明确的数字量化，特别是强化反招聘中滥用风险押金、企业必须用工备案、工位须持证上岗、关注员工身心健康、全过程反歧视等；青海将职工教育培训纳入标准，提出重视职工素质教育；四川给予三方机制建制和缴纳社会保险费各占分值的15%，显示这两项指标占据重要位置。

---

[1]王兆国．大力发展社会主义和谐劳动关系 推动科学发展、社会和谐［M］//中华全国总工会．构建社会主义和谐劳动关系．北京：中国工人出版社，2012：5.

[2]稳中求进 开拓进取 全面推进构建中国特色和谐劳动关系［J］．中国劳动，2013（5）：6.

总体上看，这项活动是政府创新社会管理的一项引导性政策举措，对企业建章立制、规范劳动关系协调管理发挥了积极作用，在性质上属于企业自律性劳动关系，但在指标上也注意发挥劳方各主体的积极性。它注重用商业信誉和市场化措施刺激和激励企业，如北京规定，获得荣誉称号的企业和园区可免去劳动保障日常巡查和社保缴费专项审计，汇入企业诚信系统，优先推荐评先、评优等。但迄今尚未对评选效果做过扎实的调查研究，在不少地方，走形式走过场依然故我。人力资源和社会保障部正在以天津滨海新区、广东顺德为样板，以体制制度创新、机制整合和要素集成为重点建设和谐劳动关系综合试验区，推动这项工作深化。

重点之二是加强劳动争议的“大调解”机制和效能建设。国务院颁布的《国家基本公共服务体系“十二五”规划》将加强劳动人事争议调解仲裁服务体系建设列为重点任务之一。今年1月，最高法院出台《关于审理劳动争议案件适用法律若干问题的解释（四)》。6月，人力资源和社会保障部等部委发布《关于加强非公有制企业劳动争议预防调解工作的意见》，目前已有34家商会启动劳动争议预防调解工作。基层各类调解组织如企业劳动争议调解委员会、基层人民调解组织、乡镇或街道具有劳动争议调解职能的组织、事业单位人事争议调解组织的组建率也不断提高，截至6月底，全国“两网化”管理地级城市覆盖率达到65.77%[1]。同时，部门联动机制也在发挥积极作用。

从2012年情况看，各级劳动人事争议调解组织和仲裁机构共受理劳动人事争议案件140.3万件，其中调解组织受理（含仲裁机构案外调解）76.2万件[2]，连续第二年超过仲裁机构裁决劳动人事争议案件数量。

另一方面，即是在劳动关系微观领域贯彻十八大报告所提出的加强社会主义民主法治建设，注重健全民主制度和丰富民主形式，发挥法治在国家和社会管理中的作用，促进劳资双方主动参与劳动关系规制和管理，形成国家治理和劳资自治相结合的劳动关系体系格局。

---

[1]总体和谐稳定 长效机制初建［OL］．［2013-08-21］．中国劳动保障新闻网．

[2]2012年度人力资源和社会保障事业发展统计公报［OL］．［2013-05-28］．人力资源和社会保障部官网．

其重点之一是厂务公开民主管理制度建设取得新的发展。截至2012年底，在全国已建工会的企业中，有88.08%的公有制企业和85.53%的非公有制企业建立了职工代表大会制度，有84.50%的公有制企业和84.63%的非公有制企业建立了厂务公开制度[1]。在制度建设方面，2012年，中纪委等六部门联合下发了《关于进一步做好职工代表大会民主评议国有企业领导人员工作的意见》、《关于学习青岛港实行厂务公开民主管理构建和谐劳动关系经验的通知》、《企业民主管理规定》等法规文件，目前全国已有27个省出台了35个企业民主管理的地方性法规，为企业开展民主管理工作提供了政策依据。各地探索区域（行业）职代会制度、职工代表巡视制度、职工代表竞选制度等民主管理制度建设，推动此项制度融入企业经营管理制度之中。

重点之二是贯彻落实2012年12月28日新修订的《劳动合同法》，依法规制劳务派遣。该法修正案规定，将经营劳务派遣业务的注册资本提高到“不得少于人民币二百万元”，且必须“向劳动行政部门依法申请行政许可。未经许可，任何单位和个人不得经营劳务派遣业务”。此次修改的重点是同工同酬，增加了“用工单位应当按照同工同酬原则，对被派遣劳动者与本单位同类岗位的劳动者实行相同的劳动报酬分配办法”的规定。对于“三性”岗位，修改特别强调：“劳动合同用工是我国的企业基本用工形式。劳务派遣用工是补充形式，只能在临时性、辅助性或者替代性的工作岗位上实施”，并明确界定“临时性工作岗位是指存续时间不超过六个月的岗位；辅助性工作岗位是指为主营业务岗位提供服务的非主营业务岗位；替代性工作岗位是指用工单位的劳动者因脱产学习、休假等原因无法工作的一定期间内，可以由其他劳动者替代工作的岗位”。修正案还要求，“用工单位应当严格控制劳务派遣用工数量，不得超过其用工总量的一定比例，具体比例由国务院劳动行政部门规定”[2]。

《劳动合同法》修正案已于今年7月1日施行。按照人力资源和社会

---

[1]陈豪．努力开创厂务公开民主管理工作新局面［N］．工人日报，2013-10-12.

[2]《劳务派遣若干规定（征求意见稿）》提出，用工单位在辅助性岗位使用的被派遣劳动者数量不得超过用工总量的10%。

保障部的部署，除出台劳务派遣行政许可办法外，还应颁行《劳务派遣若干规定》，以增强法律的操作性。并全面开展规范劳务派遣专项行动，建立健全业务行政许可和定期报告情况等长效监管机制，同时做好法律宣传和企业用工整改工作。但临近年末，《劳务派遣若干规定》仍未出台，多数劳务派遣企业和用工单位仍在观望和拖延等待，员工因怕失去工作，运用法律维权的案例很少[1]，劳动保障执法有待进一步加大力度。

结语

2013年在经济稳健增长和中国特色和谐劳动关系体制机制不断健全完善的背景下，职工状况和劳动关系呈现出少有的“平安无事”，但职工队伍对更高质量就业和体面劳动的追求与经济结构调整、企业增本减利的矛盾愈加突出。随着中国特色和谐劳动关系体制和中国特色社会主义工会发展道路的确立及其内涵愈加清晰，我国已形成市场经济条件下的坚持系统治理、加强党委领导、发挥政府主导作用与劳资自主协调相结合的劳动关系调整模式，且这一模式的国家集权程度更高，国家主义色彩更浓厚，劳资代表组织亦具有国家统合主义的特征，其目标不仅要争取各自代表群体的利益，更要引领职工队伍参与全面深化改革，实现“中国梦”的国家目标。

[1]劳务派遣诉讼几乎为零：维权怕丢工作［N］. 沂蒙晚报，2013-08-30.

2014：经济新常态下的中国劳动关系

一、经济增长新常态下的劳工阶层现状

（一）经济下行并未对职工就业产生重大影响

“新常态”一词最初用于形容金融危机之后经济恢复的缓慢而痛苦的过程。2014 年 5 月，习近平主席在调研视察时，第一次使用新常态概念。他指出，中国发展仍处于重要战略机遇期，要从当前中国经济发展的阶段性特征出发，适应新常态。新常态在经济领域主要表现在：增速换挡、结构调整、政策转型。

2014 年以来，由于国际市场复苏艰难，国内去产能化、反腐败、治理环境污染及房地产业调控，使中国经济下行压力陡然增大。第三季度 GDP 增长减速为 7.3%，前三季度 GDP 增长平均为 7.4%[1]。但即使在这种经济新常态下，职工就业不降反增。1—9 月，全国城镇新增就业 1082 万人，同比增加 16 万人，提前完成了 1000 万人的全年就业目标。到二季度末，城镇登记失业率为 4.08%，三季度在经济增速趋缓的情况下反降至 4.07%，环比下降 0.01 个百分点[2]。1—8 月，31 个大中城市调查失业率保持在 5% 左右[3]。

为什么会出现经济增速放缓就业反而向好的局面呢？官方认为是以下因素共同作用的结果。第一，经济仍能保持中高速的增长，而现在 GDP 基数和以前大不一样，2013 年 GDP 总量是 56.88 万亿，因此 GDP 每增长 1

[1]统计局．三季度 GDP 同比增长 7.3% ［OL］．［2014-10-21］．国家统计局网站．

[2]人力资源和社会保障部．2014 年第三季度新闻发布会［OL］．［2014-10-24］．中国网．

[3]李克强夏季达沃斯论坛上致辞［OL］．［2014-09-11］．新华网．

个点所能带动的就业数量也比以往更多。第二，经济结构不断优化，其中带动就业能力最强的服务业占比在不断提高，2013年服务业增加值是26.2万亿，增加值比重达到46.1%，首次超过了第二产业，2014年前三季度进一步上升到46.7%。第三，简政放权促进企业注册。2014年以来，国家实施注册资本登记制度改革，减少行政审批，创造了个体私营经济蓬勃发展的局面。1—8月，新登记注册市场主体800多万户，3—8月，新登记注册的企业同比增长了61%，出现“井喷式”增长。第四，政府抓住大学毕业生就业这一重点，加强就业服务，推动实施大学生创业引领计划，使“史上最多”的727万应届毕业生的就业季平稳度过。

但更重要的是，中国的人口结构和劳动力市场供求关系在近两年的实质性变化，是导致经济对就业的承载能力加强的主要原因。2012年，统计局第一次公布15～59岁劳动力资源的数量，2012年净减少345万人。2013年将口径改成16～59岁的劳动力资源数量，全年减少244万人[1]。2014年以来，劳动力资源数量受人口结构变动的影响继续减少。这种变化和转折带来的直接后果是：劳动力市场总体上由供过于求向供求均衡甚至部分区域和行业出现求过于供转变，以致就业压力有所缓解。根据2014年三季度中国人力资源市场信息监测中心对全国102个城市劳动力市场供求的观测，总体上劳动力市场供求平衡。从供求关系看，进入市场的求职人员近509万人，用人单位招聘各类人员约554万人，岗位空缺与求职人数之比约为1.09，环比虽下降0.02，但同比上升0.01。各区域市场劳动力需求均略大于供给[2]。

（二）职工工资温和上升，国企高管薪酬将受控制

由于经济增速下滑，本年度的收入分配政策较为矛盾纠结。一方面，政府仍坚持“深改”决定关于健全工资决定和正常增长机制、完善企业工资集体协商制度、完善最低工资和工资支付保障制度的提法；另一方面，高层亦希望收窄最低工资标准、工资指导线的上调幅度，以利经济增长。

---

[1]盛来运．经济运行对就业承载能力在加强［OL］．［2014-10-21］．国家统计局网站．

[2]2014年第三季度部分城市公共就业服务机构市场供求状况［OL］．［2014-11-02］．人力资源和社会保障部官网．

“深改”决定也不再坚持党的十八大关于“更高质量的就业”的提法，以体现为职工维权要“尽力而为、量力而行，不随意许愿，不吊胃口”的意图。作为反腐和改革的重要举措，在8月举行的“深改小组”第四次会议特别强调要控制大型国有企业的高管薪酬和职务消费。此次会议审议了《中央管理企业主要负责人薪酬制度改革方案》等文件，也寄望从制度和政策层面约束国企高管薪酬[1]。

在此种背景下，职工工资呈温和上升态势。2014年前三季度全国城镇居民人均可支配收入22044元，扣除价格因素同比实际增长6.9%，比同期GDP增速低0.5个百分点。工资性收入8606元，同比实际增长9.8%。到9月末，农村外出务工劳动力17561万人，月均收入2797元，同比实际增长10.0%。到8月末，2014年上调最低工资标准的地区已有17个。其中，上海月最低工资标准（1820元）和小时最低工资标准（17元）均为全国最高，且上海标准是剔除了“五险一金”后的净收入，力度颇大。但总体看，2014年最低工资标准的平均涨幅较往年有所下降，17个地区的平均增幅为13.35%，比2013年末的平均增幅17%降低了3.65个百分点。学者认为，最低工资仍有上调空间[2]。因为依照《关于深化收入分配制度改革的若干意见》，2015年多数地区最低工资标准要达到当地社会平均工资的40%以上，但迄今为止，全国各地均未达到这一目标。以上海为例，其2013年职工月平均工资为5036元，依此计算，最低工资标准与社会平均工资之比仅为36.1%。与最低工资趋势相仿，在已发布企业工资指导线的21个省中，基准线平均为12.4%，多地工资指导线同比涨幅出现下调[3]。

针对中央管理企业负责人薪酬结构不尽合理、薪酬监管体制不够健全等问题，8月末中央政治局通过了央企负责人薪酬制度改革的方案。根据国资委资料，其所属央企高管平均薪酬与央企职工平均工资的倍数，在2002年为9.85倍，到2010年扩大到13.39倍，之后趋于平缓。此次基本

---

[1]央企负责人平均年薪超65万 过高收入将调整［N］．京华时报，2014-08-19.

[2]熊丽．最低工资标准仍有上调空间［N］．经济日报，2014-04-06.

[3]工资性收入仍将温和上涨［N］．经济日报，2014-07-03；李金磊．21省份公布2014年工资指导线 平均涨幅下调［OL］．［2014-10-10］．中国新闻网．

年薪将根据上年度央企在岗职工年平均工资的8倍确定。2013年，上市公司拿年薪的83位央企董事长平均年薪为84.63万元，高于2013年中国沪深上市公司主要负责人平均薪酬水平76.3万元[1]。改革后，估计多数央企负责人的薪酬水平将会下降，有的降幅还会较大。

此外，由于经济增幅下滑，经济结构调整力度加大，下半年各个领域拖欠工人工资的情形在增多。7月，最高法院公布了8起恶意欠薪典型案例，其中首次公布的两起因欠薪入罪的案例备受关注[2]。由于房地产行业低迷，拖欠工资案件仍主要发生在工程建设领域。同时，劳动密集型加工制造、餐饮服务等行业特别是中小企业拖欠工资问题明显增多。

（三）社会保险扩面征缴稳步推进，员工的社保诉求明显提高

职工社会保险扩面征缴工作继续推进。到9月末，基本养老、基本医疗、失业、工伤、生育等社会保险参保人数分别为83048万人（其中职工养老保险33255万人，居民养老保险49793万人）、58935万人、16796万人、20380万人、16817万人，较2013年末又有不同程度提高。社会保险基金总收入合计为28043.5亿元，同比增长13.5%[3]。而且，职工的社会保险待遇水平也稳步提高。24个省提高了城乡居民基本养老保险基础养老金标准，本年度企业退休人员基本养老金水平又提高10%，并适当倾斜照顾特殊困难群体，7411万企业退休人员因此受益。企业退休人员的月均养老金从2005年的714元，提高到2014年的2000元左右。

当前社会保障领域的主要问题有：一是企业与机关事业单位退休人员养老金“双轨制”致使养老金差距较大的矛盾突显。尽管《事业单位人事管理条例》已于7月实施，但并未立即推进事业单位社会保险的市场化改革；二是灵活就业人员与农民工参保率较低，已经参保的断保现象较严重；三是中西部地区城镇基本养老保险基金入不敷出，需要依靠财政资金来弥补收支缺口；四是用人单位社保费率特别是养老保险费率偏高，使小微企业难以承受；五是法定退休年龄偏低，特别是女职工退休年龄过低，

[1]人社部副部长详解央企薪酬改革：72家先试 基本年薪与职工平均工资挂钩［OL］.［2014-09-03］. 观察者网.

[2]李小彤. 整治恶意欠薪：惩罚并非最终目标［N］. 中国劳动保障报，2014-07-29.

[3]人力资源和社会保障部2014年第三季度新闻发布会［OL］.［2014-10-24］. 中国网.

且提前退休者较多，企业职工平均退休年龄仅为54岁，享受养老保险待遇的缴费年限也较低，使养老保险基金负担过重。

仍有相当多的职工不在社保覆盖范围内。如根据人社部和中国就业促进会对网店直接就业状况的调查显示，962.47万人通过网店直接就业，其中75.6%的网店员工没有参加任何社会保险[1]。同时，工人也将维权诉求转向社会保险。4月，东莞裕元鞋厂4万多名工人罢工，要求资方补缴社会保险费。从那时起，不少工人集体行动诉求与此密切相关。

（四）职业安全总体稳定好转，以人为本催生安全生产新法

1—10月，全国各类事故总量和事故死亡人数同比分别下降2.6%和8.8%，较大事故实现了由升转降，重特大事故同比减少12起，下降25.6%。特别是煤矿，已经连续19个月没有发生特别重大事故，煤炭百万吨死亡率已经降到0.25，安全生产的其他指标也好于2013年同期[2]。

但是，安全生产形势依然严峻，反映在三季度的3起特别重大事故，尤以8月2日江苏昆山中荣金属制品公司的粉尘爆炸，造成75人死亡和185人重伤的空前安全事故，暴露出职业安全监管的巨大漏洞。其中，新进厂的工人竟然没有接受过任何安全培训，也没有任何人曾提到过安全生产[3]，令人触目惊心。

另据国家卫生和计划生育委员会通报，2013年全国共报告职业病26393例，主要分布在煤炭、有色金属、机械和建筑行业，占报告总数的73.53%。全年报告23152例尘肺病新病例，同比减少1054例。其中，煤工尘肺和硅肺分别为13955例和8095例。尘肺病病例数占2013年职业病总病例数的87.72%[4]。

为贯彻以人为本、安全第一的理念，十二届全国人大第十次会议于8月31日通过了《安全生产法》（修正案）。此次修法涉及原法97条中的63条，占65%，内容丰富广泛。其特点有：一是确立以人为本、安全发展的

[1]人社部调查显示个人网店员工七成无社保［N］. 人民日报，2014-03-28.

[2]国新办就前三季度安全生产形势及新《安全生产法》有关情况举行发布会［OL］.［2014-11-04］. 中国网.

[3]昆山粉爆细节：亲历者称上工前没职安培训［N］. 新京报，2014-08-04.

[4]关于2013年职业病防治工作情况的通报［OL］.［2014-06-30］. 国家卫生和计划生育委员会官网.

指导原则。守住发展决不能以牺牲生命为代价的底线，建立生产经营单位负责、职工参与、政府监管、行业自律和社会监督机制。二是进一步强化落实生产经营单位的主体责任。三是落实“三个必须”（管业务必须管安全、管行业必须管安全、管生产经营必须管安全），明确政府安全监管定位和加强基层执法力量。赋予安全监管部门依法开展行政执法的法律地位。四是进一步强化安全生产责任追究。加大了生产经营单位、主要负责人和安全监管人员的责任追究和处罚力度[1]。

（五）劳动争议稳中有增，群体事件涨势迅猛

2013年各级劳动人事争议调解组织和仲裁机构共处理争议149.7万件，同比下降0.8%[2]。但2014年以来，进入处理程序的争议案件稳中有增。上半年，全国各地仲裁机构共受理劳动人事争议案件33.7万件，涉及劳动者人数46.1万人。前三个季度，共受理案件52.2万件，涉及劳动者72.1万人，同比分别增加5.6%和11.1%，共审结48.7万件，同比增加3.7%[3]。

伴随着经济增速下滑和结构调整力度加大，劳动者群体性事件数量在前两年领先各类群体性事件的基础上，2014年又有迅猛增长，上半年仅工会系统参与处置或掌握的就有2000多件。在从2014年2月21日到11月7日的132件工人集体行动案件中，从案件性质看，占第一位的是有关工资的案件，共64件。其中，讨薪37件，主要集中在建筑、服装、电子等行业；涉及企业降薪、克扣工资的15件；要求涨薪的有10件；涉及同工同酬和加班费的各1件。占第二位的是企业结构重组的案件，共26件。其中，涉及企业裁员和经济补偿金的有17件；涉及企业搬迁的5件；企业关闭的3件；变更劳动合同的1件。占第三位的是来自9个地区的出租车司机因运营权被收回、黑车过多等原因停工罢驶的案件，共30件。占第四位的是员工争取保险福利的案件，共21件。其中社会保险17件，企业福利

[1]全国人大常委会关于修改《中华人民共和国安全生产法》的决定［OL］．［2014-09-02］．中国政府网．

[2]2013年度人力资源和社会保障事业发展统计公报［OL］．［2014-05-28］．人力资源和社会保障部官网．

[3]人力资源和社会保障部2014年第三季度新闻发布会［OL］．［2014-10-24］．中国网．

4 件。还有一些地区教师因工资、养老保险权益、学校搬迁发起大规模罢课抗议。在案件的地域分布上，广东（33 件）、上海（14 件）、河南（11 件）、河北（8 件）、浙江（6 件）、山西（6 件）排在前 6 位。广东企业出现的罢工数量仍居高不下，而一些内陆省份的群体性事件亦引人注目。

再从涉及劳动者人数来看，其规模越来越大。101 ~ 500 人的最多，有 51 件；其次是 1001 ~ 5000 人的，有 43 件；5001 ~ 10000 人的有 7 件，甚至 1 万人以上的也有两件。值得注意的是，在这些案件中，卷入员工被行政拘留或刑事拘留的有 34 件，占案件总量的 1/4，说明劳动争议案件正在向治安刑事案件转化的趋势。

（六）农民工的职业技能、权益保障和城镇化：进展与困境并存

据国家统计局监测调查，全国农民工总量 2013 年达 2.69 亿人，同比增加 633 万人，增长 2.4%；其中 1.66 亿为外出农民工，同比增加 274 万人，增长 1.7%[1]。各部门、各地区 2013 年共培训农民工约 900 万人次，并增强了职业技能培训的针对性、有效性。调查显示，接受过技能培训的农民工占 32.7%，同比提高 1.9 个百分点。各年龄段农民工受训比例均有提高。但是，根据扬州大学一项关于长三角地区农民工继续教育状况的调查，44% 的农民工不愿意参加职业培训，其中 70% 的理由是：没时间、没机会、经济困难。调查发现，在城市工作境况不佳引发生存焦虑，是新生代农民工不愿培训的根本原因。农民工并认为，单位出于生产需要让他们受训，但培训后并没有给予相应的激励方式如加薪、晋升等，所以培训是单位在工作时间外强加给自己的[2]。

2013 年外出农民工月平均收入 2609 元，比 2012 年增加 319 元，增长 13.9%。农民工参加城镇职工基本养老保险 4895 万人、医疗保险 5018 万人、工伤保险 7266 万人、失业保险 3740 万人，比 2012 年末分别增加 7.7%、0.4%、13.0%、38.4%。但是，外出农民工与雇主签订劳动合同的比重为 41.3%，比上年下降 2.6 个百分点；被拖欠工资的比重为 0.8%，比 2012 年上升 0.3 个百分点；外出农民工年从业时间平均为 9.9 个月，月

[1] 2013 年全国农民工监测调查报告 [OL]. [2014-05-12]. 国家统计局官网.
[2] 张晨. 半数新生代农民工不愿参加职业培训等继续教育 [N]. 新华日报，2013-06-14.

从业时间平均为25.2天，日从业时间平均为8.8个小时。与2012年相比，超时工作农民工所占比重上升。由于经济结构调整力度加大，2014年拖欠农民工工资的案例超过往年，由此引发的集体行动明显增加。

2014年以来，农民工在城镇落户、子女教育、住房保障、医疗卫生、计划生育等享受城镇基本公共服务方面亦取得新进展。江苏、陕西等18个省制定相关实施意见，让符合条件的农业转移人口逐步在城镇落户。随迁子女义务教育被各地纳入教育发展规划和财政保障，在义务教育阶段实现了农民工随迁子女中80%以上在输入地公办学校就读的目标，河北等12个省的4440名随迁子女在输入地参加高考。此外，全国农民工计划生育免费服务综合覆盖率达到84.5%。地级以上城市将稳定就业的农民工纳入当地住房保障范围。2014年7月，《国务院关于进一步推进户籍制度改革的意见》发布，要求促进有能力在城镇稳定就业和生活的常住人口有序市民化，稳步推进常住人口的城镇基本公共服务全覆盖。与此同时，北京为控制城市规模，要求以业控人，淘汰吸纳流动人口过多的产业；通过以房管人，加大拆除违建设施的力度，对出租房屋规范化管理，集中整治群租房和地下空间。北京还在2014年“幼升小”“小升初”的入学要求中明显收紧外来民工子女入学条件，引发了农民工的抗议[1]。

二、集体劳动关系协调和劳务派遣规制的进展

（一）全总推进民主直选基层工会主席

经数月调研，全国总工会于2014年7月发布《关于新形势下加强基层工会建设的意见》[2]（以下简称《意见》），以作为贯彻中央“深改”决定的政策措施。这份意见以工会现存问题为导向，注重解决实际问题和工会组织的规范化建设，以提高工会工作绩效为目标。在促进工会规范化建设方面，意见不乏亮点，如对建设“六有”工会提出了规范要求；乡镇总工会和行业工会要有专人；创办职工帮扶服务中心，打造基层服务型工会，推行会员普惠制；探索向职工服务类社会组织购买服务，推进项目

[1]北京“幼升小”政策频繁变动 非京籍孩子有学难上［OL］.［2014-05-20］. 国能网.

[2]中华全国总工会关于新形势下加强基层工会建设的意见［N］. 工人日报，2014-08-01.

制、订单式、社会化服务；推动基层工会主席享受同级党政副职待遇；发生集体争议时，基层工会主席应第一时间了解情况并向上级工会报告，上级工会要加强“上代下”维权；上级工会通过转移支付、项目化管理等方式，把经费向基层工会倾斜；探索实行财务集中管理、分户核算的“上代下”会计核算模式；加强县以下行业工会联合会建设等。全总还发布基层组织建设工作规划（2014—2018），对工会覆盖率、职工入会率、基层组织规范化、建家达标率提出具体指标要求。

《意见》最大的亮点是对全会提出“推进基层工会主席民主直选产生”。要求在同级党组织和上级工会的领导下，充分发扬民主，依法依规推进基层工会民主选举。按照积极稳妥、确保质量的要求，扎实推进基层工会主席（副主席）由会员大会或者会员代表大会直接选举产生。并积极争取公益性岗位，运用市场化、社会化方式聘用社会化工会工作者。此举对加强工会组织存在的必要性、合法性，加强职工会员与工会的联系，可谓意义深远。

2014 年以来，民主直选基层工会主席已推向全国。在率先进行的广东，实行直选工会主席的企业约 5000 家，占全省基层工会委员会的 2%，共有 1299 名职业化、社会化工会工作者[1]。省工会将开展民主选举试点，重点在新建企业工会、到期换届工会和发生过重大劳资纠纷企业工会推进民主选举，并计划在 5 年内实现全省企业工会普遍民主选举产生。辽宁所属沈阳、大连等 14 个市已进行非公企业工会主席直选试点，为大力推行这一制度，《辽宁省基层工会直接选举工会主席暂行办法》于 7 月颁布，其对候选人的产生方式规定，可由“会员推荐”“组织推荐”“会员自荐”“会员联名推荐”；工会主席候选人应不少于两人，也可不设候选人；提名推荐候选人数较多时，可通过会员（代表）大会进行预选，确定候选人[2]。在河北巨鹿县，开展企业工会主席直选已有 10 年，全县有 40 多家骨干民营企业通过民主直选的方式选举工会主席，全县工会入会率达

[1] 广东企业工会试点民主选举［N］. 羊城晚报，2014-07-01.
[2] 辽宁省总大力推行基层工会主席直选［N］. 工人日报，2014-07-29.

90%。由于直选工会得到职工的认可，普遍表现活跃[1]。

5月，沈阳市工会还出台了关于加强市级产业工会工作的意见，规定市级产业工会要与县（区）级行业工会实行“一体化工作”制度，建立起纵向到底、横向到边的大产业工会工作体系，并与行业、企业协会形成互动机制[2]。在全总内部，也对全会的组织体制是否要进行此类改革有过热烈讨论和激烈交锋。

（二）集体协商的重点转向行业协商

到2013年末，全国共签订集体合同242万份，涵盖企业632万家；签订工资专项集体合同130万份，涵盖企业365万家，职工1.6亿人[3]。但过往三年，集体合同“彩虹计划”在实施过程中也暴露了一些突出问题，如协商主体缺失，行业工会和行业协会建设均滞后于行业集体协商发展需要；企业不愿谈，职工不会谈、不敢谈；即使劳资谈了，也往往流于形式，集体合同质量不高、实效性不强等。

尽管受到经济增速下行的影响，国家协调劳动关系三方会议仍决定，从2014年至2016年实施新的集体合同攻坚计划[4]。其内容包括：首先，加大力度推进行业集体协商。将行业集体协商作为深入推进集体合同制度建设的重点形式和主攻方向。其中，在县级以下区域内要大力推进建筑业、采矿业、餐饮服务业、服装制造业等劳动密集型行业开展集体协商，重点就行业最低工资标准、劳动定额、主要工种计件单价及工资调整幅度等事项签订行业集体合同。将行业集体协商逐步向知识密集型产业、新兴产业拓展。具备条件的地区，继续稳妥探索在县级以上区域内开展行业集体协商工作。凡开展行业协商的，由行业工会向行业性雇主组织或直接向代表性企业提出协商要约。

其次，大力推进集体协商主体的建设。在中小企业集中的乡镇、街道和工业园区，加快组建行业工会，创新及强化基层工会干部职业化、社会

[1]工会主席直选：民主与法制的践行［N］. 河北工人报，2014-10-20.
[2]沈阳构建“大产业工会”格局［N］. 工人日报，2014-08-14.
[3]陈荣书同志在全国工会行业集体协商培训班上的讲话［J］. 工会工作通讯，2014（8）：8.
[4]关于推进实施集体合同制度攻坚计划的通知［OL］.［2014-04-14］. 人力资源和社会保障部官网.

化。通过健全制度机制、明确救济渠道和措施，加大对基层工会干部和职工方协商代表合法权益的保护。培育雇主行业集体协商主体，加强县级以下行业协会、商会建设。对工会、职工代表、企业负责人及相关人员强化培训，培训模式注重将集体协商法律法规、策略技巧等理论培训与模拟协商、案例分析、现场观摩等实务操作学习相结合，提高协商代表的协商能力和政策水平。

为贯彻集体合同攻坚计划，全总召开了全国工会集体协商工作会议，部署落实《中华全国总工会深化集体协商工作规划（2014—2018 年）》。其总体目标是增强集体合同实效，提升集体协商质量。

另一个引人注目的现象是，近年集体协商的地方性立法步伐加快。截至 2014 年 9 月，已有 28 个省出台了集体协商地方性法规或政府规章，广东、湖北、天津、河北、江西等 10 个省及部分城市人大颁布或修订了工资集体协商条例[1]。这些立法尝试不仅为工作实践提供了可靠的法律依据，也为国家层面出台集体合同法提供了重要的立法参考。以 9 月新近修订的《广东省企业集体合同条例》为例，其主要特点是增强了工资协商的操作性，条例在协商的具体内容、方式、程序、争议处理等方面都较以往有更详尽的规定[2]。

（三）规范劳务派遣初见成效

继 2013 年 7 月《劳动合同法》修正案实施后，人社部《劳务派遣暂行规定》又于 2014 年 3 月施行。该规章对劳务派遣做了进一步规定：一是规定用工单位使用被派遣劳动者数量不得超过其用工总量的 10%。二是明确辅助性岗位的确定程序。用工单位确定可使用被派遣劳动者的辅助性岗位，应当经职工讨论，提出方案和意见，与工会或者职工代表平等协商确定，并在用工单位内公示。三是规定跨地区派遣劳动者的，应当在用工单位所在地为劳动者参加社会保险。四是禁止“假外包真派遣”。规定用人单位以承揽、外包等名义，按劳务派遣用工形式使用劳动者的，依法严肃

[1] 王羚．集体协商三年成绩单［N］．第一财经日报，2014-10-30.
[2] 广东公布新修订的《企业集体合同条例》［N］．工人日报，2014-09-30.

处理。五是设置两年过渡期[1]。

新法新规实施以来，劳务派遣出现了一些新特点：一是为维持低人工成本，企业呈现多样化用工的变化。面对新规10%的硬性规定，企业的应对策略大体分为五个方面，即辞退一批、留用一批、外包一批、转正一批、非全日制化一批，还有的企业以使用实习学生来填充劳务工减少的空缺。二是派遣用工人数明显减少。根据FESCO的调查，在使用劳务派遣的企业中，近七成企业的派遣用工比例已低于10%[2]。根据年报资料，2011—2013年末，四大专业银行的劳务派遣工总量从17.29万人下降到14.26万人。三是劳务派遣转业务外包，以此维持较低运营成本。企业通过将人力资源流程外包，把琐碎、重复或专业的工作交由服务商完成。根据FESCO的调查，有35.8%的企业选择业务外包，是企业应对新法规制的首选策略，尤以国有企业与合资企业更倾向于将派遣转为外包。2013年下半年，东莞企业与东莞人力资源公司开始转变合作方式，并以人力资源外包作为首选方式[3]。四是尽管人工成本会有增加，仍有部分企业将劳务派遣工转为直接用工。如中国银行率先垂范，采取不设门槛、将派遣转为直雇的方式，使派遣用工比例从20%一举降到2%。但派遣转直雇并非雇主的主要选择，其所占比例较低。此外，还有一些地区的政府部门和事业单位计划使用“公益性岗位”来代替、填补超出劳务派遣10%部分的空缺。

总体上看，劳务派遣用工的规模和比例有明显下降，且没有对就业造成重大影响，也没有酿成大规模的集体争议事件。曾有媒体报道，中国移动山东、福建、山西等省公司酝酿进行大规模裁员，且中国电信、中国联通也有相应的裁员计划[4]。其后立即被运营商齐声否认[5]，贵州、安徽、河南、广东移动正在根据劳务工的绩效考核表现，制定通过考试转正

---

[1]贯彻落实《劳务派遣暂行规定》维护职工权益 构建和谐劳动关系［J］. 中国工运，2014（3）.

[2]七成企业派遣用工比例低于10% 人力资源流程外包需求量将增加——FESCO发布新法实施对企业用工影响的调研报告［OL］.［2013-10-29］. 搜狐网教育频道.

[3]莞企提前规避10%比例红线［N］. 信息时报，2014-03-26.

[4]中移动大规模裁撤劳务派遣员工：涉及近30万人［N］. 21世纪经济报道，2014-08-19.

[5]三大运营商否认大量裁劳务工 涉30万无可能［OL］.［2014-08-20］. 新浪网科技频道.

的计划。且三大运营商陆续对劳务工实行“同工同酬”，同岗位劳务工与合同工的工资福利已基本一致，但保险、年金仍有差距[1]。据调查，从劳动合同法修正案实施到2014年7月这一年来，北京海淀区、四川成都市、河北廊坊市三地劳动人事争议仲裁院受理的劳务派遣争议案件，每月平均立案数量分别占案件总数的2.2%、7%和3%，劳务派遣案件在数量和内容上变化不大。劳务派遣案件数量在所有案件中只是很小部分，且内容主要集中在由于签订或解除劳动合同所产生的补偿赔偿，以及基本工资和福利待遇的确定等方面[2]，并没有涉及新法新规的诉求。

三、经济结构调整中的劳动者权益保障

（一）结构调整引发劳动者抗争的基本状况

过去一年，由于市场和政策因素的影响，中国经济结构、产业结构的调整力度逐步加大，导致企业改制、搬迁、股权变更、转型中的裁员、经济补偿和赔偿等劳动者权益保障问题日益突出，也引发了诸多劳动者群体事件，严重影响着社会稳定。

首先，这一波经济结构调整源于国际资本的调整布局。由于中国经济增速趋缓，人工及其他成本推高，而美国逐步退出量化宽松政策，制造业出现了新一轮产业转移的趋势。其中高端制造业开始回流欧美，低端产业向东南亚转移，中国一些地区和行业出现外资撤离的苗头。2013年，中国制造业实际使用外资同比下降6.78%，广东制造业实际吸收外资也下降了2.05%。其中，日企对中国的投资同比减少17.7%，对东盟投资则有所加强，是中国的2.6倍[3]。韩企也大批撤离中国，“山东每年减少500家”[4]。美国咨询机构认为，在五年内，很多美国在华企业将会达到忍耐的“临界点”，从而把制造产业转回美国本土和墨西哥。

---

[1]中移动大范围调整劳务工 部分可获转正［N］. 21世纪经济报道，2014-11-18.

[2]张潇鸿，等. 劳动合同法（修正案）》实施背景下劳务派遣的变化与特点研究［J］. 2014（11）.

[3]外企乍现“隐性撤离”［N］. 经济参考报，2014-10-20.

[4]韩国贸易机构称韩企大批撤离中国，“山东每年减少500家”［OL］.［2014-11-17］. 澎湃新闻.

在这种背景下，许多外资企业竞相展开裁员和企业关闭、转移的浪潮，引发员工的不满和抗议。其中比较有代表性的有：3 月，IBM 深圳工厂的 1000 多名工人，抗议 IBM 在被联想收购后给予员工的补偿条件过低。百事可乐长春、哈尔滨、西安、兰州、新疆等多地员工罢工，抗议公司非法裁员、降薪、削减福利。7 月，微软宣布，将在今后一年削减 1.8 万个工作岗位。其中，约 1.25 万被裁员工来自刚刚并购的诺基亚设备与服务部门。这直接影响到北京、天津和东莞的企业员工。8 月，上百名诺基亚员工自发聚集在北京诺基亚中国总部，抗议微软收购和解雇员工，且补偿标准过低。

其次，也有部分中外企业迁移到了劳动力成本较低且营运条件改善的内陆省份，这可以将人工成本降低 15% 左右。由此引发的员工抗议事件逐步增多。

再次，为加强环境保护、限制重工业产能，促进京津冀一体化发展所带来的企事业单位搬迁，以及国有企业贯彻“深改”决定所进行的产业结构调整也引发了员工不满，这方面的案例亦有增加。

（二）湖南常德沃尔玛店关闭案例评析[1]

沃尔玛在全球 27 个国家经营 11300 多家门店，雇佣 220 多万员工，2012 年销售额居世界 500 强首位。2013 年 10 月，沃尔玛总部 CEO 和沃尔玛中国 CEO 对媒体称，未来 3 年将加快在中国的发展、新开 110 家门店。在扩张同时，也将关闭 9% 业绩不佳的门店，这其中就包括经营不善的湖南常德水星楼 2024 店。2014 年 2 月，沃尔玛长沙区高管在常德店闭店前两次拜访当地政府部门，争取其对闭店的支持。

2 月 21 日，店工会主席黄兴国察觉到闭店动向，即召开工会委员会会议，拟定了 15 项诉求，要求按补偿金二倍支付违法解除劳动合同赔偿金，即“2N+1”。他们拟定了工会会员委托书，让员工签字委托工会维权，全店 135 名员工中的 120 名员工签署了委托书。

3 月 4 日，店方电联工会主席，要求他召开工会委员会和企业沟通，

---

[1]本目部分内容参考了李春云的《湖南常德沃尔玛工会组织维权案情介绍》（2014 年 4 月）。谨致谢意。

安排次日直接向全体员工宣布闭店及员工安置方案，员工集体拒绝参加这样突然的“闭店沟通会”。管理方遂在大门入口张贴《停业公告》，并在收货部员工通道张贴《员工安置协议通知》。安置方案给员工两个选择：一是经考核转职到湖南其他店，工资待遇职位不变；二是选择离开的支付“N+1”的补偿金以及在19日正式闭店之前签协议的外加半个月的奖励。3月5日宣布闭店之后，资方立即用从其他沃尔玛店调集来的员工，替代了所有一线沃尔玛在岗员工。

3月7日，店工会与资方在常德市总工会进行劳资协商，武陵区政府各部委参加。政府部门希望店工会“依法合规”地维权。由于各方立场差距过大，协商不欢而散。3月18日区政府主持劳资协商会议，区劳动保障监察大队出具了一份调查说明，认为企业属于闭店行为，客观上导致劳动合同无法履行，其行为不属于经济性裁员，店方的安置方案合法。由于政府明确支持资方做法，工会主席遂拒绝继续协商。

3月19—21日，资方撤资和清场。商务局派了20多位工作人员来现场帮助资方搬迁。3月21日，大批警察出动，与在场的员工发生肢体冲突，致使部分工人受伤，还带走了几位员工，最终行政拘留了一名员工。

4月25日，有64名员工向常德市劳动人事争议仲裁委员会申请争议仲裁，认为店方闭店及终止劳动合同的行为理应经职工代表大会或者全体职工讨论，提出方案和意见，与工会或者职工平等协商确定，但店方未履行上述程序，且店方只是分公司，其做出解散的决定不符合中国相关法律规定，要求确认店方终止劳动合同的决定违法，并支付违法终止劳动合同经济补偿两倍的赔偿金。6月25日，常德市争议仲裁委做出裁决：常德沃尔玛分店作为《劳动合同法实施条例》规定的用人单位，在被上级公司撤销的情况下，据此做出终止员工劳动合同的决定不违反劳动法律法规的规定，驳回员工的仲裁请求。

本案所涉及的主要争议事项有二：一是店方做法是闭店还是裁员，究竟应适用《劳动合同法》第四十四条终止劳动合同还是第四十一条经济性裁员条款；二是店方做法是否属于涉及劳动者切身利益的“重大事项”，而应经过《劳动合同法》第四条规定的职代会和平等协商两个程序。对第一个问题的答案是清楚的，由于常德店业绩不佳，沃尔玛从一开始就打算关闭这家门店，因此适用第四十四条似乎更为准确。而第二个问题直接涉及员工的就业权利，无疑应作为“重大事项”经过企业职代会讨论和劳资平等协商确定，店方在这一点上违反了有关程序规定。

之所以在本案适用法律方面存在认知差距，除与劳资双方的立场、利益相关，还与现行法律规定的职工参与程序不清、冲突且宽泛有关。《工会法》第三十八条规定“召开讨论涉及职工切身利益的会议必须有工会代表参加”；《公司法》第十八条规定的程序是“听取工会意见并听取职工的意见”；而《劳动合同法》第四条规定的程序则是“经职工代表大会或全体职工讨论并与工会协商”。在涉及企业事务方面，职工参与权利也不清晰。规定了大量涉及劳动者参与权利的概念：“听取意见和建议”“提出方案和意见”“讨论”“协商”“审议”“审议通过”“否决”等。违反劳动者参与规则的法律后果也不全面，有责令纠正，但没规定行为无效。实践也鲜有认定无效的案例[1]。总体上看，现行法律适用于雇主闭厂的很少，中国法律似乎更关注如何招商引资，对雇主要跑的法律规范既不严密，更不严厉。

地方政府和工会的态度也对案件的审理结果有重大影响。常德武陵区劳监大队做出的调查说明为事件处理定下了基调，而它似乎更应在劳资双方提出劳动监察举报后受理介入。政府部门应站在一个更客观的立场上让劳资自主协商，协商不成再走仲裁和诉讼程序。地方工会也只是一味要求店工会“依法依规”开展协商，缺乏具体指导、介入、协调和担当。应加强地方工会对企业工会维权方面的“上代下”机制建设。

本案是2014年众多企业搬迁重组中涉及劳动者权益保障问题的一个缩影。给我们的启示是：应当完善《公司法》《劳动法》关于企业并购、分支解散时劳动关系的存续规则及适用范围，特别是完善劳动者的参与规则，明确违反劳动者参与企业并购规则的法律后果。同时，也要把握好政府和地方工会的定位，按照中央“维稳的实质是维权”的论断做好工作。

---

[1]姜颖，沈建峰．劳动者对企业并购的集体参与研究［J］．中国人力资源开发，2014（6）．

2015：迈向“十三五”时期的中国职工状况

一、经济增长新常态下的劳工阶层现状

（一）职工就业态势平稳，但不稳定因素在增加

本年度延续了2014年经济增速下行的趋势，前三季度GDP为487774亿元，同比增长6.9%，首次跌破7%[1]。其中，固定资产投资增速回落，进出口同比下降，工业生产趋缓。总体上，经济陷入一种过度负债、产能过剩及缺乏新的增长来源的恶性循环之中。在惨淡的经济指标中，唯一的亮点是就业。到三季度末，城镇新增就业共1066万人，同比减少16万人，但提前完成全年1000万人的就业目标。其中，城镇就业困难人员实现就业129万人，失业人员再就业435万人。同期，城镇登记失业率仍为4.05%，调查失业率5.2%，后者同比和环比略增0.2个百分点，然均处于较低水平[2]。本年度迎来史上最多的749万大学生毕业季，总体就业态势平稳。

经济下行期职工就业仍能保持平稳，其原因在于：一是政府继续将“稳增长、保就业”作为经济运行合理区间的下限，今年以来，国务院又制定实施了新的就业创业政策，形成了包括创业扶持、创业服务、创业培训等一整套积极的就业政策，对促进以高校毕业生为主的青年就业发挥了作用。上半年，新登记企业200万户，同比增长19.4%[3]。二是近期劳动年龄人口和劳动力市场供求关系的变动趋向继续有利于促进就业。据统

---

[1]国家统计局．前三季度国民经济运行总体平稳［OL］．［2015-10-19］．国家统计局网站．

[2]人力资源社会保障部召开第三季度新闻发布会［OL］．［2015-10-27］．中央政府门户网，www. gov. cn；李克强在中央党校作专题报告［OL］．［2015-10-23］．凤凰资讯．

[3]尹蔚民．我国就业和社会保障成就显著［N］．人民日报，2015-10-15.

计，2014年16～59岁的劳动年龄人口在前两年净减的基础上，再度净减371万[1]。连续三年来，我国劳动年龄人口已净减少960万人，2015年人口和劳动力资源会继续减少。劳动力供给的持续减少有助于在经济下行期使劳动力市场供求关系趋于平衡甚至部分地区出现求过于供的状况。到三季度末，根据中国人力资源市场信息监测中心对101个城市就业供求信息的统计，劳动力市场需求略大于供给，市场供求人数同比和环比均呈下降态势。用人单位招聘各类人员约505万人，进入市场的求职者约462万人，岗位空缺与求职人数的比率约为1.09，环比上升0.03，但同比下降0.01[2]。

然而，对当前的就业用工形势也有不同观点，即认为就业稳中有忧，求人倍率同比下降，整个市场需求趋弱，调查失业率上升。区域外企撤资、搬迁，部分产能过剩行业化解人员，以及即将到来的国企混改等经济结构调整都将对职工就业产生不利影响[3]。

（二）职工工资增长明显，工资拖欠呈常态之势

到三季度末，全国居民人均可支配收入16367元，同比名义增长9.2%，扣除价格因素实际增长7.7%，比上半年提高0.1点，同比提高0.8点。按常住地分，城镇居民人均可支配收入23512元，同比名义增长8.4%，扣除价格因素实际增长6.8%。1—9月，外出务工农民工月均收入3052元，同比增长9.1%[4]。总体上看，职工工资未受到经济下行影响，涨幅明显。从工资性收入角度来看，前三季度，全国居民人均可支配收入中的工资性收入增长9.1%，与政策推动有密切关系。从2014年以来，城乡一些人员工资标准有所提高，2015年很多地方补发了2014年10月以来的加薪工资，对工资有正向拉动[5]。

在最低工资标准方面，到三季度末，全国已有23个地区上调了2015

---

[1]国家统计局.2014年国民经济和社会发展统计公报［OL］.［2015-02-26］.国家统计局网站.

[2]2015年第三季度部分城市公共就业服务机构市场供求状况分析［OL］.［2015-10-19］.中国就业网.

[3]朱振鑫.揭开中国就业之谜：未来将出现大规模失业？［OL］.［2015-11-05］.腾讯网.

[4]国新办举行2015年前三季度国民经济运行情况发布会［OL］.［2015-10-19］.国新网.

[5]聚焦2015三季度宏观经济数据［OL］.［2015-10-21］.新华网.

年最低工资标准，深圳、上海两地月最低工资标准分别为2030元、2020元，居于各地前列。而小时最低工资标准最高的依然是北京，达到18.7元[1]。尽管经济下行压力较大，但上调最低工资标准的地区反而有所增加，这部分是政策效应所致。根据2013年国务院批转三部委《关于深化收入分配制度改革的若干意见》，其中要求“适时调整最低工资标准，到2015年绝大多数地区最低工资标准达到当地城镇从业人员平均工资的40%以上”。多数地区是因应政策要求而调整，但增幅已由去年的14%收窄到13.3%。到9月末，有18个省市调整了2015年工资指导线，多数地区的企业工资指导线涨幅为持平或下调[2]。

如何抑制工资和人工成本的过快增长，减轻企业的财务负担，已成为当前宏观经济政策考虑的重要议题。2015年4月，财政部部长楼继伟在清华大学演讲中称，《劳动合同法》“很有弊端”，它降低了劳动力市场的流动性和灵活性，导致外商离开中国。推行企业集体谈判是对的，但行业和区域集体谈判“是可怕的”，造成了劳动力市场僵化[3]。这种“去管制化”的认识也影响到制定“十三五”规划中完善最低工资增长机制的讨论当中，高层希望收窄最低工资的增幅，并使之与社会平均工资脱钩。学者判断，“十三五”期间，总体上工资仍会保持稳步增长态势，最低工资标准将会围绕着城镇低收入劳动者的家庭生活水平确定，每年保持10%左右的增速[4]。

受经济下行压力增大、各地经济结构调整等因素影响，与往年相比，农民工欠薪事件呈现“多发、早发、常态化”态势，并有从建筑、水利、公路、铁路工程及劳动密集型行业等传统高发领域向更大范围蔓延的势头。截至9月底，全国劳动保障监察机构追发劳动者工资等待遇324亿元，涉及劳动者344.8万人[5]，而去年同期追发了229.5亿元。

---

[1]23地区上调最低工资标准 东北三省超两年未调．［OL］．［2015-09-25］．中国新闻网．

[2]人社部．18省份调整2015年工资指导线［OL］．［2015-09-29］．中国新闻网．

[3]财政部部长楼继伟在清华经管学院演讲全文——中高速增长的可能性及实现途径［OL］．［2015-04-30］．清华大学经济管理学院官网．

[4]韩秉志．最低工资标准上涨对企业成本影响有限［N］．经济日报，2015-11-13．

[5]人力资源社会保障部召开第三季度新闻发布会［OL］．［2015-10-27］．中央政府门户网站．

（三）机关事业单位实施养老保险制度改革，职工基本养老金全国统筹在即

社会保险扩面征缴继续推进。截至三季度末，全国基本养老、基本医疗、失业、工伤、生育保险参保人数分别为8.52亿人、6.58亿人、1.71亿人、2.11亿人、1.78亿人，分别比上年末增长939万人、6017万人、86万人、427万人、742万人；1—9月，五项社会保险基金合计总收入33187亿元，其中征缴收入25280亿元，总支出28190亿元，同比增幅分别为18.3%、12.4%、17.8%，累计结余57366亿元。

待遇水平稳步提高。全国近8000万企业退休人员基本养老金调整全部发放到位，调整后的月人均养老金水平达到2200多元。全国1.46亿城乡居民基础养老金最低标准从每人每月55元提高至70元，有27个省级政府及新疆生产建设兵团在全国标准之上增加了基础养老金，提高后的月人均养老金水平超过100元[1]。

2015年1月，国务院发布《关于机关事业单位工作人员养老保险制度改革的决定》，正式揭开了改革帷幕。其基本目标是推动机关事业单位与企业实行统一的基本养老保险制度，从制度和机制上化解“双轨制”的矛盾。改革措施包括：机关与事业单位养老保险制度同步改革；广泛建立职业年金；养老保险制度改革与工资制度改革相配套，并同步实施；对计发办法和调整机制进行改革；将这项制度在全国范围内同步实施。目前，改革正在有序推进，其中的一些重点难点问题已得到明确。

当前，社会保险存在的主要问题有：社会保险基金支出增长率超过收入增长率，养老和医疗保险基金收支缺口越来越大；由于诸多原因，职工中断缴费现象相当严重；社会保险基金难以保值增值；社会保障供给与需求的压力不断增大，社会保险成为工人维权诉求的一个重要领域。

为此，国家在已经开展的机关事业单位养老保险制度改革，调低失业、工伤、生育保险费率，以及养老保险基金投资运营几项举措外，还拟采取以下改革措施：一是城镇职工基本养老金实行全国统筹，合理划分中

---

[1]人力资源社会保障部召开第三季度新闻发布会［OL］.［2015-10-27］. 中央政府门户网站.

央与地方对基本养老金的筹资和支付责任；二是引入弹性退休机制，渐进式提高法定退休年龄；三是加快完善个人账户制度；四是建立基本养老保险待遇的正常调整机制；五是大力发展企业年金和职业年金。

（四）职业安全持续稳定好转，特大事故揭示安全隐患仍广泛存在

1—8 月，安全生产形势总体呈现平稳好转的态势。这主要表现在：一是事故总量下降。各类事故起数和死亡人数同比分别下降 12.5% 和 14%，较大事故起数和死亡人数同比分别下降 11.5% 和 10.2%，重特大事故起数同比下降 10.7%。二是煤矿安全生产成效明显。煤矿事故和死亡人数同比分别下降 33.5% 和 38.6%，较大事故和死亡人数同比分别下降 18.2% 和 10.6%，重大事故和死亡人数同比分别下降 77.8% 和 77.9%，连续 29 个月没有发生特别重大事故。三是大部分行业领域事故下降。除了煤矿之外，金属非金属矿山、化工品和危险化学品、建筑施工、冶金机械等行业，以及道路交通、水上交通、铁路交通、农业机械等领域都实现了事故总量和事故死亡人数的“双下降”[1]。

然而，国家安监总局认为，本年度的事故总量依然偏大，重特大事故时有发生，其中包括 3 起特别重大事故。如 6 月 1 日，隶属于重庆东方轮船公司的东方之星客轮，在从南京驶往重庆途中突遇龙卷风，在长江中游湖北监利水域沉没。客轮上共有 454 人，遇难 442 人。8 月 12 日，位于天津滨海新区的天津瑞海国际物流有限公司所属危险品仓库发生爆炸，遇难者人数为 165 人，仍有 8 人失联。其中公安消防人员 24 人，天津港消防人员 75 人，民警 11 人，其他人员 55 人，事故受损住宅共涉及 9420 户。这几起事故伤亡惨重、损失巨大，使本年度特大事故的死亡人数同比有所上升。

在职业病方面，2014 年共报告职业病 29972 例。其中职业性尘肺病 26873 例，占 89.66%，急性职业中毒 486 例，慢性职业中毒 795 例，其他职业病合计 1818 例。从行业分布看，煤炭开采和洗选业、有色金属矿采选业和开采辅助活动行业的职业病病例数较多，分别为 11396 例、4408 例和

[1] 国家安全生产监督管理总局例行新闻发布会，国家安监总局网站，2015 年 9 月 24 日。

2935例，共占全国报告职业病例数的62.52%[1]。

天津港“8·12”火灾爆炸事故暴露出企业安全管理上存在的严重问题。在随后进行的全国安全生产大检查中发现，全国仍有18.3%的重大隐患尚未整改，一些省的重大隐患整改率不足50%[2]。尤其当前经济下行压力加大，部分企业生产经营困难，安全生产的形势更趋严峻。

（五）劳动争议涨幅加大，群体性事件处于历史高位

2014年，各地劳动人事争议调解组织和仲裁机构共处理劳动争议155.9万件，同比上升仅4.1%[3]。2015年前三季度，全国劳动人事争议仲裁机构共立案受理案件60.7万件，涉及劳动者85.2万人，同比增幅为16.3%和18.1%[4]，涨幅明显加大。

根据人社部门的概括，随着经济发展、社会进步和法制健全，劳动者诉求从保工作、求温饱转向讲待遇、求发展，追求生活和工作质量的转变；劳动力市场供求关系变化，人口和资源红利减少；劳动者维权意识不断增强。当前劳动争议出现触点多、燃点低、热点高、难点大、组织对抗性强等“四点一强”的特点。

触点多指劳动者诉求多元，要求多项权利：公平就业，劳动报酬，工时休假，劳动安全卫生保护，保险福利，职业技能培训，民主参与知情，分享经济社会发展成果，人格尊严维护等权利；且手段多样，法治与行动并重：信访与法律手段并用，内部与外部施压并存，新型媒体与传统方式相结合，他们通过扩大影响、制造声势来达到目的；群体多类：农民工、伤残职工、“三期”女职工、企业高管、退休老职工、工程技术人员、下岗再就业人员、涉军群体、学校教师、服刑后改判无罪人员等。

难点大，指案件多，处理难度大；员工要求高，调解难度大；劳动争议裁审衔接难度大；外界干扰多，公正裁决难度大；经济下行，执行难度大；法规不健全，规范裁量难度大等。

---

[1]我国2014年报告职业病29972例［N］. 山西晚报，2015-12-04.

[2]国务院安委会办公室关于全国安全生产大检查进展情况的通报［OL］.［2015-10-21］. 国家安监总局网站.

[3]2014年度人力资源和社会保障事业发展统计公报［OL］.［2015-05-28］. 人民网.

[4]人力资源社会保障部召开第三季度新闻发布会［OL］.［2015-10-27］. 中央政府门户网站.

此外，劳动争议还具有燃点低与热点高的特点。即争议出于偶然，爆发突然，事项简单，但小争议演成大事件，简单争议蜕变成复杂争议，非对抗争议成为对抗争议，个体争议成为群体性和非直接利益冲突。

总体上看，劳动争议也呈现出新常态的特点：随着经济结构调整、劳动力趋向短缺给企业用工带来新的压力；人事制度改革与人事关系市场化带来新的纠纷；经济下行、人工成本优势弱化与法制逐步健全和员工维权意识强化的矛盾；劳资关系对抗性增强，争议处理复杂化。

由于经济下行、人工成本增高引发的企业关停搬迁加剧，本年度劳动者群体性事件数量在2014年高位平台上又有新的增加。在2015年发生的158件工人集体行动案件中，从案件性质看，占第一位的是工资案件，共86件，占54.4%。其中，欠薪和加班费共70件，主要集中在建筑业和制造业，总量同比明显增加；涉及企业降薪的8件；要求涨薪的有8件。占第二位的是企业撤资关闭、搬迁引发的员工声索经济补偿和赔偿金，共49件，占31%，同比也增势迅猛。占第三位的是出租车司机因与专车的争执纠纷停工罢驶的案件，共12件。占第四位的是保险福利案件，共10件，同比有所下降。还有一些因教师待遇或住房公积金引发的抗议活动。在案件的地域分布上，广东（47件）、江苏（12件）、山东（12件）排在前列。广东因外企撤资搬迁的势头更大，因而企业罢工数量同比增加，而一些内陆省份的群体性事件亦反映了区域性结构调整的影响。再从涉及劳动者人数来看，规模比2014年有所缩减。1001～5000人的有32件；5001～9999人的有3件，1万人以上的只有一件。在上述案件中，卷入员工被行政拘留或刑事拘留的有30件，占案件总量的近两成。

二、迈向“十三五”时期的劳工阶层展望与劳工政策

（一）“十三五”时期劳动力红利趋向消失

所谓人口和劳动力红利，是指由于高出生率，一国的人口较多，特别是劳动年龄人口在总人口中的占比较高，抚养比较低，形成对经济生活的高参与、高收入、高储蓄、高投资的格局，从而对经济发展创造较好的人

口和劳动力条件。中国经济发展的长期荣景得益于人口和劳动力红利，但这一情形在“十二五”时期已发生根本性的变化，从劳动年龄人口净值的持续降低来看，劳动力市场的供求关系已转向求过于供，从而带动了人工成本的节节攀升和工人转向抗争维权的策略选择。迈向“十三五”时期之际，劳工阶层将会呈现以下几方面特点。

1. 劳动力老化

到2014年末，我国大陆总人口为136782万人。从年龄构成看，16周岁以上到59周岁以下的劳动年龄人口为91583万人，在总人口的占比为67.0%；60周岁及以上人口21242万人，占比为15.5%；65周岁及以上人口13755万人，占比为10.1%[1]。其中，60周岁及以上人口在总人口中的占比每年递增0.8个百分点左右。

根据预测，2020年，我国60岁以上的老龄人口将为2.54亿人，占总人口的19.3%。到21世纪30年代，我国将迎来人口老龄化的高峰期，老龄化程度会超过世界各国的平均水平。到2050年，我国老年人口将占38.6%左右。预计到2052年，60岁及以上的老年人将为4.87亿人。人社部部长尹蔚民就此表示，中国是一个未富先老的国家，又是一个急剧快速老龄化的国家，人口老龄化面临的形势非常严峻[2]。

随着人口老龄化，退休人员迅速增加，承担养老缴费负担的在职人员占比显著减少，抚养比不断提高。在职人员与退休人员的比例预计从当前的3：1演变为人口老龄化峰值时期的1.3：1，对养老保险、医疗保险基金支出需求不断增加，收支缺口迅速扩大，未来制度运行将面临极大风险。另一方面，由于在职劳动力的老化，对劳动生产率的提高也是一个很大的考验。

2. 新增劳动力面临少子化冲击

“少子化”源于日语，其含义即是孩子太少且越来越少。根据人口统计学标准，一个国家0~14岁人口占比在15%~18%为“严重少子化”，15%以内为“超少子化”。目前日本的少儿人口占比约为13%，处于“超

---

[1]中国大陆人口超13.6亿 男性比女性多3376万［OL］.［2015-01-20］. 中国新闻网.
[2]人社部部长. 中国未富先老 养老金吃紧［N］. 第一财经日报，2015-11-05.

少子化”阶段。而根据第六次人口普查，我国2010年0~14岁人口总量为2.2亿，占总人口的16.6%，已处于严重少子化水平。

从历史变迁的角度看，这种变化更加触目惊心。根据统计数据，中国0~14岁人口占比从改革开放以来便一路下滑：1982年为33.6%，1990年为27.7%，2000年为22.9%，到2010年降为16.6%。人口出生率1978年为18.25‰，2013年降至12.08‰。人口自然增长率1978年为12‰，2013年降为4.92‰[1]。

根据六普数据推算，在未来10年，中国23~28岁的生育旺盛期女性的数量将萎缩44.3%，如果生育率没有明显提升，0~14岁人口的比例将降至10%以下。而根据联合国《世界人口前景2010修订本》按高、中、低三种生育率方案对中国人口增长率所做的预测，以低方案为例，我国人口将在2017年达到13.6亿的峰值后迅速下降。学者普遍认为，人口萎缩的具体时间取决于人口政策和生育率的变化，但可以肯定，在联合国的中方案和低方案之间[2]。

少子化对未来劳动力市场的直接冲击即是劳动年龄人口的下降。我国第一次出现劳动年龄人口的净减少是在2012年，2012—2014年共减少960万人，这一波减少将会持续到2018年，以后将会短暂地重拾升途。2021年之后，随着1982年后的0~14岁人口大幅减少及20世纪60年代第三次人口高峰出生劳动力的陆续退休，劳动力供给将再度急剧下降，我国将面临严重的劳动力短缺问题。2021年后，20~34岁的青年劳动力将呈断崖式下降。2022—2025年4年间，每年将净减1000万人左右，到2030年将比2010年减少1.04亿人，降幅达32%，总量只有2.21亿人。20~59岁劳动年龄人口，到2030年只有7.64亿人，将比2010年时减少6900万人，降幅达8.3%[3]。由于后备劳动力急剧大幅减少，我国将面临严重的劳动力危机，也将促使劳动者采取更加激进的策略维护自身权益，劳动力市场又将进入劳资矛盾的多发期[4]。

---

[1]中国人口就业统计年鉴2014［M］. 北京：中国统计出版社，2015.

[2]少子化拉响警报：中国人口或将自2017年迅速下降［N］. 第一财经日报，2015-09-28.

[3]人口学者：5年后将爆发招工难娶妻难和养老难［N］. 第一财经日报，2015-10-19.

[4]蔡昉. 中国人口与劳动问题报告2014［M］. 北京：社会科学文献出版社，2015：36.

也正是迫于上述前景及在强大的社会压力下，中共十八届五中全会决定全面放开二胎生育，废止了独生子女政策。

3. 劳动力成本大幅上升

2000—2013年，我国各经济类型在岗职工平均工资均保持了两位数以上的增长幅度，2000年在岗职工平均工资为9371元，2013年为52388元，是2000年的5.59倍[1]。从各类城镇单位就业人员工资总额看，其增长幅度更大。2000年合计为10954.7元，而2013年增加到93064.3元，是2000年的8.5倍。特别是2010年以来，呈加速增长态势[2]。从2007年开始，工资增长高于劳动生产率增长，且在相当多的年份里略高于GDP的增长。

其实，影响中国工资水平急剧攀升的主要因素并非工资集体协商，这项制度常年在企业推行，由于工会孱弱和不独立，集体协商形式化问题突出，对工资增长并无多大助益。推动工资水平持续上升的主要因素是中国出口导向型经济的高成长性以及21世纪以来劳动力短缺现象的日渐凸显，导致新生代农民工对工资预期的不断升高和行动能力的增强。

对人工成本激增危及中国招商引资的比较优势，已有不少权威机构和人士发出警告。美国波士顿咨询集团（BCG）2014年发布研究报告称，中国制造业对美国的成本优势已经从2004年的14%降到2014年的4%。楼继伟认为，我国的工资已没有竞争力，而《劳动合同法》又削弱了劳动力市场的灵活性，如果工资增长长期超过劳动生产率增长，就会带来通货膨胀或“滞胀”。工信部前部长李毅中也称，近年来，我国制造业成本上升明显，不仅高于东南亚、东欧等地区，达到了美国制造业成本的90%，珠三角、长三角更是达到美国制造业成本的95%[3]。

由于世界经济不景气和中国人工成本居高不下，从2013年以来，越来越多的外资企业从中国撤资或搬迁到劳动力成本更低廉的地区。2015年以来，日本名企西铁城清算解散，千余名员工被解除劳动合同，限期离厂。

---

[1]中国人力资源和社会保障年鉴（工作卷）2014［M］. 北京：中国劳动社会保障出版社，2014：711.

[2]中国劳动统计年鉴2014［M］. 北京：中国统计出版社，2015：25.

[3]李毅中. 我国制造业成本上升明显 达到美国的90%［OL］.［2015-04-27］. 观察者网.

微软则关停诺基亚东莞工厂和北京工厂，并加速将生产设备运往越南工厂，两地关厂共裁员 9000 人。此外，还有松下、日本大金、夏普、TDK 等知名外企，均计划推进制造基地回迁日本本土。优衣库、耐克、富士康、船井电机、歌乐、三星等企业则纷纷在东南亚和印度开设新厂，加快撤离中国的步伐。东莞的台企原有 6000 多家，大多以制造业为主。现已降到 4000 多家，近 1/3 业已撤资，保守估算，近两年从大陆撤出的台资超过 500 亿元新台币[1]。

“十三五”时期，总体上我国工资仍会保持稳步增长态势。原因在于：一是近两年我国经济增长速度略有放缓，但支持经济平稳运行的发展条件和潜力仍较大，经济运行稳中有进的态势没有改变。二是目前我国部分行业仍然存在较为严重的产能过剩问题，随着国家继续实施稳健的货币政策，货币流通量未大幅度增长，预计城镇居民消费价格将保持稳定。三是劳动力市场求过于供的变化在“十三五”时期还会继续，劳动者平均工资增速仍然会保持较快增速。而最低工资标准主要通过影响企业固定工资水平、加班工资计算基数、社保缴费基数等，对于企业人工成本上涨有一定助推作用，但由于普遍不及社会平均工资的 40%，故影响有限。

4. *中高龄劳动者早退与青年职工入职年龄推迟现象并存*

我国劳动力红利的损失还表现在，在人口寿命延长的情况下，劳动者的工作意愿不足或出于企事业单位对老龄职工的歧见，提前退休盛行。人社部部长尹蔚民称，我国是目前世界上退休年龄最早的国家，平均退休年龄不到 55 岁[2]。

以劳动参与率为例，2008—2013 年，我国 15 岁以上劳动年龄人口与经济活动人口均逐年上升，但劳动参与率却持续下行，2008 年为 73.96%，2013 年下降到 69.72%，共下降 4.24 个百分点[3]。在我国女性仍保持较高劳参率的情况下，劳动参与率下降的原因之一是中高龄劳动者的早退所致，包括 20 世纪 90 年代到 21 世纪以来国有企业改革的下岗内退人员，以

---

[1]东莞现新一轮企业倒闭潮：人工成本优势消失［OL］.［2015-10-20］. 新浪网.

[2]人社部. 我国平均退休年龄不足 55 岁 全球最早［N］. 京华时报，2015-10-15.

[3]课题组. 市场决定劳动力资源配置研究［M］//刘燕斌. 中国劳动保障发展报告（2015）. 北京：社会科学文献出版社，2015：139-140.

及享受机关事业单位提前退休优惠待遇的人员。再者，便是民营企业普遍恐老，纷纷设下员工录用年龄门槛，及与前些年提前退休的概念被大肆炒作，成为主流观念有关。可以想见，伴随着延迟退休政策的公布实施，中高龄劳动者早退的趋势将被遏制。

劳参率下降的另一原因，是新成长劳动力受教育年限延长，致使其进入职场年龄推迟。在恢复高考的1977年，大学只录取了27万学生入学。而到了2012年，全国普通高校共招录学生685万名。近三年来，每年毕业的大学生都在700万人以上，这造成青年职工进入职场的年龄不断延后。以2013年为例，25～29岁组就业人员的受教育程度是大专和大学的分别为15.8%和12%，而30～34岁组分别为13%和10.7%，35～39岁组分别只有10.2%和6.8%[1]，不同年龄组接受高等教育占比的扩大意味着他们参加工作时间的推迟。

5. 经济趋缓与劳动者权益保障程度下降

据国家统计局监测，2014年全国农民工总量达2.74亿人，同比增加501万人，增长1.9%；其中1.68亿为外出农民工，同比增加211万人[2]。由于经济增长趋缓，农民工权益保障面临新问题。2014年，与雇主或单位签订劳动合同的农民工比重为38%，与上年基本持平。农民工人均月收入为2864元，同比增加255元，增长9.8%。其中，各行业农民工人均月收入均保持增长，增长较快的是制造业、建筑业与居民服务、修理和其他服务业。被拖欠工资的农民工所占比重为0.8%，比上年下降0.2个百分点。但被拖欠工资的农民工人均被拖欠工资为9511元，比上年增加1392元，增长17.1%。在工时方面，外出农民工年从业时间平均为10个月，月从业时间平均为25.3天，日从业时间平均为8.8个小时，同比变化不大。日从业时间超过8小时的农民工占40.8%，较上年略有下降，但周从业时间超过44小时的农民工占85.4%，比上年提高0.7个百分点。农民工“五险一金”的参保率分别为：工伤保险26.2%、医疗保险17.6%、养老保险16.7%、失业保险10.5%、生育保险7.8%、住房公积金5.5%，

[1]中国人口就业统计年鉴2014［M］．北京：中国统计出版社，2015.

[2]2014年全国农民工监测调查报告［OL］．［2015-04-29］．国家统计局官网．

比上年分别提高 1.2、0.5、0.5、0.7、0.6 和 0.5 个百分点，但总体较低。

2015 年以来，拖欠农民工工资问题更为突出。以安徽为例，拖欠工资涉及人数较 2014 年同期增长 4%，而拖欠工资总额同比增加 41%。制造业欠薪占比快速上升，一些资产规模小、抗风险能力弱的民营企业逐渐成为新的“欠薪风险源”。2014 年前 11 个月，浙江省制造业欠薪案件占所有欠薪案件的 49.5%，建筑业欠薪案件占比约为 43%[1]。北京市统计显示，近期加工制造、餐饮服务等行业企业，特别是中小企业拖欠工资问题明显增多。同时，各地农民工非理性维权、群体聚集及因讨薪引发的恶性事件也屡有发生。如果未来不能有效地遏制经济下行的颓势，劳动者权益保障还会面临新的挑战。

（二）中央“十三五”规划建议中的劳工政策

2015 年 10 月，中共十八届五中全会举行，会议审议通过了《中共中央关于制定国民经济和社会发展第十三个五年规划的建议》。其中，第七部分以“坚持共享发展，着力增进人民福祉”为题，重点阐述了“十三五”时期的劳工政策要点。

其一，在指导思想上，与 2010 年“十二五”规划建议重在着力保障和改善民生、提高政府保障能力、建立健全基本公共服务体系的立意不同，“十三五”规划建议的民生建设立足新常态，特别是经济增速下滑的大背景，着重底线思维和保障“基本民生”，强调效率原则，要求人人参与、人人尽力、突出重点，注重机会公平。可以说，它将民生建设中的劳动者权利本位替换为劳动者义务本位。

其二，在就业与劳动关系协调方面，与“十二五”规划建议重视构建和谐劳动关系，要求加强劳动执法、完善劳动争议处理机制、改善劳动条件、保障劳动者权益、努力形成企业和职工利益共享机制不同，“十三五”规划建议更强调促进就业创业，坚持就业优先战略，提高劳动力素质、劳动参与率、劳动生产率，增强劳动力市场灵活性，体现了鲜明的放松管制意图。在劳动关系协调部分，仅强调“维护职工和企业合法权益”。

其三，在收入分配方面，与“十二五”规划建议要求努力提高居民收

[1]王政，陈晨．农民工欠薪又多发［OL］．［2015-11-02］．瞭望观察网．

入在国民收入分配中的比重、提高劳动报酬在初次分配中的比重、逐步提高最低工资标准不同，“十三五”规划建议针锋相对提出坚持居民收入增长和经济增长同步、劳动报酬提高和劳动生产率提高同步，完善最低工资增长机制，体现了效率优先的原则。“十三五”规划建议更强调缩小收入差距，明显增加低收入劳动者收入，扩大中等收入者比重。不过，在工资决定机制部分，它主张健全科学的工资水平决定机制、正常增长机制、支付保障机制，推行“企业工资集体协商制度”。

其四，在社会保障方面，与“十二五”规划建议要求坚持广覆盖、保基本、多层次、可持续方针，加快推进覆盖城乡居民的社会保障体系建设相似的是，“十三五”规划建议亦倡导建立更加公平、更可持续的社会保障制度，基本实现法定人员全覆盖。然而，它更强调效率和个人责任。要求坚持精算平衡，完善筹资机制，分清政府、企业、个人等的责任。同时，完善职工养老保险个人账户制度，健全多缴多得激励机制。

三、构建中国特色和谐劳动关系与发挥党的群团作用

（一）构建中国特色和谐劳动关系[1]

2015年3月，经过长时间酝酿，中共中央、国务院颁行《关于构建和谐劳动关系的意见》，对构建和谐劳动关系的指导思想、工作原则和目标任务做了清晰论述，并着重对依法保障职工基本权益、健全劳动关系协调机制、加强企业民主管理制度建设、健全劳动关系矛盾调处机制、营造构建和谐劳动关系的良好环境及加强组织领导和统筹协调做出全面部署。这个文件的出台，标志着“中国特色和谐劳动关系”治理模式的初步形成。

1. 中国特色和谐劳动关系的理论内涵

第一，对现阶段劳动关系性质和劳资矛盾的认识，建基于对基本国情的判断之上。习近平曾指出，改革开放给劳动关系带来的变化，“没有改变我国工人阶级和所有劳动者国家和社会的主人的地位，没有改变我国劳

[1]乔健．略论中国特色和谐劳动关系［J］．中国劳动关系学院学报，2015（2）．

动关系的社会主义性质”[1]。对现阶段的劳资矛盾，习近平认为是在根本利益一致基础上具体利益差别的矛盾。他强调，这种具体利益矛盾属于“人民内部矛盾”，是完全能够在合作、协商、协调、依法调处的基础上得到解决。

第二，构建和谐劳动关系的意义，是增强党的执政基础、巩固党的执政地位的必然要求。它并非仅仅是劳动行政主管部门、企业组织、工会和劳动者才关心的事项，而是一项全局性的政治任务。

第三，构建和谐劳动关系的目标是建立规范有序、公正合理、互利共赢、和谐稳定的劳动关系。其中，促进实现社会公正和社会稳定是两个根本目标。

第四，构建和谐劳动关系治理体系，必须坚持系统治理，加强党委领导，发挥政府主导作用，鼓励和支持社会各方面参与，实现政府治理和社会自我调节相结合的原则。

第五，坚持依法治理劳动关系，加强法治保障，运用法治思维和法治方式化解劳资矛盾。根据党的十八届四中全会依法治国决定的总体要求，要继续完善我国的劳动保障法律体系，加强劳动关系矛盾的源头治理，并依法履行政府的劳动保障行政职能。

第六，构建和谐劳动关系要坚持促进企业发展和维护职工权益相统一的原则，坚持以和谐的方式，包括沟通、协商、调解、合作的方法解决劳动关系矛盾。不赞成、不鼓励将罢工作为维护职工权益的最后手段，不支持用对抗的方法解决劳资纠纷。

第七，创新劳动关系协调机制，加快形成源头治理、动态管理、应急处置相结合的工作机制，是有效预防、化解及处置劳动关系矛盾的关键。注重从力量配置、经费投入上创造条件，以保障构建和谐劳动关系的效能提高。

第八，借鉴工业化市场经济国家协调劳动关系的经验要符合中国国情，不简单照抄照搬。

---

[1]习近平在全国构建和谐劳动关系先进表彰暨经验交流会上的讲话，2011年8月15日。

2. 形成和谐劳动关系协调的核心机制

从构建中国特色和谐劳动关系的逻辑来说，核心机制的确立必须满足三个条件：一是用和谐、合作而非对抗的方式调整劳动关系，放弃罢工权，维护社会稳定；二是参与的协调主体须是法定的、政治上可靠的，摒弃“意识形态类、职工维权类”劳工非政府（NGO）组织；三是推动劳动关系主体独立，强化协调过程，提升制度效用，探索中国特色的自上而下的压力机制。以下三大机制将会被作为协调劳动关系的核心机制发挥支柱作用。

其一，在宏观层面，创新劳动关系三方协调机制。中央意见强调“加强和创新三方机制组织建设，建立健全协调劳动关系三方委员会”。将组织机构实体化，把国家协调劳动关系三方会议改制为常设性劳动关系三方委员会，这是三方机制的一大创新。此外，还应健全沟通、协商、票决及调研等工作制度和规则，加强专家委员会在基础研究、立法调研和制度规划等方面的作用。建议将三方机制立法提上议程，通过三方机制的法治化建设实现体制机制创新。

其二，在中微观层面，加强区域和行业工资集体协商制度建设，并与企业协商相协调。尽管这与“十三五”规划建议的提法不尽一致，但有其政策依据。2014 年 4 月，国家协调劳动关系三方发布从 2014 年至 2016 年实施新的集体合同攻坚计划，其首要内容便是大力推进行业集体协商，并将其作为深入推进集体合同制度建设的重点形式和主攻方向。经济下行期行业协商的主要任务，是互谅互让，“抱团取暖”，明确工价标准，减少裁员。

其三，在劳资冲突处理方面，推进劳动争议“大调解”机制建设和效能提升。2008 年以来，我国已构建了多渠道、开放式的争议调解网络。许多地方都建立起以劳动保障服务站为依托的乡镇街道调解组织、商会协会调解组织、工会为主的调解组织、基层人民调解组织、劳动仲裁调解和法院诉前调解，形成多层次的劳动争议调解网络格局。各地在调解机制建设上还有一些创新做法。这项制度存在的问题，主要是对如何解决集体争议和群体性事件缺乏立法规制。此次中央意见要求依托三方机制完善协调处理集体协商争议的办法，有效调处因签订集体合同争议和集体停工事件，也是制度建设的一大进展。应为集体劳动争议处理制度进行立法创制，明确区分利益争议和权利争议的概念，建立不同的争议处理制度，并完善代表人参与争议处理的制度。

（二）贯彻中央群团工作意见，推动工会自我革新

2015 年 1 月，中共中央下发《关于加强和改进党的群团工作的意见》。7 月，举行中央党的群团工作会议，习近平发表重要讲话。此次意见发布和首次召开党的群团工作会议，主要目标是“打造抵御国内外敌对势力干扰破坏和‘颜色革命’的铜墙铁壁，夯实党执政治国的群众基础”。到 2013 年末，全国登记社会组织超过 54 万个，从业人员 1218 万人。珠三角地区已出现 40 多家民间维权组织或劳工 NGO，参与和策动一些重大劳资纠纷。它们不断调整行动策略和方法，并加强横向联合，意图扩大对员工的影响。目前在华开展活动的国际非政府组织多达 1000 多家，投入经费约 3 亿美元。到 12 月初，广东已有多家劳工 NGO 的工作人员和工友被警方拘捕，人数达 15 人[1]。

面对错综复杂的政治形势，党的群团工作存在许多不适应，诸如群团组织自身基础薄弱、覆盖不全、凝聚不足、影响不大、组织和工作方法单一、缺乏进取、创新和作风不强、脱离群众、素质不高等，群团组织“高位截瘫”，群团工作“机关化、行政化、贵族化、娱乐化”。另一方面，各级党组织对群团工作重视不够，研究不深，缺乏指导，缺乏支持。

习近平强调，要重点解决脱离群众的问题。切实保持群团工作的政治性，始终把自己置于党的领导之下，走中国特色社会主义群团发展道路，保持和增强先进性。组织动员广大人民群众走在时代前列，在改革发展稳定第一线建功立业。切实保持群团组织的群众性，坚持眼睛向下、面向基层，坚持力量配备、服务资源向基层倾斜[2]。

中央意见分十个部分对如何加强和改进党的群团工作做出部署，包括坚定不移走中国特色社会主义群团发展道路；加强党委对群团工作的组织

---

[1]广东多名劳工 NGO 从业者被拘 部分涉聚众扰乱罪［J］. 财经，2015（12）.
[2]中央首次召开群团工作会议 习近平出席并发表重要讲话［OL］.［2015-07-08］. 人民网.

领导；推动群团组织团结动员群众围绕中心任务建功立业；组织引导群众自觉培育和践行社会主义核心价值观；支持群团组织加强服务群众和维护群众合法权益工作；支持群团组织在社会主义民主中发挥作用；支持群团组织参与创新社会治理和维护社会稳定；推动群团组织改革创新、增强活力；加大对群团工作的支持保障力度；加大群团组织领导班子和干部队伍建设等。

党的群团工作会议推动了工会改革和全国总工会内设机构调整。一些新的探索有：推进地方工会主席按同级副职配备，并由同级党委常委担任或兼任；工会负责人中基层一线工人代表的兼职比例增加；更多采用兼职、聘用等方式吸引优秀社会人才加入地方工会机关；建设专职集体协商指导员、劳动争议调解员、工会公职律师、常年法律顾问、劳动法律监督员、职工陪审员、社会化工会干部等专门队伍；探索党政主导的维权机制等。

2015 年 11 月，中央深改小组第十八次会议审议通过了《全国总工会改革试点方案》，目前正在部署实施。

结语

持续两年有余的经济下行已使劳动关系变得陡然敏感，年终对劳工 NGO 人员的抓捕及群团改革宣示了政治上强化控制的一面。另一方面，“十三五”规划建议的有关论断及年末中央经济工作会议要求去产能、降成本的主张释放了强烈信号，也使得在经济上对劳动关系放松管制的意图昭然若揭。满耳听到官员和企业家们要求降低企业社会保险缴费、取消经济补偿金、再度修改劳动合同法乃至取消工会经费的呼声，恍如历史已经翻过了构建和谐劳动关系这一页，“十三五”时期将开启劳动关系放松管制的新纪元？

2016：供给侧结构改革中的中国职工状况

一、供给侧结构改革中的劳工阶层现状

（一）职工就业企稳回升，但结构性矛盾愈加凸显

2016年度承接经济增速下滑的趋势，前三季度GDP为529971亿元，同比增长6.7%[1]。按照权威人士判断，经济运行既不是U型，更不可能是V型，而是长期L型走势[2]。其中，固定资产投资增速回落，民营经济投资意愿更是急剧下挫，进出口同比下降，工业生产趋缓。宏观调控政策效果越来越差，经济“脱实向虚”愈演愈烈，带动一二线城市房地产业和金融投机产品一轮虚涨，同时，互联网电子商务呈蓬勃发展态势。到三季度末，城镇新增就业共1067万人，同比增加1万人，提前完成全年1000万人的就业目标。其中，城镇失业人员再就业426万人；就业困难人员实现就业125万人，完成全年120万人的目标任务。三季度末，全国城镇登记失业率为4.04%，同比降低0.01个百分点。调查失业率首次低于5%，环比降低0.2个百分点[3]。本年度大学生毕业季再创770万新高，三季度认为找工作难的大学生占57%，但就业总体稳定。

经济增速趋缓职工就业仍能企稳回升，其原因在于：一是经济增长保持在合理区间。二是产业结构有所变动，正在由工业主导型向服务业主导型转变。随着“去产能、去库存、去杠杆、降成本、补短板”等供给侧结构改革政策不断推进，传统制造业、重工业、能源产业的就业形势相对严

---

[1]国家统计局．前三季度国民经济运行稳中有进、稳中提质［OL］．［2016-10-19］．国家统计局网站．

[2]开局首季问大势——权威人士谈当前中国经济［N］．人民日报，2016-05-09.

[3]人力资源和社会保障部2016年第三季度新闻发布会，中国网，2016年10月26日。

峻，IT行业、互联网电子商务企业和金融、税务行业用人需求不断增加。三是改革红利持续释放。2016年1—9月，每天新登记企业1.46万户，同比每天多增加2000个新企业，对就业产生一定的拉动作用。四是积极就业政策更为系统完善，持续发挥效能。此外，近期劳动年龄人口和劳动力市场供求关系的变动趋向仍然有利于促进就业。据统计，2015年16~59岁的劳动年龄人口在前三年净减少的基础上，再度净减487万[1]。到三季度末，根据中国人力资源市场信息监测中心对97个城市就业供求信息的统计，劳动力市场需求略大于供给，市场供求人数同比和环比均呈下降态势。用人单位招聘各类人员约475万人，进入市场的求职者约432万人，岗位空缺与求职人数的比率约为1.10，同比和环比分别上升0.01和0.05[2]，市场需求略大于供给。

与第三产业用人需求激增的火爆场面相比，制造业用工人数呈缩减态势，就业结构矛盾愈加突出。2016年钢铁和煤炭两个行业化解过剩产能涉及职工在80万左右[3]。对于煤钢行业“去产能”后的职工安置问题，人社部等七部委于2016年4月颁布意见提出，要多渠道分流安置职工，支持企业内部分流，同时妥善处理劳动关系，做好社会保险接续[4]。

（二）职工工资增长趋向稳慎，国务院发文全面治理工资拖欠

前三季度，全国居民人均可支配收入17735元，同比名义增长8.4%，扣除价格因素实际增长6.3%。城镇居民人均可支配收入25337元，同比名义增长7.8%，扣除价格因素实际增长5.7%。到三季度末，农村外出务工劳动力总量17649万人，月均收入3232元，同比增长5.9%[5]。总体而言，收入增幅趋缓。

在最低工资标准方面，到三季度末，全国只有辽宁、江苏、重庆、上海等9个地区调整了最低工资标准，平均增幅10.7%，同比降低2.6个百

[1]国家统计局.2015年国民经济和社会发展统计公报［OL］.［2016-02-29］.国家统计局网站.

[2]2016年第三季度部分城市公共就业服务机构市场供求状况分析［OL］.［2016-10-26］.中国就业网.

[3]今年钢铁煤炭化解过剩产能涉及80万职工［OL］.［2016-07-09］.新华社.

[4]钢煤行业职工如何分流安置？七部门出台意见［OL］.［2016-04-17］.观察者网.

[5]国家统计局发布2016第三季度国民经济运行情况［OL］.［2016-10-19］.国家统计局官网.

分点。全国月最低工资标准最高的是上海的2190元，小时最低工资标准最高的是北京的21元[1]。尽管所有地区最低工资均不及当地社平工资的40%，但为体现“降成本”的要求，各地均对最低工资采取稳慎控制的做法。到8月末，在北京、天津、河北、山东等11地公布的当年企业工资指导线中，绝大多数省市的“上线”和“基准线”均下调，而“下线”除了北京上调0.5%外，其余多为持平或下调[2]。其所释放的信号是，与经济增速放缓相适应，工资也进入增速放缓的阶段。

作为供给侧改革劳动政策的重要内容，“降成本”经历了一个逐步清晰的过程。2016年3月，财政部部长楼继伟在“两会”上批《劳动合同法》以标准工时制为基础，不适合灵活用工。薪酬的过快上涨造成企业成本上升，使企业迁至其他国家，减少就业机会，损害了劳动者自己的利益[3]。7月召开的中央政治局会议提出，降成本的重点是增加劳动力市场灵活性、抑制资产泡沫和降低宏观税负，从而将修改《劳动合同法》提上议事日程[4]。根据人社部劳科所近期的一项调查，企业认为人工成本上升的原因依次为：社会保险缴费比例过高（23.8%）；物价上涨（23.6%）；市场竞争加剧（20.6%）；最低工资标准上涨过快（15.9%）[5]。

国家统计局报告[6]称，2015年农民工人均月收入3072元，比上年增加208元，增长7.2%，增速回落2.6个百分点，被拖欠工资的农民工比重提高。被拖欠工资的农民工所占比重为1%，比上年提高0.2个百分点。其中，建筑行业和制造业是“重灾区”，2015年建筑业农民工被拖欠工资的比重为2%，较上年提高0.6个百分点，高于其他农民工集中的行业。针对农民工欠薪事件“多发、早发、常态化”的新特点，国务院办公厅于2016年1月发布《关于全面治理拖欠农民工工资问题的意见》，以建筑、

---

[1]人力资源和社会保障部2016年第三季度新闻发布会［OL］.［2016-10-26］. 中国网.

[2]罗娟. 多地下调企业工资指导线 职工工资会否出现下调［N］. 工人日报，2016-09-15.

[3]财政部部长：工资过快上涨损害劳动者利益［OL］.［2016-03-08］. 财经网.

[4]政治局会议再提降成本 劳动合同法修订迫在眉睫［N］. 经济观察报，2016-07-31.

[5]黄昆. 劳动合同法实施情况实证分析［C］. 国际劳动与雇佣关系协会第9届亚洲会议发言，2016-11-02.

[6]国家统计局. 2015年农民工监测调查报告［R/OL］.［2016-04-28］. 国家统计局网站.

交通、水利等工程建设领域和劳动密集型加工制造、餐饮服务等易发生拖欠工资问题的行业为重点，要求健全源头预防、动态监管、失信惩戒相结合的制度保障体系，努力实现基本无拖欠。其主要政策措施包括：明确工资支付各方主体责任，严格规范劳动用工管理，推行银行代发工资制度，完善企业工资支付监控机制，完善工资保证金制度，建立农民工工资（劳务费）专用账户管理制度，落实清偿欠薪责任，推进企业工资支付诚信体系建设，提高企业失信违法成本等。同时，依法处置拖欠工资案件，改进建设领域工程款支付管理和用工方式。截至9月底，全国劳动保障监察机构追发劳动者工资等待遇286.2亿元[1]，而2015年同期追发了324亿元。

（三）阶段性降低社会保险费率，职工延迟退休政策出台在即

社会保险覆盖范围继续扩大，全民参保登记计划试点实施。截至三季度末，全国基本养老、基本医疗、失业、工伤、生育保险参保人数分别为8.71亿人、6.98亿人、1.78亿人、2.16亿人、1.82亿人，分别比上年底增加1225万人、3247万人、506万人、187万人、397万人。1—9月，五项社会保险基金总收入为3.65万亿元，同比增长10.1%；总支出为3.17万亿元，同比增长12.5%[1]。同时，职工社会保险待遇水平稳步提高。本年度全国1亿多企业和机关事业单位退休人员待遇得到提高，部分地区提高了城乡居民养老保险基础养老金标准。

2016年4月，国务院常务会议通过了《关于阶段性降低社会保险费率的通知》，从5月1日起执行，为期两年。通知内容包括，一是阶段性降低企业职工基本养老保险单位缴费比例，企业职工基本养老保险单位缴费比例超过20%的省（区、市），将单位缴费比例降至20%；单位缴费比例为20%且2015年底企业职工养老保险基金累计结余可支付月数高于9个月的省（区、市），可以阶段性将单位缴费比例降低至19%。二是进一步阶段性降低失业保险费率，失业保险总费率在2015年已降低了1个百分点，在这基础上可以阶段性降至1%～1.5%，其中个人费率不超过0.5%。到6月末，有17个省出台了方案。上海、重庆、四川等地将养老保险企业缴费比例降低1个百分点；湖北、陕西、广西等地将失业保险费率降至

---

[1]人力资源和社会保障部2016年第三季度新闻发布会［OL］.［2016-10-26］. 中国网.

1%；一些地区还提出降低医疗、工伤和生育保险的企业费率。

“十三五”规划还明确提出将生育保险和基本医疗保险合并实施，以降低管理成本。并且“探索建立长期护理保险制度，开展长期护理保险试点”，以便应对老龄化社会的到来和失能、失智老人的照顾。

（四）职业安全继续稳定向好，《职业病防治法》仓促修改拆掉职业病预防“两堵墙”

1—6 月，安全生产形势呈现总体稳定向好的态势。这主要表现在：一是事故总量继续保持下降趋势。上半年，全国共发生各类安全生产事故 23534 起、死亡 14136 人，按可比口径，同比分别下降了 8.8% 和 5.3%。其中，较大事故发生了 311 起，死亡 1180 人，同比分别下降 12.4% 和 14.4%。重特大事故发生 15 起，死亡 198 人，同比下降了 25% 和 23.9%。二是大部分行业领域事故继续下降。其中煤矿、非煤矿山、铁路运输业、道路运输业事故高发的领域，事故起数和死亡人数“双下降”。三是全国 32 个省级统计单位全部实现事故起数和死亡人数的“双下降”，有 20 个省级统计单位没有发生重特大事故[1]。

在所有统计指标中，唯有煤矿的重大事故是上升的。上半年全国煤矿发生各类伤亡事故 107 起，死亡 205 人，同比减少 86 起、116 人。但重大事故发生 5 起、死亡 64 人，同比增加 4 起，多死亡 43 人。其主要原因包括：一是煤炭市场持续低迷，企业经营困难，安全欠账逐年增多，投入严重不足。二是 2016 年以来，国内市场价格出现阶段性回升，刺激了一些煤矿企业的生产积极性，包括一些即将退出的煤矿，也盲目冒险生产，扩大产量，这极大增加了安全风险。三是一些煤矿经常处于开开停停的状态，对于规范管理产生新的困难。

2016 年 7 月 2 日，人大常委会第二十一次会议通过了《职业病防治法》的修改，并于公布之日起施行。本次修法是简化行政审批制度、为企业减负的重要举措。主要有两项内容：第一，取消有职业病危害的建设项目涉及前期预防的所有安监行政审批，包括项目启动前的职业病危害预评

---

[1] 杨焕宁出席国务院新闻办公室新闻发布会［OL］．［2016-07-28］．国家安全监管总局网站．

价报告、施工前的职业病防护设施设计、竣工时的职业病防护设施验收三个环节的审批，均改为由建设单位自行开展，仅保留原法第八十九条下卫生行政部门对医疗机构放射性职业病危害控制的相关审批。第二，取消企业应委托有资质的职业卫生技术服务机构进行职业病危害预评价、职业病危害控制效果评价（竣工验收）的要求[1]。诚如研究者所评论的，撤出安监部门在职业病建设项目前期预防中的所有审批角色，拆掉了职业病预防中重要的"两堵墙"，完全把职业病前期预防的主要任务落在企业和市场身上，安监仅承担模糊的无法定量的监督职责，这将导致职业病预防工作的倒退[2]。且本次修法论证不充分，未征求社会意见，立法机关也未发挥应有作用。

（五）劳动争议高位盘桓，群体性事件有所回落

2015年，各地劳动人事争议调解组织和仲裁机构共处理劳动争议172.1万件，同比上升10.4%[3]。2016年前三季度，全国劳动人事争议调解仲裁机构共受理案件超过110万件，同比略有上升。

以北京为例，受经济增速放缓、产业结构调整和疏解非首都功能等多种因素影响，2016年劳动争议仲裁案件持续高发。上半年仲裁机构共受理劳动人事案件42508件，同比增长22%。其中，集体争议案件2354件，同比激增31.9%；涉及劳动者17794人，同比增长29.6%。从案件涉及企业所有制类型看，非公有制企业发生争议39791件，占案件总数的93.6%。从处理方式看，以调解方式结案占50.3%，以仲裁方式结案占36.8%。另一方面，到8月21日为止，北京市三级法院新收劳动争议案件23693件，同比增长7.5%。从案件案由来看，劳动合同纠纷占98%，保险福利占1.2%，人事争议占0.8%。从仲裁和法院受理案件性质看，案件呈现以下主要特点：一是拖欠职工工资、经济补偿金等基本权利争议仍为焦点问题，劳动报酬、经济补偿金和赔偿金争议占仲裁案件总数的

---

[1]2016年《职业病防治法》修改内容［OL］.［2016-07-03］. 职业卫生网.

[2]叶明欣，张舒迟. 拆掉职业病预防两堵墙 企业减负牺牲劳工健康？——聚焦2016年《职业病防治法》最新修改［OL］.［2016-07-08］. 北京义联劳动法援助与研究中心网站.

[3]2015年度人力资源和社会保障事业发展统计公报［OL］.［2016-05-30］. 中央政府门户网站.

87.2%。二是重大集体争议案件增长较快，上半年仲裁受理30人以上集体争议61件，涉及劳动者3326人，同比分别增长35.6%和41.1%，且多数案件为劳动报酬争议。京津冀一体化引发的企业搬迁和区域性物流基地、专业市场外迁，涉及企业破产裁员、重组人员安置、劳动合同变更和解除等多种劳动关系事项，引发大量集体争议。三是由于经济下行，争议分布行业特点突出。传统制造业、建筑工地、餐饮行业和批发零售行业的争议案件尤为集中。同时，一些新兴领域如金融服务、物流运输、高新科技产业也呈现劳动争议多发趋势。上半年仲裁共受理个体私营企业案件两万多起，同比增长75.2%[1]。四是互联网新型经济模式劳动关系亟待规范。如滴滴打车软件公司与司机存在“加盟”“直营”“对公”等不同用工模式，从业人员与网络平台运营商呈现人格从属性松散、经济从属性模糊、业务从属性难以界定等劳动关系难点，亟待研究规制。

劳资冲突仍然是2016年群体性事件的主要形态，包括煤钢行业“去产能”、外企撤资及企业经营困难引发的裁员、降薪、欠薪和补偿金等问题，涉及群体广泛，包括工人、教师、护士、高尔夫球童和奢侈品零售业者等，反映出经济下行压力加大、社会矛盾突出的现状[2]。其中，尤以“两会”期间黑龙江龙煤集团上万职工讨薪事件舆论影响力较大，煤矿工人收入和安置问题成为员工的主要诉求。另一方面，出租车对网约车的维权事件仍居高不下。反映了互联网对传统服务业的渗透，导致新旧利益群体间的矛盾加剧。

面对近年来境外机构的插手渗透和劳工NGO所代表的独立劳工运动的发展，政府一方面打压有代表性的劳工NGO组织[3]，并于2016年4月颁布《境外非政府组织境内活动管理法》，对境外NGO的登记备案、资金来源加以审核限制，公安部门对“危害国家安全”的境外NGO有权约谈负责人、停止活动及列入黑名单[4]。

---

[1]北京市劳动和社会保障法学会．北京市（京津冀）第十八届劳动人事争议案例研讨会会议材料［C］．2016.

[2]舆情观察：上半年群体性事件频现 舆情有何新特点？［OL］．［2016-07-12］．人民网-舆情频道．

[3]“工运之星”受多家境外组织资助煽动工人［OL］．［2016-09-27］．新华网．

[4]境外非政府组织境内活动管理法［OL］．［2016-04-29］．观察者网．

总体上看，2016年以来劳动者群体性事件同比有所减少，且重心正在从制造业转向服务业。工会系统认为上半年群体性事件同比减少了七成。其解释为：一是经济转型和产业结构升级，国际品牌都在清理供应链，使低端劳动力密集型工厂减少，而这些工厂往往是罢工的重灾区；二是劳动争议预警和信息化管理实时开展，多部门联动从源头上预防了罢工风险；三是政府的法治化建设加强，不再单纯采取维稳思路，而是讲求依法处理，强化劳动关系协调的规则意识。但也有观察者认为罢工活动策略发生变化。由于政府的强力介入，使罢工持续时间变短；工人也不再通过社交媒体传播信息，而恢复到私下见面。

二、工会改革的主要举措和进展

2015年11月，中央深改组第十八次会议审议通过了全国总工会改革方案和上海、重庆两个群团改革试点方案，从而拉开了工会改革的帷幕。

以上海群团改革为例，其总体思路是坚持问题导向、改革思维和基层意识，理顺群团职能定位，优化组织体系框架，打破干部管理体制，创新工作方法，同时强化制度资源保障，以切实解决“机关化、行政化、贵族化、娱乐化”等脱离群众的突出问题，夯实基层基础，提升群团工作的有效性。

（一）重构各级工会职能定位，优化组织体系框架

将工会组织区分不同层级，明确其职能定位。市、区总工会定位统筹型，履行总工会职能，职责为编制工作规划，制定工作标准，统筹各类资源，引入社会资本，搭建平台窗口，塑造品牌项目及评估工作绩效；街道、镇和开发区工会定位枢纽型和平台型，其职责是强化项目推进，窗口平台运作，力量统筹使用，活动平台搭建，各方衔接协调，探索建立工会工作基层服务站，履行地区工会职能；区域、行业、综合工会联合会定位端口型，主责信息情况收集，需求项目反馈，推动组建工会，开展区域行业集体协商，参与劳动争议处理，培训工会干部，开展职工素质工程，代行基层工会难以履行的维权职责，打通服务职工的“最后一公里”；企业工会（联合工会）定位服务型，履行代表和维护会员权益的职责。

推进机关扁平化改革，调整地方工会机构设置，推行政事分开。以聚焦主责、运转高效为目标，调整内设机构。以强化事业单位的公益性、服务性职能为目标，理顺机关与事业单位的关系，把机关部室服务职工的具体事务和日常活动交给事业单位承担，实行管办分离，政事分开。

（二）推进干部队伍多元化，遴选制与专挂兼结合并行

第一，打破行政体制，市区总工会领导班子实行专挂兼结合。以解决工会领导机构组成人员广泛性、代表性不够的问题为目标，改变总工会领导班子结构，按专职成员不超过班子职数50%的要求，班子成员按一正五副配置，结构按3∶1∶2组成，建立干部专挂兼任用制度。

第二，实施遴选制，加大社会参与，按“2+1”方式组建机关工作队伍，以增强工会机关服务基层的工作力量和专业水平。工会干部遴选制突破了《公务员法》逢招必考的限制。加大工会机关干部与党政机关、企事业单位干部双向交流力度，建立招募工会工作志愿者的办法和管理激励机制，加强机关工作力量。

第三，运用多种方式，加强基层工会工作力量。根据区域、行业和工会组织规模的实际需要，采用配备工会专业社工人员、招募工会工作志愿者或政府购买社会服务的方式，解决镇、街道和工业区工会以及下辖的“小三级”工会工作人力不足的问题。市、区工会“减上补下”，街道、镇和工业区工会的干部可兼任区域性、行业性工会联合会负责人，为“小三级”工会开展“上代下”工作提供人力保障。

第四，提高基层一线代表的比例，体现广泛性和代表性。这包括基层工会工作者、先进模范人物、生产和工作一线人员中的工会代表比例。基层一线人员在市、区工会代表大会代表中占80%～85%，在市、区总工会的全委会委员中占40%～45%及以上，在市、区总工会的常委会委员中占15%～20%及以上。

（三）实施以职工为主体的工作制度

1. 健全有效覆盖的基层工会组织体系，探索企业外职工入会方式

从上海产业分布广、职工数量大、结构多样的特点出发，坚持区域与产业结合，适应职工流动集聚、生产生活、需求诉求变化的新情况，推进产业、行业工会建设，构建“条块结合、行业联合、重心下移、全面覆盖”的工会组织体系。

坚持“哪里有职工，哪里就有工会工作”的理念，依托各种服务平台，探索企业外建会和职工入会的有效形式和运作方式，吸引小微企业职工、流动就业职工、非正规就业人员及部分建会瓶颈企业的职工入会。

普遍建立“三级法人、三级预算和三级目标体系”的“小三级”工会，即街镇、开发区总工会，区域性、行业性工会联合会，企业工会或联合工会。配齐“小三级”工会人员编制力量，保持职业化工会工作者合理的薪酬待遇水平，推动非公企业工会主席薪酬不低于企业经营者副职平均水平，优化基层工会工作者能力提升机制。

2. 完善和优化全方位的工会维权、保障和服务体系，打造工会品牌

一是健全完善和谐劳动关系建设的源头维权工作机制。包括深入推进劳动关系和谐企业创建工作，从源头创制，促进劳资双方和谐共赢。关注职工收入增长，以“提质增效”为重点深化工资集体协商机制建设，积极开展区域性、行业性集体协商，着力维护职工经济权益。畅通职工诉求渠道，推动企事业单位建立健全以职代会为基本形式的厂务公开民主管理制度建设。建立群体性劳动争议预警预防调处工作机制，运用协商机制妥善化解劳资矛盾。

二是建立广覆盖的法律援助机制和体系。建立法律咨询“零门槛”制度，向工会会员开放，健全法律援助便民窗口，指派法援律师、法律工作者和心理咨询师参与法律援助和情绪疏导工作。开展法律援助定期通报和工作量化评估。

三是建立普惠服务、精准帮困的帮扶关爱机制和体系。推行工会会员服务卡，优化覆盖全员的普惠机制。深化女职工服务，维护其特殊权益。聚焦重点人群实施精准化帮扶机制，建立职工发展基金，用于对困难职工开展重大节日一次性生活帮扶、大病医疗救助和子女助学的定向帮困，及失业困难职工的就业援助服务。

通过上述维权机制，整合现有的工资集体协商指导员、劳动关系协调员、劳动法律监督员和工会工作指导员等队伍，发挥心理咨询师协会、职工律师志愿团、职工普法宣讲团的作用，以政府购买服务等形式，提供维权、心理咨询、法律援助和就业帮扶等服务，做大做强“职工法律课堂巡

讲”、“职工法律咨询援助工作室”、“职工心理健康知识讲座” 和 “女职工周末学校” 等一系列示范效应好、影响力大的品牌项目。

3. 建立工会机关联系基层、服务职工的工作制度

工会机关干部每年一个月轮流到镇、街道、工业区及行业性、区域性工会联合会蹲点；机关干部每月一次到窗口服务单位接待处理职工来信来访；窗口服务单位和服务平台全天候回应职工诉求；建立机关干部与基层工会主席和一线职工交朋友，与困难职工结对子制度；完善机关联系基层的联络员制度。

4. 建立来自职工的需求调查制度和工作评价机制

此次工会改革坚持职工需求导向的原则，故建立需求调查制度，将其作为工会机关开展活动的必经程序。工会自下而上收集、整合职工群众意见和建议，确定年度或任期内重大工作任务、重要工作项目，强化会员的全程参与。在评价规范上，以会员知晓度、参与度、满意度为重点，坚持定性定量结合，以定量为主，设置流程操作简便的评估方法和科学合理的指标体系及测量标准，探索会员评定、基层工会评议和委托第三方对工会工作业绩开展满意度测评的方法，将考核结果作为对工会机关工作评价的基本尺度。

（四）以网络化和社会化为方向，拓展工会工作新领域

1. 建立网上工作平台，形成工会的线上线下服务体系

适应互联网时代职工需求的新趋势，上海市工会整合了市总工会网站和 12351 职工服务网，“上海工会发布” 微博和 “申工社” 微信，12351 职工服务热线和 12351 职工服务 App 客户端，包括手机版《劳动报》，以及区县局（产业）工会网络服务系统、街道乡镇 “小三级” 工会、各类职工协会微信微博、工会干部个人微博微信，形成工会网上工作信息云和服务辐射圈。

到 2016 年 7 月末，上海全市已有 2136 人通过网络提交入会申请，会员 1321 人[1]。加入方式多样，如单位已建工会重新吸纳、单位未建工会体制外入会等。

---

[1]引自笔者对上海市总工会基层工作部副部长钱传东的访谈记录，2016 年 8 月 9 日。

2. 培育工会社会服务组织，加强对职工服务类社会组织的联系引导

强化工会组织的枢纽功能、引领社会组织为党联系职工群众发挥作用是此次上海工会改革的重点之一。而在其诸多举措中，首要的是用自己建、联合建、引导建、“打楔子”的方法，扶持由各区县局（产业）工会自身培育发展的社会服务组织，以延长工会服务员工的“手臂”和“链条”。

其次，会同相关地区、单位党组织和共青团、妇联等群团组织，在职工聚集度高且流动性大、服务覆盖不到的各类园区、重大项目工地，牵头建立基层服务站。基层服务站可设在邻里中心、社区党建中心、青年服务中心等载体内，配备相应的人财物力，面向职工全天候接待，开展接待咨询、维权援助和教育培训等工作，使其成为直接联系服务职工的一线窗口和工作平台。让职工随时随地“进得了门、找得到人、办得好事”。

再次，规范和清理由上海市各级工会主管的职工类社会组织，其中特别是劳动关系领域社会组织。如在浦东，规范“浦东社会组织大联盟”工作平台的活动机制，发挥其联系各种职工服务类社会组织的枢纽作用，强化其需求发布功能、信息交流功能、项目招标功能和实施评估功能，把这类社会服务组织凝聚在工会周围。

最后，发挥工会优势和特长，推动社会组织向政府部门承接服务职工的项目，完善项目化购买服务机制，促进政府职能社会化。推动购买社会组织的服务内容向工会的核心工作汇聚，购买服务的承接对象向各种社会力量扩展，购买服务的主体向各级工会延伸。进一步完善购买社会组织服务的项目内容、工作流程、质量标准、验收评估等一系列机制，确保购买服务规范高效，提升工会在社会治理中的作用。

（五）创新职工建功立业的载体和平台，增强工会先进性

围绕上海科技创新功能区和自贸区的建设，组织动员职工开展技术创新、管理创新、服务创新和创新创业，开展“劳模创新工作室”、“工人发明家、科技创新英才”和“浦东工匠”的选树培养；创新劳动竞赛形式，在非公企业开展契约化劳动竞赛活动，提高非公企业职工参与率和受益度。

同时，配合宣传社会主义核心价值观，大力弘扬劳模精神、劳动精

神。创新职工群众广泛参与、形式多样的宣传平台，运用市、区级新媒体，宣传劳模先进事迹，引导广大职工立足本职学习劳模。

（六）自觉接受党的领导，推动工会经费向基层倾斜

坚持工会自觉接受党的领导，“党建带工建，工建服务党建”，着力推进党工共建。坚持工会接受同级党委和上级工会双重领导的制度。工会换届，同级党组织应与上级工会就相关候选人选充分协商，取得一致。党委尊重工会组织民主选举结果，保持领导干部任期内稳定。但是，没有就各级工会主席由同级党委常委担任或兼任做出规定。

根据职工队伍结构变化，确定不同类别工会代表在各级党代会、人代会、政协会议中的合理比例，扩大各级党代会、人代会中的工会代表比例，让更多一线工会工作者代表职工群众参与议事决策。

为夯实基层组织，激发基层活力，对企业工会经费上缴留存制度实施差异化管理改革。小微企业经费三年全额下发；非公企业从60%上调到80%，以促进企业工会组建和发展，更多惠及职工会员；压缩市区工会经费。

经过群团改革一年来的实践，工会工作在三个方面取得了进展：第一，通过吸纳体制外职工入会，强化工会社会服务组织和基层服务站的广泛设立，工会在针对职工队伍扩大覆盖面方面取得新的进展。第二，通过基层向工会机关“掺沙子”和“减上补下”、向基层配备社会化工会工作者、设置基层服务站和专业社工、建立基层联系制度或工会购买社会服务的方式，实现了上级工会机关与基层组织的融合，打通了服务职工的“最后一公里”。第三，工会工作扩大到联系引导劳动关系领域社会组织，对维护政治和社会稳定发挥了积极作用。由此，一个党和国家支持的、上下联动的、更全能型和天网式的工会组织展现在职工面前。它通过不同层级组织的精确功能定位和扩大化的工会网络编织，力求实现对职工队伍更高水平的维权、服务和控制，并进一步缩小民间社会组织和工人的自发性活动空间。从改革的性质看，它是中国特色社会主义工会发展道路在新的历史时期的“提质增效”。

三、供给侧改革中的劳工政策：放松管制和增强劳动力市场灵活性

2015年10月，中共十八届五中全会举行，会议审议通过了《中共中央关于制定国民经济和社会发展第十三个五年规划的建议》。其中，第七部分以“坚持共享发展，着力增进人民福祉”为题，重点阐述了十三五时期的劳工政策要点。

其一，在指导思想上，与2010年“十二五”规划建议重在着力保障和改善民生、提高政府保障能力、建立健全基本公共服务体系的立意不同，“十三五”规划建议的民生建设立足新常态，特别是经济增速下滑的大背景，着重底线思维和保障“基本民生”，强调效率原则，要求人人参与、人人尽力、突出重点，注重机会公平。

其二，在就业与劳动关系协调方面，与“十二五”规划建议重视构建和谐劳动关系，要求加强劳动执法、完善劳动争议处理机制、改善劳动条件、保障劳动者权益、努力形成企业和职工利益共享机制不同，“十三五”规划建议更强调促进就业创业，坚持就业优先战略，提高劳动力素质、劳动参与率、劳动生产率，增强劳动力市场灵活性，体现了鲜明的放松管制意图。在劳动关系协调部分，仅强调“维护职工和企业合法权益”。

其三，在收入分配方面，与“十二五”规划建议要求努力提高居民收入在国民收入分配中的比重、提高劳动报酬在初次分配中的比重、逐步提高最低工资标准不同，“十三五”规划建议针锋相对提出坚持居民收入增长和经济增长同步、劳动报酬提高和劳动生产率提高同步，完善最低工资增长机制，体现了效率优先的原则。“十三五”规划建议更强调缩小收入差距，明显增加低收入劳动者收入，扩大中等收入者比重。不过，在工资决定机制部分，它主张健全科学的工资水平决定机制、正常增长机制、支付保障机制，推行“企业工资集体协商制度”。

其四，在社会保障方面，与“十二五”规划建议要求坚持广覆盖、保基本、多层次、可持续方针，加快推进覆盖城乡居民的社会保障体系建设相似的是，“十三五”规划建议亦倡导建立更加公平、更可持续的社会保

障制度，基本实现法定人员全覆盖。然而，它更强调效率和个人责任。要求坚持精算平衡，完善筹资机制，分清政府、企业、个人等的责任。同时，完善职工养老保险个人账户制度，健全多缴多得激励机制。

“十三五”时期劳工政策改弦更张的原因何在？笔者认为有以下几点：第一，经济增速下滑，是推进放松管制和劳动力市场规制灵活化的主要原因。第二，制定“十三五”规划建议的指导思想已转向效率优先，要求人人参与、人人尽力；强调提高劳动力素质、劳动参与率和劳动生产率。而“十二五”期间更强调以人为本、构建和谐社会，推崇公平正义和借鉴国际劳工组织的“体面劳动”理念。第三，劳动法治环境不同。“十二五”时期劳动法制更多地强调建立稳定劳动关系、维护职工合法权益、构建和谐劳动关系；而当下有关再度修改劳动合同法的讨论，是以新自由主义理念校正政府劳动力市场监管方式的重要标志，其主要目标是扩大雇佣和增进灵活性，去除建立稳定劳动关系带来的劳动力市场“僵化”，这首先是将企业内部劳动力市场的调控权还给企业，其次是推进劳动力市场化管理，减少政府干预。

2016 年，有关劳动合同法的修法讨论主要围绕着以下议题展开：第一，立法宗旨应当是单保护、双保护，还是倾斜保护。第二，覆盖范围是否应分层分类管理，例如将微型企业单立出来，以区别于大中型企业。第三，劳动关系应当严格管理，还是宽严相济。例如在签订书面合同、合同的法律效力、合同的变更、解除等方面保留一定空间。第四，建立稳定劳动关系，还是发展灵活性。第五，法律对企业经营成本的影响测算等，有人甚至把高房价和外企撤资统统归咎于劳动合同法[1]。我们看到，不仅政界官员、经济学家与企业家缺乏共识，即便是过往劳动法学界的基本共识，即劳动立法通过权利义务的倾斜性设置以达致劳资双方之间力量与利益的相对均衡已然破裂，多方更像是代表自己背后的利益主体发声，而劳动行政主管部门的修法调研工作在一片争论中业已悄然启动[2]。

---

[1]姜颖．劳动合同法修法之争及工会的立场［C］．2016 年全国工会学研究会年会主旨发言，2016.

[2]无固定期限劳动合同引争议 《劳动合同法》面临修改［OL］．［2016-11-09］．央广网．

不仅如此，在人社部公布的《人力资源和社会保障事业发展“十三五”规划纲要》[1]中，我们也能发现有关劳动关系和劳动力市场规制提法的一些微妙变化。如“推行企业工资集体协商制度”，“完善最低工资增长机制，建立最低工资评估机制”；“完善劳动合同法”，“探索建立劳资协商会、劳资恳谈会等多种形式的民主协商制度”等。比较而言，“十二五”规划纲要的内容与表述语境基本一致，“完善”“加强”就是提高标准。而“十三五”规划纲要的表述更为晦涩，“完善”“加强”有可能是降低标准、改变方向，它在用更为低调、含混的表述阐述着增强劳动力市场灵活性的目标。

笔者认为，要密切关注“十三五”时期劳动法律规制的走向。在研究方法上，可建立一套广谱的从一个极端的严格进行劳工权益保障到另一个极端的自由和灵活化的劳动力市场规制的测量系统，将2016年颁行的劳动法规政策分别纳入下列组别进行分析：

第一，去管制。其性质是取消或缩减现有劳工权益保护措施或制度的规定。例如，2016年1月，人社部颁行完善最低工资调整机制的政府文件，将最低工资与社会平均工资挂钩修改为与最低收入职工及家庭成员基本生活水平挂钩，从而降低了最低工资的形成标准。2月，广东公布降成本行动计划，冻结了未来两年的最低工资标准调整[2]。4月，国务院常务会议通过《关于阶段性降低社会保险费率的通知》，要求分阶段下调企业社会保险缴费费率，今年以来，已有17省市下调了养老保险的企业费率。5月，人社部决定延长最低工资标准调整周期，由每两年至少调整一次，改为两至三年至少调整一次，且调整幅度原则上不超过社会平均工资增长幅度[3]。7月，《职业病防治法》修正案通过，取消有职业病危害的建设项目的安监行政审批，以及企业应委托机构进行职业病危害预评价的要求，为企业减负。同月，中共中央政治局会议提出，降成本的重点是增加劳动力市场灵活性，从而将修改《劳动合同法》提上议事日程。8月，国

[1]人社事业发展“十三五”规划纲要印发［OL］.［2016-07-14］. 新华社.
[2]广东今年减负约4000亿元 最低工资标准冻结两年［N］. 第一财经日报，2016-03-02.
[3]人社部将延长最低工资标准调整周期［N］. 烟台日报，2016-05-18.

务院印发《降低实体经济企业成本工作方案的通知》[1]，规定企业住房公积金缴存比例不得超过12%。从2016年5月1日起两年内，由各省结合实际，阶段性适当降低住房公积金缴存比例。11月，国务院印发《关于激发重点群体活力带动城乡居民增收的实施意见》，提出将城镇私营单位在岗职工平均工资纳入缴费基数统计口径范围，由此调降社会保险和住房公积金缴费基数[2]。

第二，无管制。拒绝在面对特定的压力下采取劳工权益保护措施。例如对集体劳动争议，尽管社会各界立法规范呼声很高，但仍未有立法规制时间表。

第三，最低管制。意味着最低标准的劳工权益保护措施和企业遵守的义务。例如国办在今年发布全面治理拖欠农民工工资的意见。而最低工资不仅形成标准下调，且调整周期拖长。

第四，个别化、自由化的管制或轻微管制。意味着实施个别化和自由化的劳动关系规制。目前对《劳动合同法》的修法讨论，如第四条企业规章制度的制定、第十四条无固定期限劳动合同的签订和第四十一条经济性裁员等条款，都有放松管制的倾向。

第五，重新管制。即重新回到一个较高水平的劳工权益保护。例如，《劳务派遣暂行条例》规定给予企业两年的过渡准备期，而今年实施期限已到，但它已不符合新的政策思路，因而处于进退失据的尴尬境地。国办的全面治理欠薪意见也属此类性质文件，但它仅涉及工人基本权利的保护。

概言之，“十三五”时期我国劳动关系正面临新的转型，即放松管制和增强劳动力市场灵活性，其主要含义是在经济下行期扩大就业及使企业能快速适应经济结构变化的调整需求，提升技术和竞争能力，促进经济复苏。

政府对劳动力市场的监管内容和方式将发生重大改变。把促进充分就业作为经济社会发展优先目标，坚持分类施策，提高劳动参与率，稳定并

---

[1]国务院关于印发降低实体经济企业成本工作方案的通知［OL］.［2016-08-28］. 中央政府门户网站.

[2]国务院将调整社保缴费基数 人大代表呼吁终获回音［OL］.［2016-11-02］. 中国经营网.

扩大城镇就业规模。同时，加大对煤钢行业化解过剩产能所导致的下岗职工再就业的支持力度。完善就业创业服务体系，推行终身职业技能培训制度。其监管方式也将从严格监管转向宽严相济和市场调节。

然而，推进劳动力市场灵活化和放松管制的政策改革意图能否达成，还要取决于追求公平正义的声音和劳动者集体行动的回应，由于劳动力市场总体求过于供的趋势，劳动者的维权行动将会持续，政策后效取决于政劳资博弈。

2017：迈向新时代的产业工人队伍*

一、迈向新时代的劳工阶层现状

（一）就业稳中有增，失业率创金融危机以来新低

2017 年前三季度，GDP 同比增长 6.9%，同比加快 0.2 个百分点。前三季度，全国规模以上工业增加值增速加快，服务业主导作用增强，第三产业增加值占 GDP 的比重为 52.9%，比第二产业高 12.8 个百分点，进出口同比增长 16.6%[1]。

1—9 月，职工就业形势延续了稳中向好的态势，很多指标创造了历史最好纪录。主要体现在以下方面：一是就业的核心指标好于往年。1—9 月全国城镇新增就业 1097 万人，同比增加 30 万人，接近完成 1100 万人的全年目标任务；三季度末，全国城镇登记失业率是 3.95%，同比下降 0.09 个百分点，是 2008 年金融危机以来的最低点；国家统计局 31 个大城市城镇调查失业率是 4.83%，也是 2012 年以来的最低点。二是从重点群体就业看，今年高校 795 万毕业生的就业水平保持了稳中有升，化解过剩产能职工安置总体平稳有序，困难群体就业援助力度进一步加大，零就业家庭实现动态清零。三是市场供求与企业用工持续改善，100 个城市公共就业服务机构市场供求数据显示，三季度市场求人倍率达到 1.16，创下了历史新高；对 5 万家企业、2700 万岗位的监测显示，前 9 个月中有 7 个月监测的岗位数量处于增长状态[2]。2017 年 5 月，瑞士国际管理发展研究院公布

---

* 本年度报告与中国劳动关系学院劳动关系系刘晓倩老师合写，谨致谢意。

[1] 新闻办就前三季度国民经济运行情况举行发布会［OL］．［2017-10-19］．中国政府网．

[2] 人社部举行 2017 年第三季度新闻发布会［OL］．［2017-11-01］．人力资源和社会保障部官网．

了世界竞争力最新排名的数据，中国就业指标排在全球第一。

就业的新进展，原因在于：一是把稳定和扩大就业作为宏观调控的主要目标，深入实施就业优先战略。二是经济增长的就业弹性明显增强。2012—2016年国内生产总值每增长1个百分点，平均吸纳非农就业172万人。特别是第三产业的快速发展和新产业、新业态、新就业方式的出现，增强了经济增长对就业的拉动能力。2016年我国参与分享经济的人数超过6亿人，其中分享经济平台的就业人员约为585万人，比上年增加85万人。三是得益于改革红利的释放。各级政府持续加大简政放权和行政审批制度改革，深化商事制度改革，推动大众创业、万众创新，促进了新产业、新业态、新商业模式的发展，创造了大量的就业机会。四是得益于积极就业政策效力的进一步发挥和就业工作的大力推进。

党的十九大要求，坚持就业优先战略和积极就业政策，实现更高质量和更充分就业。特别要把大规模开展职业技能培训、解决结构性就业矛盾及鼓励创业带动就业作为主要举措，破除劳动力、人才社会性流动的体制机制障碍，同时健全“互联网+公共就业”服务。此外，做好重点人群如大学生中的困难群体、新成长的农村劳动力及去产能中的“僵尸企业”老职工的就业工作。

（二）职工工资持续稳慎增长，国务院深化治理工资拖欠

1—9月，全国居民人均可支配收入19342元，同比实际增长7.5%。城镇居民人均可支配收入27430元，实际增长6.6%。三季度末，外出务工农村劳动力总量17969万人，比上年同期增加320万人，增长1.8%。三季度，外出务工农村劳动力月均收入3459元，增长7.0%，同比上升1.1个百分点。

在最低工资方面，截至10月末，全国共有17个地区调整了最低工资标准，平均调增幅度为10.4%，同比下降0.3个百分点。其中，全国月最低工资标准最高的是上海的2300元，小时最低工资标准最高的是北京的22元。尽管今年最低工资标准的调整面有所扩大，但调幅依然审慎放缓，主要是考虑到当前经济下行压力大、企业经营困难的情况。有19个地区发布了工资指导线，基准线在8%左右。

在工资拖欠方面，2016年被拖欠工资的农民工人数为236.9万人，比上年减少 38.9 万人，下降 14.1%。被拖欠工资的农民工比重为 0.84%，比上年下降 0.15 个百分点。但是，被拖欠工资的农民工人均拖欠 11433 元，比上年增加 1645 元，增长 16.8%。2016 年被拖欠的工资总额为 270.9 亿元，比上年增加 0.9 亿元，增长 0.3%。从行业看，2016 年制造业、建筑业、批发和零售业、交通运输仓储和邮政业被拖欠工资的农民工比重分别为 0.6%、1.8%、0.2% 和 0.4%，分别比上年下降 0.2、0.2、0.1 和 0.3 个百分点。居民服务、修理和其他服务业被拖欠工资的农民工比重有所上升，2016 年为 0.6%，较上年上升 0.3 个百分点[1]。

为强化治理工资拖欠的顽疾，2017 年 2 月，李克强总理主持召开国务院常务会议，部署开展专项整治和督查，集中曝光一批典型案件，严肃查处欠薪违法行为包括欠薪陈案，坚决打击恶意欠薪违法犯罪，尤其要坚决解决涉及政府投资项目拖欠工程款导致欠薪问题[2]。7 月，人社部印发《治欠保支三年行动计划（2017—2019）》，要求以解决工程建设领域欠薪问题为重点，用 3 年左右时间，实现被欠薪农民工比重逐年下降，力争到 2020 年实现农民工工资基本无拖欠。要求落实按月足额支付工资的规定，到 2017 年年底执行按月足额支付工资规定覆盖 80% 以上在建工程项目，2018 年年底前覆盖率达到 90%，2019 年年底基本实现全覆盖[3]。9 月，人社部又印发《拖欠农民工工资“黑名单”管理暂行办法》，将克扣、无故拖欠农民工工资报酬，数额达到认定拒不支付劳动报酬罪数额标准的；因拖欠农民工工资违法行为引发群体性事件、极端事件造成严重不良社会影响等情况的用人单位和个人，一并列入拖欠工资“黑名单”[4]。

（三）社会保险趋向实现法定人员的全覆盖，推动养老保险全国统筹

社会保险覆盖面继续扩大。截至 9 月末，全国基本养老、基本医疗、失业、工伤、生育保险参保人数分别为 9.05 亿人、11.29 亿人、1.86 亿人、2.24 亿人、1.90 亿人[5]，同比均有增加。1—9 月，五项基金总收入

[1]国家统计局.2016 年农民工监测调查报告［OL］.［2017-04-28］.国家统计局官网.
[2]国务院督查拖欠农民工工资问题 建拖欠黑名单［N］.中国青年报，2017-02-14.
[3]人社部.3 年解决农民工欠薪［N］.人民日报（海外版），2017-07-18.
[4]拖欠农民工工资将列入“黑名单”［N］.人民日报（海外版），2017-10-10.
[5]人社部举行 2017 年第三季度新闻发布会［OL］.［2017-11-01］.人力资源和社会保障部官网.

为4.7万亿元，同比增长37.7%，总支出为4.02万亿元，同比增长34%。我国在社会保险扩大覆盖面方面的成就得到国际社会的高度评价，2016年11月，国际社会保障协会授予中国政府“社会保障杰出成就奖”。

职工待遇水平稳步提高。企业退休人员月均基本养老金从2012年的1686元增加到2016年的2362元，年均增长8.8%，2017年按平均5.5%的水平继续上调。城乡居民基本养老保险基础养老金最低标准从每人每月55元提高至70元，人均养老金水平达到120元左右。城乡居民基本医疗保险补助标准从2016年的420元提高到2017年的450元[1]。

当前，社会保险存在的主要问题有：一是基金收支失衡，近年来各项社会保险基金支出增长率超过基金收入增长率。一些统筹地区特别是中西部地区养老保险当期征缴收不抵支，需要依靠财政补贴和动用历年累积结余确保养老金发放。二是中断缴费或蓄意少缴现象相当严重。近年来，每年都有3000多万参保人员中断缴纳养老保险费，在职工养老保险参保人员中实际缴费人数占比约为85%。一些用人单位虚报缴费基数和参保人数、逃避或拖欠缴费的问题也相当严重。三是职工基本养老保险费率过高，个人账户难以做实。四是城镇职工退休年龄较低，抚养比不断提高。目前全国城镇企业职工实际退休年龄平均只有54岁，退休之后的平均余寿在20年以上，而养老保险最低缴费年限只有15年，缴费与待遇之间明显失衡。五是降低社会保险费率的压力和风险增大。由于人工成本较高，许多企业和不少政府都迫切要求减轻企业负担，降低社会保险费率。但是，在目前不少地方的养老保险、医疗保险基金当期征缴收不抵支的情况下，如果降低保险费率，将进一步加大基金收支失衡的压力，未来基金收支缺口风险会更大。六是失能、半失能人员的长期护理缺乏制度保障，这涉及超过3500万人的生活保障。

党的十九大报告要求尽快实现养老保险全国统筹，以此在各地区实现职工基本养老保险政策的统一，并根本解决跨地区流动就业人员的养老保险关系转移问题，扩大养老保险基金调剂范围，逐步改变各地区养老保险

[1]人力资源社会保障部通报2017年第二季度人社工作进展情况［OL］.［2017-07-28］. 中国网.

基金收支与结余不均衡的状况，提高基金承受能力和资金使用效率。此外，采取措施为降低养老保险费率创造条件，划转部分国有资本充实社保基金，探索建立长期护理保险制度，也是近期的政策选项。

（四）安全生产稳中向好，中央意见为改革发展指明路径

2017 年前三季度，全国共发生各类生产安全事故 3.6 万起、死亡 2.6 万人，同比分别下降 26.3% 和 19%。其中，发生重特大事故 21 起、死亡 293 人，同比减少 3 起、66 人，实现了事故总量、较大事故、重特大事故起数和死亡人数“双下降”的局面[1]。

1—9 月，全国多数行业领域和地区安全生产形势平稳有序。煤矿、金属和非金属矿山、铁路运输、道路运输、水上运输、航空运输、渔业船舶均实现事故起数和死亡人数“双下降”；在全国 32 个省级单位中，有 27 个单位实现事故起数和死亡人数“双下降”。

然而，一些行业和领域重特大事故仍然多发，主要是道路运输、煤矿等行业，蕴含重大风险的苗头性、倾向性事故时有发生。1—9 月，道路运输、煤矿、生产经营性火灾共发生 17 起重特大事故，占前三季度重特大事故总量的 81%。煤矿重大事故多发，主要因素仍是 2016 年下半年以来煤价持续上涨，刺激了一些企业的超能力、超强度生产所致。

2017 年 11 月，为“进一步推进简政放权、放管结合、优化服务改革，更大程度上激发市场、社会的创新创造活力”[2]，第十二届全国人大常委会第三十次会议第三次修改《职业病防治法》，放宽了进行职业健康检查的医疗卫生机构标准和承担职业病诊断的执业医师数量条件[3]。

2016 年 12 月，中共中央、国务院《关于推进安全生产领域改革发展的意见》印发。这是新中国成立以来第一个以党中央、国务院名义出台的安全生产工作的纲领性文件，其改革举措为今后我国安全生产领域的改革发展指明了方向和路径。它针对我国正处在工业化、城镇化持续推进过程

[1]前三季度全国安全生产形势总体稳中向好［OL］．［2017-10-23］．国家安全生产监督管理总局官网．

[2]袁曙宏．关于《〈中华人民共和国会计法〉等 11 部法律的修正案（草案）》的说明［OL］．［2017-11-04］．中国人大网．

[3]全国人民代表大会常务委员会关于修改《中华人民共和国会计法》等十一部法律的决定［OL］．［2017-11-04］．中国人大网．

中，传统和新型生产经营方式并存，各类事故隐患和安全风险交织叠加，生产安全事故易发多发的现状，明确要求坚守“发展决不能以牺牲安全为代价”这条红线，规定了“党政同责、一岗双责、齐抓共管、失职追责”的安全生产责任体系，要求建立企业落实安全生产主体责任的机制，建立事故暴露问题整改督办制度，建立安全生产监管执法人员依法履行法定职责制度，实行重大安全风险“一票否决”。意见提出，将研究修改刑法有关条款，将生产经营过程中极易导致重大生产安全事故的违法行为纳入刑法调整范围。

意见颁行后，各地区强化监管监察执法，惩处力度加大。今年前三季度，全国安全生产现场监督检查次数、行政处罚次数和处罚罚款分别同比上升10.5%、36.2%和73.1%，其中事前监督监察罚款14.9亿元，同比上升123%。上述举措，是安全生产局面向好的重要原因。

（五）劳动争议呈现总量和涉及人数“双回落”，但仍处于历史高位

2016年，全国各地劳动人事争议调解仲裁机构共处理争议177.1万件，同比上升2.9%；涉及劳动者226.8万人，同比下降2.1%；涉案金额471.8亿元，同比上升29%；案件调解成功率为65.8%，仲裁结案率为95.5%[1]。2017年上半年末，各地劳动争议调解和仲裁机构共处理劳动争议案件超过80万件，涉及劳动者超过90万人，同比均有回落，但仍然处于历史第二高位。

以北京为例，2017上半年，全市仲裁机构共受理劳动人事争议案件38191件，同比下降10.2%；涉及劳动者13996人，同比下降21.3%。案件总体有所回落，但从近5年同期受理案件情况看，目前仲裁案件总量仅低于2016年，仍然处于高位，尚未出现大幅度下降态势。随着疏解非首都功能、产业转型升级等工作深入推进，劳动关系不确定因素及劳动争议反弹的因素仍然存在。从案件涉及经济组织类型看，上半年全市仲裁机构受理的案件中非公企业案件33441件，约占案件总数87.6%。其中，股份制企业案件14103件，约占案件总数36.9%；个体私营企业案件18210件，

---

[1]2016年度人力资源和社会保障事业发展统计公报［OL］.［2017-05-31］. 人力资源和社会保障部官网.

约占47.7%；外商投资企业案件1128件，约占3.0%。另外，公有制企业案件698件，约占1.8%。机关事业单位争议案件422件，约占1.1%；其他经济组织发生争议案件3630件，约占9.5%[1]。

北京市争议案件的主要特点有：一是案件基数仍然较大。全市仲裁机构月均受理案件达6300余件，案件总量在近年同期仍处于高位。二是农民工劳动争议案件同比增长8.7%，占案件总量14.1%。三是争议原因主要表现为支付劳动报酬、解除劳动关系经济补偿和赔偿金，以及社会保险补偿。私营企业劳动报酬争议仍很突出，工资、加班费等劳动报酬纠纷，不仅占私营企业争议案件七成以上，同时也占全市全部劳动报酬争议的54.9%。四是案件日趋复杂，当事人诉求多样且分化，审理难度不断加大。五是集体争议案件同比下降明显。上半年全市受理集体争议案件及涉及劳动者人数，同比分别下降8.0%和21.3%。尤其是30人以上重大集体劳动争议案件数及涉及劳动者人数下降明显，同比分别下降50.8%和48.0%。

二、产业工人队伍现状与建设改革方案的主要内容

伴随着中国特色社会主义进入新的历史阶段，经济新常态下劳动关系趋向灵活化，职工队伍状况也发生新的变化。为此，2017年全国总工会组织开展了第八次全国职工队伍状况调查，覆盖15个省，以期对职工队伍的时代特征和发展趋势做出更清晰的概括，为推进产业工人队伍建设改革提供理论政策支撑。

（一）职工队伍的新变化和面临的新问题

首先，总体上看，职工队伍总体规模不断发展壮大，总数已达3.91亿左右，比2012年增长了11.8%。以广东为例，从职工分布来看，珠三角依然是吸纳就业的主要地区，但其他地区从业人员比重增加。制造业从业人员增长缓慢，服务业人员增长迅猛。制造业作为广东的基础产业，其职工队伍的来源结构也在调整，本地化、就近化用工趋势上升。公有制经济

[1]北京市劳动保障法学会.北京市（京津冀）第十九届劳动人事争议案例研讨会会议材料[C].2017.

单位和港澳台投资单位就业人员继续减少，外资企业和私营企业就业人员增长较快。从职工的受教育程度看，虽然广东的劳动生产率高于全国水平，但与美国等制造业大国相比，仍有较大差距。但职工的教育层次有明显变化，体现在劳动年龄人口平均受教育年限的提升、职工平均受教育年限为13.2年，比2012年提高了0.5年，制造业职工受教育水平提升明显。从职工队伍构成看，新生代农民工成为主力军，他们的教育水平更高，互联网已成为他们获取信息、社会互动的重要空间，这极大地改变着职工的生活方式与工作方式。此外，新业态带来职工发展的新机遇，也使其就业观念随之改变，弱化了其雇佣观念和团结意识。

由于经济和社会转型，使广东职工队伍面临一系列新问题、新情况。一是经济下行期的劳资纠纷多发，欠薪是最主要的原因，劳动关系矛盾已经成为影响社会稳定的重要因素之一。特点包括：劳资纠纷总量较大；纠纷群体性、行业性、连锁性突出，部分罢工呈非理性；欠薪是纠纷发生的主要原因，其中企业拖欠工资约占70%，也欠缴社保和住房公积金，部分企业转型升级带来的撤并、转产、减员等也是重要因素。二是职工队伍还存在不稳定因素。主要是各种境外势力借机维权搞渗透活动，与一批民间“维权”机构相勾连，针对政府维权的某些薄弱环节，希图在职工中发展独立工会。三是职工队伍阶层流动存在障碍，诸如身份权利、子女教育、医疗资源、城市公共服务等，对阶层的向上流动形成阻隔。四是转型期职工社会价值观更加多元。尤其是随着移动网络媒体的发展，带来多元化的媒体传播格局，互联网、手机、微博、微信为信息传播搭建了更便利的平台，职工获取信息异质性增强，社会价值观更加多元。五是新生代农民工市民化面临诸多困难，其中转制成本、农民工自身素质和传统户籍的影响依然明显。六是非正规就业有所扩大，部分职工面临就业不稳定。这类就业往往存在非正式的劳动关系（无合同、无有效合同、临时雇佣、随意决定工资等）、未进入政府监管体系、就业性质和效果处于低层次和边缘地位的就业，如劳务派遣、外包工、学生工和散工[1]。七是互联网下的共

[1]吴国璋．当前广东职工队伍的新变化和面临的新问题、新情况及对策与建议［C］．全国工会理论政策研究工作会议材料，2017.

享经济带来了全新的工作形态，这反映在就业领域、技术手段、组织方式和工作观念等诸多方面，正在对职工队伍进行新的塑型，亟须深化研究和规制。

在河南，职工队伍结构“三升三降”，呈稳步增长的态势。到2016年年底，职工队伍总数约为2805万人，比2011年增加了750万人，年均增长150万人，职工占全省从业人员的41.7%，比2011年增长0.8个百分点。所谓“三升三降”，即第三产业职工占比上升，第一产业职工占比下降；非公经济吸纳职工就业比例上升，国有、集体企业职工比例下降；战略性新兴产业、新经济新业态吸纳职工就业比例上升，传统制造业职工比例下降。2016年年底，从事三次产业的就业人员比例分别为38.4%、30.6%、31%，与2011年相比，第三产业占比上升了4个百分点，第一产业占比下降了4.7个百分点，第二产业占比变化不大。

其次，“两个主体”特征明显，呈不断优化的态势。两个主体，即新生代职工成为职工队伍主体，农民工成为产业工人主体。据抽样调查，40岁以下的职工占比58.7%，40～50岁占30%。2016年年底，河南农村劳动力外出转移2876万人，其中省内1709万人。新生代职工多为独生子女，在性格、价值观、人生观方面呈现“三高一低”，即受教育程度高、职业期望值高、物质和精神享受要求高、工作耐受力较低。新生代农民工对职业的认同已由农民向工人转变，由以往进城挣钱回乡发展向进城谋职、体验生活、追求梦想转变，由忍耐坚持向追求权益平等转变。他们多数在城市长期就业和居住，对城市表现出较多的认同感和归属感。

再次，职工就业自由度增大，呈更加灵活多样的态势。中小微企业工作机会更多，第三产业成吸纳就业的主力军，新产业、新业态、新模式蓬勃发展，新的就业形态成为职工的择业新选择，并呈现出工作场所不固定、工作时间更灵活、服务对象多元化等新特点。职工的劳动就业观念不断变化，更加重视工作环境、福利条件、职业稳定性及未来发展机会，网络求职已成为劳动者特别是青年人求职的首选，农民工偏爱家乡就业，一部分农民工由务工型向经商型、创业型转变。2017年上半年，河南新增农民工返乡创业 13.72 万人，创办企业 7.67 万个，带动就业 114.94 万人[1]。

在特大型都市北京，由于疏解非首都功能、构建高精尖经济结构，给职工队伍结构带来明显变化。制造业在岗职工人数在 2013 年形成拐点，由逐年递增转为逐年递减，2016 年比 2012 年减少 20.4 万人。批发和零售业 2016 年在岗职工数为 70 万人，比上年减少 0.6 万人。在疏解调整的同时，北京大力发展高端生产性服务业，第三产业从业人员数已占从业人员总数的 80.1%。信息传输、软件和信息技术服务业与科学研究和技术服务业的在岗职工数近十年都保持较快的增长速度，为北京建设科技创新中心提供了充分的人才保障，2016 年两大行业在岗职工数分别为 68 万人、63.8 万人，与 2012 年相比，分别增长 32.8%、28.9%。另一方面，网约经济从业人员异军突起。截至 2016 年，滴滴出行在北京注册司机超过百万。北京 58 平台的劳动者（包括兼职）接近 10 万，其中专职劳动者约 1 万人。百度外卖在北京约有 2 万人，闪送在北京的快递员超过 10 万人。此外，由于实施“走出去”发展战略，京外企业数量和规模不断扩大，企业京外职工人数亦大幅度增加。

总体上看，北京职工的就业稳定，调查表明，77.3% 的职工表示近五年没有经历过下岗、待岗、安置转岗，60.7% 的职工没有担心过自己会失业。职工收入和保障水平也稳步增长。存在的主要问题为：一是职工休息休假权还需进一步落实。部分行业加班补偿不到位。工作时间最长的 3 个行业分别是住宿和餐饮业（45.2 小时）、制造业（43.4 小时）、建筑业（42.9 小时）。23.7% 的职工表示加班没有任何补偿，仅有 23.5% 的职工能够足额拿到加班费。二是一线职工职业发展通道不够畅通。职工技能素质没有明显变化，职工工人系列中无技术等级职工占比达到 66.1%，高级工占比依然较低，只有 5.9%，与五年前调查相比仅提高了 0.4 个百分点。高级技师上月从单位获得的可支配收入均值为 6182 元，仅与企业一般管理人员持平，与中、高层管理人员有较大差距，技术职称对职工的吸引力不

[1] 刘雪峰. 职工队伍发展新情况新趋势新特征［C］. 全国工会理论政策研究工作会议材料，2017.

足。三是新技术、新业态、新模式对劳动关系带来新挑战。调查发现，大多数网约平台都没有与网约工签订劳动合同，绝大部分分享经济平台认为其与网约工建立的是合作关系而非雇佣关系。劳动者处于弱势地位，在工资收入、福利规则制定方面无话语权，政府对平台监管还存在漏洞[1]。

（二）产业工人队伍建设改革方案的主要内容

从2013年起，中国工程院、工信部和国家质检总局共同开展了“制造强国战略研究”的重大课题研究。2015年5月，国务院印发《中国制造2025》，这个文件第一次从国家战略层面描绘了建设制造强国战略的宏伟蓝图，对适应经济新常态，促进稳增长、调结构、转方式都具有重要意义。但是，文件也指出了我国劳动年龄人口总量下降、低成本劳动力优势迅速消失及产业工人整体素质和技能水平不高对实现制造强国目标的瓶颈限制。例如，我国劳动生产率水平仅为世界平均水平的40%，相当于美国的7.4%。以2015年为例，我国单位劳动产出7318美元，世界平均水平是18487美元，而美国是98990美元。再如，纵观世界工业发展史，凡工业强国都是技师技工的大国。在日本，整个产业工人队伍的高级技工占比40%，德国则达到50%。而我国，这一比例仅为5%左右，全国高级技工缺口近1000万人。据此，中共中央、国务院于2017年4月印发《新时期产业工人队伍建设改革方案》（以下简称《方案》），要求把提高职工队伍整体素质作为一项战略任务抓紧抓好，建设宏大的知识型、技能型、创新型劳动者大军，充分调动一线工人、制造业工人和农民工的积极性和创造性。

《方案》围绕加强和改进产业工人队伍思想政治建设、构建产业工人技能形成体系、运用互联网促进产业工人队伍建设、创新产业工人发展制度、强化产业工人队伍建设支撑保障等5个方面，提出了25条改革举措[2]，涉及思想引领、技能提升、作用发挥、支撑保障等方面的体制机制。

[1]北京市总工会研究室．强化维权服务 畅通发展通道 建设符合首都功能定位的职工队伍［C］．全国工会理论政策研究工作会议材料，2017.

[2]本目资料若非注明，均引自：李玉赋．新的使命和担当——《新时期产业工人队伍建设改革方案》解读［M］．北京：中国工人出版社，2017.

第一，加强和改进产业工人队伍思想政治建设。制定和实施《方案》，就产业工人队伍建设改革专门进行谋划和部署，在我们党和国家历史上尚属首次，充分体现了党中央全心全意依靠工人阶级的方针，对进一步巩固党的执政基础有重要的政治意义。习近平总书记指出，党的全心全意依靠工人阶级的根本方针任何时候都不能忘记、不能淡化，要贯彻到经济、政治、文化、社会、生态文明建设以及党的建设各方面，落实到党和国家制定政策、推进工作全过程，体现到企业生产经营各环节。《方案》围绕加强和改进产业工人队伍思想政治建设提出改革举措，涉及产业工人党建、思想政治引领、健全保障主人翁制度及推动工会改革。

第二，建设一支符合“中国制造 2025”要求的高素质制造业大军。《方案》围绕构建产业工人技能形成体系提出六大举措：一是完善现代职业教育制度，加强职业教育、继续教育、普通教育的有机衔接，坚持产教融合、校企合作、工学结合、知行合一，创新各层次各类型职业教育模式。二是改革职业技能培训制度，推进职业技能培训市场化、社会化、多元化改革，建立各类培训主体平等竞争、产业工人自主参加、政府购买服务的技能培训机制。三是统筹发展职业学校教育和职业培训，建立覆盖广泛、形式多样、运作规范，行业、企业、院校、社会力量共同参与的职业教育培训体系，促进学历与非学历教育纵向衔接连通、横向互通互认。四是改进产业工人技能评价方式，优化职业技能等级标准，完善职业技能等级认定政策，引导和支持企业、行业组织和社会组织自主开展技能评价。五是实施国家高技能人才振兴计划，创新协同培育模式，依托大型骨干企业建设示范性高技能人才培训基地，打造更多高技能人才。六是促进农民工融入城市、稳定就业，深入实施农民工学历与能力提升行动计划、农民工职业技能提升计划。

第三，创新产业工人发展制度。职业发展通道狭窄，已影响到产业工人队伍建设，必须创新产业工人发展制度。《方案》主要从六个方面加以推进：一是拓宽产业工人发展空间，改革企业人事管理和工人劳动管理相区分的双轨管理体制。二是畅通产业工人流动渠道，健全公共就业服务体系，提高人力资源配置效率。三是创新技能导向的激励机制，建立健全培养、考核、使用、待遇相统一的激励机制，实现多劳者多得、技高者多得。建立技术工人创新成果按要素参与分配的制度，增加产业工人在劳动模范和先进代表等评选中的名额比例。四是改进劳动和技能竞赛体系，建立以企业岗位练兵和技术比武为基础、以国家和行业职业技能竞赛为主体、国内竞赛与国际竞赛赛项相衔接的劳动和技能竞赛机制。五是加大对产业工人创新创效扶持力度，深化群众性技术创新活动，开展先进操作法总结、命名和推广，推动具备条件的行业企业建立职工创新工作室、劳模创新工作室和技能大师工作室。六是组织产业工人积极参与实施“走出去”战略和“一带一路”建设，加强产业工人技能国际交流与合作。

第四，运用互联网促进产业工人队伍建设。这主要有三项举措：一是创新产业工人队伍建设网络载体，建立健全产业工人队伍基础数据库。二是打造网络学习平台，将促进产业工人终身学习纳入城乡信息化建设。三是推行“互联网+”普惠性服务，建设网上“职工之家”。

第五，加大维护产业工人队伍权益的政策力度。要按照政治上保证、制度上落实、素质上提高、权益上维护的总体思路，改革不适应产业工人队伍建设要求的体制机制，充分调动广大产业工人的积极性主动性创造性，为实现“两个一百年”奋斗目标、实现中华民族伟大复兴的中国梦更好地发挥产业工人队伍的主力军作用。《方案》要求加强有关产业工人队伍建设的法治保障，完善财政投入机制，建立社会多元投入机制，完善产业工人劳动经济权益保障机制，深化产业工人队伍建设理论政策研究，营造尊重劳动、崇尚技能、鼓励创造的社会氛围。

三、分享经济中的劳动关系现状

互联网已深入社会各个领域，深刻改变着整个社会的生活形态和经济结构。依托新型信息技术以及分享经济理念而涌现的各类互联网企业通过不断深入发掘新的需求和市场，为经济发展提供新的动能，并成为吸纳就业的重要形式。据国家信息中心报告，2016 年我国分享经济市场交易额约为 34520 亿元，比上年增长 10. 3% 。相应地，2016 年我国分享经济的提供服务者人数约为6000万人，分享经济平台的就业人数约585万人[1]。

（一）分享经济带来各种灵活就业形态

分享是基于信息技术发展而实现的各类资源共享。以互联网为代表的数字技术正在成为促进我国消费升级、经济社会转型、构建国家竞争新优势的重要推动力。据报告，“2017年上半年，我国商务交易类应用持续高速增长，网络购物、网上外卖和在线旅行预订用户规模分别增长10.2%、41.6%和11.5%”，“截至2017年6月，公共服务类各细分领域应用用户规模均有所增长，在线教育、网约出租车、网约专车或快车和共享单车用户规模分别达到1.44亿、2.78亿、2.17亿和1.06亿”[2]。比如其中网上外卖在商务交易类应用中增速最快，其增长伴随着外卖送餐员队伍的快速增长。

分享经济带来从业者队伍壮大的同时，也催生了更加多样化的就业形态。除了被企业直接雇用的典型全日制劳动者外，还有以下三种类型：一是兼职从业者，也就是从业者本身有一份稳定工作，只是由于其有某些特长或者有闲置时间有意愿从事些额外工作。之前的劳动法律一直没有关注兼职劳动，双方权利义务依靠民事法律来调整。二是非全日劳动者，这类从业者为多家平台提供服务，每家的平均服务时间都不长，属于法律对于非全日制用工形式的界定。三是独立承包人形式的从业者，公司认为这些从业者是商业伙伴、独立承包人，并非法律意义上的劳动者，与其签订的也多是合作协议。不管是哪种形态，这些从业者大都有着共同的特征，即工作的灵活化与工资的计件制。

由于信息技术的发展，雇主不再提供集中的工作场地和设备，给从业者带来了更大的自由，用人单位通过分包合作协议有效控制了劳动成本，减轻了雇主责任。而计件工资制也重新盛行起来。在分享经济中，服务型劳动者普遍以计件制的方式计算工资。这时从业者虽然获得赢得高收入的机会，可以多劳多得。但是也伴随着一些问题，首先，从业者自身要承担

---

[1]国家信息中心．中国分享经济发展报告2017［OL］．［2017-03-02］．中国信息网．

[2]中国互联网络信息中心．第40次中国互联网络发展状况统计报告［OL］．［2017-08-04］．中国信息网．

一定的市场经营风险，如果市场不景气，则从业者的收入会收到直接影响。其次，从业者没有身份保障，仅仅是时间与收入的交换，如果因生病、生育、家庭等原因不能工作，收入会直接降为零，没有病假工资、医疗期、各种休假等相应待遇。而且如果从业者不能自我调解工作节奏，进行过多的超时工作，不仅影响自身身体状况和家庭生活，也影响社会整体的就业数量和质量，给市场带来不正当竞争的因素，冲击正常劳动关系的用工成本。

新型信息技术给传统工资工时制度带来了挑战，如何应对目前还没有清晰的路径。但是在分享经济中，由于大数据平台的搭建，各个平台都准确掌握着从业者的工作时间。如果互联网平台企业能够有效利用自身的数据系统，通过工作时间的数据积累和分析对从业者的服务时间进行合理安排和指导，则将使得日益增长的灵活用工更为规范有序。

（二）新型就业群体的劳动关系模糊化

依托互联网平台进行价值生产的分享经济企业的用工方式不再是传统上的“公司+雇员”方式，而是“平台+个人”的方式。平台提供技术服务以及资源调度服务，使各种服务依托于平台展开。这种创新模式改变了机器大工业时代人们对于工作时间、工作地点以及工作方式的界定。

新型用工形态的首要表现就是劳动关系模糊化。平台经济中的劳动者更多被称为独立承包人、商业合作伙伴，超脱于传统以附属性为基本原理、以劳动合同为核心的劳动制度之外。劳动法律是否适用、怎样适用于这些劳动者，成为很多国家都面临的共同问题，李克强总理也主张对他们的监管要“包容审慎”[1]。

公司认为这些从业者是商业伙伴、独立承包人，并非法律意义上的劳动者，与其签订的也多是合作协议。但是随着分享经济的发展，身处其中的很多从业者已经逐渐从短期、兼职，发展到以之为主要生活来源，也逐渐有不同行业的从业者提出确认劳动关系的诉求。在此类劳动争议中，从业者主张其受用人单位管理，遵守用人单位制定的各项规章制度，提供的

[1]对新业态新模式，总理为何反复强调监管当“包容审慎”［OL］．［2017-07-17］．光明网．

劳动也是用人单位业务的组成部分，所以和用人单位之间应该属于劳动关系。用人单位则主要依据合作协议否认劳动关系，同时也对工作过程的管理提出抗辩。比如，在2014年判决的某代驾服务公司的劳动争议中，用人单位提出作为从业者可以自己选择工作时间和工作地点，自己决定什么时间休息，不受公司约束和管理，而且代驾司机直接向客户收取代驾费，并非由公司支付报酬，并且向公司支付信息服务费。最终法院没有认定劳动关系[1]。

但是，近两年来，随着分享经济中各方利益纷争的出现，在各方权责划分方面逐渐有了一定的积累。如在2016年的一起生效判决中，同样是该代驾服务公司，虽然其与司机之间的劳动关系没有得到认定，但在一起拼车引起的交通事故赔偿责任中，法院认定该公司“作为平台提供者对于接入其平台的车辆具有审核权，且依据司机所述公司亦为其划定了经营区域，故双方之间存在一定的管理与被管理的属性”。依据权责利相统一的原则，该公司在享受从该平台获取利益的同时，亦应履行一定的义务，并承担相应的责任。最终判令公司承担连带赔偿责任[2]。在国外的司法实践中也已经出现了同样的认定难题，比如Uber公司在美国和英国遇到的劳动关系确认诉讼，均在司法程序中悬而未决。

（三）信息技术的进步打破了工作和生活的界限

随着信息技术的发展，工作时间和工作地点的灵活化成为发展趋势。但是，新型信息技术在带来沟通便捷性和定位准确性的同时，却也因工作与生活的混同而压缩了劳动者的个人生活时间。

目前，互联网技术型劳动者工作时间长、工作压力大已经成为公认的职场文化。究其原因主要是来自市场的压力。无论是面对企业客户还是个人客户，互联网企业多是以提供全天候服务来争取市场，那么这就对相关工作人员的工作时间提出了很高的要求。如某信息技术公司的主要业务为

---

[1]参见王哲拴与北京亿心宜行汽车技术开发服务有限公司劳动争议一审民事判决书，北京市石景山区人民法院（2014）石民初字第367号，裁判日期：2014年12月15日。

[2]参见徐小银与北京亿心宜行汽车技术开发服务有限公司等机动车交通事故责任纠纷二审民事判决书，北京市第三中级人民法院（2015）三中民终字第04810号，裁判日期：2016年5月27日。

即时通信云服务、线上客服插件的开发与调试，主要开展 B2B 的业务，为客户提供 7×24 小时服务。为了保障服务的及时有效，该公司实行“996 工作制”，即每天早九点上班、晚上九点下班，一周工作六天。之所以实行如此高强度的工作制度，主要是技术快速发展带来的市场压力。为了赶进度，应对各种突发问题，企业必须提供及时的解决方案，否则将会被快速淘汰。而这种压力在扁平化的管理体制中，能够直接而快速得传导到每位基层员工。

而分享经济中的服务型从业者，也同样因通信方式的即时化而使得生活完全融入了工作中。比如有网约车司机表示除去吃饭和上厕所的时间，必须时刻保持在线状态，以免错过乘客订单，并且等待时间没有任何报酬。这种待命状态，虽然没有在工作，但是由于一直处于紧张的精神压力下，与个人闲暇时光不能等同。而长期间的工作也给劳动者的身体健康和个人生活带来了很大影响，频繁出现的过劳猝死、抑郁症等情况都成了值得关注的社会问题。可以说，信息技术带来了劳动过程的智能化与效率的提高，但它也并没有自动带来劳动的自由，反而使工作对劳动者的控制打破了原有的时空界限而扩展到生活之中。

（四）劳动与雇佣中的不确定性增强

市场和技术的快速变化同样影响着雇佣稳定。从长远来看，技术的发展将大大提高人类生活的便捷度和舒适度。但从短期看，技术的快速发展却会给雇佣带来不确定性的影响。这种不确定性一方面来自市场的周期性变化，另一方面来自自动化和人工智能对于人的劳动的替代。

当前，人工智能和机器学习能力的提升预示着科技正在获得曾被认为是人类独有的认知能力，并且在日趋复杂的任务上，机器人正在超越人类。随着时间的推移，机器人将变得更加有能力，也变得更加便宜。在这个过程中，需要重新发掘新的工作使人独特的创造性得以发挥，同时需要良好的培训制度和社会保障制度来完成工作的转型与过渡。机器适合什么工作，人类适合什么工作，可能也是将来劳动与雇佣面临的重要问题。